Ronnie
Ce livre a été écrit
par un ami très cher.
Toi qui aime l'histoire
tu devras l'apprécier
Je t'embrasse
Laurent

L'ÉGYPTE,
passion française

Du même auteur

Les Nouveaux Chrétiens
1975

Le Défi terroriste
coll. « L'Histoire immédiate », 1979

Le Tarbouche
roman, 1992
Prix Méditerranée
et « Points », n°P 117

Le Sémaphore d'Alexandrie
roman, 1994
et « Points », n°P 236

La Mamelouka
roman, 1996
et « Points », n°P 404

ROBERT SOLÉ

L'ÉGYPTE,
passion française

ÉDITIONS DU SEUIL
27, rue Jacob, Paris VIᵉ

ISBN 2-02-028144-9

Pour Henri et Cécile

Prologue

C'était l'automne, j'avais dix ans. Comme chaque été, nous venions de passer trois mois de bonheur sur une petite plage, près d'Alexandrie, en compagnie d'une dizaine de familles amies. Des « grandes vacances » qui méritaient bien leur nom... Nous étions rentrés au Caire, et j'avais retrouvé, à l'orée du désert, les murs ocre, les terrasses fleuries et les grandes baies vitrées du lycée franco-égyptien d'Héliopolis, l'un des plus beaux fleurons de la Mission laïque française en Orient. Nos manuels scolaires tout neufs fleuraient encore l'encre parisienne. On y apprenait les fables de La Fontaine, les toits couverts de neige, l'imparfait du subjonctif et Jeanne d'Arc au bûcher... Seul le livre de grammaire arabe devait être *made in Egypt.*

Mais à peine avions-nous étrenné cartables et plumiers cette année-là qu'on nous renvoya à la maison. C'était l'automne 1956, et c'était la guerre. En réponse à Nasser qui avait nationalisé la Compagnie universelle du canal de Suez, des soldats israéliens, britanniques et français s'étaient invités, sans prévenir, sur le sol égyptien. A Paris, on appelait cela « la campagne de Suez ». Au Caire, on disait « la triple et lâche agression ».

Ce n'était pas vraiment la guerre pour nous qui vivions dans la capitale, loin des combats de Port-Saïd – en tout cas pour l'enfant que j'étais et qui assistait, ravi, à une sorte de grand jeu prolongeant les vacances d'été. On avait peint les phares des voitures en bleu et entassé des sacs de sable à l'entrée des immeubles. Le soir, lors des alertes aériennes, il fallait aussitôt éteindre les lumières. Les indociles ou les distraits se faisaient rappeler à l'ordre, de la rue, par une voix gutturale qui donnait le frisson.

L'enfant de dix ans jouait à la guerre, sans se rendre compte qu'il vivait là un événement dramatique, historique, sur le point de bouleverser la situation au Proche-Orient et la vie de nombreuses familles, dont la sienne. Dois-je préciser que l'un de mes oncles maternels, de nationalité égyptienne, devait épouser quelques semaines plus tard la fille du consul général de France, et que les invitations avaient déjà été lancées ? La « triple et lâche » allait nous priver d'une cérémonie très attendue.

Suez a été un immense fiasco. Après cette équipée militaire, stoppée au bout de quelques jours par les États-Unis et l'Union soviétique, les

Anglais, les Français et beaucoup de juifs ont été expulsés d'Égypte. D'autres ont choisi de leur emboîter le pas au cours des années suivantes : des Italiens, des Grecs, des Égyptiens d'origine libanaise ou syrienne, comme nous... Un véritable exode, qui a marqué la fin d'une époque, celle de l'Égypte cosmopolite.

Le terme est excessif. Toute l'Égypte – loin de là – ne baignait pas dans ce climat si particulier qui, au Caire ou à Alexandrie, avait permis à des gens d'origine et de religion différentes de vivre côte à côte, sinon ensemble, dans une sorte de gaieté insouciante. Mais toute l'Égypte subissait peu ou prou, en bien ou en mal, l'influence de cette frange européenne ou européanisée. La Grande-Bretagne elle-même se méfiait de ce milieu majoritairement francophone, qui entravait son entreprise coloniale : car si elle occupait la vallée du Nil, c'était la culture française qui attirait la haute bourgeoisie et les intellectuels égyptiens. A l'Angleterre, le gouvernement, la police et l'armée ; à la France, la presse, les salons littéraires et les écoles les plus réputées.

L'origine de cet étonnant partage, né d'une rivalité séculaire, remontait au début du XIXᵉ siècle. L'armée de Bonaparte n'avait occupé l'Égypte que trente-huit mois à peine, mais son passage y laissait des traces indélébiles. C'est à des Français que le fondateur de la dynastie égyptienne, Mohammed Ali, devait faire appel quelques années plus tard pour fonder un État moderne. C'est un Français, Champollion, qui allait déchiffrer les hiéroglyphes. Un autre Français, Mariette, qui mettrait en place le Service des antiquités égyptiennes. Un autre encore, Ferdinand de Lesseps, qui réaliserait le canal de Suez... L'occupation britannique, à partir de 1882, ne ferait que resserrer les liens entre Le Caire et Paris, les nationalistes égyptiens se tournant naturellement vers la rivale traditionnelle de l'Angleterre pour appuyer leur revendication d'indépendance.

La France les a surpris et révoltés en intervenant militairement à Port-Saïd en 1956. Cette désastreuse initiative a porté un coup fatal à sa présence sur les bords du Nil. Il a fallu une bonne décennie pour renouer des relations amicales entre les deux États, mais plus rien ne pouvait être comme avant. Un sage partenariat a succédé aux liens ardents de naguère. Aujourd'hui, la France bénéficie en Égypte d'une image très positive, sans être au centre des préoccupations. Quant à l'Égypte, elle exerce sur les Français une véritable fascination, mais il s'agit essentiellement de l'Égypte des pharaons.

Dans l'odyssée des deux siècles écoulés – dont les héros sont des explorateurs, des savants, des diplomates, des soldats, des enseignants, des religieux, des écrivains, des artistes, des négociants, des banquiers, des ingénieurs, des mystiques, des illuminés et quelques malfrats –, le pire s'efface généralement devant le meilleur. « La France égyptienne » est une formidable aventure, passionnée et passionnante, marquée par des réalisations spectaculaires.

C'est cette histoire – dont je suis issu, avec beaucoup d'autres – que j'ai voulu raconter ici. Né égyptien, n'ayant pas une goutte de sang français, j'ai découvert la France à l'âge de dix-huit ans avec émerveillement. Découvert ou retrouvé ? Elle m'était déjà familière, à distance, grâce à des professeurs exceptionnels, au lycée puis chez les jésuites, et grâce aux livres. Bénis soient la comtesse de Ségur (née Rostopchine) et Hergé (citoyen belge) qui, les premiers, m'ont introduit auprès de leurs ancêtres les Gaulois !

Les ouvrages qui traitent des Français et de l'Égypte sont innombrables. Aucun ne couvre l'ensemble de cette aventure. Même le précieux *Voyageurs et Écrivains français en Égypte* de Jean-Marie Carré se limite, comme son nom l'indique, aux écrivains-voyageurs et ne va pas au-delà de 1869. Il y aurait « une grande fresque à brosser », écrivait cet universitaire en présentant la première édition de son ouvrage, en 1933. Y apparaîtraient « tous ceux qui ont contribué, soit à la découverte de l'Égypte ancienne, soit à la renaissance de l'Égypte moderne ». Il ajoutait : « Admirable perspective, certes, pleine d'ampleur et de richesse, de variété et de couleur ! Les prouesses de l'énergie et de l'endurance y alterneraient avec les manifestations de la pensée studieuse, les interprétations de la sensibilité, les rêveries de l'imagination poétique. Hommes de foi et hommes d'épée, hommes de loi et hommes d'action, hommes de sciences et hommes de lettres s'y coudoieraient dans des attitudes diverses, et cependant leurs efforts se compléteraient et s'harmoniseraient dans un immense tableau d'ensemble. »

Modestement, Jean-Marie Carré jugeait l'entreprise au-dessus de ses forces et limitait son propos dans l'espace et le temps. Or, depuis 1933, beaucoup d'autres personnages ont surgi, beaucoup d'autres événements se sont succédé, qui ont rendu la tâche encore plus périlleuse. Une telle fresque occuperait facilement vingt volumes et toute une vie. Faut-il pour autant s'interdire d'aborder le sujet ? Y renoncer sous prétexte qu'il est trop riche ? Tout dépend de ce que l'on vise. Je ne cherche ici qu'à raconter une histoire, sans prétendre aucunement à l'exhaustivité. Le lecteur désireux d'aller plus loin trouvera les repères bibliographiques nécessaires.

Le deux centième anniversaire de l'Expédition de Bonaparte, en 1998, est l'occasion de faire le point, même si les Égyptiens – et on les comprend – n'ont nulle envie de commémorer l'invasion de leur pays, préférant célébrer deux siècles d'échanges culturels et d'« horizons partagés » avec la France. Qu'elle marque ou non la date de naissance de l'Égypte moderne, l'Expédition est un moment capital, lourd de conséquences. Pour tenter de comprendre cet événement, il faut remonter un peu en arrière : pas nécessairement au déluge, mais à la première installation d'une colonie française sur les bords du Nil, au XVIᵉ siècle.

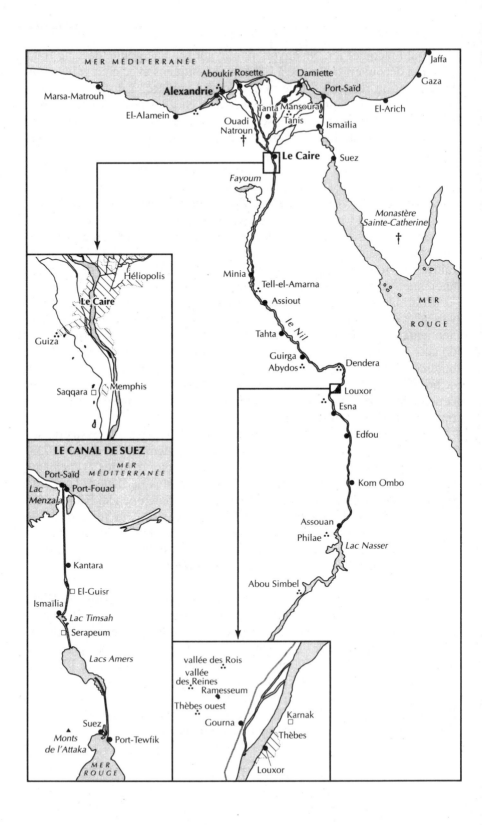

PREMIÈRE PARTIE

La rencontre de deux mondes

1

Pèlerins, négociants et curieux

L'Égypte ? Pour un Français du XVIe siècle, c'est d'abord une image biblique. Ou, plutôt, deux images assez contradictoires, pour ne pas dire diamétralement opposées. Dans l'Ancien Testament, les Hébreux, conduits par Moïse, fuient la vallée du Nil après y avoir été réduits en esclavage ; ils échappent à leurs poursuivants, qui se noient dans la mer Rouge, et se dirigent vers la Terre promise. En revanche, dans le Nouveau Testament, Jésus, Marie et Joseph vont se réfugier en Égypte, sur le conseil d'un ange, pour échapper au massacre des nouveau-nés ordonné par Hérode ; ils y demeurent en sécurité jusqu'à la mort du tyran. Terre dangereuse et terre d'asile, pays d'où l'on s'échappe et pays où l'on s'abrite, la vallée du Nil se voit toujours associée à la notion de fuite...

L'Égypte, c'est aussi le souvenir de la septième croisade, conduite par Saint Louis en 1249. Un souvenir à la fois glorieux et douloureux, puisque, après avoir conquis Damiette, les Français ont été mis en échec à Mansoura et décimés par des épidémies. Joinville, admirable chroniqueur de cette épopée avortée, n'a privé ses compatriotes d'aucun détail. Ainsi, la diarrhée du pauvre Louis : « ... à cause de la forte dysenterie qu'il avait, il lui fallut couper le fond de son caleçon, tant de fois il descendait pour aller à la garde-robe [1]. » Le roi de France a été fait prisonnier, puis libéré contre rançon après diverses péripéties. De ces « Sarrasins », vaincus puis vainqueurs – on ne dit jamais « les Égyptiens » –, ses sujets garderont l'image de guerriers courageux, avec qui il est possible de négocier, mais susceptibles de manquer à leur parole et d'égorger leurs captifs. Là aussi, des signaux contradictoires.

L'Égypte, enfin, c'est une image féerique. Malgré tous les malheurs de la croisade, Joinville fait de ce pays une description paradisiaque. Le Nil, affirme-t-il, « est différent de toutes les autres rivières [2] ». Il répand sa crue bienfaisante, qui ne peut venir que de « la volonté de Dieu ». Personne ne connaît sa source : ce cours d'eau descend d'une sorte de

1. Jean de Joinville, *Histoire de Saint Louis*, avec traduction en français moderne, Paris, Dunod, coll. « Classiques Garnier », 1995.
2. *Ibid.*

grande montagne où se trouvent des lions, des serpents, des éléphants et diverses merveilles. « Les gens qui sont accoutumés à le faire jettent leurs filets déployés dans le fleuve au soir ; et quand on vient au matin, ils trouvent dans leurs filets ces denrées qui se vendent au poids que l'on apporte en ce pays, c'est à savoir le gingembre, la rhubarbe, le bois d'aloès et la cannelle. Et l'on dit que ces choses viennent du Paradis terrestre... »

Pendant longtemps encore, les Français continueront à tout mélanger : l'histoire biblique, le souvenir de la croisade et la dimension féerique. Les récits de voyage des pèlerins entretiennent cette confusion au lieu de la dissiper. Après avoir prié à Jérusalem et Bethléem, ces premiers touristes se rendent dans la vallée du Nil, qui apparaît alors comme une annexe de la Terre sainte. Ils n'en voient qu'une toute petite partie, s'intéressant surtout à la crypte de saint Serge, au Caire, à « l'arbre de la Vierge », à quelques kilomètres de là, ou à la chaire de saint Marc, à Alexandrie. L'une des destinations les plus recherchées est le monastère Sainte-Catherine, dans le Sinaï, où l'on prie sur le tombeau d'une martyre vénérée. Cette noble Alexandrine s'y serait réfugiée, au début du IVᵉ siècle, pour sauver une virginité menacée par les entreprises de l'empereur Maximien. A sa mort, les anges auraient déposé son corps au sommet d'un mont. On l'aurait retrouvé intact plusieurs centaines d'années plus tard et transporté au monastère, pour le débiter en morceaux et distribuer ceux-ci aux pèlerins de qualité. Le comte de Champagne rapportera ainsi en France la main droite de cette malheureuse...

Le voyage coûte cher. Seuls des privilégiés, appartenant en général à la noblesse, peuvent l'accomplir. Ils concluent au Caire des accords avec des bédouins qui les conduisent sur place en une dizaine de jours, par le désert. Ce pèlerinage – et donc le voyage en Égypte – est réservé au sexe masculin : « Aucune femme ne pouvait avoir accès au monastère, même les animaux femelles en étaient exclus [3]. » Les moines logent les visiteurs de manière assez sommaire, ne leur offrant pour toute nourriture, en période de jeûne, que du pain sec, des olives salées et un peu de vinaigre. Mais les consolations sont nombreuses. Les pèlerins qui suspendent leurs armoiries aux piliers de la basilique sont faits chevaliers de Sainte-Catherine. Et, après une ascension dans la montagne, on leur montre la pierre d'où Moïse fit jaillir l'eau, et même la fosse où fut fabriqué le veau d'or...

Ces voyageurs ne sont sans doute pas tous dévorés de foi chrétienne. Le périple en Égypte est aussi pour de jeunes aristocrates français un moyen de s'émanciper, sinon de se dévergonder, dans un cadre exotique, en dehors de la chrétienté. Un pèlerinage n'exclut ni l'esprit d'aventure ni la curiosité.

Les premiers récits de voyage, qui circulent en France « de château en château, d'abbaye en abbaye [4] », donnent de l'Égypte une image fantai-

---

3. Mahfouz Labib, *Pèlerins et Voyageurs au mont Sinaï*, Le Caire, IFAO, 1961.
4. Jean-Marie Carré, *Voyageurs et Écrivains français en Égypte*, Le Caire, IFAO, rééd. 1956, t. I.

siste. On raconte ce qu'on a cru ou voulu voir. Les dessins d'accompagnement sont tout aussi trompeurs. Pour le médecin parisien Pierre Belon du Mans, le sphinx de Guiza est « un monstre en sculpture ayant le devant d'une vierge et le derrière de lion[5] », tandis que le moine d'Angoulême André Thévet le représente avec une tête ronde et bouclée, sur un champ de fleurs[6]. Ce saint homme décrit des pyramides étonnamment aiguës, avec une pointe de diamant. Il a compté au Caire… « 22 840 paroisses du diable », ce qui est beaucoup, même pour une ville qui aime les mosquées. Le chiffre sera d'ailleurs repris dans de nombreux récits du même type, les voyageurs ayant tendance à s'inspirer les uns des autres, comme pour authentifier leur témoignage.

La Petite Échelle d'Égypte

Au XVIᵉ siècle, la France compte pourtant en Égypte une petite colonie. C'est l'une des « Échelles du Levant », nom donné aux comptoirs établis dans des villes de l'Empire ottoman et qui doit son origine aux échelles permettant aux bateaux de décharger passagers et marchandises. Cette colonie a pu s'établir en Égypte grâce aux Capitulations. Il ne s'agit pas de défaites… Si l'accord conclu en 1535 entre le roi de France et le sultan de Constantinople s'appelle ainsi, c'est simplement parce qu'il est divisé en chapitres (*capitula*). Dix-huit ans plus tôt, l'Égypte a été conquise par les Turcs, qui font trembler l'Europe. François Iᵉʳ scandalise une bonne partie de la chrétienté en faisant affaire avec eux, mais ne serait-il pas prêt à s'allier au diable pour combattre Charles Quint ?

Officiellement, il ne s'agit pas d'un traité : Soliman le Magnifique, « commandeur des croyants, Roi des rois, dominateur des deux continents et des deux mers », ne traite pas, fût-ce avec « le roi de France très chrétien, gloire des princes de la religion de Jésus ». Les Capitulations sont des faveurs qu'il octroie, à titre provisoire, et qui devront être confirmées par ses successeurs. Elles le seront, effectivement, en 1569, puis une dizaine d'autres fois. D'ici là, la plupart des États chrétiens d'Occident auront suivi l'exemple de la France et obtenu des privilèges similaires de la Sublime Porte.

Dans ce traité déguisé, chacune des deux parties trouve des avantages économiques et politiques. Les Capitulations accordent aux négociants français la liberté d'acheter et de vendre dans tout l'Empire ottoman. Exemptés de la plupart des impôts, ils peuvent s'installer sur place et y exercer leur culte. Les différends nés entre ces résidents étrangers ne relèvent pas des juges locaux mais de leur consul, lequel applique la loi

---

5. Pierre Belon du Mans, *Les Observations de plusieurs singularitez et choses mémorables trouvées en Grèce, Asie, Judée, Égypte, Arabie et autres pays estranges*, 1554-1555.
6. *Cosmographie du Levant*, 1556.

française. Mieux : les autorités locales sont tenues de prêter main-forte à l'exécution de ces jugements. Pour les conflits les opposant à des indigènes, il est interdit de juger les Français en dehors de la présence de leur *drogman* (interprète officiel du consulat) et, pour un crime, de les traduire devant les tribunaux ordinaires des cadis [7]. Bref, par plusieurs aspects, les Capitulations donnent aux Français plus de droits qu'aux Ottomans eux-mêmes. Ces droits sont d'ailleurs étendus à tous les étrangers qui se rangent sous la bannière du roi. Ainsi, pendant des siècles, la France va s'instituer protectrice des catholiques orientaux.

Les négociants marseillais et provençaux n'avaient pas attendu les Capitulations pour commercer en Égypte. Depuis longtemps – comme leurs concurrents vénitiens –, ils étaient actifs à Alexandrie et au Caire. Dans les années 1480, lors de leur rattachement à la France, ils ont en quelque sorte apporté en dot le marché égyptien. Celui-ci perdra malheureusement beaucoup de son importance quelques années plus tard avec la découverte du cap de Bonne-Espérance par Vasco de Gama. Une route maritime directe, sans transbordement de marchandises, ayant été ouverte entre l'Europe et l'Extrême-Orient, la vallée du Nil ne sera plus le principal marché des épices, le grand entrepôt de produits venant d'Inde, de Chine, de Perse, d'Arabie, du Soudan et d'Éthiopie.

Au xvie siècle, le pays des pharaons continue cependant de recevoir, par la mer Rouge, des marchandises qui sont acheminées à dos de chameau jusqu'au Caire, puis sur des barques jusqu'à Alexandrie. Les négociants français y achètent surtout désormais des produits locaux, comme le riz, auxquels s'ajoutent la myrrhe, l'encens, l'ivoire, les plumes d'autruche, et bientôt un nouveau produit qui fera fureur : le café d'Arabie. Les Égyptiens, eux, se procurent surtout des draps du Languedoc ou du Dauphiné, des soieries de Lyon, des tissus de Provence, des métaux et de la quincaillerie.

Constituée grâce aux Capitulations, l'Échelle française d'Égypte ne dépend pas du roi de France, mais des autorités marseillaises. Il faudra attendre le règne de Louis XIV pour faire du consul un officier royal. Il n'est, pour le moment, qu'un négociant comme les autres, qui prend des droits sur toutes les marchandises embarquées. Parfois, il ne réside même pas au Caire, déléguant le consulat à son fermier. Ce système engendre désordres et conflits. En 1671, le consul de France s'enfuit d'Égypte. L'année suivante, ses compatriotes adressent une lettre indignée à la chambre de commerce de Marseille parce que le nouveau consul entretient « un commerce infâme d'armes à feu ». Ce crime, soulignent-ils, « est d'autant plus grand que l'invention des armes est nouvelle, ce sont des pistolets, fusils et mousquetons qui tirent deux fois dans un moment. L'ennemi de notre religion ne manquera pas de profiter de ces modèles » [8].

---

7. Henri Lamba, *De l'évolution juridique des Européens en Égypte*, Paris, 1896.
8. Cité par Raoul Clément dans *Les Français d'Égypte au xviie et au xviiie siècle*, Le Caire, IFAO, 1960.

Le ton de la lettre est révélateur de l'état d'esprit des Français d'Égypte, qui ne sont que quelques dizaines : malgré les avantages contenus dans les Capitulations, ils se sentent assiégés et vivent en reclus. Il ne leur suffit pas d'échapper aux pirates en mer, aux bandits sévissant sur les bords du Nil ou aux épidémies de peste qui peuvent durer plusieurs mois : l'hostilité de la population et les menaces des gouvernants locaux les obligent à être continuellement sur leurs gardes.

Au Caire, les Français habitent des maisons contiguës, en bordure de l'Ezbékieh, vaste esplanade qui est inondée par le Nil une partie de l'année. Ce quartier, dit des Francs, est fermé la nuit par une lourde porte. A Alexandrie, comme à Rosette, ils sont regroupés dans une okelle (*wekala*), édifice d'un seul tenant, qui ressemble à un couvent. Une cour centrale abrite les magasins, tandis que les logements se trouvent à l'étage. Les habitants de l'okelle sont enfermés la nuit, ainsi que le vendredi à l'heure de la prière. Leurs contacts avec la population se réduisent essentiellement à des tractations commerciales.

Seul le consul a le droit de monter à cheval. Ses compatriotes circulent à dos d'âne, en prenant soin de mettre pied à terre quand ils passent devant une mosquée ou rencontrent une personnalité locale. Malheur aux distraits, aussitôt rappelés à l'ordre par un coup de bâton... Si le consul a droit à une tenue européenne, les autres Français sont obligatoirement vêtus à l'orientale. Même lorsque cette mesure sera levée, au milieu du XVIIe siècle, ils devront porter une coiffure spéciale : un bonnet noir garni d'un léger turban de soie.

La réforme introduite par Colbert en 1681 précise, dans les moindres détails, l'organisation des Échelles du Levant. Le consul est assisté de deux « députés de la nation » et d'une série d'officiers, parmi lesquels un chirurgien et un apothicaire. Il est interdit aux Français de résider en Égypte plus de dix ans. Interdit aussi de faire venir leur épouse ou de se marier sur place. Seules les épouses des consuls sont admises, à condition d'être « d'âge avancé et de bonnes mœurs ». Certains négociants ne se privent pas d'introduire des femmes chez eux, ou même de vivre en ménage avec des esclaves noires, mais c'est une source de conflits avec le consul et d'incidents violents avec la population. Le « curé de la nation » veille aussi à la moralité. Ce religieux, appartenant souvent à l'ordre des franciscains, célèbre une messe quotidienne dans la « chapelle consulaire ».

Les Capitulations ne sont guère respectées par les gouvernants de l'Égypte. Constantinople est loin. Pour empêcher toute tentation d'autonomie du pacha local, le sultan a fait en sorte de lui adjoindre deux contrepoids : les milices et les beys mamelouks (d'anciens esclaves originaires pour la plupart du Caucase). Or, ce partage du pouvoir crée un climat permanent d'incertitude et favorise les brimades à l'encontre des Européens. Ceux-ci doivent céder à des exigences continuelles, parfois démesurées, et pour cela s'endetter à des taux prohibitifs auprès de prêteurs locaux.

Pendant deux siècles et demi, les résidents français vont se plaindre de ces « avanies ». Mais il faut croire qu'ils trouvent bien des compensations en Égypte. De retour en France, « tout s'efface de leur mémoire, leurs souvenirs prennent de riantes couleurs », constate un observateur avisé à la veille de la Révolution française [9].

De la poudre de momie chez l'apothicaire

La France connaît, dès le XVIe siècle, un certain engouement pour les figures égyptiennes. On y voit surgir des sphinx, en général par paire, pour décorer des perrons, des jardins ou même des tombeaux, comme celui de Guillaume du Bellay dans la cathédrale du Mans en 1557. Mais c'est en Italie que le phénomène prend toute son ampleur. Les Français qui vont à Rome ne peuvent manquer d'admirer les nombreuses statues égyptiennes ornant le Capitole et d'autres lieux, comme la villa Médicis ou le palais Farnèse. L'égyptomanie, qui y faisait fureur quatorze siècles plus tôt, du temps où l'Égypte était une province romaine, revient en force : à l'initiative du pape Sixte V, quatre obélisques de la période impériale sont érigés sur des places de la Ville sainte entre 1586 et 1589.

En France, des apothicaires vendent une drogue appelée « mummie », sous forme de poudre, de pâte noirâtre ou de matière visqueuse, censée provenir de la combustion de momies [10]. François Ier lui-même ne voyage jamais, paraît-il, sans un petit sac de cuir, accroché à la selle de son cheval, contenant de la « mummie »… Ce produit aux origines douteuses a pour réputation de guérir, entre autres, les affections respiratoires et gastriques, les épanchements de sang et le « cours excessif » des règles. Naturellement, c'est un aphrodisiaque. Son succès est tel qu'Ambroise Paré rédige un *Discours de la mummie* pour dénoncer ces « appâts puants ». Selon le célèbre chirurgien de la Renaissance, la prétendue drogue « cause une grande douleur à l'estomac, avec puanteur de bouche, grand vomissement qui est plutôt cause d'émouvoir le sang et le faire davantage sortir hors de ses vaisseaux que de l'arrêter ».

A la momie-médicament (broyée) s'ajoute la momie-curiosité (entière), que le voyageur Pierre Belon, de retour d'Égypte, appelle joliment « corps confit ». Il est cependant très difficile de lui faire traverser la Méditerranée, car les marins français – plus superstitieux que leurs collègues anglais ou flamands – n'en veulent pas à bord : ces cadavres emmaillotés déclenchent, paraît-il, des tempêtes. En revanche, les capitaines n'hésitent pas à lester les cales de leurs navires au moyen de stèles, statues ou morceaux de colonnes pharaoniques qui, pour eux, ne présentent aucun intérêt. D'une manière générale, à cette époque, l'objet

---

9. Volney, *Voyage en Égypte et en Syrie pendant les années 1783, 84 et 85*, 1787.
10. Ange-Pierre Leca, *Les Momies*, Paris, Hachette, 1976.

égyptien n'est pas considéré comme une œuvre d'art, mais comme une curiosité. On lui attribue un pouvoir magique, sinon maléfique.

La France voit naître les premiers « cabinets » de curiosités, dans lesquels des collectionneurs entassent toutes sortes d'objets étranges et exotiques. Le plus étonnant et le plus en avance sur son temps est un magistrat provençal, Nicolas Claude Fabri de Peirsec (1580-1637) : ce spécialiste de l'Égypte, « atteint d'un mal incurable, ne put jamais voyager que dans sa tête, grâce aux objets réunis dans son cabinet. Il voyageait néanmoins plus loin que ses contemporains [11] ». En liaison permanente avec des membres de l'Échelle d'Égypte, des capitaines de navire et d'autres membres de l'Internationale des curieux, Peirsec a fini par acquérir une collection considérable mais aussi une connaissance peu commune, à son époque, de la vallée du Nil.

Aux XVIe et XVIIe siècles, « l'Égypte est la terre élue de la curiosité [12] ». Cela tient au fait qu'elle reste inintelligible, hors d'atteinte. Et elle le restera aussi longtemps que les hiéroglyphes n'auront pas été déchiffrés. On sait lire le chinois, on ne comprend rien à l'ancien égyptien. Or, le pays des pharaons passe pour le plus vieux de la planète, et son histoire est associée à celle du monde judéo-chrétien : dans la Bible, il est cité 680 fois...

L'Égypte ancienne nourrit d'autant mieux les mythes qu'elle est muette. Des francs-maçons la considèrent comme la source de la sagesse, une sagesse enfermée dans les écrits « hermétiques ». Pour certains d'entre eux, le Grand Architecte de l'Univers n'est autre qu'Imhotep, le constructeur de la pyramide de Saqqara. L'abbé Jean Terrasson, franc-maçon français, publie en 1731 un roman très remarqué, *Séthos*, dont Mozart va s'inspirer pour composer *La Flûte enchantée*. Un demi-siècle plus tard, Cagliostro ouvrira à Lyon sa Loge Mère du Rite égyptien...

Sous Louis XIV, la France commence à s'intéresser à l'Orient. Si la Compagnie des Indes est créée en 1664 par Colbert, ce n'est pas seulement pour ravir à l'Angleterre une partie de son commerce. Le même Colbert enrôle de jeunes Levantins pour les former à la traduction, et constitue le corps des « secrétaires interprètes du roi aux langues orientales ». Tandis que le Collège de France se dote de chaires d'arabe, de turc et de persan, le Coran est traduit en français pour la première fois, en 1647, par Du Ryer, ancien consul en Égypte. Un demi-siècle plus tard, on s'arrache *Les Mille et Une Nuits*. Moins remarquée est une pièce en un acte de Jean-François Regnard, *Les Momies d'Égypte* [13], jouée en 1696 au théâtre de Bourgogne à Paris, avec une très belle distribution : Cléopâtre, Osiris, Arlequin et Colombine...

---

11. Sydney H. Aufrère, *La Momie et la Tempête*, Avignon, Alain Barthélémy, 1990.
12. Krzysztof Pomian, préface, *ibid.*
13. Le texte est intégralement publié dans *L'Égyptomanie à l'épreuve de l'archéologie*, Paris, musée du Louvre, 1996.

Premiers orientalistes, premiers explorateurs

Des momies on s'approche, pourtant. La vallée du Nil assiste à l'arrivée d'un nouveau type de voyageurs : non plus des pèlerins mais des explorateurs, souvent mandatés par le pouvoir royal, qui les invite à recueillir le plus grand nombre possible de médailles et de manuscrits arabes. Ayant généralement vécu plusieurs années en Égypte, connaissant la langue du pays, ces voyageurs professionnels, auxquels s'ajoutent des missionnaires, vont faire beaucoup progresser les connaissances historiques, géographiques et ethnographiques des Occidentaux, malgré de grossières erreurs contenues dans leurs rapports. Ces Français sont relayés par d'autres Européens, comme le Danois Frédéric Norden ou l'Anglais Richard Pococke, dont les ouvrages, assez vite traduits à Paris, connaissent eux aussi un grand succès [14].

En 1665 est publié un livre au titre très savant, *Voyages de M. de Thévenot au Levant, où l'Égypte est exactement décrite avec ses principales villes et les curiosités qui y sont.* « Exactement » est un peu fort. Disons que cet explorateur, qui n'est guère allé plus loin que le Delta, dresse un tableau pittoresque de l'Égypte. Sa description d'Alexandrie est très détaillée. Le Caire, en revanche, ne lui plaît guère, et il se croit obligé de reprendre le chiffre fantaisiste de 23 000 mosquées. Jean de Thévenot observe cependant en détail des cérémonies musulmanes et des scènes de la vie quotidienne. A Saqqara, il se fait ouvrir une tombe. Il rapportera en France de la poudre de momie, bien sûr, mais aussi un sarcophage. Son jugement sur les Égyptiens est plutôt sommaire : « Les gens du pays généralement, tant musulmans que chrétiens, sont tous basannez, ils sont très méchants, grans coquins, lâches, paresseux, hypocrites, grans pédérastes, larrons, traîtres, fort avides d'argent ; enfin, parfaits en tous vices, ils sont poltrons au dernier degré. »

Plus audacieux est le voyage d'un dominicain d'origine allemande, le père Vansleb, qui se rend en Égypte à la demande de Colbert, vingt ans plus tard. Ce religieux visite les monastères coptes de Ouadi-Natroun et se rend au Fayoum, puis franchit le désert arabique jusqu'à la mer Rouge. Il remonte le Nil jusqu'à Guirga, ce qu'aucun autre voyageur français n'avait fait avant lui. Seuls deux franciscains, les frères Protais et François, s'étaient aventurés à Esna en 1668, mais en confondant cette ville avec Syène (le nom antique d'Assouan).

La palme, à cette époque, revient à un jésuite du Caire, le père Paul Sicard, excellent connaisseur de l'arabe. Son but, en explorant la Haute-Égypte, était de ramener les coptes « schismatiques » à la « vraie foi ». Mais, chemin faisant, il découvre des trésors, qui ne manquent pas d'éveiller son intérêt. On lui doit une description détaillée de Thèbes dont

---

14. Jean-Marie Carré, *Voyageurs et Écrivains français en Égypte, op. cit.*

il a retrouvé l'emplacement, alors que les deux franciscains y étaient passés sans identifier les ruines. Le père Sicard pousse son exploration jusqu'à Kom-Ombo, Assouan et Philae pendant l'hiver 1721-1722. Les renseignements qu'il rapporte serviront grandement à un géographe en chambre, Bourguignon d'Anville, qui publiera, un demi-siècle plus tard à Paris, une carte de l'Égypte étonnamment précise, sans avoir jamais mis les pieds dans la vallée du Nil.

Il appartenait à un consul de France au Caire, Benoît de Maillet, arabisant lui aussi, d'offrir à ses compatriotes le premier travail d'ensemble sur le pays des pharaons. Sa *Description de l'Égypte*, datée de 1735 – trois quarts de siècle avant l'œuvre monumentale du même nom –, a l'avantage de montrer, pour la première fois, l'architecture islamique, qui n'intéressait guère les religieux. La première édition de son livre est vite épuisée. Deux autres verront le jour en moins d'un an. Son éditeur, l'abbé Le Mascrier, peut s'exclamer en 1740 : « Le Nil est aussi familier à beaucoup de gens que la Seine. Les enfants même ont les oreilles rebattues de ses cataractes et de ses embouchures. Tout le monde a vu et a entendu parler des momies. » Le brave abbé exagère un peu. Mais il est certain qu'au milieu du XVIIIe siècle l'Égypte occupe les esprits. C'est aussi un thème de polémique entre des penseurs chrétiens et des philosophes des Lumières ; les uns voulant voir dans la sagesse égyptienne une preuve de la Révélation, et les autres un démenti au cléricalisme.

Dans les années 1780, Marie-Antoinette entretient l'égyptomanie en commandant nombre d'objets pour les palais royaux. Elle a un faible pour les sphinx, qu'on retrouve, sous diverses formes, dans sa chambre à coucher de Versailles, son salon de Fontainebleau ou son cabinet particulier de Saint-Cloud. A la même époque fleurissent dans les jardins de petits pavillons exotiques, baptisés « fabriques », où pyramides et obélisques sont présents en force. La fabrique du parc d'Étupes, résidence des princes de Montbéliard, est l'œuvre d'un architecte nommé Jean-Baptiste Kléber, futur général, appelé à se distinguer à la bataille de Fleurus, puis en Égypte…

On aurait pu croire que la Révolution française, égalitaire et républicaine, décapiterait les pharaons. Il n'en est rien. Elle se sert d'eux, au contraire, insistant sur leur sagesse, leur sens de la justice, l'étendue de leur savoir – bref, leurs « lumières ». Cette mise en valeur d'un univers plus mystérieux et plus ancien que la civilisation gréco-romaine permet de combattre le christianisme et de « parfaire l'architecture visionnaire mais religieuse de la Révolution[15] ». Dans ses monuments, l'Égypte antique apporte une pureté qui tranche avec les traditions de l'Ancien Régime depuis l'époque gothique[16]. Une pyramide de toile, dressée sur le

---

15. Bruno Étienne, « L'égyptomanie dans l'hagiographie maçonnique », in *D'un Orient l'autre*, Paris, CNRS, 1991.
16. Jean-Marcel Humbert, *L'Égyptomanie dans l'art occidental*, Paris, ACR, 1989.

Champ-de-Mars, sert de décor central pour célébrer la destruction des emblèmes de la féodalité, le 14 juillet 1792. A la mémoire des morts du 10 août 1792, on édifie une pyramide au jardin des Tuileries et un obélisque place des Victoires. Pour la fête révolutionnaire du 10 août de l'année suivante, une fontaine de la Régénération est réalisée en plâtre bronzé sur la place de la Bastille. La Nature y est représentée par Isis, assise entre deux lions, vêtue d'un pagne égyptien et coiffée du némès pharaonique, pressant « de ses fécondes mamelles la liqueur pure et salutaire de la régénération ».

L'Égypte s'adapte à tous les régimes, toutes les idéologies. Encore indéchiffrable, elle fascine de plus en plus. Et la tentation de la conquérir grandit en proportion.

2

La tentation de la conquête

Pourquoi l'Égypte ? Et pourquoi la France ? On n'a pas fini de s'interroger sur la démarche singulière de Leibniz en 1672. Le philosophe allemand, alors âgé de vingt-cinq ans, se rend à Paris pour remettre un mémoire à Louis XIV : il lui suggère, ni plus ni moins, d'envoyer une armée conquérir le pays des pharaons. « Ce projet, écrit-il, est le plus vaste que l'on puisse concevoir et le plus facile à exécuter. » De toutes les contrées du globe, l'Égypte « est la mieux située pour acquérir l'empire du monde et des mers ». Or, ce pays est sans défense et n'attend que « l'arrivée d'une force libératrice pour se soulever ».

Leibniz ne se contente pas de ces affirmations générales. Il entre dans le détail, flattant la « réputation de sagesse » du « roi très chrétien » dont il n'ignore ni les mauvaises relations avec la Turquie ni le désir de combattre la Hollande : « Jadis, mère des sciences et sanctuaire des prodiges de la nature, aujourd'hui repaire de la perfidie mahométane, pourquoi faut-il que les chrétiens aient perdu cette terre sanctifiée, lien de l'Asie et de l'Afrique, digue interposée entre la mer Rouge et la Méditerranée, grenier de l'Orient, entrepôt des trésors de l'Europe et de l'Inde ? » Plutôt que d'attaquer la Hollande de front, affirme le philosophe, mieux vaut la vaincre « par l'Égypte ». Car la réussite de cette entreprise « assurera à jamais la possession des Indes, le commerce de l'Asie et la domination de l'univers ».

Louis XIV ne reçoit pas Leibniz ; il ne lui répond même pas. L'un de ses ministres fait simplement savoir à l'Électeur de Mayence, dont le jeune philosophe est le protégé, que les croisades « ont cessé d'être à la mode depuis Saint Louis ». On en reste là. Le Roi-Soleil choisit de faire la guerre en Europe et... en France par la révocation de l'édit de Nantes qui assurait la paix entre catholiques et protestants.

Sous Louis XV, la question égyptienne ne se pose pas : les rapports sont meilleurs avec la Turquie, et le pouvoir ottoman semble mieux assuré sur les bords du Nil. Il faut attendre le règne suivant pour voir renaître le projet. Louis XVI est assailli d'appels pour occuper l'Égypte, avec les arguments les plus divers, d'autant que l'Empire ottoman se trouve affaibli par la guerre qu'il livre à l'Autriche et à la Russie.

Le mémoire le plus célèbre de cette période est celui du baron de Tott, qui rentre de Constantinople en 1776, après y avoir été auxiliaire de l'ambassadeur de France et instructeur militaire dans l'armée turque. L'Égypte, assure-t-il, est un pays plein de richesses, pouvant être facilement conquis. Si nous ne nous en emparons pas, l'Angleterre le fera. Un bon prétexte existe, selon lui, pour occuper le pays des pharaons : les avanies, de plus en plus fréquentes, dont les résidents français sont victimes.

Le ministre de la Marine, sensible à cette plaidoirie, envoie le baron de Tott en Égypte, pour une mission secrète de reconnaissance, en lui adjoignant un capitaine de vaisseau et un dessinateur. Le baron se rend sur place, étudie le terrain et revient en France plus convaincu que jamais de la justesse de son projet. Mais le plan n'est même pas mis à l'étude, car les hostilités contre l'Angleterre interdisent de priver l'armée d'une partie de ses forces.

Deux voyageurs très convaincants

Dans les années qui précèdent la Révolution, deux récits de voyage très différents, mais aboutissant à peu près à la même conclusion, vont beaucoup influencer les intellectuels et les hommes politiques français. L'un, célèbre, est le *Voyage en Syrie et en Égypte* de Volney, paru en 1787. L'autre, moins connu, s'intitule *Lettres sur l'Égypte* et a été publié l'année précédente par Claude Étienne Savary.

Ce Breton de vingt-sept ans, très cultivé, connaît l'arabe. Il est l'auteur d'une traduction du Coran et de deux ouvrages sur Mahomet. Son séjour en Égypte va durer de 1777 à 1797. Lorsqu'il arrive à Alexandrie, le consul de France vient d'être assassiné, et le plus grand désordre règne dans le pays, où s'affrontent les mamelouks. Cela n'empêche pas Savary de regarder le pays avec émerveillement : « Le Delta, cet immense jardin où la terre ne se lasse jamais de produire, présente toute l'année des moissons, des légumes, des fleurs et des fruits… Au nord de la ville, on trouve des jardins où les citronniers, les orangers, les dattiers, les sycomores sont plantés au hasard… Lorsque l'atmosphère est en feu, que la sueur coule de tous les membres, que l'homme haletant soupire après la fraîcheur comme le malade après la santé, avec quel charme il va respirer sous ces berceaux, au bord du ruisseau qui les arrose ! C'est là que le Turc, tenant dans ses mains une longue pipe de jasmin garnie d'ambre, se croit transporté dans le jardin de délices que lui promet Mahomet… C'est dans ces jardins que de jeunes Géorgiennes, vendues à l'esclavage par des parents barbares, viennent déposer avec le voile qui les couvre la décence qu'elles observent en public. Libres de toute contrainte, elles font exécuter en leur présence des danses lascives, chanter des airs tendres, déclamer des romans qui sont la peinture naïve de leurs mœurs et de leurs plaisirs… » Les jeunes villageoises qui descendent laver leur linge dans le canal ne sont pas moins troublantes : « Toutes font leur toilette. Leurs cruches et leurs vêtements sont sur le rivage ; elles se frottent le corps avec le limon du Nil, s'y précipitent et se jouent parmi les ondes... »

On imagine l'enthousiasme des officiers de l'expédition de Bonaparte lorsqu'ils liront Savary, quelques années plus tard, pendant la traversée de la Méditerranée[1] ! Les généraux, eux, adopteront Volney comme livre de chevet, voyant dans cet ouvrage plus sombre, raide comme un testament, un précieux manuel de géographie politique et économique. Mais il ne faut pas exagérer l'opposition entre les deux auteurs. Son coup de foudre pour la vallée du Nil n'empêche pas Savary de souligner l'état désastreux dans lequel se trouve « ce beau royaume gouverné par des barbares » et d'appeler à sa conquête : « Si l'Égypte, dépourvue de marine, de manufactures, et presque réduite aux seuls avantages de son sol, possède encore de si grandes richesses, jugez, Monsieur, ce qu'elle deviendrait entre des mains éclairées... Ce beau pays, entre les mains d'une nation amie des arts, redeviendrait le centre du commerce du monde. Il serait le pont qui réunirait l'Europe à l'Asie. Cette contrée heureuse serait une nouvelle fois la patrie des sciences et le séjour le plus délicieux de la terre. Ces projets, Monsieur, ne sont pas une chimère. »

Chassebœuf, lui, se fait appeler « Volney » en hommage à *Vol*taire (habitant à Fer*ney*). Ce jeune avocat, originaire de la Mayenne, veut profiter d'un bel héritage pour voyager. Mais pas voyager n'importe comment. Pendant un an, il se prépare, en véritable professionnel, s'entraînant à dormir en plein air ou à monter à cheval sans bride ni selle. S'il ne passe que sept mois au Caire, avant d'aller étudier plus longuement la Syrie, son regard pénétrant lui permet de décrire l'Égypte comme personne ne l'avait fait avant lui.

Nulle ferveur ici, nul enthousiasme. Prenant le contre-pied de Savary, dont il critique au passage la légèreté, Volney dresse le tableau implacable d'un pays miné par la misère, les maladies et l'anarchie. Même la nature ne trouve pas grâce à ses yeux : « Des villages bâtis en terre, et d'un aspect ruiné, une plaine sans bornes qui, selon les saisons, est une mer d'eau douce, un marais fangeux, un tapis de verdure ou un champ de poussière, de toutes parts un horizon lointain et vaporeux où les yeux se fatiguent et s'ennuient. » Cet observateur distant est cependant trop précis pour ne pas souligner, indirectement, les charmes du pays. A elle seule, la description minutieuse des riches maisons du Caire, avec leurs vastes salles « où l'eau jaillit dans des bassins de marbre », invite au voyage : « Les fenêtres n'ont point de verres ni de châssis mobiles, mais seulement un treillage à jour, dont la façon coûte quelquefois plus que nos glaces. Le jour vient des cours intérieures, d'où les sycomores renvoient un reflet de verdure qui plaît à l'œil. Enfin, une ouverture au nord ou au sommet du plancher

---

1. Jean-Marie Carré, *Voyageurs et Écrivains français en Égypte*, Le Caire, IFAO, rééd. 1956, t. I.

procure un air frais, pendant que, par une contradiction assez bizarre, on s'environne de vêtements et de meubles chauds, tels que les draps de laine et les fourrures. Les riches prétendent, par ces précautions, écarter les maladies : mais le peuple, avec sa chemise bleue et ses nattes dures, s'enrhume moins et se porte mieux. » Superbe !

Traitant, avec la même précision, du commerce, des douanes, des impôts ou de la faiblesse des fortifications du port d'Alexandrie, l'austère Chassebœuf fournit un document exceptionnel aux Français qui rêvent de conquérir l'Égypte. Cette conquête, il l'appelle de ses vœux, malgré tout le mal qu'il a dit de la vallée du Nil, avec quasiment les mêmes mots que Savary : ce pays doit « passer en d'autres mains », ne serait-ce que pour sauver et déchiffrer les vestiges d'une immense richesse. « Si l'Égypte était possédée par une nation amie des Beaux-Arts, on y trouverait pour la connaissance de l'Antiquité des ressources que désormais le reste de la terre nous refuse… Ces monuments enfouis dans les sables s'y conservent comme un dépôt pour la génération future. »

En somme, il y en a pour tous les goûts. La conquête de l'Égypte peut intéresser aussi bien les hommes politiques que les militaires, les explorateurs que les savants, les artistes que les bienfaiteurs de l'humanité. Et si l'on y ajoute tous ceux que ce pays fascine, par son mystère ou ses harems…

L'honneur de la France et son intérêt

Volney n'a pas manqué de décrire la tyrannie des mamelouks, cette « soldatesque licencieuse et grossière », ainsi que la situation critique de la maigre colonie française, qui vit en « détention perpétuelle ». Deux thèmes de plus en plus débattus à Paris, où rapports diplomatiques et appels au secours se multiplient. La situation en Égypte s'est en effet beaucoup dégradée. Le contrôle de cette province échappe au sultan, et les vrais maîtres du pays n'y mettent même plus les formes : le mamelouk Ali bey, qui prend le pouvoir au Caire en 1768, refuse de payer le tribut annuel à la Sublime Porte. Il frappe même des monnaies à sa propre effigie. Un dimanche au Caire, cinq ans plus tôt, ce personnage redoutable a fait arrêter plusieurs religieux français pendant la messe et n'a accepté de les libérer que contre le paiement d'une rançon. Un jour, il réclame une montre à répétition garnie de diamants. Un autre, il exige du drap en grande quantité pour habiller ses troupes. On a vu son frère bastonner de ses propres mains l'horloger français. Les membres de la « nation » sont devenus les souffre-douleur des beys mamelouks, qui se montrent de plus en plus gourmands. En 1777, le consulat de France se replie à Alexandrie avec la plupart des négociants : là, sur la côte, les rivalités sanglantes entre les beys se font moins sentir et, en cas de danger, il est toujours possible de se réfugier sur un navire français.

A leurs risques et périls, quelques négociants décident de rester au Caire. Parmi eux, Charles Magallon, qui fait office de consul, en attendant de le devenir officiellement en 1793. Ce personnage essentiel, qui va jouer un rôle déterminant dans la suite de l'histoire, vit en Égypte depuis un quart de siècle. Son épouse a ses entrées dans les harems mamelouks, où elle vend du drap à ces dames. Mme Magallon est souvent appelée à intervenir en faveur de tel ou tel de ses compatriotes, victime d'avanie.

La Révolution française a beaucoup affaibli l'Échelle. D'abord, parce que les Français d'Égypte sont partagés en deux camps et en viennent parfois aux mains. Ensuite, parce que la situation chaotique qui règne à Paris encourage les mamelouks à multiplier leurs exactions. « Vous n'avez plus de roi ! » s'entendent dire des négociants. Les Français, de plus en plus inquiets, « achètent des armes et se réunissent deux heures tous les soirs pour faire l'exercice [2] ». Leur consulat n'arrête pas de déménager, du Caire à Alexandrie et vice versa, selon les circonstances. Ils ne sont toujours qu'une poignée : 29 au Caire, 18 à Alexandrie et 14 à Rosette en 1790.

Cette année-là, les membres de l'Échelle adressent une « supplique » à l'Assemblée constituante et à la chambre de commerce de Marseille, non plus seulement pour réclamer du secours, mais pour suggérer un blocus maritime de l'Égypte, qui permettrait à la France de s'emparer de la route des Indes. Les négociants se font stratèges, fixant même le nombre des bâtiments nécessaires à cette manœuvre : « Quatre frégates, dont deux bloquassent les ports d'Alexandrie et de Damiette, et deux croisassent entre ceux de Djeddah et de Suez... » Aucune réponse. L'Assemblée constituante a, visiblement, d'autres chats à fouetter.

Une nouvelle « supplique » est envoyée à Paris en 1793. Cette fois, ce n'est plus le blocus maritime qui est réclamé, mais l'occupation en bonne et due forme : « Six mille citoyens-soldats chasseraient les beys du Caire », assurent les signataires, et « la conquête de l'Égypte ne coûterait point de sang ». Toujours pas de réponse. Charles Magallon s'active de son côté, écrivant à Verninac, ambassadeur de France à Constantinople : « Je te prie, citoyen, de ne pas négliger les moyens de donner l'Égypte à la France. Ce serait un des beaux cadeaux que tu pusses lui faire. Le peuple français trouverait dans cette acquisition des ressources immenses. »

Il finira par se faire entendre. Talleyrand, devenu ministre des Relations extérieures, lui demande une note circonstanciée, dont il reprendra des phrases entières en remettant lui-même, le 14 février 1798, un rapport au Directoire. C'est une invitation à occuper l'Égypte. L'ancien évêque d'Autun y souligne l'ampleur des méfaits commis par les mamelouks. « L'heure de leur châtiment approche, décrète-t-il. Le Directoire exécutif ne peut le différer. La dignité nationale, audacieusement outragée, réclamerait la vengeance la plus éclatante. » Cette opération ne saurait

_____

2. François Charles-Roux, *Les Origines de l'Expédition d'Égypte*, Paris, 1910.

évidemment se réduire à venger une poignée de négociants ou même à sauver l'honneur de la France. L'habile ministre développe une série d'autres arguments, susceptibles de séduire les directeurs, tout en les flattant.

A ces défenseurs du peuple, à ces adversaires présumés de la tyrannie, Talleyrand fait remarquer que, en « vengeant les injures faites à la République, le Directoire exécutif délivrera les habitants de l'Égypte du joug odieux sous lequel ils gémissent ». Dix-huit siècles plus tôt, ajoute-t-il, les Romains avaient ravi l'Égypte à des rois illustres, amateurs d'art et de science. Aujourd'hui, les Français peuvent l'enlever « aux plus affreux tyrans qui aient jamais existé ». Si l'ancien gouvernement de la France avait souvent songé à cette conquête, « il était trop faible pour s'y livrer. Son exécution était réservée au Directoire exécutif, comme le complément de tout ce que la Révolution française a présenté au monde étonné de beau, de grand et d'utile ».

Ces bonnes paroles dites, le ministre peut passer à des considérations plus pratiques. L'Égypte est riche, remarque-t-il, et sa position géographique en fait le centre naturel du commerce du monde. Si la France y assurait la sécurité et la stabilité, la navigation pour l'Inde quitterait la route longue et dispendieuse du cap de Bonne-Espérance pour revenir à celle de l'isthme de Suez (même si la langue de terre qui sépare la Méditerranée de la mer Rouge exigerait, comme jadis, un transbordement des marchandises). Tôt ou tard, explique Talleyrand, nous perdrons nos colonies d'Amérique ; il ne pourrait y avoir de dédommagement plus avantageux que l'Égypte. C'est un pays facile à prendre, et l'Empire ottoman ne fera pas la guerre pour le défendre. Un négociateur habile pourrait convaincre Constantinople que l'occupation de la vallée du Nil, loin d'être dirigée contre le sultan, vise au contraire à défendre son pouvoir face aux mamelouks rebelles. De toute manière, « l'Empire ottoman ne durera pas plus de vingt-cinq ans », et la République devrait « saisir parmi ses débris ceux qui pourraient lui convenir ». Au premier rang de ces « débris », il met, sans hésiter, l'Égypte.

Une œuvre civilisatrice

Mais la Révolution française, championne des droits de l'homme, peut-elle occuper un autre pays ? Bonne question. On va y répondre par l'affirmative, avec un raisonnement subtil, qu'explique très bien Henry Laurens [3]. Si l'Europe est matériellement supérieure aux autres régions du monde, estiment les révolutionnaires français, c'est parce que sa « civilisation » – un mot nouveau – se fonde sur la raison. Toute culture qui n'appartient pas à la raison est dépourvue d'intérêt, donc de légiti-

---

3. Henry Laurens, *L'Expédition d'Égypte*, Paris, Armand Colin, 1989.

mité : elle ne peut être régie que par l'adversaire de la raison, à savoir le despotisme. L'Égypte représente un cas unique puisque la civilisation y est née, au temps des pharaons, sous la forme de la sagesse. Cette civilisation est passée ensuite à la Grèce et à Rome, s'exprimant par le civisme. Puis, les Arabes ont pris le relais en développant les sciences. Et cette civilisation est arrivée enfin en Europe, qui a hérité de tous ses attributs. Or, par la Révolution, la France est en tête de la civilisation. Peut-elle monopoliser celle-ci ? La civilisation n'est-elle pas destinée à tout le genre humain ? En allant la porter – la reporter – dans la vallée du Nil, on ne fait que revenir aux origines, boucler la boucle en quelque sorte.

Bonaparte, pas plus que Talleyrand, n'a inventé l'Expédition d'Égypte. Les origines de cette entreprise sont bien antérieures, même si la rencontre des deux hommes, en décembre 1797 à Paris, et leur unité de vues sur la question vont permettre de réaliser le vieux projet de Leibniz. Bonaparte est le général le plus glorieux, le plus adulé de la République. Après l'éclatante campagne d'Italie, il a apporté au Directoire le traité de paix avec l'Autriche, signé à Campoformio. La France n'a plus qu'un seul ennemi sérieux, l'Angleterre. Et toute la question est de savoir comment la combattre. L'attaquer de front, en débarquant sur ses côtes ? Lui enlever le Hanovre et Hambourg ? Ou menacer son commerce des Indes en lançant une opération au Levant ? Bonaparte analyse chacune de ces trois hypothèses dans un rapport au Directoire, le 23 février 1798, sans en oublier une quatrième, pour la forme, qui serait de conclure la paix avec la perfide Albion.

L'Orient l'attire depuis longtemps. Naguère, il avait lu, la plume à la main, *L'Histoire des Arabes* en quatre volumes d'un certain abbé de Marigny et s'était même fabriqué un petit vocabulaire de langue arabe. Plus récemment, il a parcouru Savary, dévoré Volney, et d'ailleurs discuté avec ce dernier en Corse. Bonaparte, hanté par l'exemple d'Alexandre le Grand, est persuadé que si le pouvoir est à Paris, c'est en Orient que l'on peut réaliser une œuvre. Paris, du reste, n'est pas prêt à se livrer à lui. Il doit trouver un moyen de prendre de la distance, sans se faire oublier. Ce souci répond à celui de plusieurs membres du Directoire qui, tout à la fois, aimeraient éloigner ce général encombrant et l'employer utilement : le peuple ne comprendrait pas qu'on se prive de lui.

Et, pour être complet, rappelons l'explication de Freud, qui vaut ce qu'elle vaut. Bonaparte, complexé par Joseph, son frère aîné, aurait eu besoin d'une revanche en conquérant l'Égypte, terre du Joseph de la Bible. « Où aller, sinon en Égypte, quand on est Joseph qui veut paraître grand aux yeux de ses frères ? Si l'on examine de plus près les motifs politiques de cette entreprise du jeune général, on trouvera sans doute qu'ils n'étaient rien d'autre que des rationalisations violentes d'une idée fantasmatique [4]. »

4. Lettre de Freud à Thomas Mann, 20 novembre 1936.

Le choix de l'Égypte par le Directoire est décidé dans le secret. Les soldats qui embarquent à Toulon le 19 mai 1798 ne savent nullement où on les emmène. D'autres flottes les rejoindront en Méditerranée. En tout, 54 000 hommes, en comptant les différents personnels. L'expédition a pourtant été préparée en quelques semaines. C'est une armada impressionnante qui appareille, avec notamment treize vaisseaux de guerre et six frégates, même si le général en chef n'est pas dupe de la qualité de la marine française, très affaiblie depuis la Révolution. Il prend en réalité un risque considérable en se lançant ainsi en Méditerranée, où l'amiral Nelson le cherche et que seule la malchance l'empêchera de trouver. Mais, malgré le manque d'argent, cette armée d'Orient, qui réunit des généraux prestigieux et regroupe des unités ayant combattu en Italie et en Allemagne, peut passer pour la meilleure du monde.

L'Expédition d'Égypte ne manque pas d'extravagances. Sa plus grande originalité est évidemment la présence de quelque 167 civils appelés « savants » et que le payeur général de l'armée recense ainsi durant la traversée : « 21 mathématiciens, 3 astronomes, 15 naturalistes et ingénieurs des mines, 17 ingénieurs civils, 15 géographes, 4 architectes, 3 élèves ingénieurs-constructeurs, 8 dessinateurs, 1 sculpteur, 10 artistes mécaniciens, 3 poudres et salpêtres, 10 hommes de lettres et secrétaires, 15 consuls et interprètes, 9 officiers de santé, 9 lazarets, 22 imprimeurs, 2 artistes musiciens [5]. » Parmi eux, quelques célébrités. Gaspard Monge passe pour le meilleur mathématicien de son époque, après avoir mis au point une fameuse méthode d'enseignement de la géométrie descriptive. Claude Louis Berthollet est un grand chimiste, qui a découvert les propriétés décolorantes du chlore et les a appliquées au blanchiment des toiles. Étienne Geoffroy Saint-Hilaire, titulaire de la chaire de zoologie au Muséum, est déjà renommé à vingt-six ans, en attendant de poser les bases de l'embryologie. Beaucoup de membres de la commission sont très jeunes et deviendront célèbres par la suite : Fourier, Conté, Lancret... Comme l'écrit François Charles-Roux, « jamais armée partant à la conquête d'un pays n'avait amené à sa suite pareille encyclopédie vivante [6] ».

Bonaparte tient à donner cette dimension scientifique et artistique à l'Expédition d'Égypte, après avoir fait une expérience de même nature, mais à très petite échelle, lors des campagnes du Rhin et d'Italie. Il est très fier d'avoir été admis à l'Académie des sciences – au fauteuil de Carnot – et se sent porteur d'un projet « civilisateur » pour le pays des pharaons. Il a fait acheter, avant le départ, une véritable bibliothèque comprenant 550 ouvrages fondamentaux. L'armée d'Orient emporte aussi un matériel d'imprimerie en trois langues (français, arabe et grec), saisi en

---

5. Gabriel Guémard, *Histoire et Bibliographie critique de la Commission des sciences et des arts et de l'Institut d'Égypte*, Le Caire, 1936.
6. François Charles-Roux, *Bonaparte gouverneur d'Égypte*, Paris, 1936.

partie au Vatican, un laboratoire de chimie, un cabinet de physique, un cabinet d'histoire naturelle, un observatoire, un équipement complet d'aérostation...

Les savants sont répartis sur plusieurs navires pendant la traversée, pour ne pas « confier la science au sort d'un seul bâtiment ». La plupart des officiers s'agacent ou ricanent de leur présence, mais ils apprendront peu à peu à les connaître et à apprécier leurs services. Nul ne peut encore imaginer que c'est par l'intermédiaire de ces civils que l'Expédition d'Égypte laissera une véritable trace dans l'Histoire.

3

Bonaparte, pacha du Caire

Bonaparte débarque sans aucune difficulté en Égypte, le 2 juillet 1798, après s'être emparé de Malte au passage. Une petite résistance, vite matée, lui est opposée à Alexandrie, qui n'a plus rien de ses splendeurs passées et n'est qu'un gros bourg, mal défendu, de quelques milliers d'habitants : Charles Magallon, l'ancien consul, avait raison. Il a d'ailleurs fait le voyage avec le commandant en chef, dans le navire amiral, *L'Orient*, et c'est son propre neveu et remplaçant qui leur souhaite la bienvenue après être monté à bord. Il les informe que Nelson, à la recherche de la flotte, vient à peine de faire escale à Alexandrie. Quand l'amiral anglais a dit au gouverneur que les Français s'apprêtaient sans doute à envahir l'Égypte, celui-ci lui a ri au nez : « Que viendraient faire les Français ? Ils n'ont rien à faire ici. » De toute façon, les mamelouks sont persuadés que si des infidèles faisaient la folie de vouloir envahir le pays, ils seraient décapités jusqu'au dernier.

Au bout de quelques jours, une partie de l'armée d'Orient se met en route pour Le Caire. Et, là, le calvaire commence. Quelle idée d'occuper l'Égypte en plein été ! Les uniformes des soldats français ne sont nullement adaptés à la chaleur et au sable. Leur chapeau ne les protège pas assez du soleil. Haut guêtrés, enfermés dans leur habit aux buffleteries croisées, ils étouffent, ils ont faim et ils ont soif. Certains tombent en route. D'autres, saisis de désespoir, se brûlent la cervelle ou se jettent dans le Nil. « Nous étions dans un triste état, et toujours poursuivis pendant les marches par une nuée d'Arabes, qui massacraient impitoyablement tous les hommes que leurs faiblesses ou leurs souffrances faisaient rester en arrière [1] », témoignera un sous-officier.

Les soldats français redoutent les mamelouks et leurs terribles sabres recourbés, dont on dit que, d'un seul coup, ils font deux morceaux de l'adversaire. Les premiers affrontements les rassurent cependant sur la capacité réelle de ces milices, courageuses mais bien imprudentes. Elles viennent s'écraser sur les formations en carré, le 21 juillet, au cours de la

---

1. Colonel Vigo Roussillon, « Mémoires militaires », cités par Charles La Jonquière, *L'Expédition d'Égypte, 1798-1801*, Paris, 1899-1905, t. II.

fameuse « bataille des Pyramides », qui a lieu en réalité à Imbaba, assez loin de là. C'est dire que, contrairement à une légende, le sphinx n'a pas perdu son nez ce jour-là : un boulet ottoman le lui avait peut-être emporté antérieurement, à moins que cette partie proéminente n'ait été victime de l'érosion… Il faut savoir aussi que Bonaparte ne s'est pas écrié : « Du haut de ces pyramides, quarante siècles vous contemplent », mais, plus prosaïquement : « Allez, et pensez que, du haut de ces monuments, quarante siècles nous observent »…

Au nom d'Allah tout-puissant

Les deux maîtres de l'Égypte, Mourad bey et Ibrahim bey, se sont enfuis, l'un en Haute-Égypte, l'autre dans le Delta, accompagné du gouverneur ottoman. Il n'y a plus d'autorité au Caire, où les palais des mamelouks sont pillés par une foule furieuse d'avoir été abandonnée. Bonaparte fait une proclamation solennelle en arabe : « Peuple du Caire, je suis content de votre conduite. Vous avez bien fait de ne pas prendre parti contre moi. Je suis venu pour détruire la race des mamelouks, protéger le commerce et les naturels du pays… Ne craignez rien pour vos familles, vos maisons, vos propriétés, et surtout pour la religion du Prophète que j'aime… »

Oui, la religion du Prophète. Bonaparte a retenu l'avertissement de Volney, qui écrivait : « Pour s'établir en Égypte, il faudra soutenir trois guerres : la première contre l'Angleterre ; la seconde contre la Porte ; la troisième, la plus difficile de toutes, contre les musulmans. » Mais, au lieu de combattre les musulmans, le vainqueur d'Arcole a décidé de les séduire. Cette image du jeune général éblouissant les vieux oulémas inspirera plus d'un peintre et donnera lieu à un feu d'artifice de Victor Hugo dans *Les Orientales* :

> Vainqueur, enthousiaste, éclatant de prestiges,
> Prodige, il étonna la terre des prodiges.
> Les vieux sheiks vénéraient l'émir jeune et prudent ;
> Le peuple redoutait ses armes inouïes ;
> Sublime, il apparut aux tribus éblouies
> Comme un Mahomet d'Occident.

En débarquant à Alexandrie, Bonaparte avait fait une profession de foi encore plus explicite, avec l'aide du savant le plus âgé de l'Expédition, l'orientaliste Venture de Paradis : « Au nom de Dieu le Bienfaiteur, le Miséricordieux, il n'y a de dieu que Dieu, il n'a pas de fils ni d'associé dans son règne. De la part de la République française fondée sur la base de la liberté et de l'égalité, le général Bonaparte, chef de l'armée française, fait savoir au peuple d'Égypte que depuis trop longtemps les Beys qui gouvernent l'Égypte insultent à la nation française et couvrent ses négociants d'avanies : depuis trop longtemps, ce ramassis d'esclaves achetés dans le Caucase et la Géorgie tyrannise la plus belle partie du monde ; mais Dieu, le Seigneur des Mondes, le tout-puissant, a ordonné que leur empire finît. Égyptiens, on vous dira que je viens pour détruire votre religion ; c'est un mensonge, ne le croyez pas ! Répondez que je viens vous restituer vos droits, punir les usurpateurs ; que je respecte plus que les mamelouks Dieu, son prophète Mahomet et le glorieux Coran... Dites au peuple que nous sommes de vrais musulmans. N'est-ce pas nous qui avons détruit le Pape qui disait qu'il fallait faire la guerre aux musulmans ? »

On a pris soin d'expurger la version française pour ne pas trop heurter les soldats de la République. Mais l'étonnante profession de foi de Bonaparte ne convainc guère les musulmans. Le célèbre chroniqueur égyptien Jabarti, dont les notes au jour le jour constituent un document unique sur cette période [2], y relève des tournures de style erronées, des fautes de grammaire, une grande incohérence et, surtout, des affirmations incompatibles avec la religion du Prophète. Ces gens-là, estime-t-il, professent un faux islam, et leur anti-catholicisme ne les rend que plus suspects d'athéisme [3]. Comme le dira de son côté le cheikh Cherkawi, président du conseil de notables mis en place par Bonaparte, il s'agit d'une « secte de philosophes qui [...] nient la résurrection et la vie future, la mission des prophètes, et mettent au-dessus de tout la raison humaine ».

Estimant impossible d'exercer une influence directe sur la population locale, Bonaparte fait appel à des intermédiaires. Nous devons, dira-t-il dans son testament à Kléber, donner aux Égyptiens des chefs, sans quoi ils s'en choisiront eux-mêmes. « J'ai préféré les ulémas et les docteurs de la loi : 1) parce qu'ils l'étaient naturellement ; 2) parce qu'ils sont les interprètes du Coran, et que les plus grands obstacles que nous avons éprouvés et que nous éprouverons encore proviennent des idées religieuses ; 3) parce que ces ulémas ont des mœurs douces, aiment la justice, sont riches et animés de bons principes de morale. Ce sont sans contredit les gens les plus honnêtes du pays. Ils ne savent pas monter à cheval, n'ont l'habitude d'aucune manœuvre militaire, sont peu propres à figurer à la tête d'un mouvement armé [4]. »

Au Caire, comme dans les provinces, un *diwan* consultatif, comprenant des oulémas et des hauts fonctionnaires, a été mis en place. D'anciens membres des milices ottomanes assurent le maintien de l'ordre, sous le contrôle d'un officier français. Bonaparte, qui a cru devoir imposer l'écharpe tricolore aux notables, se heurte à des refus indignés. Il renonce même à leur imposer la simple cocarde. Celle-ci sera spontanément

2. Abdal-al-Rahman al-Jabarti, *Journal d'un notable du Caire durant l'expédition française, 1798-1801*, traduit et annoté par Joseph Cuocq, Paris, Albin Michel, 1979.
3. Excellente synthèse de la pensée de Jabarti sur ce point, *in* Henry Laurens, *L'Expédition d'Égypte*, p. 95-97.
4. « Mémoire sur l'administration intérieure », publié intégralement par Charles La Jonquière, *L'Expédition d'Égypte*, *op. cit.*, t. V, p. 597-606.

adoptée par des habitants du Caire, terrorisés par la répression après la première insurrection d'octobre 1798. Mais on leur arrachera alors cet insigne, les jugeant indignes de le porter...

Les malentendus sont nombreux. La population ne comprend pas diverses mesures d'hygiène pour enrayer les épidémies, comme le regroupement des ordures ou le balayage et l'arrosage des rues. Pas plus que l'obligation de maintenir un éclairage nocturne, par sécurité. L'incompréhension est à son comble quand les autorités françaises ordonnent la démolition des lourdes portes des quartiers que l'on ferme la nuit, pour assurer justement la sécurité [5]... La première insurrection du Caire, encouragée par des appels à la guerre sainte de Constantinople et relayée par des prédicateurs locaux, prend les Français de court. Mais, très vite, l'armée intervient, et le quartier d'El-Azhar est pilonné par l'artillerie. Selon Jabarti, la célèbre mosquée est profanée de la pire manière par des soldats, rendus fous furieux par la mort de plusieurs dizaines de leurs compatriotes, dont le général Dupuy, commandant de la capitale. Ils y pénètrent à cheval, attachent leurs montures au pilier de la *quibla*, cette niche sacrée qui indique la direction de La Mecque, puis font des ravages. « Ils saccagèrent les salles attenantes et les dépendances, brisèrent les lampadaires et les veilleuses... Ils jetaient au rebut les livres et les volumes du Coran, y marchant dessus avec leurs chaussures. Ils souillèrent les lieux d'excréments, d'urine et de crachats... » Au-delà de ces débordements, la répression sera sans pitié, malgré une apparence de réconciliation. « Toutes les nuits, nous faisons couper une trentaine de têtes », précise Bonaparte, persuadé qu'il faut se faire craindre pour être respecté.

Les prodiges de la science

Nelson cherchait l'escadre française. Il l'a finalement trouvée, le 1er août 1798, dans la rade d'Aboukir, près d'Alexandrie, où elle mouillait imprudemment, à défaut d'avoir été se mettre à l'abri à Corfou. C'est un carnage. De toute sa flotte, Bonaparte ne conserve que deux vaisseaux et deux frégates, qui lui permettront, l'année suivante, de regagner la France. Il a perdu 1 700 marins, auxquels s'ajoutent presque autant de blessés. L'armée d'Orient ne peut plus être rapatriée, elle est prisonnière de sa conquête. Bonaparte en tire une leçon : « Nous n'avons plus de flotte, eh bien, il faut mourir ici ou en sortir grands comme les anciens... Voilà un événement qui va nous forcer à faire de plus grandes choses que nous ne comptions... Il faut nous suffire à nous-mêmes. » On compte sur l'ingéniosité des savants, qui ont eux-mêmes déjà perdu, quelques semaines

5. Jean-Joël Brégeon, *L'Expédition française au jour le jour, 1798-1801*, Paris, Perrin, 1991.

plus tôt, une partie de leur matériel (microscopes, scalpels, pinces à dissection, étaloirs à papillons, cahiers d'herborisation…) dans l'échouage accidentel d'un navire, et en perdront d'autres encore, quelques mois plus tard, lors du saccage de la maison de Caffarelli au Caire.

Malgré leurs déboires, les membres de la Commission des sciences et des arts se sont mis immédiatement au travail. Trois objectifs leur ont été fixés : apporter une aide technique aux militaires et aux administrateurs du pays ; découvrir l'Égypte et la révéler à l'Europe ; enfin, selon les mots de Jomard, « porter les arts de l'Europe chez un peuple demi-barbare et demi-civilisé ». L'Institut d'Égypte est créé, le 22 août 1798, sur le modèle de l'Institut de France. Ses 36 membres, choisis parmi les plus éminents de la Commission, sont répartis en quatre classes : mathématiques, physique, économie politique, littérature et arts. Président : Monge ; vice-président : Bonaparte ; secrétaire perpétuel : Fourier.

L'Institut a été installé dans deux palais mamelouks, où règne une véritable atmosphère de travail. Geoffroy Saint-Hilaire écrit à son père en octobre 1798 : « Je trouve ici un jardin vaste, une ménagerie, des cabinets de physique et d'histoire naturelle. Je me crois à Paris. Je retrouve des hommes qui ne pensent qu'aux sciences, je vis au centre d'un foyer ardent de lumière. »

A la première séance, Bonaparte pose six questions très concrètes, qui donneront lieu à six commissions de travail : comment perfectionner les fours pour la cuisson du pain de l'armée ? Peut-on remplacer le houblon par une autre substance dans la fabrication de la bière ? Existe-t-il un moyen de clarifier et de rafraîchir les eaux du Nil ? Vaut-il mieux construire au Caire des moulins à eau ou des moulins à vent ? Avec quelles ressources locales peut-on fabriquer de la poudre ? Comment améliorer le système judiciaire et l'enseignement en Égypte ?

Dès la deuxième séance, Monge fait une communication sur les mirages, qui ont donné tant de faux espoirs aux soldats assoiffés dans leur marche pénible vers Le Caire. De nouvelles commissions sont mises en place, pour préparer un vocabulaire arabe, comparer les poids et mesures en Égypte et en France… Et Bonaparte revient avec de nouvelles questions : peut-on cultiver la vigne en Égypte ? Creuser des puits dans le désert ? Approvisionner en eau la Citadelle du Caire ? Utiliser les amas de décombres qui cernent la capitale ? Construire un observatoire ? Établir un nilomètre ?

Certaines communications feront date, comme celle de Berthollet sur la formation naturelle de soude dans les lacs du Natroun. Tous ces travaux sont publiés dans une revue scientifique, *La Décade égyptienne*, tandis que le corps expéditionnaire bénéficie d'un journal plus léger, *Le Courrier de l'Égypte*, qui fournit diverses informations et sert d'outil de propagande à Bonaparte. C'est le premier journal édité sur le sol africain.

Des membres de la Commission des sciences et des arts font des prodiges. Par exemple, Nicolas Jacques Conté, l'inventeur des fameux crayons à mine artificielle, dont l'ingéniosité et l'esprit encyclopédique suscitent l'admiration générale. De ce fils de jardinier, devenu chef de la brigade des aérostiers de l'armée, Monge dit qu'il a « toutes les sciences dans la tête et tous les arts dans la main ». C'est un vrai magicien pluridisciplinaire. « Ce que Conté imagina en quelques mois est inouï, écrit un Français d'Égypte qui a passé une partie de sa vie à étudier les travaux de cette fameuse commission : moulins à vent, filatures de laine et de coton, manufactures de drap, fabriques de papier, de chapeaux, fonderie de caractères d'imprimerie, machines à tanner les cuirs, à frapper les monnaies ! Il perfectionna les instruments de chirurgie, construisit des lits-brancards pour le transport des blessés, des affûts spéciaux de canon pour la traversée du désert, forgea des lames de sabre, confectionna des longues-vues, des tambours et jusqu'à des trompettes, qu'il se désespérait de ne pouvoir faire sonner à l'unisson [6] ! »

Le chroniqueur égyptien Jabarti, pourtant sévère et sceptique sur l'occupation, s'extasie sur les moulins à vent, les brouettes utilisées par les Français, et sur la bibliothèque de l'Institut, qu'il a été invité à visiter. Le fait que des Européens travaillent jour et nuit pour apprendre l'arabe l'impressionne. « Si un musulman, raconte-t-il, voulait entrer pour visiter l'établissement, on ne l'en empêchait point, on le recevait au contraire avec affabilité. Les Français étaient heureux lorsque le visiteur musulman paraissait s'intéresser aux sciences ; ils entraient immédiatement en relation avec lui, et lui montraient toutes sortes de livres imprimés, avec des figures représentant certaines parties du globe terrestre [7]. »

Les démonstrations de chimie et de physique le stupéfient : « Un des préparateurs prit un flacon contenant un certain liquide, il en versa une partie dans un verre vide ; puis il prit un autre flacon et versa un autre liquide dans le même verre ; il s'en dégagea une fumée colorée ; et lorsque cette fumée eut disparu, le liquide se solidifia et garda une couleur jaunâtre. J'ai touché ce solide et je l'ai trouvé aussi dur que la pierre. La même expérience fut répétée sur d'autres liquides et on obtint une pierre bleue ; une troisième fois, ce fut une pierre rouge comme le rubis. Le préparateur prit ensuite une poudre blanche et la posa sur une enclume ; il frappa dessus avec un marteau, aussitôt une détonation très forte, comme celle d'un coup de fusil, se fit entendre ; nous fûmes effrayés, ce qui fit rire les assistants. » Après une démonstration d'électricité et de galvanisme, engendrant des convulsions chez des animaux morts et dépecés, le chroniqueur écrit cette phrase terrible, qui en dit long sur l'état de décrépitude, en cette fin de XVIIIᵉ siècle, de la grande science arabe : « On nous fit encore d'autres expériences toutes aussi extraordinaires que les premières, et que des intelligences comme les nôtres ne parviennent pas à saisir. »

6. Gabriel Guémard, *Histoire et Bibliographie critique de la Commission des sciences et des arts et de l'Institut d'Égypte*, Le Caire, 1936.
7. Abdal-al-Rahman al-Jabarti, *Journal d'un notable du Caire…, op. cit.*

Un autre jour, les visiteurs égyptiens se montrent, au contraire, peu impressionnés par une expérience de chimie. Bonaparte, qui est présent, en éprouve quelque agacement. Le cheikh El-Bakri s'en aperçoit et, à brûle-pourpoint, demande à Berthollet si sa science lui permet de se trouver à la fois en Égypte et au Maroc. L'illustre chimiste hausse les épaules, jugeant cette question absurde. « Vous voyez bien, s'exclame alors El-Bakri, que vous n'êtes pas tout à fait sorcier ! »

Des explorateurs en campagne

Relier la Méditerranée à la mer Rouge : c'est l'une des missions confiées par le Directoire à Bonaparte. Rien de moins ! Le percement de l'isthme de Suez figure en toutes lettres dans l'arrêté du 12 avril 1798 : « Le général en chef de l'armée d'Orient s'emparera de l'Égypte ; il chassera les Anglais de toutes les possessions de l'Orient où il pourra arriver ; et notamment détruira tous leurs comptoirs sur la mer Rouge... Il fera couper l'isthme de Suez et prendra toutes les mesures nécessaires pour assurer la libre et exclusive possession de la mer Rouge à la République française. »

Couper l'isthme de Suez... Les politiciens parisiens n'ont pas inventé cette grande idée. La jonction des deux mers fait rêver des Européens depuis le début du XVIe siècle : il s'agit d'opposer une parade au cap de Bonne-Espérance, en réduisant de moitié la route des Indes.

La veille de Noël 1798, Bonaparte se rend à Suez en compagnie de plusieurs généraux, trois cents hommes de troupe, plusieurs savants, dont Monge et Berthollet, ainsi que Jacques-Marie Le Père, ingénieur en chef des Ponts et Chaussées. Aux abords de cette misérable bourgade, située dans un cadre féerique, il traverse la mer Rouge à marée basse, visite des sources d'eau saumâtre, les fameuses « fontaines de Moïse », et repère les traces d'un canal qui, des siècles plus tôt, reliait le Nil à Suez. Au retour, la marée montante le surprend avec son escorte. Une catastrophe est évitée de justesse. Le général Caffarelli, sauvé de la noyade par un soldat, perd sa jambe de bois dans cette aventure. C'est le premier préjudice subi à cause du percement de l'isthme de Suez... Bien des années plus tard, Napoléon n'oubliera pas ce détail dans le *Mémorial de Sainte-Hélène* : « Caffarelli en fut quitte pour sa jambe de bois, ce qui lui arrivait du reste toutes les semaines. »

Le Père est chargé d'entreprendre dès que possible les mesures nécessaires pour relier les deux mers par un canal. L'ingénieur retourne à quatre reprises dans l'isthme avec des collaborateurs. Les conditions difficiles de ce travail, sous la menace des bédouins et avec des moyens techniques insuffisants, peuvent expliquer la conclusion erronée de son rapport, à savoir que les eaux de la mer Rouge sont plus hautes d'une dizaine de mètres que celles de la Méditerranée. Conclusion lourde de conséquences, car la différence de niveau fait craindre une inondation du Delta et ne plaide donc pas en faveur d'un canal direct. Celui-ci, selon Le Père, se heurterait surtout à un obstacle majeur : la difficulté de créer un port dans la baie de Péluse, sur la Méditerranée. L'ingénieur des Ponts et Chaussées penche pour un canal indirect. De toute manière, Bonaparte n'aura pas le temps de le réaliser. Mais l'affaire est lancée, et d'autres s'en chargeront plus tard...

L'exploration de la Haute-Égypte réserve aux Français des motifs d'émerveillement et une formidable moisson. Vivant Denon, âgé d'une cinquantaine d'années, dessine en solitaire dans le sillage de l'expédition militaire conduite par le général Desaix. Les soldats ne comprennent pas toujours à quoi servent les savants et les artistes. « Que venaient donc faire, au sein des bivouacs, ces hommes à grands chapeaux, à longues redingotes vertes, ces arpenteurs et ces gratteurs de sable ? Aux heures de famine et de lassitude, les voltigeurs rejetaient sur eux l'idée et la responsabilité de l'expédition et, pour les vexer, appelaient "savants" les petits baudets blancs du pays [8]. » Lors d'une attaque inattendue des mamelouks, un officier de l'armée d'Orient, après avoir fait mettre son détachement au carré, lance un ordre resté célèbre : « Les ânes et les savants au centre ! »

Et, pourtant, raconte Vivant Denon, lors de l'arrivée à Thèbes, « l'armée, à l'aspect de ces ruines éparses, s'arrêta d'elle-même et, par un mouvement spontané, battit des mains, comme si l'occupation des restes de cette capitale eût été le but de ses glorieux travaux, eût complété la conquête de l'Égypte [9] ». Devant le temple de Dendera, en grande partie enfoui sous le sable, un officier vient lui dire : « Depuis que je suis en Égypte, trompé sur tout, j'ai toujours été mélancolique et malade : Tintyra [Dendera] m'a guéri ; ce que j'ai vu aujourd'hui m'a guéri de toutes mes fatigues. »

Denon est un artiste. Bien différent sera le travail d'un jeune groupe de Français, envoyés sur place en mars 1799, sous la direction d'un ingénieur des Ponts et Chaussées, avec pour mission d'étudier le régime du Nil et l'agriculture. Leur travail terminé, deux polytechniciens, Prosper Jollois, vingt-deux ans, et Édouard Devilliers du Terrage, dix-neuf ans, se passionnent pour l'archéologie. Ils reproduisent, avec infiniment de minutie, temples, statues, obélisques et objets en tous genres. Lorsqu'ils seront rejoints par les deux commissions scientifiques nommées par Bonaparte, on s'apercevra que l'essentiel du travail est déjà fait [10]. Descendant le Nil ensemble jusqu'au Caire, les « savants », jeunes et vieux, vont relever encore mille autres merveilles, admirablement conservées dans le sable,

8. Jean-Marie Carré, *Voyageurs et Écrivains français en Égypte*, Le Caire, IFAO, rééd. 1956, t. I.

9. Dominique Vivant Denon, *Voyage dans la Basse et la Haute-Égypte pendant les campagnes du général Bonaparte*, Paris, 1802.

10. Jean-Claude Golvin, « L'expédition en Haute-Égypte à la découverte des sites », *in* Henry Laurens, *L'Expédition d'Égypte*, op. cit.

sous ce climat sec. Leurs cartons, remplis de notes et de dessins, pourront être rapatriés en France deux ans plus tard.

Le 19 juillet 1799, le capitaine François-Xavier Bouchard, officier du génie, découvre dans les ruines d'un fort, près de la ville de Rosette, une pierre portant une inscription en grec, en démotique et en hiéroglyphes. L'importance de cette stèle, « de 36 pouces de hauteur, d'un beau granit noir, d'un grain très fin, très dur au marteau », n'échappe pas aux savants français. Ils inventent même au Caire un procédé inédit, en avance sur la lithographie, pour pouvoir en conserver des copies. Mais la pierre de Rosette ne leur sert pas à grand-chose pour le moment. L'inscription grecque indique que Ptolémée Philopator avait fait rouvrir tous les canaux d'Égypte, mobilisant pour cela beaucoup d'hommes et dépensant beaucoup d'argent. On imagine que les deux autres textes veulent dire la même chose. « Cette pierre, affirme *Le Courrier d'Égypte* (qui prend le démotique pour du syriaque), offre un grand intérêt pour l'étude des caractères hiéroglyphiques, peut-être même en donnera-t-elle enfin la clef. » Peut-être, en effet…

4

Le mal du pays

Après l'Égypte, la Syrie. Le 10 février 1799, Bonaparte part en direction du Levant, avec Lannes, Kléber et 12 000 hommes. Son but, écrit-il au Directoire, est d'empêcher la jonction de deux armées turques et de chasser les Anglais des côtes. Envisage-t-il de pousser plus loin, jusqu'à Constantinople ? Sa stratégie a changé. Ne parvenant pas à rallier autour de lui les musulmans, il cherche à soulever les Arabes contre les Turcs : il est persuadé que les Syriens sont mûrs pour cela et que, dans la foulée, les Grecs et les Arméniens pourraient se révolter à leur tour. Le nouvel Alexandre rêve sans doute de « marcher sur Constantinople à la tête de tous ces peuples coalisés [1] ».

La campagne de Syrie commence par une traversée du désert, qui rappelle de bien mauvais souvenirs, mais elle réserve de fulgurantes victoires, à El-Arich, Gaza et Jaffa. Dans cette dernière ville, Bonaparte ordonne froidement le massacre des prisonniers. Tous ceux qui ne sont pas égyptiens – près de 2 500 personnes – doivent être fusillés. Le travail sera terminé à la baïonnette, car on manque de cartouches. Un témoin de cette boucherie décrit « une pyramide effroyable de morts et de mourants dégouttant le sang [2] ».

A Saint-Jean-d'Acre, c'est une autre affaire. La ville est vigoureusement défendue par les Ottomans et ravitaillée par la flotte anglaise de Sidney Smith. Les Français, victimes d'une violente épidémie de peste, passent du découragement à la panique. Le médecin chef Desgenettes s'inocule le virus pour rassurer les soldats. Peine perdue. La mort du général Bon et surtout du général Caffarelli, adoré des troupes, contribue à démolir le moral des assaillants. Le 17 mai, après quatorze assauts et deux mois de vains efforts, le siège est levé. On reprend la route maudite du désert, en transportant malades et blessés.

Bonaparte rentre au Caire avec son armée diminuée d'un tiers, mais il

---

1. Henry Laurens, *L'Expédition d'Égypte,* Paris, Armand Colin, 1989.
2. J. Miot, *Mémoires pour servir à l'histoire des expéditions en Égypte et en Syrie,* Paris, 1814.

fait organiser une réception triomphale. Une proclamation, affichée en arabe, informe les Cairotes qu'il ne reste plus deux pierres l'une sur l'autre à Saint-Jean-d'Acre, « au point que l'on se demande s'il a existé une ville en ce lieu ». Le commandant en chef, qui n'a pas réussi la carte de l'arabisme, semble revenir à l'islam. Il précise qu'il « aime les musulmans et chérit le Prophète », qu'il envisage de « bâtir une mosquée qui n'aura pas d'égale au monde », et même d'« embrasser la religion musulmane ».

Il ne le fera pas, invoquant deux obstacles, pour lui-même et pour ses soldats : la difficulté d'accepter la circoncision et de renoncer à l'alcool. Habilement, les oulémas cèdent sur le premier point, puis sur le second. Mais la question se perd, avec les réponses... Seul, dans la haute hiérarchie, le général Jacques Menou (ancien député de la noblesse aux États généraux de 1789) a choisi d'adopter la religion du Prophète et d'épouser une musulmane, se faisant prénommer Abdallah. En Égypte, Bonaparte « use de la mosquée, comme, en Italie, de l'Église [3] ».

Le zèle islamique des généraux français pénalise, en tout cas, les chrétiens locaux. A leur égard, Bonaparte ne manque pas de cynisme. Déconseillant à Kléber de leur permettre des « émancipations », souhaitant qu'ils soient « encore plus soumis, plus respectueux pour les choses qui tiennent à l'islamisme que par le passé », il explique froidement : « Quoi que vous fassiez, les chrétiens seront toujours nos amis. » S'il confie aux coptes la perception des impôts, c'est par nécessité et non par désir d'améliorer leur statut [4]. Plusieurs centaines de ces chrétiens combattront pourtant aux côtés des troupes françaises, dans une légion copte, sous la direction du fameux Yaacoub. Il en sera de même pour des catholiques originaires de Syrie, conduits par un certain Joseph Hamaoui.

La deuxième insurrection du Caire

Quelques semaines après son retour en Égypte, Bonaparte apprend le débarquement de 18 000 Turcs près d'Alexandrie. Il se précipite à leur rencontre et les rejette à la mer. Cette victoire d'Aboukir (25 juillet 1799) lui permet d'effacer le désastre naval du même nom et, du fait même, de justifier son départ pour la France, où son destin l'appelle. Il sait que le Directoire a perdu l'Italie et qu'on a besoin de lui à Paris – ou, tout au moins, qu'il a besoin d'y être. Il embarque secrètement, le 23 août, en compagnie de plusieurs généraux, dont Berthier, Duroc, Lannes, Marmont et Murat, ainsi que de plusieurs membres de la Commission des sciences et des arts, parmi lesquels Monge, Berthollet et Vivant Denon.

Son successeur désigné, Kléber, n'est qu'à moitié convaincu par ce

3. Albert Sorel, *Bonaparte en Égypte*, Paris, Plon.
4. Jacques Tagher, *Coptes et Musulmans*, Le Caire, 1952.

départ, mais il le justifie devant les soldats, en faisant allusion à un possible retour en France de l'ensemble de l'armée d'Orient. Il est personnellement convaincu que cette armée n'a plus grand-chose à faire en Égypte et serait bien plus utile sur les champs de bataille européens. C'est un sentiment largement partagé parmi les officiers. « La plupart avaient cru à une aventure courte, brillante, fructueuse, à un intermède. C'est le blocus, l'exil, l'avancement suspendu[5]... » Si la flotte n'avait pas été détruite à Aboukir, ils auraient levé les voiles depuis longtemps.

Le nouveau commandant en chef assume néanmoins ses fonctions, en parant au plus pressé : trouver de l'argent – donc prélever des impôts – pour faire face à une situation financière désastreuse et régler des soldes impayées. Il organise l'Égypte en huit arrondissements, y nommant des payeurs généraux français secondés par des intendants coptes. On manque de tout, en effet : de canons, de poudre, de bois, de chaussures pour les soldats, de paille pour les chevaux...

Cela n'empêche pas l'Institut d'Égypte de poursuivre ses travaux. Sous Kléber, les savants français continuent à dresser les plans des villes, fouiller les lacs, étudier la flore, cataloguer minéraux et insectes... On mesure la Grande Pyramide, on explore la chaîne libyque. Il est décidé de réunir tous les travaux scientifiques « dans un seul et grand ouvrage » (la future *Description de l'Égypte*).

Kléber envoie des rapports alarmistes au Directoire. Selon lui, l'armée d'Orient, privée de renforts, sans défense du côté de la Syrie, menacée à la fois par les forces turques, les forces anglaises et ce qui reste des forces mameloukes, ne pourra se maintenir longtemps dans la vallée du Nil. C'est dans cette perspective qu'il engage une négociation avec ses adversaires. Les bases d'un accord sont établies le 24 janvier 1800 : les Français pourront partir avec les honneurs, sur des bateaux ottomans mis à leur disposition. Cet accord suscite l'enthousiasme d'une grande partie de l'armée, impatiente de plier bagages. On commence en effet à évacuer la Haute-Égypte et le Delta.

Mais les événements se bousculent. Le gouvernement de Londres, influencé par Nelson, ne ratifie pas l'accord et exige une reddition pure et simple des Français. Kléber, indigné, s'adresse alors à ses troupes : « Soldats, on ne répond à de pareilles insolences que par des victoires ! Préparez-vous à combattre. » Il est entendu. Le 20 mars à Héliopolis, 15 000 Français infligent une cuisante défaite aux Turcs, trois ou quatre fois plus nombreux qu'eux.

Le lendemain éclate la deuxième insurrection du Caire, à l'instigation de plusieurs milliers d'Ottomans, de mamelouks et de Maghrébins. Des barricades sont dressées, tandis que des violences s'exercent contre les chrétiens. La résistance du quartier copte s'organise. Kléber commence par encercler les zones insurgées. Le 15 avril, il bombarde, puis donne

5. Albert Sorel, *Bonaparte en Égypte, op. cit.*

l'assaut au quartier de Boulaq dont les maisons seront incendiées l'une après l'autre. La rébellion est matée. Une lourde taxation sera imposée aux musulmans, en particulier aux notables. L'armée reprend ses positions dans le Delta, tandis que l'un des deux chefs mamelouks, Mourad bey, se rallie à l'occupant et se proclame désormais « sultan français ». Le vent tourne, dans le bon sens. L'Égypte est en partie reconquise. Des légions orientales (copte, grecque, régiment de mamelouks…) sont organisées et viennent renforcer les effectifs. On ne parle plus d'évacuation.

Le 14 juin, Kléber est poignardé à mort, dans le jardin de sa résidence, par un musulman syrien, Soleiman el-Halabi. Livré au redoutable Barthélemy – un chrétien grec d'Orient, rallié aux Français et chargé des basses besognes –, l'agresseur ne tarde pas à avouer qu'il a agi seul, après avoir fait part de ses intentions à plusieurs cheikhs d'El-Azhar. Trois de ceux-ci seront décapités, alors que pour le meurtrier est choisi « un genre de supplice en usage dans le pays pour les plus grands crimes » : « avoir le poignet droit brûlé, être ensuite empalé, et rester sur le pal jusqu'à ce que son cadavre soit mangé par les oiseaux de proie ». Cette sinistre exécution a lieu aussitôt après les funérailles de Kléber, en présence de l'armée et des habitants du Caire. Le souci scientifique ne se démentant pas, le chirurgien-chef Larrey récupère le corps du supplicié pour sa collection. Le crâne de l'assassin de Kléber « sera montré, pendant des années, aux étudiants en médecine afin de leur faire voir la bosse du crime et du fanatisme, avant de finir au musée de l'Homme[6] ».

Abdallah Menou, partisan de la colonisation

C'est un musulman de fraîche date, Abdallah Menou, qui remplace Kléber. Ce général très critiqué n'a pas le prestige de ses deux prédécesseurs. Il est porteur, en revanche, d'un projet assez cohérent, qu'il va commencer à mettre en œuvre : la colonisation de l'Égypte. Les Français, selon lui, sont là pour rester et doivent s'organiser en conséquence. Le nouveau commandant en chef, qui n'aime guère les chrétiens, rétablit le conseil de notables (*diwan*) en ne l'ouvrant qu'aux musulmans. Il engage une réforme fiscale et décrète que les tribunaux égyptiens rendront la justice au nom de la République française. Toute une série de règlements sont édictés, grâce à quelques mois de stabilité sans menaces militaires. De Paris, Bonaparte, qui est devenu premier consul, commence à envoyer des munitions.

Menou n'est cependant ni aimé ni très estimé des troupes. Sa manie des règlements et la manière désagréable dont il traite ses adversaires lui valent des critiques croissantes. La division de la hiérarchie ne fait qu'ajouter au malaise de l'armée, qui se demande depuis le début de l'Expédition ce qu'elle est venue faire sur les bords du Nil.

6. Henry Laurens, *L'Expédition d'Égypte, op. cit.*

On lui a d'abord dit qu'elle libérait l'Égypte de la tyrannie des mamelouks, avec l'appui du sultan. Mais le sultan a lancé des appels à la guerre sainte contre les Français, puis a envoyé des troupes pour les combattre. Et voilà que l'on s'allie maintenant à Mourad bey, le chef mamelouk qui s'était réfugié en Haute-Égypte... Si le départ de Bonaparte a créé un sentiment d'abandon, l'assassinat de Kléber, très aimé, a provoqué douleur et désarroi. Les difficultés de la vie quotidienne s'en font d'autant plus sentir. On ne s'habitue ni au climat ni au manque d'hygiène. La nourriture locale est peu appréciée, le bon vin regretté. Quant aux femmes... Les vivandières, les cantinières et les quelque trois cents épouses ou amies de militaires qui avaient embarqué clandestinement sont harcelées. Les relations avec les Égyptiennes sont difficiles, et l'on se rabat sur les esclaves ou les prostituées. Les distractions sont rares, même si des chrétiens locaux ont ouvert des cafés à l'européenne. Il ne suffit pas d'escalader la Grande Pyramide, d'y graver son nom ou même de dîner au sommet pour dissiper le mal du pays. Les lettres de soldats français, interceptées par les Anglais et publiées à Londres, sont éloquentes à cet égard [7].

Au fond, l'Expédition souffre, depuis le début, de l'incertitude de ses objectifs, comme l'a souligné l'historien Jacques Bainville : « Voulait-on un établissement durable ? Cherchait-on une diversion et une monnaie d'échange dans la guerre avec l'Angleterre qui alors dominait tout ? Même dans l'esprit de Bonaparte, ces idées n'étaient pas claires. On parlait quelquefois de l'Égypte comme d'une "colonie" destinée à remplacer celles que la Révolution avait perdues et qui, par sa richesse, par son incomparable situation, vaudrait cent fois mieux que Saint-Domingue. D'autres fois, elle était considérée comme un gage et un moyen de négocier. On n'avait pas voulu mettre en question la suzeraineté de la Turquie. On avait annoncé aux habitants qu'on venait les délivrer et les aider à se diriger eux-mêmes. Il avait été procédé tantôt à des tentatives d'assimilation et tantôt à des ébauches de gouvernement local parfaitement contradictoires. En fait, le régime avait été celui de l'occupation militaire bienveillante, un régime provisoire, jamais défini, et qui n'était ni tout à fait la colonie ni tout à fait le protectorat [8]. »

Abdallah Menou ne sera pas l'homme de la colonisation, mais de la retraite, après plusieurs batailles militaires mal conduites contre la coalition anglo-turque et d'humiliantes négociations. C'est sur des bateaux de Sa Majesté britannique qu'est rapatriée la glorieuse armée d'Orient à partir du 2 septembre 1801. Les Français emmènent la dépouille de Kléber, qui a été retirée de son tombeau. Ils emportent aussi une partie des trésors recueillis par leurs savants. Les Anglais voulaient tout confisquer. Une

7. Jean-Joël Brégeon, *L'Égypte française au jour le jour, 1798-1801*, Paris, Perrin, 1991.

8. Jacques Bainville, *Précis de l'histoire d'Égypte par divers historiens et archéologues*, Le Caire, IFAO, 1933, t. 3.

violente discussion s'est engagée alors. Au nom de ses collègues, le naturaliste Geoffroy Saint-Hilaire a menacé les vainqueurs : « Nous brûlerons nous-mêmes nos richesses. C'est à de la célébrité que vous visez. Eh bien ! comptez sur les souvenirs de l'histoire : vous aurez aussi brûlé une bibliothèque dans Alexandrie. » Parmi les objets saisis figure la fameuse pierre de Rosette, qui sera exposée au British Museum (et ne fera qu'un seul voyage à Paris, en … 1972, à l'occasion du cent cinquantième anniversaire de la découverte de Champollion).

L'armée d'Orient est restée trente-huit mois sur les bords du Nil. Elle a perdu au total 13 500 hommes – parmi lesquels beaucoup furent victimes de la peste –, et son bilan paraît bien maigre. « Le lendemain de l'évacuation de la terre d'Égypte par les Français, rien ne restait de leur culture. Les Égyptiens demeuraient totalement étrangers à cette civilisation qui venait de se révéler à eux. Malgré son éclat, rien ne restait de leur langue, de leurs goûts, de leurs arts, à quelques exceptions près », écrit une Égyptienne qui a dirigé la section de français à la faculté de jeunes filles de l'université islamique d'El-Azhar. Mais, pour ajouter aussitôt : « L'Égypte moderne date du 2 juillet 1798, jour où Bonaparte, à bord de son bateau *L'Orient*, annonça qu'il débarquait en Égypte » [9].

Les conséquences de l'Expédition se manifesteront, en effet, indirectement et à retardement. Cette histoire ne fait que commencer.

---

9. Kawsar Abdel Salam el-Beheiry, *L'Influence de la littérature française sur le roman arabe*, Québec, Naaman, 1980.

5

Retours d'Égypte

Rentré d'Égypte avec Bonaparte, Vivant Denon s'est mis aussitôt à la tâche, écrivant, dessinant, gravant lui-même certaines planches. Son *Voyage dans la Basse et la Haute-Égypte pendant les campagnes du général Bonaparte*, qui paraît en 1802, fait sensation. On se l'arrache, en attendant de le traduire en plusieurs langues. Il sera réimprimé quarante fois au cours du siècle.

Le formidable succès de ce livre tient d'abord à sa qualité et à son originalité. C'est le témoignage d'un correspondant de guerre, qui ne cesse jamais d'être un artiste. Denon a assisté, du haut d'une tour, à la bataille navale d'Aboukir, il a accompagné Menou dans la « pacification » du Delta, et surtout Desaix, en Haute-Égypte, à la poursuite des mamelouks. Il a fait des esquisses « entre deux coups de fusil[1] », utilisant pour table les genoux d'un soldat ou grimpant sur les épaules d'un autre pour mieux voir une frise ou un chapiteau. Plus d'une fois, ce quinquagénaire a dû supplier les militaires de faire un détour, de prolonger une halte, pour lui permettre de travailler. Dans la vallée des Rois, obtenant de visiter la tombe de Ramsès III, il a demandé à hauts cris un quart d'heure. « On m'accorda vingt minutes la montre à la main ; une personne m'éclairait, tandis qu'une autre promenait une bougie sur chaque objet que je lui indiquais... »

Ce reportage au pas de charge donne à son livre un caractère très particulier, et beaucoup de charme. Quoique rapides, les dessins sont supérieurs à ceux de Norden ou de Pococke, qui faisaient autorité jusque-là. Le texte, lui, rompt avec les lois du genre : pas d'emprunts aux auteurs classiques, pas de digressions historico-philosophiques. Ce sont des faits et des images, saisis sur le vif, dans le feu de l'action. L'artiste joue pourtant sur tous les tableaux, mêlant les genres et les époques, les monuments et les personnages, les ethnies et les dynasties.

Le succès du livre s'explique aussi par son actualité. Vivant Denon a devancé tous ses collègues, artistes ou savants de l'Expédition. Publié le

---

1. Jean-Marie Carré, *Voyageurs et Écrivains français en Égypte*, Le Caire, IFAO, rééd. 1956, t. I.

premier, il répond exactement aux attentes d'un public assoiffé d'Égypte et d'épopée. Il s'inscrit dans une mode, qu'il contribue à créer. La dédicace à Bonaparte exprime bien cette volonté d'unir la civilisation pharaonique à l'aventure napoléonienne : « Joindre l'éclat de votre nom à la splendeur des monuments de l'Égypte, c'est rattacher les fastes glorieux de notre siècle aux temps fabuleux... »

Cela ne l'empêche pas – et c'est une autre qualité du livre – d'exprimer ses hésitations, voire ses dégoûts. Cet amoureux de la Grèce a eu du mal à entrer dans l'art égyptien, si peu conforme aux canons classiques, jusqu'au moment où il est tombé en admiration devant les temples de Haute-Égypte. Les pyramides, par exemple, ne lui semblaient être que la marque d'un pouvoir despotique, mobilisant des milliers d'hommes pour construire des monuments démesurés et inutiles.

Accompagnant une armée en campagne, ce qu'aucun écrivain-voyageur n'avait fait avant lui – sinon Joinville, au temps de la croisade, mais qui n'avait rien vu de l'Égypte –, Denon découvre les horreurs de la guerre, avec son cortège de massacres, de représailles, de viols et de mutilations. Tout en chantant les victoires françaises, ce patriote ne peut s'empêcher de s'exclamer : « Ô guerre, que tu es brillante dans l'Histoire ! mais vue de près, ce que tu deviens hideuse, lorsque tu ne caches plus les horreurs des détails ! »

Une encyclopédie sans pareille

On s'apercevra par la suite que ses planches sont beaucoup moins précises que celles de la *Description de l'Égypte*. Mais lorsque cette œuvre monumentale commence à paraître, à partir de 1809, l'auteur est déjà célèbre. C'est d'ailleurs à lui qu'on fait appel pour réaliser la gravure d'ouverture de ce *Recueil des observations et des recherches qui ont été faites en Égypte pendant l'expédition de l'armée française, publié par les ordres de Sa Majesté l'Empereur Napoléon le Grand*. Un sous-titre à la mesure de l'ouvrage !

Le frontispice dessiné par Denon est un tableau symbolique de l'Égypte. Une perspective audacieuse, allant de la Méditerranée aux cataractes, offre d'un seul coup d'œil les temples, les pyramides, le sphinx, les obélisques, et même la pierre de Rosette... Sur son char, Bonaparte-Apollon marche à la tête des Sciences et des Arts. Les victoires françaises (Aboukir, El-Arich, Gaza...) figurent dans des cartouches pharaoniques, au même titre que les grandes villes antiques comme Thèbes ou Alexandrie. Le « N » impérial est entouré du serpent, symbole de l'immortalité.

La première édition de la *Description de l'Égypte* compte 9 volumes de textes et 14 volumes de planches, dont 3 de format atlantique, de 1,20 mètre de longueur. L'œuvre est organisée en trois parties : Antiquité, Égypte moderne et histoire naturelle. Elle réunit 126 mémoires sur les sujets les plus divers et 894 planches, en noir ou en couleurs, à couper le souffle. Tout y est : des hommes aux insectes, des monuments aux outils de menuiserie. Aucun pays n'avait été étudié d'aussi près, pas même la France !

Ce chef-d'œuvre a été réalisé sous la direction de huit anciens d'Égypte : Berthollet, Conté, Costaz, Desgenettes, Fourier, Girard, Lancret et Monge. Un neuvième, le géographe Jomard, prend la relève, car la publication s'étend sur de longues années. Lors de la sortie du dernier volume, en 1828, Napoléon n'est déjà plus de ce monde, la France est gouvernée par Charles X et, dans l'intervalle, l'éditeur Pancoucke a publié une nouvelle version, plus maniable… dédiée à Louis XVIII. Elle comprend 26 volumes in-octavo et coûte trois fois moins cher que la précédente.

Vivant Denon avait travaillé seul, en artiste. Ici, il s'agit d'une œuvre collective, réalisée par des spécialistes, avec une volonté encyclopédique. Ce ne sont pas des récits de voyage subjectifs et des croquis, mais des inventaires, des relevés d'architectes, des planches de naturalistes. Le grand mérite de la *Description* est son extrême minutie. La carte de l'Égypte, réalisée au 1/100 000e par vingt-trois graveurs, est d'une telle précision que, pour des raisons de sécurité, Napoléon a dû en interdire la publication immédiate. Quant aux monuments, les auteurs ne se sont pas contentés de les reconstituer fidèlement. Ils les représentent sous tous les angles, de l'intérieur et de l'extérieur. L'œil du lecteur « peut y compter les pierres, juger des matériaux employés, des styles en vigueur, des techniques mises en œuvre » ; on lui signale parfois que l'architecte d'alors « n'a pas respecté tout à fait l'arrondi d'une coupole, a trahi quelque peu le volume, mal effectué un métré[2] »…

Les auteurs de la *Description* se permettent pourtant des fantaisies, dans un souci didactique ou simplement pour donner de la vie à cette cathédrale. Ils reconstituent des monuments à moitié détruits ou enfouis, rétablissent des couleurs d'origine effacées par les siècles, dessinent des personnages au milieu des pierres, qui permettent de donner l'échelle des monuments. Quelques-uns de ces lilliputiens portent l'uniforme, « silhouettes d'officiers à cheval, petits soldats de plomb à la parade, troupiers bivouaquant au pied des ruines, déambulant entre les portiques des temples », comme pour souligner la présence française, rappeler « la liaison intime entre science et puissance, occupation et révélation, passé archéologique égyptien et présence armée française »[3].

La *Description* n'est pas parfaite. Chaque auteur a travaillé séparément, ce qui donne lieu à des répétitions ou des interprétations différentes. La construction générale souffre de désordre : on peut trouver une étude médicale à côté d'un article sur les élevages de poulets… La commission n'a pas fait d'index. Elle n'a même pas publié un sommaire qui aurait

2. Jean-Claude Vatin, « Le Voyage et la Description », *Images d'Égypte*, Le Caire, CEDEJ, 1992.
3. *Ibid.*

permis de se retrouver dans ce dédale. Curieux oublis pour une œuvre de cette importance !

Peut-on reprocher aux auteurs de prendre le temple de Karnak pour un palais ? Ne pouvant déchiffrer les hiéroglyphes, influencés par leur formation classique et par le climat de leur époque, ils considèrent le monde pharaonique de manière un peu simpliste : à leurs yeux, c'est un monde aux mœurs douces, qui se montre humain en toutes circonstances, même sur le champ de bataille ; un monde dominé par la Sagesse et régi par la Science ; un monde dont les prêtres sont plus chercheurs que théologiens [4]... Mais, pour le début du XIXe siècle, cette *Description de l'Égypte* est un exploit extraordinaire et, aujourd'hui encore, des chercheurs y trouvent leur miel, ne serait-ce que pour connaître des monuments disparus depuis lors.

Acheter la *Description* est une chose. Encore faut-il pouvoir la ranger et la consulter. L'ébéniste parisien Charles Morel propose, dans les années 1810, une bibliothèque spéciale, dessinée par Jomard. C'est un meuble luxueux, en chêne de Hollande, aux moulures en bois d'amarante, dont les montants à pilastres portent une frise de style égyptien. Un tiroir garni d'un maroquin permet de placer l'atlas géant et de prendre des notes. Diverses variantes de ce meuble sont proposées aux souscripteurs, par Morel ou d'autres ébénistes. L'abbaye Saint-Pierre de Salzbourg s'offre une pièce encore plus somptueuse, en placage de merisier, avec des sculptures dorées. Le père-abbé a dessiné lui-même cette reproduction du temple de Dendera, à partir d'une planche de la *Description*. Cette initiative lui a coûté une fortune, mais il juge la dépense nécessaire « afin d'insuffler l'amour de la chose scientifique à ses clercs [5] ».

L'égyptologie relance l'égyptomanie

Avec le *Voyage* de Denon, et surtout avec la *Description,* la France passe de l'égyptomanie à l'égyptologie. Celle-ci, pourtant, relance celle-là, et on retrouvera le processus par la suite, à chaque grande découverte ou réalisation dans la vallée du Nil, que ce soit le déchiffrement des hiéroglyphes, le percement du canal de Suez ou la mise au jour du trésor de Toutankhamon.

L'égyptomanie fait des ravages dans les intérieurs de la bourgeoisie française au début du XIXe siècle. On assiste à une floraison de commodes, fauteuils, tables ou consoles, privilégiant la tête pharaonique coiffée du némès, en bronze ou sculptée directement dans le bois. Il ne s'agit plus d'éléments de décor isolés, comme avant l'Expédition, mais de meubles entièrement « égyptiens ». S'y ajoutent toutes sortes d'objets de même

---

4. Claude Traunecker, « L'Égypte antique de la "Description" », *in* Henry Laurens, *L'Expédition d'Égypte,* Paris, Armand Colin, 1989.
5. *Égyptomania. L'Égypte dans l'art occidental, 1730-1930,* Paris, musée du Louvre, 1994, p. 264 et 326.

inspiration : vaisselle, pendules, candélabres, chenets, encriers… sans compter le papier peint et les bordures de mouchoirs. Une nouvelle couleur fait son apparition : « terre d'Égypte ».

Cette abondante production nourrit l'imaginaire des Français et suscite des vocations. Jean-Jacques Riffaud, un jeune ouvrier marseillais employé dans des ateliers parisiens, découvre l'Égypte en sculptant des sphinx ailés dans l'acajou des fauteuils et des guéridons. « Je serais bien aise de connaître ce nouveau style sur les lieux ! » s'exclame-t-il. Riffaud réalisera son rêve en 1813, pour devenir peu à peu le plus grand pilleur français d'antiquités dans la vallée du Nil[6]…

Le *Voyage,* la *Description* et la publication de nombreux autres livres de moindre importance (études scientifiques particulières ou témoignages d'officiers) ne suffisent pas à expliquer le regain d'égyptomanie en France au cours des premières années du siècle. Jean-Marcel Humbert, l'un des meilleurs spécialistes du phénomène, indique trois autres facteurs, d'importance inégale, qui ont contribué à cet extraordinaire engouement pour le pays des pharaons[7].

L'Italie, d'abord. Des émigrés en reviennent. Ils ont été marqués par les œuvres égyptisantes qui font florès depuis longtemps de l'autre côté des Alpes et passent commande d'objets similaires. D'ailleurs, les œuvres saisies par Bonaparte lors de la campagne d'Italie ont été solennellement accueillies en France par une fête, les 9 et 10 thermidor an VI (1798). Comprenant nombre de statues égyptiennes ou égyptisantes, dont l'*Antinoüs* de la villa Hadrien, elles inspirent une foule d'artistes ou de copistes.

Une deuxième influence est exercée par la franc-maçonnerie, qui reprend ses activités en France à partir de 1801. Napoléon souhaite la contrôler et la détacher de l'Angleterre. Il s'y emploie avec l'aide de Cambacérès, grand maître du Grand Orient, qui contribue à diffuser l'égyptomanie dans les loges. On voit se multiplier les temples de style pharaonique, les « diplômes de maître » illustrés par le sphinx ou les pyramides, les tabliers « retour d'Égypte »…

La relance de l'égyptomanie s'explique enfin par le contexte politique. Des architectes, des peintres et des décorateurs cherchent à plaire au premier consul, au consul à vie, et plus encore à l'empereur. Lorsqu'il se rend en Belgique au cours de l'été 1803, pour visiter les « départements nouvellement réunis », Napoléon est accueilli à chaque étape par des décors égyptiens. A Anvers, la façade de l'hôtel de ville est flanquée de deux pyramides de granit rouge, chargées d'hiéroglyphes et couronnées de globes lumineux. A Bruxelles, l'escalier de la préfecture compte un sphinx, un dieu canope et même des plantes prétendues nilotiques. Un obélisque a été planté dans le jardin. Le bâtiment, ainsi que de nombreuses façades de maisons, ont été repeints en « terre d'Égypte ». Au théâtre de

---

6. Jean-Jacques Fiechter, *La Moisson des dieux,* Paris, Julliard, 1994.
7. Jean-Marcel Humbert, *L'Égyptomanie dans l'art occidental,* Paris, ACR, 1989.

la Monnaie, on joue une pièce dont le héros a sauvé la vie au père de sa dulcinée à Aboukir[8]...

Napoléon souhaite que « les arts se tournent vers les événements qui ont marqué ». Il ne sera pas déçu. Les artistes s'activent, de leur propre initiative ou à l'instigation de Vivant Denon, devenu directeur des Beaux-Arts, qui multiplie les commandes officielles. Sur les quinze fontaines parisiennes dont la création est décidée par décret le 2 mai 1806, six seront d'inspiration égyptienne. Les sculpteurs rivalisent de zèle et désolent les auteurs de la *Description*. Dans la corniche de la fontaine de la rue de Sèvres, le disque ailé est remplacé par l'aigle impériale. Le sculpteur, qui s'est inspiré de l'*Antinoüs* du Capitole, donne une coiffure de pharaon au serviteur tenant une cruche dans chaque main. Péché véniel, à côté des monstruosités qui se commettent en ville, comme le monument de la place des Victoires, érigé en 1810 en l'honneur de Desaix. Le conquérant de la Haute-Égypte est représenté nu, à l'antique, près d'un obélisque, dominant une tête de pharaon décapitée. Le piédestal fait six mètres de hauteur, et la statue plus de cinq. Des Parisiens ayant été choqués par les attributs virils du général défunt, on masque pudiquement l'objet du scandale par des échafaudages. La statue disparaît en 1814, puis l'ensemble du monument finit par rejoindre les poubelles de l'Histoire... Quant à l'obélisque de soixante mètres de hauteur, dont la construction a été décidée sur le Pont-Neuf, il n'aura pas le temps de voir le jour : Napoléon éliminé, le socle accueillera la statue d'Henri IV.

Sous l'Empire, la manufacture de Sèvres travaille d'arrache-pied, à partir des dessins de Denon ou des planches préparatoires de la *Description,* pour fournir de la vaisselle d'apparat. L'œuvre la plus spectaculaire est un « service à dessert des vues d'Égypte », comprenant deux cabarets pour le café et le thé, dont le surtout de table en biscuit blanc de porcelaine fait six mètres et demi de long ! Tout y est reproduit : Philae, Edfou, Dendera, les obélisques, les colosses de Memnon, une allée de trente-six béliers... Cette construction délicate, interrompue par des difficultés techniques ou d'autres travaux en cours, demande cinq années. Napoléon finit par offrir le service au tsar Alexandre Ier. Mais Joséphine en réclame un, et l'on se remet à la tâche[9]. Le 1er avril 1812, l'objet arrive au château de Malmaison, « sur sept brancards, porté par quatorze hommes ». Peu de temps après, l'impératrice convoque Théodore Brongniart, le célèbre décorateur, pour lui dire que, finalement, elle trouve cet ensemble « trop sévère » et en désire un autre. Le service retourne à la manufacture de Sèvres. Six ans plus tard, Louis XVIII l'offrira à Wellington, ambassadeur de Grande-Bretagne à Paris, avec un petit mot resté célèbre : « Je vous prie d'accepter quelques assiettes... »

---

8. Bernard Van Rinsveld, « L'égyptomanie au service de la politique : la visite de Bonaparte à Bruxelles en 1803 », in *L'Égyptomanie à l'épreuve de l'archéologie,* Paris, musée du Louvre, 1996.

9. Jean-Marcel Humbert, in *L'Égyptomania...*, *op. cit.*, p. 225.

L'Empire n'a pas de passé, il doit se trouver un style. Denon aide Napoléon à le tailler à sa mesure, grâce à l'art égyptien, dont la richesse permet mille utilisations. « L'Empire, c'est un style qui n'en est pas un, remarque Jean-Claude Vatin, un agrégat d'éléments hétéroclites, une bigarrure, avec un peu de liant dans la décoration et pas mal de lourdeurs dans la construction... C'est plus un décor qu'une marque originale. Cela laisse donc la place aux placages, plagiats, reconstitutions mêlées de chamarrures superfétatoires et rehaussées de pharaoneries problématiques, comme à d'agréables copies, de parfaites reproductions et d'harmonieux mariages de styles et de matériaux [10]. »

En société, sous le Consulat, l'une des distractions les plus recherchées est la « soirée égyptienne ». Après le dîner, le maître de maison conduit ses invités dans la pièce la plus obscure de l'appartement. Les dames présentes sont placées sur des sièges, tout près les unes des autres, et, dans le noir, il se met à raconter une histoire terrifiante. « Aussitôt toutes de sentir le frisson courir sur leur épiderme et l'épouvante envahir leur âme. Et ces sensations, se communiquant par le voisinage de l'une à l'autre, l'horreur et la crainte allaient en augmentant, jusqu'à ce que, tous les nerfs affolés, elles demandassent grâce et le retour à la lumière... » Le Premier Consul se passionnait, paraît-il, pour ce divertissement [11].

L'égyptomanie, antérieure à Napoléon, ne disparaîtra pas avec lui. Elle trouvera une nouvelle vie sous la Restauration, la monarchie de Juillet, le Second Empire... L'Égypte est utilisée à toutes les sauces, y compris pour les jeux de foire. En 1818, à Paris, rue du Faubourg-Poissonnière, les amateurs de sensations fortes se voient proposer des « montagnes égyptiennes ». On y accède par une sorte de portique pharaonique. Dans ces montagnes russes sans balustrade, il arrive que des clients, pris de vertige, perdent pied et s'écrasent au sol...

L'Expédition d'Égypte va inspirer des peintres pendant des décennies. Nul besoin d'avoir visité la terre des pharaons pour évoquer les rues du Caire, l'assassinat de Kléber ou la victoire des Pyramides. Antoine Gros figure parmi les plus talentueux de ces artistes sédentaires, avec *Les Pestiférés de Jaffa* (1804) et *La Bataille d'Aboukir* (1806), précédant la célèbre *Marche du désert* de Géricault (1822).

De leur côté, les tricoteurs de rimes n'en finissent pas de célébrer l'épopée, comme le poète Debraux, qui compose une chanson :

> Te souviens-tu de ces jours trop rapides
> Où le Français acquit tant de renom,
> Te souviens-tu que sur les Pyramides
> Chacun de nous osa graver son nom ?
> Malgré les vents, malgré la terre et l'onde,

10. Jean-Claude Vatin, « Vivant Denon en Égypte », *La Fuite en Égypte*, Le Caire, CEDEJ, 1989.
11. Jean Savant, *Les Mamelouks de Napoléon,* Paris, Calmann-Lévy, 1949.

> On vit flotter, après l'avoir vaincu,
> Notre étendard sur le berceau du monde,
> Dis-moi, soldat, dis-moi, t'en souviens-tu ?

Les mamelouks de l'empereur

Parmi les combattants d'Égypte, il est une catégorie qui subjugue la France du début du siècle : les mamelouks, recrutés dans la vallée du Nil, puis revenus avec l'armée d'Orient après l'avoir servie sur place. On les peint, on chante leurs mérites, on s'en inspire pour créer des coiffures (cheveux ramassés en turban, surmontés d'une aigrette) ou des vêtements pour enfants [12]. La mameloukomanie est une variante de l'égyptomanie. Dans ses *Souvenirs,* le plus célèbre d'entre eux, Roustam, rapporte cette phrase de Napoléon : « Voilà ma chambre à coucher, je veux que tu couches à ma porte, et ne laisse entrer personne, je compte sur toi ! » Cette image de chien de garde s'imprimera pour longtemps dans les esprits. Le mamelouk est l'homme un peu simple, d'une fidélité absolue, capable de se faire tailler en pièces pour protéger l'empereur, que ce soit sur le champ de bataille ou sous les lambris de Saint-Cloud.

Quelques mois après son arrivée au Caire, Bonaparte a fait enrôler de jeunes mamelouks de huit à seize ans, abandonnés par leurs maîtres. De retour en France, ils sont mêlés à d'autres rapatriés – Grecs, coptes et Syriens – ayant collaboré avec les forces d'occupation. On en sélectionne cent cinquante, qui sont confiés à Murat et casernés à Melun, avec un uniforme spécial. Les autres rejoignent les chasseurs d'Orient.

Les mamelouks participent à plusieurs grandes batailles napoléoniennes, se distinguant notamment à Austerlitz et à Eylau. « L'escadron des mamelouks, au milieu de la Garde impériale, était comme une page mystérieuse des *Mille et Une Nuits* jetée au milieu d'une chaleureuse harangue de Démosthène », écrit avec emphase, dans ses Mémoires, Marco de Saint-Hilaire, ancien page de Napoléon. « L'étendard à queue de cheval, les timbales, les trompettes, les armes, le harnachement complet du cheval, tout était à la turque, et ces vêtements élégants, ces damas étincelants et recourbés, cette aigrette qui surmontait le turban asiatique, ces chamarrures d'or et de soie faisaient rêver, comme malgré soi, aux conquêtes des rois maures et aux exploits des Abencérages. » Peu à peu, pourtant, le corps des mamelouks a vu s'adjoindre des recrues de diverses nationalités, et même des Français. Un avant-goût de la Légion étrangère...

Dans les années suivantes, on parlera d'une autre catégorie de « mamelouks » : des Français, ceux-là, restés en Égypte et passés au service des beys ou de Mohammed Ali, le fondateur de la dynastie égyptienne. « Les grandes armées, écrit Chateaubriand dans son *Itinéraire de Paris à*

---

12. *Ibid.*

Jérusalem, laissent toujours après elles quelques traîneurs : la nôtre perdit deux ou trois cents soldats qui restèrent éparpillés en Égypte. Ils prirent parti sous différents beys et furent bientôt renommés pour leur bravoure. Tout le monde convenait que si ces déserteurs, au lieu de se diviser entre eux, s'étaient réunis et avaient nommé un bey français, ils se seraient rendus maîtres du pays. Malheureusement, ils manquèrent de chef et périrent presque tous à la solde des maîtres qu'ils avaient choisis. »

Cinq de ces « mamelouks » sont mis à la disposition de Chateaubriand, lors de son bref séjour au Caire en 1806. Leur chef, Abdallah, est le fils d'un cordonnier toulousain : « Rien n'était amusant et singulier comme de voir Abdallah, de Toulouse, prendre les cordons de son caftan, en donner par le visage des Arabes ou des Albanais qui l'importunaient, et nous ouvrir ainsi un large chemin dans les rues les plus populeuses. Au reste, ces rois de l'exil avaient adopté, à l'exemple d'Alexandre, les mœurs des peuples conquis ; ils portaient de longues robes de soie, de beaux turbans blancs, de superbes armes ; ils avaient un harem, des esclaves, des chevaux de première race ; toutes choses que leurs pères n'ont point en Gascogne ou en Picardie. Mais au milieu des nattes, des tapis, des divans que je vis dans leur maison, je remarquai une dépouille de la patrie : c'était un uniforme haché de coups de sabre qui couvrait le pied d'un lit fait à la française. »

D'autres voyageurs décriront plus tristement ces débris de l'armée d'Orient devenus guides en Haute-Égypte ou patrons de débits de boissons au Caire. Les « Abdallah de Toulouse » ou « Sélim d'Avignon » ont eu, en tout cas, leur heure de gloire comme instructeurs militaires, préfigurant la nouvelle présence française en Égypte sous Mohammed Ali.

6

Les techniciens de Mohammed Ali

La rapidité avec laquelle la France rétablit sa position en Égypte après l'humiliante retraite de 1801 est prodigieuse. Dès l'année suivante, un traité est conclu avec l'Empire ottoman : on oublie tout et on reconfirme les accords précédents, à commencer par les Capitulations. Un consul est nommé au Caire en la personne de Mathieu de Lesseps (le père du promoteur du canal de Suez), auquel est adjoint un consul à Alexandrie, Bernardino Drovetti. Dans un climat chaotique, alors que mamelouks et forces ottomanes se disputent le pays, les deux hommes misent sur le bon cheval : Mohammed Ali. Cet Ottoman, originaire de Cavalla, en Macédoine, est le chef du contingent albanais. Les oulémas, soutenus par la population du Caire, se tournent vers lui pour rétablir l'ordre. Habilement, il les laisse se révolter et chasser le pacha désigné par Constantinople, puis accepte de prendre sa place. La Sublime Porte se voit contrainte de reconnaître le fait accompli. Mohammed Ali est officiellement nommé gouverneur d'Égypte en 1805. A Paris, comme dans d'autres capitales européennes, on le baptise « vice-roi ».

Lorsque Lesseps quitte l'Égypte, en 1804, cédant son poste à Drovetti, le nouvel homme fort de la vallée du Nil est déjà un ami de la France. Les représentants de Napoléon ont su gagner sa confiance, le conseiller et l'aider, dans la mesure de leurs moyens. Drovetti, surtout, va développer habilement cette relation. Ce Piémontais, rallié à Bonaparte pendant la campagne d'Italie, a été un officier courageux et un brillant administrateur, avant d'être nommé au Caire. Il donne de précieux conseils à Mohammed Ali, en 1807, quand les Anglais, alliés aux mamelouks, font l'erreur de vouloir débarquer à Alexandrie : vaincues, les troupes de Sa Majesté doivent repartir. Le prestige du vice-roi en sort beaucoup grandi. Quatre ans plus tard, il assoit définitivement son pouvoir en tendant un guet-apens aux principaux princes mamelouks, qu'il fait exterminer à la Citadelle du Caire.

Mohammed Ali est donc bien disposé à l'égard des Français, qu'il a observés et admirés – en les combattant – à la fin de l'Expédition. Un petit fait survenu dans sa jeunesse n'est pas étranger à son état d'esprit. « Je n'oublierai jamais que c'est un Français qui, le premier, m'a tendu la main », dit-il volontiers à ses interlocuteurs. Un certain M. Lyons, négociant en Macédoine, aurait aidé financièrement sa famille pour lui permettre de poursuivre en justice un meurtrier. On n'en sait pas davantage. M. Lyons, ignoré des manuels d'histoire, mérite une mention, à défaut d'une statue. Voilà qui est fait...

Soliman pacha, enfant de Lyon

Le maître de l'Égypte, qui se vante d'être « né dans le même pays qu'Alexandre et la même année que Napoléon », ne sait ni lire ni écrire (il apprendra à déchiffrer le turc, la seule langue qu'il connaisse, à quarante ans passés). Mais cet analphabète génial veut faire de son pays d'adoption un État puissant, et même un empire. Son premier souci étant de se doter d'une armée forte, il institue le service militaire obligatoire, malgré le peu d'attirance des fellahs égyptiens pour le métier des armes et les réticences des officiers turcs à les accueillir. Pour se moderniser, cette armée a besoin d'instructeurs européens. Mohammed Ali les trouve d'abord en Italie – dans sa troupe en formation, les ordres sont donnés en italien, puis en turc – et ensuite parmi les officiers français des guerres napoléoniennes, mal vus à Paris depuis l'arrivée au pouvoir de Louis XVIII.

C'est ainsi que Joseph-Anthelme Sève, qui a combattu à Trafalgar, en Russie et à Waterloo, avant d'être placé en demi-solde, débarque en Égypte en 1819. Mohammed Ali le charge de former de nouveaux régiments, malgré l'hostilité des officiers turcs, qui ne se résignent pas à changer de méthodes sous la direction de ce Lyonnais de trente et un ans. « Par de sourdes manœuvres, par des railleries dans les lieux publics, par des propos provocateurs, par leur attitude hostile, ils intimidaient les recrues qui, en sortant des mains de Sève et des autres officiers instructeurs, ne trouvaient plus nulle part ni sécurité ni repos[1]. » L'enfant de Lyon, amateur de bon vin, a pourtant fait des efforts : il s'est converti à l'islam et s'appelle désormais Soliman.

Pour lui laisser les mains libres, Mohammed Ali décide d'organiser la formation loin du Caire, dans sa propriété d'Assouan. Sève y part avec quelques centaines de jeunes mamelouks, qui constitueront le noyau de la nouvelle armée. La formule se révèle efficace. Des établissements militaires poussent dans l'île Éléphantine : une caserne, un arsenal, une poudrière, un hôpital...

Soliman participe à plusieurs batailles aux côtés d'Ibrahim, le fils du vice-roi, en Morée et en Syrie. Cela lui vaut le titre de bey, puis de pacha, avec le grade de major général de l'armée égyptienne. Jusqu'à sa mort, en 1860, tout voyageur français au Caire d'un certain rang se fera un devoir d'être reçu à la table de l'ancien demi-solde. Ce musulman, habillé à l'orientale et marié à une Égyptienne, fleure encore la caserne française.

---

1. Aimé Vingtrinier, *Soliman pacha,* Paris, 1886.

On apprécie sa bonne humeur, son humour et ses chansons de corps de garde. « Le vieux brave est un excellent homme, franc comme un coup d'épée et grossier comme un juron », note Flaubert en 1850.

Soliman pacha donnera à l'Égypte… un roi, puisque son arrière-petite-fille, Nazli, enfantera l'infortuné Farouk. Il donnera aussi son nom à l'une des rues les plus connues du Caire. Sa statue en bronze, réalisée par Jacquemart et le représentant avec son épée, se dressera pendant quatre-vingts ans au-dessus du rond-point Kasr-el-Nil, avant d'être remplacée en 1952, lors de la Révolution égyptienne, par celle d'un économiste, Talaat Harb. Mais, aujourd'hui encore, beaucoup de Cairotes continuent d'appeler cette fameuse place « midan Soliman pacha »…

D'autres officiers français, moins connus que le colonel Sève, participent activement à la mise en place de la nouvelle armée de Mohammed Ali, en dirigeant les écoles de cavalerie (Varin), d'artillerie (Rey) ou d'état-major (Gaudin). Il ne s'agit plus seulement d'exilés bonapartistes. En 1829, le gouvernement de Charles X envoie officiellement un spécialiste, Lefébure de Cérisy, auprès du vice-roi, pour créer l'arsenal d'Alexandrie. Une nomination d'autant plus significative que la flotte turco-égyptienne a été détruite deux ans plus tôt par des forces navales anglaises et françaises, venues au secours des insurgés grecs. Mohammed Ali n'a pas tenu rigueur à la France de ce désastre – en tout cas, il s'est montré bien compréhensif et a fait en sorte qu'aucun résident français d'Égypte ne soit inquiété. Cérisy, qui lui construit des vaisseaux de guerre, est l'un de ses collaborateurs préférés. Il le promeut bey, tandis qu'un autre Français, Besson bey, occupera le poste de vice-amiral de la flotte égyptienne.

Les leçons de médecine de Clot bey

Soucieux de la bonne santé de ses troupes, Mohammed Ali fait appel à un médecin marseillais, Antoine Barthélemy Clot, pour créer un hôpital militaire à Abou-Zaabal, à quelques kilomètres du Caire. Cet établissement, flanqué d'une école, sera à l'origine du renouveau de la médecine égyptienne, livrée jusque-là à des barbiers incompétents. Détail piquant : le docteur Clot a lui-même commencé sa carrière comme aide-barbier à Marseille, pour devenir ensuite officier de santé et docteur en chirurgie. Agé de trente et un ans, ce « petit homme vif, éveillé, au verbe haut, au ton tranchant, à l'air content de lui-même [2] », arrive en Égypte en 1825, avec une vingtaine de jeunes médecins marseillais. Il a apporté ses livres, divers instruments et s'est procuré à Toulon « l'un de ces beaux squelettes humains préparés par les forçats de l'hôpital de la Marine [3] ».

---

2. Comte Louis de Saint-Ferriol, *Journal de voyage*, cité par Jean-Marie-Carré, *Voyageurs et Écrivains français en Égypte*, Le Caire, IFAO, rééd. 1956, t. I
3. Clot bey, *Mémoires*, présentés par Jacques Tagher, Le Caire, IFAO, 1949.

Le docteur Clot dessine lui-même les plans de l'hôpital-école, en bordure du désert. On lui affecte cent cinquante étudiants musulmans, recrutés dans les écoles de théologie. Aucun d'eux ne connaissant un traître mot de français, un système d'enseignement original est mis en place, avec de jeunes interprètes chrétiens : la leçon est d'abord donnée au traducteur ; le professeur s'assure que celui-ci l'a bien apprise ; puis elle est dictée aux étudiants. Parallèlement, des ouvrages de médecine sont traduits en arabe et un enseignement de français est dispensé à ceux qui seront autorisés à passer leur examen à Paris. Le serment d'Hippocrate est adapté à l'islam, avec l'accord des oulémas, qui surveillent les cours de très près.

Le docteur Clot connaît quelques ennuis à propos de la dissection, interdite par les docteurs de la Loi, bien qu'il ait pris la précaution de choisir des cadavres d'infidèles. Il subit même une tentative d'assassinat de la part d'un des élèves, dont le poignard ne fait que le blesser légèrement... Mais l'enseignement progresse, avec l'appui de Mohammed Ali. Le médecin marseillais crée même une école de sages-femmes, après s'être rendu chez un marchand d'esclaves pour acheter « dix jeunes femmes, cinq négresses et cinq Abyssiniennes, en qui je supposai le plus d'aptitude, m'attachant à trouver une constitution vigoureuse et un crâne bien conformé ». Les pensionnaires sont gardées par des eunuques, et les cours dispensés par une « Mlle Fery, élève titrée de la maternité de Paris ». Le succès de cet enseignement conduit ensuite à former, en secret, des jeunes filles musulmanes.

Peu à peu, en effet, les activités du docteur Clot s'étendent à la médecine civile. Il obtient la création d'un Conseil général de santé, rédige et fait traduire un livret de médecine populaire, qui est diffusé dans les villes et les campagnes. Dans un pays où la mortalité infantile atteint des taux effrayants, les barbiers apprennent à vacciner contre la variole. Cette mesure contribue certainement à porter la population égyptienne de 3 millions de personnes en 1825 à 5 millions en 1850. Mais elle n'est pas facile à appliquer, les paysans étant persuadés qu'on cherche à les tatouer pour les empêcher d'échapper à la conscription...

Son attitude héroïque pendant une épidémie de choléra, en 1831, vaut au docteur Clot le titre de bey. Il se distingue à nouveau quand la peste éclate. Professant une théorie erronée, le Marseillais ne croit pas à la contagion. Effet inattendu de son activité en Égypte : la notoriété qu'il a acquise au Caire lui permet d'infléchir dans un sens anticontagionniste le rapport publié par l'Académie de médecine de Paris en 1845[4] ! Dans son pays, le docteur Clot est un propagandiste zélé de Mohammed Ali, qu'il présente comme le héros civilisateur par excellence, tandis que son

4. Daniel Panzac, « Médecine révolutionnaire et révolution de la médecine dans l'Égypte de Muhammad Ali », *Revue du musulman et de la Méditerranée*, Paris, Edisud, n°s 52-53, 1989.

rival, le docteur Hamont, fondateur de l'École vétérinaire du Caire, publiera au contraire un livre au vitriol après son retour en France [5].

Linant, Coste, Jumel et quelques autres

S'il fait appel à des techniciens français, le vice-roi n'entend pas nécessairement copier l'Europe en tout point. Le monopole économique de l'État qu'il instaure en Égypte, avec la mise en place d'industries nationales, est aux antipodes du libéralisme économique en vogue de l'autre côté de la Méditerranée.

Parmi les Français qui associent leur nom à ces infrastructures, Louis Linant de Bellefonds occupe la première place. Son parcours est peu banal. Ce natif de Lorient a appris les sciences grâce à un grand-père mathématicien et découvert le monde en partant avec son père, officier de marine au long cours. Dès l'âge de dix-sept ans, devenu géographe et dessinateur, Linant fait partie d'une mission scientifique en Grèce et au Levant. Il choisit cependant de rester en Égypte et, conquis par ce pays, l'explore seul pendant plusieurs années. Sa connaissance exceptionnelle du terrain fera de lui un ingénieur hors pair.

Linant de Bellefonds entre au service du gouvernement égyptien en 1830, à trente et un ans (au même âge, curieusement, que Soliman pacha et Clot bey...). Pendant plus de trois décennies, avec des titres divers, il sera associé à tous les grands travaux réalisés dans le pays. Sa spécialité est l'irrigation. Le nombre de canaux, digues, déversoirs ou ponts qui lui doivent leur existence est impossible à comptabiliser. Promu bey, Linant fait figure d'ingénieur à tout faire de Mohammed Ali. Il sera l'auteur, entre autres, du premier projet de barrage à la pointe du Delta, travaillera étroitement avec les saint-simoniens, jouera un rôle essentiel dans le percement du canal de Suez, pour finir pacha et ministre des Travaux publics sous le règne d'Ismaïl. « A coup sûr l'homme le plus intelligent que nous ayons encore rencontré », écrit Flaubert en 1850 dans sa *Correspondance*.

Un personnage moins connu est Pascal Coste. Cet architecte marseillais, affligé d'un pied bot, arrive au Caire en 1817 avec un maçon pour construire, à la demande de Mohammed Ali, une fabrique de salpêtre près des ruines de Memphis. Mission accomplie, il se voit confier la mise en place d'une poudrière, dans l'île de Rodah. Achevée en 1820, cette usine explose accidentellement cinq ans plus tard, faisant de gros dégâts... Mais Coste a déjà été appelé ailleurs, au chevet d'une entreprise bien mal partie : le creusement du canal Mahmoudieh, qui doit relier Alexandrie au Nil. Quatre cent mille paysans – dont beaucoup mourront à la tâche – ont été réquisitionnés pour ce travail, commencé dans la plus grande incohérence. « Le tracé n'était même pas décidé, précise Linant de Bellefonds.

---

5. P. N. Hamont, *L'Égypte sous Méhémet Ali*, Paris, 1843, 2 vol.

On piocha à l'aventure, à peu près dans la direction ; et ensuite, pour rejoindre tous ces tronçons creusés au hasard, il fallut faire des angles, des courbes, le mieux possible ; telle est la cause des sinuosités que l'on ne peut comprendre [6]. » Pascal Coste limite les dégâts, à défaut de pouvoir modifier le tracé, et le canal est inauguré en février 1821.

Cet homme éclectique rénove ensuite le palais de Mohammed Ali à Choubra, au Caire, et installe pour le vice-roi un pavillon de bain près du palais de Ras-el-Tine, à Alexandrie. L'infatigable Coste crée la première École égyptienne de travaux publics, puis introduit la culture du mûrier dans la vallée du Nil. Un autre de ses exploits est le système de communication établi entre Alexandrie et Le Caire pour permettre à Mohammed Ali d'être rapidement informé : « Dix-neuf tours s'échelonnent du palais de Ras-el-Tine à Alexandrie jusqu'à la Citadelle du Caire. Sur le sommet de chaque tour s'élève un sémaphore du système Chiappe ; des télégraphistes bien entraînés, lisant à la lunette les signaux de la tour précédente, les répètent pour la tour qui les suit. En 45 minutes, un message est ainsi transmis d'Alexandrie au Caire [7]. » Mais l'œuvre la plus connue de Pascal Coste concerne l'art islamique. Invité par Mohammed Ali à préparer les plans de deux grandes mosquées, l'architecte français est autorisé à visiter tous les lieux de culte de la capitale. Son étude minutieuse donnera lieu à un magnifique ouvrage [8], d'une richesse et d'une qualité sans précédent.

Parmi les techniciens français de cette époque, comment ne pas citer Louis-Alexis Jumel ? Originaire de l'Oise, cet ancien ouvrier mécanicien, devenu directeur d'une filature à Annecy, est l'inventeur de plusieurs machines. Il lâche ses affaires en 1817, très affecté par l'infidélité de sa jeune femme, et décide de s'installer en Égypte. Le vice-roi le charge de construire une usine de tissage à Boulaq, au Caire. Ce sera la fameuse « Malta », surnommée ainsi parce qu'elle emploie de nombreux ouvriers maltais. Jumel habite à côté de l'usine, en compagnie d'une esclave d'Abyssinie qui lui a donné un fils.

Contrairement à une légende, il n'a pas « inventé » la longue fibre qui a fait la fortune de l'Égypte. Cette espèce de coton existait déjà du temps de Bonaparte : la *Description de l'Égypte* la signalait comme étant « bien supérieure à l'autre par la longueur et la finesse de son lainage », précisant cependant qu'elle n'était filée que par « les doigts de quelques femmes au fond des harems ».

C'est, semble-t-il, en se promenant dans le jardin d'un riche Égyptien, au Caire, que Jumel a été frappé par un pied de cotonnier chargé de fruits. Il l'ouvre, en étire la bourre, ce qui lui donne l'idée d'en développer la production. Le résultat est spectaculaire. Mohammed Ali ordonne alors

---

6. Linant de Bellefonds, *Principaux Travaux d'utilité publique exécutés en Égypte depuis la plus haute Antiquité jusqu'à nos jours,* Le Caire, 1872-1873.

7. Radamès Lackany, « Un architecte au service de l'Égypte, Pascal Coste », n° spécial du *Progrès égyptien,* 25 novembre 1982.

8. Pascal Coste, *Architecture musulmane ou monuments du Caire,* 1837.

d'abandonner les cotons *baladi* (indigènes) et de produire de longues fibres, destinées à l'exportation. Dès 1821, le « jumel » est vendu à Marseille quatre fois plus cher que les meilleurs cotons produits alors dans le monde[9].

Comme elle paraît loin, l'ancienne Échelle d'Égypte, avec ses négociants barricadés dans leur quartier ou leur caravansérail ! Les Français circulent désormais en toute sécurité, la tête haute. Ils sont respectés, souvent riches, parfois puissants. Parmi les Européens au service de Mohammed Ali, ils constituent, de loin, le groupe le plus nombreux et le plus influent. Ces quelques dizaines de « techniciens » s'insèrent dans un système où chaque communauté a une fonction sociale bien déterminée[10] : le vice-roi a confié à des Turcs la guerre et l'administration, à des Arméniens la diplomatie et l'interprétariat, à des coptes les finances, à des musulmans de souche égyptienne les affaires de religion.

Le pendant de « Buonaparte »

Mohammed Ali utilise habilement son image de « civilisateur » – une notion très appréciée en Europe – pour séduire l'opinion française et s'attirer la faveur des gouvernants. N'est-il pas le continuateur de l'œuvre de Bonaparte en Égypte ? Dans sa préface aux *Orientales*, Victor Hugo le dit explicitement : « La vieille barbarie asiatique n'est peut-être pas aussi dépourvue d'hommes supérieurs que notre civilisation le veut croire. Il faut se rappeler que c'est elle qui a produit le seul colosse que ce siècle puisse mettre en regard de Buonaparte, si toutefois Buonaparte peut avoir un pendant ; cet homme de génie, turc et tartare à la vérité, cet Ali pacha qui est à Napoléon ce que le tigre est au lion, le vautour est à l'aigle. »

En 1829, Paris suggère à Mohammed Ali de s'emparer des trois régences d'Afrique du Nord (Alger, Tunis et Tripoli), en lui promettant un appui militaire. Le pacha se récuse, faisant valoir que les musulmans ne le lui pardonneraient pas : « Par une alliance comme celle que vous me proposez, dit-il au consul de France, je perdrais le fruit de tous mes travaux ; je serais déshonoré auprès de ma nation et de ma religion. » L'année suivante, les troupes françaises débarquent en Algérie.

Chateaubriand ne partage pas l'enthousiasme des thuriféraires de Mohammed Ali. « Je ne me laisse pas éblouir par des bateaux à vapeur et des chemins de fer, par la vente des produits des manufactures et par la fortune de quelques soldats français, anglais, allemands, italiens, enrôlés au service d'un pacha : tout cela n'est pas la civilisation », affirme-t-il dans ses *Mémoires d'outre-tombe*. Le publiciste Victor Schoelcher, qui

---

9. Gabriel Dardaud, *Un ingénieur français au service de Mohammed Ali, Louis Alexis Jumel (1785-1823)*, Le Caire, IFAO, 1940.

10. Henry Laurens, *Le Royaume impossible*, Paris, Armand Colin, 1990.

milite contre l'esclavage, est encore plus sévère. Après un voyage en Égypte, où il a constaté la manière sauvage de « fabriquer » des eunuques, les mauvais traitements dans les prisons et les impôts prélevés à coups de bâton, il écrit : « Le fellah meurt d'inanition à côté des magasins du vice-roi, gorgés de blé[11]. » Mais ce sont des voix isolées. Mohammed Ali enthousiasme la France et apparaît comme son meilleur allié en Orient. Thiers, qui dirige le gouvernement en 1840, est quasiment prêt à faire la guerre à l'Angleterre pour soutenir le vice-roi dans ses revendications face à la Turquie.

Les bonnes relations entre la France et l'Égypte sont consacrées, en 1845, par deux visites parallèles, pleines d'éclat : celle d'Ibrahim pacha, prince héritier, en France, et celle du duc de Montpensier, le plus jeune fils de Louis-Philippe, en Égypte. Le grand cordon de la Légion d'honneur est remis à Mohammed Ali. Celui-ci offre un dîner au duc, la veille de son départ, et exprime sa « plus vive reconnaissance pour le roi et son gouvernement qui, dans les jours troublés comme dans les temps tranquilles, n'ont jamais manqué de me couvrir de leur bienveillance ». Le lendemain, malgré la chaleur et sa santé déclinante, il raccompagne à pied le jeune prince jusqu'à l'embarcadère.

Cinq ans plus tôt, le maître de l'Égypte a déclaré à un visiteur : « Que la France m'aide ou ne m'aide pas, je n'en suis pas moins désormais à elle. Toute ma vie je serai reconnaissant de ce qu'elle a fait pour moi et, en mourant, je léguerai ma reconnaissance à mes enfants et je leur recommanderai de rester toujours sous la protection de la France[12]. » Habiles propos, destinés à séduire Paris et à obtenir des avantages supplémentaires ? Il n'est pas toujours facile de cerner cet Oriental plein de ressources, capable à tout moment de s'appuyer sur la France pour refuser une demande anglaise, et sur l'Angleterre pour s'opposer à un projet français...

11. Victor Schoelcher, *L'Égypte en 1845*, 1846.
12. Cité par Jacques Tagher dans le n° spécial des *Cahiers d'histoire égyptienne* consacré à Mohammed Ali.

7

Un Égyptien à Paris

Désireux de créer un État moderne, Mohammed Ali a besoin d'un personnel adapté. Or, la formation dispensée en Égypte au début du XIXᵉ siècle est d'une pauvreté désolante. Même la prestigieuse mosquée El-Azhar, au Caire, apparaît en pleine décadence : on ne s'y intéresse quasiment plus à la *falsafa,* la philosophie, qui englobait des disciplines profanes comme les mathématiques ou la médecine. L'histoire et la géographie y sont réduites à leur plus simple expression, les langues étrangères ne font pas partie du programme, et seuls quelques oulémas connaissent le turc et le persan. Les azhariens n'apprennent pratiquement que l'arabe et les matières religieuses. Dans ces matières elles-mêmes, la part qui revient normalement à la raison cède la place à « une pieuse fidélité à la pensée des auteurs des époques antérieures et [à des] attitudes favorables à une perception intuitive de la vérité et à l'illuminisme [1] ».

L'idée d'envoyer des missions scolaires en Europe s'impose alors, parallèlement à l'emploi d'instructeurs européens en Égypte. C'est l'Italie qui accueille, en 1809, les premiers étudiants, parmi lesquels le chrétien Nicolas Massabki, futur directeur de l'Imprimerie gouvernementale du Caire. Pourquoi l'Italie ? Des Vénitiens et des Génois, mais aussi des Pisans et des Siciliens, ont été parmi les premiers Européens à commercer avec l'Égypte au Moyen Age et à s'établir sur les bords du Nil. Leurs religieux franciscains y sont présents depuis le XIVᵉ siècle. L'italien est une langue couramment employée par les diplomates ottomans dans leurs relations avec l'Europe.

Le consul de France, Bernardino Drovetti, milite activement pour que Mohammed Ali change de pays de destination. « A Paris, soutient ce citoyen français de fraîche date, la vue d'un musulman n'excite pas la même répugnance que dans les villes d'Italie, où les préjugés religieux sont plus actifs […]. D'ailleurs, les Français ont de la bienveillance pour les Turcs, alors qu'en Italie ils ne sont guère bien vus que dans les ports [2]. »

1. Gilbert Delanoue, « Les lumières et l'ombre dans l'Égypte du XIXᵉ siècle », in *Le Miroir égyptien,* Marseille, Éd. du Quai, 1984.
2. Cité par Anouar Louca, in *L'Égypte aujourd'hui. Permanences et changements,* Paris, CNRS, 1977.

Drovetti en parle avec l'autorité d'un Piémontais. Sans doute souligne-t-il aussi qu'entre une France puissante et une Italie morcelée il n'y a pas à hésiter. C'est lui qui emporte la mise, malgré les efforts du « parti italien » et les pressions anglaises. A partir de 1826, la plupart des étudiants égyptiens se rendront en France, seul un petit nombre prenant le chemin de l'Angleterre ou de l'Autriche. En parlant de « Turcs » dans sa démonstration, Drovetti ne commettait pas un lapsus : le vice-roi destine essentiellement cette formation européenne à des élèves turcs, circassiens ou arméniens. La mission de 1826 ne compte que quatre Égyptiens de souche sur une quarantaine de membres.

Parmi eux, un imam de vingt-cinq ans, Rifaa el-Tahtawi, qui n'a pas le statut d'étudiant mais celui d'accompagnateur religieux, chargé de la prédication et de l'organisation des prières. Nul ne peut deviner qu'il sera un personnage clé de la renaissance culturelle de l'Égypte. Détail symbolique : ce jeune cheikh est né en 1801, l'année où les Français évacuaient le pays, comme s'il était appelé à prendre la relève... Originaire de Tahta, en Haute-Égypte, Tahtawi appartient à une famille de notables, ruinée par la suppression des fermes fiscales. A la mort de son père, on l'a envoyé étudier au Caire, à la mosquée El-Azhar, où il a fait une rencontre capitale : son maître, Hassan el-Attar, est l'un des rares cheikhs ouverts à la modernité ; il avait côtoyé plusieurs savants de Bonaparte à qui il apprenait l'arabe. A la fin de ses études, le jeune Tahtawi a enseigné lui-même à El-Azhar, avant d'être nommé prédicateur dans une unité de la nouvelle armée égyptienne.

Lorsqu'on le désigne pour faire partie de la mission scolaire en France, son maître lui conseille de tenir un journal de voyage. Le jeune homme, fervent croyant, est inquiet par avance de ce qu'il risque d'y consigner. Il se rassure en citant l'injonction du Prophète : « Recherche la science fût-ce en Chine ! » Dans les premières lignes de ce qui sera un livre célèbre, le jeune imam s'engage à ne pas trahir sa foi : « Je prends Dieu à témoin que dans tout ce que je dirai, je ne m'écarterai pas de la voie de la vérité. Bien entendu, je ne saurais approuver que ce qui ne s'oppose pas au texte de la Loi apportée par Muhammad [3]. »

La « Description de la France »

Dès l'arrivée à Marseille, c'est le choc. Les femmes se promènent dans la rue sans voile, décolletées, les bras nus. On circule en diligence. On mange avec une fourchette et un couteau... Le directeur de l'École égyptienne de Paris n'est autre que Jomard, le maître d'œuvre de la *Descrip-*

---

3. Rifâ'a al-Tahtâwy, *L'Or de Paris. Relation de voyage (1826-1831)*, traduit, présenté et annoté par Anouar Louca, Paris, Sindbad, 1989.

tion de l'Égypte. Il accueille le jeune imam barbu et enturbanné, puis l'oriente vers la traduction. Pendant les cinq années de son séjour, Tahtawi va vivre comme les autres étudiants égyptiens, dans une structure fermée, sans quitter Paris. Mais il sera sauvé par sa curiosité, son tempérament exigeant et ses dons d'observation.

L'orphelin de Haute-Égypte ne se contente pas d'apprendre le français, puis de traduire des montagnes de textes (Rousseau, Voltaire, Montesquieu, Fénelon…), au point de fatiguer ses yeux. Il regarde autour de lui, il écoute, il écrit. Ses remarques portent aussi bien sur les divertissements ou l'hygiène que sur le mode d'habitation ou l'habillement. Les Français, constate-t-il par exemple, ont « l'amour du changement et des transformations en toutes choses, particulièrement dans la manière de s'habiller. L'habit n'est jamais stable chez eux ». Sur le même ton, Tahtawi explique pourquoi « Paris est le paradis des femmes, le purgatoire des hommes et l'enfer des chevaux »…

Le jeune homme découvre « des feuilles imprimées chaque jour » appelées journaux. Il en prend avidement connaissance dans des cabinets de lecture. Il profite aussi le mieux possible des personnes avec qui on le met en relation. Par exemple, son compatriote Joseph Agoub, un poète romantique déchiré par l'exil, dont la famille a quitté l'Égypte en 1801 avec les troupes de Bonaparte. Agoub, devenu un collaborateur de Jomard, enseigne l'arabe à l'École royale des langues. Tahtawi s'entretient aussi avec d'éminents orientalistes, comme Silvestre de Sacy, Caussin de Perceval ou Joseph Reinaud. Cela fait tomber certains de ses préjugés. Un Européen, constate-t-il, peut connaître la langue arabe, et même très bien la connaître, quitte à s'exprimer avec un mauvais accent. Quant à la langue française, elle présente une supériorité, tout au moins dans la manière dont elle est employée : « Si un professeur veut enseigner un ouvrage, il n'est pas tenu d'en analyser sans trêve les mots, car les mots sont clairs par eux-mêmes. » Lire un traité d'arithmétique en français permet de se concentrer sur les chiffres, sans devoir, comme on le fait en arabe, analyser les phrases, déceler les figures de rhétorique et commenter la place des mots. Pour l'azharien, c'est une révolution. Il s'aperçoit que la France connaît un progrès constant grâce aux découvertes scientifiques. Il en déduit qu'on ne peut ramener tout le savoir à la théologie et que l'enseignement des disciplines profanes s'impose.

S'il adopte l'idée de civilisation (*tamaddun*), dont il sera un défenseur tout au long de sa vie, Tahtawi est loin de faire table rase de ses convictions religieuses. Mêlant tradition et modernité, il divise l'humanité en trois catégories : les sauvages, les barbares et les civilisés. Dans ce troisième groupe, les Européens lui paraissent être supérieurs aux musulmans pour ce qui est des sciences et de l'industrie, même si cela n'a pas toujours été le cas et n'est pas définitif. En revanche, les musulmans dépassent les Européens sur les autres plans car ils sont détenteurs de la Loi révélée. Classant les continents par ordre d'importance, le jeune cheikh met l'Asie au premier rang, parce que c'est le berceau de l'islam ; l'Afrique arrive en deuxième position, parce qu'elle compte beaucoup de musulmans et a le mérite d'abriter l'Égypte ; l'Amérique est bonne dernière, parce qu'elle ignore totalement la religion du Prophète...

Le christianisme ne l'intéresse pas. Ses dogmes lui paraissent relever de l'incohérence ou de la superstition. Aux yeux de Tahtawi, les Français ne sont pas catholiques mais rationalistes. Ce qui lui pose d'ailleurs un problème : comment expliquer la réussite d'une civilisation qui n'est pas dirigée par la révélation divine [4] ? Pour ajouter à son trouble, il est favorablement impressionné par la démocratie. Il a vu Charles X céder la place en trois jours à Louis-Philippe. A ses lecteurs, il offrira une traduction complète de la charte constitutionnelle, et les amendements introduits après la Restauration. Or, cette charte ne découle ni du Coran ni de la tradition religieuse.

Tahtawi n'aime pas la cuisine française, il préfère l'eau du Nil à celle de la Seine et n'apprécie pas les arbres « chauves » en hiver. Il reste égyptien jusqu'au bout des ongles, ne se faisant pas au rythme de la vie parisienne. Des années plus tard, au Caire, il dispensera son enseignement en ignorant les horloges. On le verra professer parfois avant l'aube, ou parler trois ou quatre heures d'affilée... Son livre est d'ailleurs truffé de digressions didactiques, dans la bonne tradition azharienne, ce qui déroute le lecteur occidental. Mais, en France – et c'est essentiel –, le jeune cheikh apprend « le sens de la relativité », comme le souligne son biographe Anouar Louca, à qui l'on doit la traduction française de L'Or de Paris. Cela conduit, par exemple, Tahtawi à reconnaître aux Français le sens de l'honneur, tout en leur reprochant un manque de générosité. Ou, encore, à trouver gracieux les couples qui dansent, les jugeant beaucoup plus pudiques que les almées égyptiennes dont les ondulations lascives cherchent à attirer les hommes. Les pages enthousiastes qu'il consacre au théâtre – un art inconnu dans la vallée du Nil à cette époque – sont parmi les plus touchantes de son livre.

C'est « l'or de Paris » que l'imam rapporte chez lui. Il s'est enrichi et veut en faire profiter ses compatriotes. Le livre, préfacé par son ancien maître, Hassan el-Attar, paraît en 1834. Mohammed Ali ordonne de le remettre gratuitement aux fonctionnaires et à tous les élèves des écoles spéciales. « A la Description de l'Égypte, rédigée en français, inaccessible aux Égyptiens contemporains, répond désormais, toute proportion gardée, cette Description de la France, écrite adéquatement en arabe [5]. » L'œuvre est traduite en turc cinq ans plus tard. Aucune autre relation d'un voyage en Europe ne sera disponible en Égypte avant 1855.

---

4. Gilbert Delanoue, *Moralistes et Politiques musulmans dans l'Égypte du XIXe siècle*, Le Caire, IFAO, 1982.

5. Anouar Louca, « Rifâ'a al-Tahtawi (1801-1873) et la science occidentale », in *D'un Orient l'autre*, Paris, CNRS, 1991, t. II.

La révélation d'une identité

De retour au Caire, les étudiants des missions scolaires ne sont pas toujours employés à bon escient. Les non-Turcs se retrouvent parfois à des postes subalternes ou qui ne correspondent pas à leur formation. Tahtawi commence par faire les frais de cette négligence : il est affecté successivement à l'école de médecine d'Abou-Zaabal, puis à l'école d'artillerie de Tourah, puis à l'hôpital de Kasr-el-Aïni... Il suggère alors à Mohammed Ali de créer une école de traduction. L'idée est acceptée, et le jeune diplômé de Paris devient le premier directeur égyptien d'une école spéciale, sans être flanqué d'un directeur des études européen. Ce sera un succès. Tahtawi a le don d'entraîner ses élèves et même d'attirer des institutions voisines qui viennent s'agréger à son école. Celle-ci ressemble de plus en plus à une université. Des traducteurs compétents y sont formés, de nombreux livres traduits et de nouveaux mots forgés en arabe.

Le cheikh Rifaa aura encore une longue vie devant lui. Il dirigera le *Journal officiel*, auquel il donnera un nouveau souffle en y consacrant la prépondérance de l'arabe sur le turc. Il sera un promoteur de l'instruction publique et un défenseur de la condition féminine. Il connaîtra divers ennuis aussi, et même un exil au Soudan, car cet importateur d'idées nouvelles dérange conservateurs et despotes... Son principal apport est sans doute d'avoir favorisé l'émergence d'une conscience nationale égyptienne. De tous les penseurs du monde arabe et musulman, il est le premier à distinguer la patrie (*watan*) de la communauté musulmane (*oumma*) [6].

Tahtawi était parti pour Paris avec sa seule foi musulmane. Il a su la conserver dans cette ville de perdition. Mais il en est revenu égyptien – et ce n'est pas rien ! – comme l'illustrent cinq poèmes patriotiques composés dans la ferveur du retour. L'actualité égyptologique qui a dominé son séjour parisien n'est pas étrangère à cette métamorphose. Jusque-là, le jeune cheikh s'en tenait à ce qu'on lui avait appris à l'Azhar, à savoir que les pharaons, adorateurs d'idoles et persécuteurs de Moïse, sont les ennemis de l'islam. Et voilà que tout lui apparaît sous un autre jour : « L'enfant de Tahta, perçant l'anonymat médiéval de la communauté musulmane, retrouve ses racines pharaoniques. Il se sent à la fois sujet, objet et destinataire de la découverte. La résurrection de l'Égypte antique consacre un développement spontané de son identité culturelle [7]. » Il faut dire que le séjour en France de Tahtawi a été précédé d'un tremblement de terre dont les répliques ne finissent pas de secouer le monde savant. Ce sont les années Champollion.

---

6. Anouar Abdel-Malek, *Idéologie et Renaissance nationale. L'Égypte moderne*, Paris, Anthropos, 1969.
7. Anouar Louca, « Rifâ'a al-Tahtawi... », art. cit.

8

Champollion, le déchiffreur

Un eurêka, un ouragan. Ses papiers à la main, Jean-François Champollion dévale l'escalier du 28, rue Mazarine et court à l'Académie des inscriptions et belles-lettres, toute proche, où travaille son frère Jacques-Joseph. « Je tiens l'affaire ! » hurle-t-il en entrant dans le bureau. Et il s'effondre, sans connaissance. Ce 14 septembre 1822, à Paris, le mystère des hiéroglyphes vient d'être percé.

Champollion a trente et un ans, mais cela fait presque deux décennies qu'il étudie les langues anciennes. Ce prodige a commencé ses recherches à l'âge où d'autres jouent au cerceau, sous le regard attentif et bienveillant de l'inséparable Jacques-Joseph, « son aîné, son parrain, son professeur, son père et mère, son *alter ego*[1] ». Au point qu'il faut leur donner à chacun un surnom pour ne pas les confondre : on parle de « Champollion le Jeune » et de « Champollion-Figeac » (du nom de la ville du Quercy où ils sont nés tous les deux à douze ans d'intervalle).

C'est à Grenoble, où il a rejoint son aîné, que Jean-François, dès l'âge de treize ans, s'intéresse à l'arabe, au chaldéen et au syriaque, après avoir appris le latin et l'hébreu. Il se mettra bientôt au copte, en attendant de découvrir le persan et le chinois… Pour sa chance, le préfet de l'Isère n'est autre que le mathématicien Joseph Fourier, l'ancien secrétaire de l'Institut d'Égypte, qui a confié à Champollion-Figeac les antiquités du département. Il se fait présenter ce garçon si curieux, déjà si bien informé, lui montre des papyrus et des fragments d'hiéroglyphes sur des pierres, puis lui présente des visiteurs, comme dom Raphaël, le moine copte qui enseigne l'arabe à l'École des langues orientales. Jean-François nage dans le bonheur.

Le copte l'attire. Il va très vite le subjuguer. N'a-t-on pas établi que c'est une survivance de la langue populaire des anciens Égyptiens ? Le copte, qui n'est plus employé que dans la liturgie, s'écrit désormais avec des caractères grecs, additionnés de quelques signes pour exprimer des consonnes imprononçables. Rien à voir avec les hiéroglyphes. Depuis le

---

1. Anouar Louca, « Déchiffrer Champollion », in *L'Égyptologie et les Champollion*, Presses universitaires de Grenoble, 1974.

IVe siècle de notre ère, plus une seule inscription en hiéroglyphes n'a été gravée en Égypte, plus personne n'est capable de déchiffrer cette langue dont le secret a été emporté par les derniers prêtres de l'Antiquité.

Le lycéen de Grenoble, devenu étudiant à Paris, suit des cours au Collège de France et fréquente assidûment la paroisse Saint-Roch, où se retrouvent des coptes, venus en France dans les bagages de l'armée d'Orient. Leur langue n'a plus aucun secret pour lui. « Je me livre entièrement au copte, assure-t-il en 1812. Je suis si copte que pour m'amuser je traduis en copte tout ce qui me vient à la tête. Je parle copte tout seul… J'ai tellement analysé cette langue que je me sens fort d'apprendre la grammaire à quelqu'un en un seul jour. J'en ai suivi les chaînes les plus imperceptibles. Cette analyse complète de la langue égyptienne donne incontestablement la clef du système hiéroglyphique, et je le trouverai. »

Mais Champollion n'est pas homme à s'enfermer dans une seule case. La diversité de ses centres d'intérêt est aussi impressionnante que sa puissance de travail. Parallèlement à une grammaire copte, il rédige une notice sur la musique éthiopienne, un mémoire sur la numismatique hébraïque, un *Essai de description géographique de l'Égypte avant la conquête de Cambyse*… Son frère aîné le suit pas à pas, le conseille, le gronde, l'admire et finance ses achats de livres. L'un ne vit pas sans l'autre. Même les mauvais calculs, ils les font ensemble. Acclamer Napoléon pendant les Cent-Jours, après s'être ralliés à Louis XVIII, ne témoigne pas d'un flair politique éclatant. Et porter un toast à la République après Waterloo n'est pas non plus d'excellente stratégie. Cela vaut aux deux « Champoléon » une assignation à résidence et quelques ennuis…

Tantôt des idées, tantôt des sons

L'eurêka du 14 septembre 1822 n'est pas une opération du Saint-Esprit mais le résultat d'un travail acharné. Jean-François a digéré tout ce qui avait été découvert ou subodoré avant lui, pour s'en servir ou s'en écarter. On sait, depuis le XVIIIe siècle, que les cartouches figurant sur les temples égyptiens comportent des noms de rois ou de dieux. On a un peu progressé aussi, grâce à la pierre de Rosette, qui comporte trois versions d'un même texte : l'une en grec, les autres en deux écritures égyptiennes (hiéroglyphe et démotique). Le Français Silvestre de Sacy et le Suédois Johann David Akerblad sont arrivés à la conclusion que l'écriture démotique exprime les noms propres étrangers par des signes alphabétiques. Quant à l'Anglais Thomas Young, il a réussi à identifier des groupes de signes hiéroglyphiques correspondant à des mots grecs. Ce physicien – qui ne pardonnera jamais à Champollion de l'avoir supplanté – a également pressenti l'existence d'hiéroglyphes phonétiques, dans un article publié en 1819.

L'avantage de Jean-François sur ses concurrents, c'est sa formation polyvalente, car il est, tout à la fois, linguiste, historien et spécialiste d'esthétique. Tout le contraire d'un rat de bibliothèque – même s'il dévore des rayons entiers –, comme en témoignent ses engagements politiques, ses recherches pédagogiques, ses amours, son humour… Intuitif, imaginatif, il est de la race des inventeurs.

Avançant pas à pas, Champollion suggère d'abord que, pour exprimer les noms grecs, les hiéroglyphes doivent produire des sons. C'est le thème de son premier mémoire devant l'Académie des arts et des sciences de Grenoble, à l'âge de dix-neuf ans. Puis, en bon connaisseur des langues sémitiques, il s'aperçoit que les Égyptiens n'écrivaient pas toujours les voyelles, ce qui jette évidemment une tout autre lumière sur leurs textes. Il l'explique dans *L'Égypte sous les pharaons*, publiée l'année de ses vingt-cinq ans.

Nouvelle étape fondamentale : Champollion établit la parenté des trois écritures égyptiennes – hiéroglyphique, hiératique et démotique. Elles appartiennent à un seul système, affirme-t-il devant l'Académie des inscriptions et belles-lettres, en août 1821. Ces écritures dérivent l'une de l'autre : les hiéroglyphes ont donné le hiératique, qui en est une forme manuscrite, et le hiératique a conduit au démotique, qui en est une simplification ultérieure. L'ancienne Égypte avait ainsi une écriture sacrée, une écriture cursive et une écriture populaire, mais pour une même langue.

C'est sur ces bases que Champollion se remet à observer les copies de la pierre de Rosette. Pour traduire 486 mots grecs, il a fallu trois fois plus d'hiéroglyphes. Impossible donc que chaque hiéroglyphe exprime une idée. Or, il est établi que chacun ne peut pas être le signe d'un son. Alors ? La solution viendra de l'observation de deux cartouches, mis côte à côte, dans lesquels les noms grecs ont bien été transcrits en hiéroglyphes phonétiques. Encore un petit pas, encore deux autres cartouches, et le principe de l'écriture égyptienne sera trouvé : c'est une écriture qui peint « tantôt les idées, tantôt les sons d'une langue ». Tout s'éclaire, après une nuit de treize siècles !

Le 27 septembre 1822, Champollion lit devant l'Académie sa fameuse *Lettre à M. Dacier* (secrétaire perpétuel de cette institution). L'exposé fait sensation, mais ne permet pas encore de déchiffrer les hiéroglyphes : ayant des vérifications à faire, l'auteur n'a révélé qu'une partie de sa découverte. Il n'en fournira la clé que deux ans plus tard, dans son *Précis du système hiéroglyphique des anciens Égyptiens,* en synthétisant le système des hiéroglyphes par une formule brillante : « C'est un système complexe, une écriture tout à la fois figurative, symbolique et phonétique dans un même texte, une même phrase, je dirais presque dans le même mot. »

Pourquoi avoir attendu deux ans, alors qu'il savait quasiment tout dès le premier jour ? Scrupule de scientifique ? Prudence de découvreur qui sent les jalousies monter autour de lui ? Jean Lacouture, son biographe, se demande s'il n'y a pas aussi dans « cette dissimulation orgueilleuse et sagace » une sorte d'hommage rendu à « l'Orient voilé, au secret si longtemps gardé ». Comme si « le Visité, le découvreur » donnait « un formidable signe de complicité avec ce monde qu'il a violé » [2].

Une science vient de naître, grâce à un Français génial. On va pouvoir établir une chronologie certaine des monuments égyptiens. Des rois dont l'existence était mise en doute entreront dans l'Histoire, des ruines qui étaient muettes depuis des siècles ne finiront plus de parler. Car la particularité des objets et monuments de l'antique Égypte est de porter des inscriptions. La découverte de Champollion va permettre d'accéder aux textes officiels, mais aussi à la vie quotidienne, aux expressions artistiques. Il ne sera plus possible à des gens sérieux de faire dire n'importe quoi à cette civilisation. Un mode d'emploi de l'Égypte existe désormais.

La caverne du consul-antiquaire

Louis XVIII fait remettre au déchiffreur des hiéroglyphes une boîte en or. Le pape Léon XII le reçoit au Vatican et lui propose… de le nommer cardinal, estimant – un peu vite – que sa découverte conforte la chronologie biblique établie par l'Église. Champollion refuse poliment la pourpre, mais accepte la Légion d'honneur et, surtout, le poste de conservateur du musée égyptien du Louvre, inauguré en novembre 1827 sous le nom de musée Charles-X. Entre-temps, il s'est présenté à l'Académie des inscriptions et belles-lettres et n'a pas été élu ! On lui a préféré l'économiste Pouqueville. Le déchiffreur fera une deuxième tentative en mars 1829 et sera devancé cette fois par un juriste, Pardessus. « J'ai été mis par-dessous Pardessus », constatera-t-il amèrement. Des raisons politiques et des inimitiés tenaces – dont celle de Jomard – expliquent cet incroyable ostracisme à l'encontre du plus grand égyptologue de tous les temps. Champollion ne sera finalement admis dans ce cénacle qu'en mai 1830, après avoir été vigoureusement défendu par plusieurs savants éminents, comme Arago, Cuvier, Fourier, Geoffroy Saint-Hilaire et Laplace.

Le déchiffreur des hiéroglyphes a besoin de vérifier l'exactitude de sa thèse. Pour cela, il se rend d'abord en Italie, au musée de Turin, qui possède une magnifique collection égyptienne, achetée à Bernardino Drovetti, le consul de France en Égypte. Drovetti est un consul-antiquaire, comme son homologue et concurrent anglais, Henry Salt. Il achète tout ce qui lui tombe sous la main et organise des fouilles, avec une main-d'œuvre abondante. Visitant sa maison d'Alexandrie, le comte de Forbin, directeur des musées français, n'en est pas revenu : « Je passais presque toutes mes journées chez M. Drovetti. Quoiqu'il eût déjà fait embarquer

---

2. Jean Lacouture, *Champollion. Une vie de lumières,* Paris, Grasset, 1988.

pour Livourne une grande partie de sa collection, je vis encore chez lui des médailles de la plus extrême rareté. Il faudrait tout décrire, tout mériterait une analyse. Ce cabinet curieux est rangé dans un ordre si parfait qu'on y apprend l'histoire d'Égypte par les monuments en peu d'heures et de la manière la plus intéressante et la plus certaine. Les Arabes assiègent sans cesse le *kan* où habite M. Drovetti : chacun apporte des momies, des bronzes, des monnaies et parfois des camées… »

Le consul voulait vendre sa collection à la France. Louis XVIII a refusé de débloquer des fonds, et c'est le roi du Piémont et de Sardaigne qui a acquis ces 8 273 objets, parmi lesquels une centaine de grandes statues. Les colosses en granit rose et basalte vert, placés dans la cour du musée de Turin, annoncent mille autres trésors : des bustes, des bronzes, des médailles d'or ou d'argent, des papyrus… En pénétrant dans cette caverne d'Ali Baba, Champollion est à deux doigts de nous refaire une syncope. Il ne sait où donner des yeux, lui qui n'a travaillé jusqu'ici que sur des fragments ou des copies. Et encore ne voit-il qu'une partie du butin, la plupart des caisses restant à déballer.

Nombre de pièces portent la marque de Jean-Jacques Rifaud, l'agent de Drovetti. Par exemple, sur le flanc d'un des grands sphinx au visage d'Aménophis III, le fouilleur a gravé : « Dct par Jj Rifaud sculpteur à Thèbes 1818, au service de Mr Drovetti. » Ce Marseillais emploie une armée de manœuvres sur ses chantiers. Il surveille lui-même leur travail, un fouet à la main. Facilement coléreux, « il battait les Arabes qui s'obstinaient à ne pas comprendre le provençal », écrit le comte de Forbin. Rifaud parle pourtant plusieurs dialectes et se pose en défenseur des ouvriers face à la rapacité des notables locaux. En tout cas, les scrupules n'étouffent pas ce passionné d'antiquités égyptiennes, capable – comme ses concurrents anglais ou italiens – de faire scier un bas-relief ou d'arracher des objets à coups d'explosif[3]…

Après Turin, Champollion se rend à Livourne, où une autre collection, rassemblée par Salt, le consul anglais, est à vendre. Il réussit à convaincre Charles X de l'acquérir pour 200 000 francs. Entre-temps, Drovetti a proposé une autre collection à la France et, pour amadouer le roi, lui adresse, de la part de Mohammed Ali, un cadeau qui fait sensation à Paris : une girafe ! La deuxième *drovettiana*, bien moins riche que celle de Turin, est cédée pour 150 000 francs. Champollion peut commencer son musée avec 5 000 œuvres, au premier étage de la Cour carrée du Louvre. Il rédige lui-même l'inventaire, qui est un chef-d'œuvre d'érudition.

Le déchiffreur des hiéroglyphes peut maintenant aller dans cette Égypte qui hante ses nuits depuis si longtemps, et qu'il n'a connue que par livres, objets ou personnes interposés. Une expédition franco-toscane est mise sur pied, avec l'accord des deux souverains. Elle compte douze membres. Du côté français, Champollion est accompagné notamment de

---

3. Jean-Jacques Fiechter, *La Moisson des dieux,* Paris, Julliard, 1994.

Charles Lenormant, inspecteur des Beaux-Arts, et d'un jeune secrétaire et dessinateur, Nestor L'Hôte, un autre passionné d'Égypte, qui, enfant, embaumait des animaux et les enterrait sous des pyramides dans le jardin de son père. Nestor va tenir un journal de voyage et écrire souvent à ses parents, avec une fraîcheur de ton inusitée. Il rapportera de ce périple quelque 500 dessins et aquarelles, puis retournera en Égypte à deux reprises pour dessiner encore[4]...

Trente ans après Bonaparte

Champollion, Nestor L'Hôte, l'Italien Ippolito Rosellini et les neuf autres membres de la mission franco-toscane débarquent à Alexandrie le 18 août 1828, trente ans exactement après Bonaparte. L'Égypte! Celui que ses compagnons de voyage appellent « général » exulte. « Champollion en Égypte, c'est Moïse en sa Terre promise, souverain, futile et jubilant[5]. »

Dix jours après avoir posé le pied sur la terre des pharaons, Jean-François écrit à son frère : « Je supporte la chaleur on ne peut mieux ; il semble que je suis né dans le pays, et les Francs [les Européens] ont déjà trouvé que j'ai tout à fait la physionomie d'un copte. Ma moustache, noire à plaisir et déjà fort respectable, ne contribue pas mal à m'orientaliser la face. J'ai pris, du reste, les us et coutumes du pays, force café et trois séances de pipe par jour. » On retrouvera chez beaucoup de Français cette volonté touchante, un peu puérile et assez vaine, de se fondre dans le décor...

Le comité d'accueil à Alexandrie n'a pas été particulièrement chaleureux. Le consul de France, Drovetti, s'est montré stupéfait de voir débarquer la mission, alors qu'il avait manifesté par écrit de vives réserves. Le moment lui paraissait particulièrement inopportun de venir solliciter Mohammed Ali, alors que des navires de guerre français venaient de prendre part à la destruction de la flotte turco-égyptienne à Navarin. Mais la lettre du consul était arrivée trop tard... Champollion est persuadé, pour sa part, que Drovetti a manœuvré pour l'empêcher de venir chasser sur ses terres. « Les marchands d'antiquités ont tous frémi à la nouvelle de mon arrivée en Égypte avec le permis de fouiller[6] », écrit-il à son frère aîné. Champollion, souvent victime d'un complexe de persécution, contribue-t-il à diaboliser le consul de France[7]? Toujours est-il que Drovetti s'incline. Le déchiffreur a menacé d'alerter les journaux d'Europe si on ne lui délivrait pas les autorisations nécessaires.

---

4. *Lettres, journaux et dessins inédits de Nestor L'Hôte. Sur le Nil avec Champollion,* recueillis par Diane Harlé et Jean Lefebvre, Paris, Paradigme, 1993.

5. Jean Lacouture, *Champollion..., op. cit.*

6. Jean-François Champollion, *Lettres et Journaux écrits pendant le voyage d'Égypte,* recueillis et annotés par Hermine Hartleben, Paris, Christian Bourgois, 1986.

7. Jean-Jacques Fiechter, *La Moisson des dieux, op. cit.*

Reçu par Mohammed Ali, Champollion obtient le firman vice-royal, ainsi qu'une escorte et diverses facilités. L'expédition peut commencer. Le « général » descend vers Le Caire en compagnie de sa petite troupe, de manière plus agréable que ne l'avaient fait les soldats de Bonaparte. Naviguant paisiblement sur le Nil, il retrouve avec émotion les scènes paysannes qui peuplaient ses recherches.

Ce voyage va durer dix-neuf mois, avec l'exploration méthodique d'une cinquantaine de sites. Il fera l'objet de six gros volumes, intitulés *Monuments de l'Égypte et de la Nubie,* sans compter des témoignages annexes, comme celui de Nestor L'Hôte. Les merveilles défilent sous les yeux de ces amoureux de l'Égypte : Saqqara, Guiza, Dendera, Thèbes… Devant le temple de Karnak, Champollion exulte : « Nous ne sommes en Europe que des lilliputiens et aucun peuple ancien ni moderne n'a conçu l'art de l'architecture sur une échelle aussi sublime, aussi large, aussi grandiose, que le firent les vieux Égyptiens ; ils concevaient en hommes de cent pieds de haut… L'imagination qui, en Europe, s'élance bien au-dessus de nos portiques, s'arrête et tombe impuissante au pied des cent quarante colonnes de la salle hypostyle de Karnac[8]. »

Dans la vallée des Rois, les membres de l'expédition choisissent pour hôtel le tombeau de Ramsès IV, « véritable séjour de la mort, puisqu'on n'y trouve ni un brin d'herbe, ni un être vivant, à l'exception des chacals et des hyènes qui, l'avant-dernière nuit, ont dévoré à cent pas de notre palais l'âne qui avait porté mon domestique… ». L'entrée du temple d'Abou-Simbel, menacée par les coulées de sable, est une autre aventure : « Je me déshabillai presque complètement, ne gardant que ma chemise arabe et un caleçon de toile, écrit Champollion. Je crus me présenter à la bouche d'un four et, me glissant entièrement dans le temple, je me trouvai dans une atmosphère chauffée à 51 degrés. Nous parcourûmes cette étonnante excavation, Rosellini, Ricci et moi et un de nos Arabes, tenant chacun une bougie à la main. Après deux heures et demie d'admiration et ayant vu tous les bas-reliefs, le besoin de respirer un peu d'air se fit sentir et il fallut regagner l'entrée de la fournaise en prenant des précautions pour en sortir. J'endossai deux gilets de flanelle, un burnou de laine et un grand manteau dont on m'enveloppa aussitôt que je fus revenu à la lumière ; là, assis auprès d'un des colosses extérieurs dont l'immense mollet arrêtait le souffle du vent du nord, je me reposai une demi-heure pour laisser passer la grande transpiration. »

Il travaille dans « ce bain turc » deux heures le matin et deux heures l'après-midi, pendant plusieurs jours, abîmant sa santé sans s'en soucier. Le 31 décembre 1828, il peut écrire triomphalement à M. Dacier : « J'ai le droit de vous annoncer qu'il n'y a rien à modifier dans notre *Lettre sur l'alphabet des hiéroglyphes.* Notre alphabet est bon : il s'applique avec un égal succès, d'abord aux monuments égyptiens du temps des Romains et des

---

8. Jean-François Champollion, *Lettres et Journaux…, op. cit.*

Lagides, et ensuite, ce qui devient d'un bien plus grand intérêt, aux inscriptions de tous les temples, palais et tombeaux des époques pharaoniques. »

Le flambeau à terre

A son retour de Haute-Égypte, Champollion revoit Mohammed Ali, qui lui demande une note sur l'histoire de l'Antiquité. L'Albanais devenu pharaon veut connaître ses lointains prédécesseurs... L'égyptologue répond, bien sûr, à la requête, mais en profite pour rédiger un deuxième mémoire destiné à attirer l'attention du vice-roi sur les « démolitions barbares » qu'il a constatées partout en Égypte. Il insiste pour que l'on n'enlève « sous aucun prétexte, aucune pierre ou brique », ornée ou non de sculptures, dans un certain nombre de lieux dont il dresse la liste. Et il suggère de réglementer les fouilles, pour préserver ce patrimoine inégalable « contre les atteintes de l'ignorance ou d'une aveugle cupidité ».

Mohammed Ali n'en fera rien. Quelques années plus tard, revenant de France, Rifaa el-Tahtawi adressera la même supplique au vice-roi, sans plus de succès. Pour mettre en place un service des antiquités égyptiennes, il faudra attendre un autre Français, Auguste Mariette...

« J'ai amassé du travail pour toute une vie ! » écrit Champollion à son frère. De retour à Paris, il s'attelle aussitôt à la tâche, malgré les soucis que lui donne son musée du Louvre. N'a-t-on pas eu la curieuse idée de décorer plusieurs salles dans un style gréco-romain ? Il est malheureusement trop tard pour rectifier. Les journées révolutionnaires de juillet 1830 surviennent au moment où le directeur est cloué au lit par un accès de goutte : des émeutiers forcent les portes, brisent des vitrines et se remplissent les poches. Quelques heures plus tard, un « souk aux voleurs » se tient sur la place du Châtelet. Plusieurs centaines de pièces étant portées manquantes dans sa section, Champollion est autorisé à dédommager toute personne qui aurait acheté « de bonne foi » des objets « enlevés ». Il se trouvera bien quelques esprits civiques, comme cet horloger venu rapporter la bague en or de Ramsès II, reçue de l'un de ses apprentis, mais on ne fera pas la queue au guichet...

Champollion commence ses cours au Collège de France où une chaire d'archéologie égyptienne a été créée pour lui. La maladie le contraint très vite à interrompre cet enseignement. Il meurt le 4 mars 1832, à l'âge de quarante et un ans, après une pénible agonie. Ses funérailles ont lieu à Saint-Roch, en présence d'une foule nombreuse, en plein carnaval de Mardi gras. « L'Égyptien » a demandé à être enterré au Père-Lachaise, près de Fourier. Il aura droit à un obélisque de grès, protégé par une grille, mais sa femme devra se battre pour obtenir une pension convenable [9].

---

9. Hermine Hartleben, *Jean-François Champollion. Sa vie et son œuvre*, Paris, Pygmalion, 1983.

Les détracteurs de Champollion continuent à l'attaquer après sa mort. Certains contestent encore sa découverte ; d'autres l'accusent de l'avoir volée à Thomas Young. Les arguments de ces acharnés apparaissent de moins en moins convaincants. Chaque année qui passe souligne, au contraire, la dimension du savant trop tôt disparu. Charles Lenormant, qui l'avait accompagné dans son périple égyptien, exprime mieux que personne ses qualités scientifiques hors du commun : « cette promptitude qui commande le résultat, cette force d'intuition qui n'appartient qu'au génie et en même temps cette candeur dans l'investigation de la vérité, cette noble simplicité à avouer l'erreur quand elle est reconnue, cette résignation tranquille à ignorer ce qu'il n'est pas temps de savoir ».

Champollion n'a pu terminer ni sa grammaire égyptienne ni son dictionnaire. C'est son frère aîné qui devra les compléter et les publier. « Le flambeau est tombé à terre et personne n'est capable de le reprendre », s'exclame l'Anglais Wilkinson. Ce sera vrai pendant cinq ans, jusqu'à l'entrée en scène du Prussien Karl Richard Lepsius, qui fera renaître l'égyptologie.

9

Un obélisque pour la Concorde

Si les années 1820 sont dominées par la découverte de Champollion, c'est un événement plus anecdotique qui marque la décennie suivante. Mais quel événement ! L'installation d'un obélisque en plein Paris suscite des débats passionnés sous les règnes de Charles X et Louis-Philippe.

Bonaparte avait dû renoncer à rapporter d'Égypte l'un de ces monolithes géants, qui étaient des symboles solaires dans l'Antiquité. Mohammed Ali, désireux de plaire aux grandes puissances, en offre un à la France et un autre à l'Angleterre. Champollion a pu admirer ces deux « aiguilles de Cléopâtre » en débarquant à Alexandrie en août 1828. Dans une lettre à son frère, il souhaite que la France retire son cadeau avant que celui-ci ne « lui passe sous le nez ». Mais, arrivé à Louxor, il tombe en pâmoison devant deux autres obélisques, en granit rose, qui se trouvent à l'entrée du temple, les jugeant infiniment supérieurs à ceux d'Alexandrie.

Mohammed Ali n'en est pas à une vieille pierre près : recevant un émissaire de Charles X en avril 1830, il lui offre généreusement les deux obélisques de Louxor et l'une des deux « aiguilles » d'Alexandrie, pour « montrer sa reconnaissance à la France ». Trois, c'est trop. On se contentera d'un seul, dont le transport est déjà toute une affaire : « celui de droite, en entrant dans le palais », a précisé Champollion. Il le préfère à l'autre, qui lui semble mal en point. En réalité, les deux obélisques sont en partie recouverts de sable et de débris, et l'égyptologue n'a pas vu une fissure, heureusement sans gravité, dans celui qu'il a désigné…

Comment transporter, de Louxor à Paris, une masse de 230 tonnes ? Pas question de la découper en morceaux, « ce serait un sacrilège », a dit Champollion. Après tout, les Romains avaient bien réussi une opération similaire au IVe siècle en faisant franchir la Méditerranée à un obélisque de Karnak, qui s'est retrouvé sur la place Saint-Pierre. Le déchiffreur des hiéroglyphes suggère de construire un « radeau » spécial. La commission nommée par le roi se prononce plutôt pour un bateau à fond plat, capable tout à la fois de naviguer en mer, de descendre le Nil et de remonter la Seine, évitant ainsi un transbordement. On le met en chantier à Toulon. Il est baptisé *Luxor*.

Le 15 avril 1831, le *Luxor* quitte la France avec un équipage de cent cinquante personnes, comprenant des charpentiers, des forgerons, des tailleurs de pierre et des mécaniciens. Le maître d'œuvre de l'opération est un petit homme qui ne paie pas de mine, l'ingénieur Apollinaire Lebas. Arrivée à Louxor le 14 août suivant, après avoir remonté le Nil, l'équipe s'installe dans les ruines de Thèbes. Elle va y vivre un an. Une partie du temple antique est transformé en quartier de marins, avec des logements séparés pour les caporaux et les sergents. Les officiers habitent au-dessus, dans des appartements ornés des meubles du bord. On construit une cuisine, un four, un moulin et une boulangerie, mais aussi une salle d'armes, une poudrière et un hôpital d'une trentaine de lits. Une petite ville française voit ainsi le jour au sein d'un temple pharaonique !

Le travail est suspendu en raison d'une épidémie de choléra, et c'est le 31 octobre seulement que l'obélisque quitte son socle. Le commandant du *Luxor,* Verninac Saint-Maur, écrit le lendemain à Champollion : « Monsieur et illustre compatriote, réjouissez-vous avec nous : le choléra nous a quittés et l'obélisque occidental de Louxor est tombé sous les plus simples moyens de la mécanique moderne. Nous le tenons enfin, et nous le porterons certainement en France, ce monument qui doit fournir le texte de quelques-unes de vos intéressantes leçons, et faire l'étonnement de la capitale. Paris verra ce qu'a pu produire une civilisation antique pour la conservation de l'Histoire, à défaut d'imprimerie. Il verra que si nos arts sont admirables, d'autres peuples en eurent, bien longtemps avant nous, dont les résultats surprenants sont faits pour étonner encore [1]. »

Plus de deux cent soixante-dix mètres séparent cependant l'obélisque de la rive du Nil. Il faut négocier avec les paysans le rachat de leurs masures et les faire détruire pour dégager le passage. Transporté avec d'infinies précautions, grâce à des rails de bois et la collaboration de quatre cents manœuvres embauchés sur place, le précieux objet ne pourra être chargé sur le bateau qu'à la fin de décembre en raison du niveau du fleuve : l'avant du *Luxor* est provisoirement sectionné pour pouvoir accueillir ce monstre de plus de vingt-deux mètres de longueur.

Contraint d'attendre la crue suivante, le navire ne quitte Thèbes que le 25 août 1832. Les Français ont consacré ce nouveau séjour forcé à la chasse et à des visites archéologiques. Le *Luxor* descend enfin le Nil par étapes, mais doit faire un nouvel arrêt prolongé à Rosette, ayant du mal à passer du fleuve à la Méditerranée. On fait appel à l'un des premiers vapeurs que possède la France, *Le Sphinx,* qui va le remorquer sur une mer dangereusement agitée. Après un détour non prévu par Rhodes, la cargaison arrive finalement à Toulon le 10 mai 1833. Là, l'équipage a

---

1. Raymond de Verninac Saint-Maur, *Voyage du* Luxor *en Égypte, entrepris par ordre du roi,* Paris, 1835.

la mauvaise surprise d'être mis en quarantaine, malgré ses protestations. Le *Luxor* repart le 20 juin en direction de Rouen, *via* Gibraltar. Il franchit l'estuaire de la Seine, puis remonte le fleuve jusqu'à Paris, où il arrive finalement le 23 décembre. L'opération a duré trente-deux mois. Mais elle est loin d'être terminée. Près de trois ans seront encore nécessaires pour la mener à bien [2] !

Les vertus pédagogiques d'un monolithe

Tout le monde n'est pas d'accord sur le principe d'ériger un obélisque à Paris. Rifaa el-Tahtawi, revenu en Égypte, désapprouve cette dispersion des richesses nationales et le fait savoir à Mohammed Ali, qui ne l'écoute pas. Le vice-roi n'a-t-il pas songé à démonter l'une des pyramides de Guiza pour construire des barrages ? Les antiquités ne sont, à ses yeux, qu'une matière première et un outil politique.

En France, le poète Pétrus Borel s'indigne : « Ne pouvez-vous donc laisser à chaque latitude, à chaque zone, sa gloire et ses ornements ? Chaque chose n'a de valeur qu'en son lieu propre, que sur son sol natal, que sous son ciel. Il y a une corrélation, une harmonie intime entre les monuments et le pays qui les a érigés. Il faut aux obélisques les pylônes du temple, le culte du soleil, l'idolâtrie de la multitude. Il faut le désert. »

Champollion voit les choses autrement. L'obélisque, selon lui, aura en France une vertu pédagogique : « Il ne serait pas mal de mettre sous les yeux de notre nation un monument de cet ordre pour la dégoûter des colifichets et des fanfreluches auxquels nous donnons le nom fastueux de monuments publics, véritables décorations de boudoirs, allant tout à fait à la taille de nos grands hommes… Une seule colonne de Karnak est plus monument à elle seule que les quatre façades de la cour du Louvre [3]… »

Le vrai débat porte sur l'emplacement du monolithe. Dès septembre 1830 – alors qu'il était encore question de faire venir les deux obélisques de Louxor –, Champollion a écrit au ministre de la Marine : « Leur place est naturellement marquée, soit aux deux côtés du fronton et en avant de la colonnade du Louvre, soit en avant du portique de la Madeleine. » Louis-Philippe, qui est arrivé au pouvoir, estime, lui, que l'obélisque ne saurait être qu'à la Concorde, là où se tenait un Louis XV en bronze, remplacé à la Révolution par une statue de la Liberté. Champollion insiste, faisant valoir qu'une esplanade vaste et nue trahirait la vocation de ce chef-d'œuvre et en détruirait la majesté. Ses relations avec le souverain se gâtent. Il mourra sans obtenir satisfaction.

Pour consulter les Parisiens et les habituer à ce qui se prépare, Louis-

---

2. Bernadette Menu, *L'Obélisque de Louxor*, Versailles, 1987.
3. Lettre à son frère, juin 1829.

Philippe fait ériger, à titre d'essai, deux faux obélisques en carton-pâte, l'un à la Concorde, l'autre sur l'esplanade des Invalides. Leur principal effet est de relancer les polémiques... On discute aussi du piédestal, puisque le socle originel, en mauvais état, a été laissé sur place : il sera finalement remplacé par un bloc de granit de Bretagne. Quant aux quatre cynocéphales nus, entourant le monolithe et levant les mains pour saluer ce rayon de soleil pétrifié, on les a bien ramenés de Louxor, mais ces singes impudiques seront remisés au Louvre pour ne pas effaroucher le bourgeois parisien...

L'obélisque doit être transporté de la Seine au centre de la Concorde. L'ingénieur Lebas a dû renoncer à la machine à vapeur, qui n'offre pas de puissance suffisante, et imaginer un mécanisme complexe de remplacement. Pour redresser ensuite le monstre de pierre, on fera appel aux biceps de 420 artilleurs, placés à chacun des seize bras de dix cabestans. C'est une installation très compliquée, qui a demandé de longues études, car il ne suffit pas de soulever le monolithe : encore faut-il l'empêcher de basculer en sens inverse. Quatre chaînes de retenue prennent le sommet en cravate, au-dessus des haubans. Lebas est conscient du risque : « Un ordre mal compris, un amarrage mal fait, un boulon tordu [...] eussent amené une catastrophe épouvantable : l'obélisque brisé, des millions perdus et plus de cent ouvriers infailliblement écrasés par la chute de l'appareil[4]. »

Le 25 octobre 1836, enfin, une foule immense se masse sur la place de la Concorde pour assister à l'installation du fameux obélisque. A l'angle de la rue Saint-Florentin, un orchestre de cent musiciens joue les *Mystères d'Isis* de Mozart. Le ciel est gris. Heureusement, il ne pleut pas. Toute la façade du ministère de la Marine est garnie d'officiers et de fonctionnaires. Le roi et sa famille apparaîtront au balcon vers midi, peu après le début de la manœuvre.

Quand le signal est donné par l'ingénieur, les artilleurs commencent leur marche cadencée au son du clairon. Les cabestans tournent sur leur axe, les palans raidissent, le chevalet se redresse et entraîne l'obélisque. On entend soudain un craquement inquiétant. La manœuvre est aussitôt interrompue. Lebas se concerte avec ses adjoints. Rien d'anormal n'ayant été constaté, on décide de continuer.

Un autre tiers du chemin est parcouru en quarante minutes. L'obélisque s'élève de manière imperceptible. Il finit par prendre place sur son socle, sous les vivats de 200 000 personnes. Quatre hommes l'escaladent pour y attacher des drapeaux tricolores et des branches de laurier. Au balcon, Louis-Philippe s'est découvert pour saluer les couleurs.

Sur la pierre qui soutient le monolithe, on gravera ceci :

---

4. Apollinaire Lebas, *L'Obélisque de Luxor. Histoire de sa translation à Paris, description des travaux auxquels il a donné lieu, avec un calcul sur les appareils d'abattage, d'embarquement, de halage et d'érection*, Paris, 1839.

En présence du roi
Louis-Philippe Ier
cet obélisque
transporté de Louqsor en France
a été dressé sur ce piédestal
par M. Lebas, ingénieur
aux applaudissements
d'un peuple immense
Le XXV octobre MDCCCXXXVI

La mécanique moderne est à l'honneur, l'égyptologie oubliée. « Ainsi Champollion, le découvreur, dut-il s'effacer devant Lebas, le transporteur[5]. »

Un romantique saisi par l'égyptologie

Dans son long poème *Nostalgies d'obélisques* (1851), Théophile Gautier met en parallèle les deux jumeaux de Louxor, arrachés l'un à l'autre. Celui de Paris se désole :

Sur cette place je m'ennuie
Obélisque dépareillé ;
Neige, givre, bruine et pluie
Glacent mon front déjà rouillé.

Son frère, resté au pays, préservé des fatigues du voyage et des affres du déracinement, paraît avoir eu la bonne part :

Je veille, unique sentinelle
De ce grand palais dévasté
Dans la solitude éternelle
En face de l'immensité.

Mais il n'en est rien :

Que je voudrais comme mon frère,
Dans ce grand Paris transporté,
Auprès de lui pour me distraire,
Sur une place être planté !

« L'autre est vivant, conclut l'obélisque de Louxor, et moi je suis mort... » Ce n'est qu'un poème, un poème romantique. Théophile Gautier se fonde sur le témoignage de son ami Maxime du Camp, qui a eu la

---

5. Jean Vidal, « L'absent de l'obélisque », *in* Jean Lacouture, *Champollion. Une vie de lumières*, Paris, Grasset, 1988.

chance, lui, d'aller en Haute-Égypte, sur les lieux de l'enlèvement. « Je suis bassement jaloux de votre bonheur, lui écrit-il en décembre 1851, et j'envie le sort de votre domestique... Je devrais voler la Banque de France, assassiner quelque bourgeois, suriner un capitaliste et vous aller rejoindre. »

Sous le Second Empire, la distance entre les deux jumeaux va encore se creuser : l'obélisque de la Concorde est « habillé » à plusieurs reprises, pour de grands rassemblements populaires. On l'entoure d'estrades, de sphinx en carton-pâte ou de fausses colonnes de granit. Pour la fête de l'empereur, le 15 août 1866, il est enfermé derrière les portiques d'un pseudo-temple égyptien, éclairé par des lumignons au gaz [6]...

Théophile Gautier, débordé par ses multiples activités parisiennes, ne visitera l'Égypte qu'en 1869, après lui avoir consacré beaucoup de pages et s'être même identifié à elle. Ce romantique est persuadé qu'on « n'est pas toujours du pays qui vous a vu naître », comme il l'écrit à Gérard de Nerval : « Lamartine et Vigny sont anglais modernes ; Hugo est espagnol-flamand du temps de Charles-Quint... Moi, je suis turc, non de Constantinople, mais d'Égypte. Il me semble que j'ai vécu en Orient, et lorsque, pendant le carnaval, je me déguise avec quelque caftan et quelque tarbouch authentique, je crois reprendre mes vrais habits. J'ai toujours été surpris de ne pas entendre l'arabe couramment ; il faut que je l'aie oublié. »

Cette passion pour l'Égypte se traduit, en 1838, par une première œuvre romantique et assez fantaisiste, *Une nuit de Cléopâtre*. Mais Gautier enchaîne avec *Le Pied de momie* (1840), une nouvelle directement inspirée du livre de Vivant Denon. Celui-ci, lors de son passage dans la vallée des Rois, avait découvert et emporté « un petit pied de momie...˙ sans doute le pied d'une jeune femme, d'une princesse, d'un être charmant ». Ce pied aux formes parfaites, supposait-il, « n'avait jamais été fatigué par de longues marches, ni froissé par aucune chaussure ». Sous la plume de Théophile Gautier, cela devient : « Elle n'avait jamais touché la terre et ne s'était trouvée en contact qu'avec les plus fines nattes de roseaux du Nil et les plus moelleux tapis de peaux de panthères. »

Cette nouvelle, pleine d'inexactitudes archéologiques, contient en germe tous les éléments que l'on retrouvera en 1858 dans un livre appelé à faire date, le *Roman de la momie* : l'attirance d'un contemporain pour une femme de l'Antiquité, un certain fétichisme, la nostalgie des origines et d'une mère idéale [7]... Mais, cette fois, Théophile Gautier se documente comme peu de romanciers le font. Sa principale source est Ernest Feydeau qui vient de publier une très savante *Histoire des usages funèbres et des sépultures des peuples anciens*. C'est d'ailleurs à lui qu'il dédie son livre. Une étude attentive du *Roman de la momie* fait découvrir une demi-

---

6. Jean-Marcel Humbert, *L'Égyptomanie dans l'art occidental*, Paris, ACR, 1989.
7. Claude Aziza, « Les romans de momies », in *L'Égyptomanie à l'épreuve de l'archéologie*, Paris, musée du Louvre, 1996.

douzaine d'autres sources, tout aussi sérieuses[8]. Il faut dire que ces années sont marquées par une intense activité égyptologique, illustrée par de nombreuses publications et par l'exposition de la « chambre des rois » de Karnak, en 1844, à la Bibliothèque nationale, à Paris.

Gautier, qui publie d'abord son roman en feuilleton dans *Le Moniteur universel,* ne s'est pas contenté d'éplucher des textes scientifiques. Il a travaillé avec minutie sur les gravures disponibles et a eu d'innombrables conversations, de plus en plus pointues, avec Feydeau. Sa fille Judith a décrit par la suite, dans *Le Collier des jours,* « le salon encombré par de grandes planches posées sur des tréteaux » et la fébrilité de l'auteur, se levant à tout moment pour vérifier un détail. A force d'observer « ces étonnantes images, où les personnes avaient des têtes d'animaux, d'incroyables coiffures cornues et des poses si singulières », la fillette elle-même avait fini par ne plus rêver que de momies, enveloppant sa poupée de bandelettes, lui moulant la figure par un masque de papier doré et l'enfermant dans sa boîte à ouvrage transformée en sarcophage...

« Le *Roman de la momie* n'a d'égyptien que le costume et le décor. Les âmes sont restées romantiques », souligne Jean-Marie Carré qui lui a consacré une étude approfondie[9]. Mais quelle précision dans les costumes ! Quelle somptuosité dans le décor ! Et quel style ! Ayant sacrifié aux lois de la science, par des descriptions extrêmement détaillées, Théophile Gautier peut se permettre de faire rêver son lecteur en lui offrant une momie érotique, plus que vivante : « Le dernier obstacle enlevé, la jeune femme se dessina dans la chaste nudité de ses belles formes, gardant, malgré tant de siècles écoulés, toute la rondeur de ses contours, toute la grâce souple de ses lignes pures. Sa pose, peu fréquente chez les momies, était celle de la *Vénus* de Médicis... L'une de ses mains voilait à demi sa gorge virginale, l'autre cachait des beautés mystérieuses comme si la pudeur de la morte n'eût pas été rassurée suffisamment par les ombres protectrices du sépulcre... L'exiguïté des mains fuselées, la distinction des pieds étroits aux doigts terminés par des ongles brillants comme l'agate, la finesse de la taille, la coupe du sein, petit et retroussé comme la pointe d'un tatbets sous la feuille d'or qui l'enveloppait, le contour peu sorti de la hanche, la rondeur de la cuisse, la jambe un peu longue aux malléoles délicatement modelées, rappelaient la grâce élancée des musiciennes et des danseuses. »

Le roman de Gautier va faire beaucoup de petits. Lecomte du Noüy ne sera pas le seul peintre à s'en inspirer (*Ramsès dans son harem* et *Les Porteurs de mauvaises nouvelles*). La littérature, elle, adaptera les momies à ses modes. Lorsque le romantisme cédera la place au réalisme puis au naturalisme, on inversera le fantasme : à l'homme contemporain amoureux

8. Jean-Marie Carré, *Voyageurs et Écrivains français en Égypte,* Le Caire, IFAO, rééd. 1956, t. II.
9. Jean-Marie Carré, *Voyageurs et Écrivains français en Égypte, op. cit.*

d'une femme de l'Antiquité succédera la momie masculine retrouvant dans une femme d'aujourd'hui la figure ou la réincarnation de sa bien-aimée [10].

Quand il a écrit son roman, Théophile Gautier ignorait peut-être une histoire de momies beaucoup moins érotique, mais tout aussi suggestive, survenue dans ce Paris dont il ne savait pas se détacher. Il s'agit des momies que les savants de Bonaparte avaient ramenées d'Égypte et qui étaient conservées au musée du Louvre. La mauvaise odeur qui se dégageait de certains de ces cadavres obligea à les enterrer discrètement dans les jardins. Or, c'est au même endroit que devaient être inhumés les révolutionnaires tombés sur les barricades en juillet 1830. Dix ans plus tard, quand on voulut déposer la centaine de corps de ces héros des Trois Glorieuses sous la colonne de la Bastille, il fut impossible de les distinguer des momies qui les côtoyaient. Si bien qu'un certain nombre d'Égyptiens et d'Égyptiennes se sont retrouvés à la Bastille [11]... Cela vaut bien l'obélisque de la Concorde !

10. Claude Aziza, « Les romans de momies », art. cit.
11. Ange-Pierre Leca, *Les Momies*, Paris, Hachette, 1976.

10

A la rencontre de la Femme-Messie

Le 30 avril 1833, quatre personnages bizarrement accoutrés débarquent à Alexandrie. Barbus, coiffés d'un béret rouge qui emprisonne leurs longs cheveux, ils portent une tunique noire serrée à la taille, un gilet écarlate, une écharpe blanche flottant au vent et des pantalons garance à demi collants. Les mariniers arabes se poussent du coude d'un air amusé, mais nulle hostilité à l'égard de ces voyageurs qui, vingt-trois jours plus tôt, au départ de Marseille, ont failli être jetés à l'eau par les débardeurs du port.

Ils sont français, se présentent comme saint-simoniens et demandent à rencontrer Mohammed Ali. Au palais de Ras-el-Tine, on leur répond que le pacha fait la sieste. Lorsqu'ils reviennent, le lendemain, le maître de l'Égypte ne peut pas les recevoir parce que ses deux interprètes sont absents… Ils devront se contenter de l'apercevoir le 4 mai, sur son cheval, du côté de l'arsenal. A leur salut il répond « très gracieusement » et passe son chemin [1].

Reçus par le vice-consul de France, Ferdinand de Lesseps, les saint-simoniens organisent une conférence pour les Européens d'Alexandrie. La salle est pleine. Ils expliquent le sens de leur présence sur la terre des pharaons : favoriser l'association universelle des peuples et aller à la rencontre de la Femme-Messie. Le public se frotte les yeux. Ces éclaireurs seront rejoints par un autre groupe de saint-simoniens, le 6 juin, en attendant l'arrivée de leur chef, Prosper Enfantin, à la fin d'octobre. D'ici là, Soliman bey, l'ex-colonel Sève, les aura invités chez lui et introduits auprès de plusieurs fonctionnaires égyptiens.

Le comte de Saint-Simon, décédé en 1825, n'avait pas eu le temps de mettre en pratique ses idées socialistes, fondées sur l'industrie et le pacifisme. Cette tâche revenait à son disciple, Enfantin. Mais, d'une école de pensée, celui-ci a fait une Église, avec des idées farfelues : cet ingénieur polytechnicien, appelé « le Père », est persuadé de rencontrer en Orient une femme émancipée, « la Mère », pour former avec elle le couple qui dirigera l'association universelle des peuples. La date de la rencontre a

---

1. Philippe Régnier, *Les Saint-Simoniens en Égypte*, Le Caire, Banque de l'Union européenne, 1989.

même été révélée lors d'un songe à l'un de ses apôtres : ce sera au cours de l'année 1833.

La France désespère les saint-simoniens. Ils estiment que la production industrielle, source de tous les progrès, y est entravée par une structure archaïque de la propriété et par la morale chrétienne qui interdit de jouir des biens de ce monde. Une société moderne, selon eux, doit favoriser les appétits matériels, y compris charnels. Y a-t-il terrain d'expérimentation plus favorable que l'Orient, matérialiste et sensuel [2] ?

Marier l'Orient et l'Occident

Les quelques dizaines de saint-simoniens qui se retrouvent en Égypte ne sont pourtant pas des plaisantins. On compte parmi eux des ingénieurs, des médecins, des artistes, ainsi que plusieurs femmes en avance sur leur temps, comme Cécile Fournel, Clorinde Rogé et Suzanne Voilquin. Ces utopistes généreux, frottés de mystique, quittent une France qui leur est hostile : Enfantin a même fait de la prison sous l'accusation d'immoralité et d'escroquerie. La vallée du Nil leur paraît être l'endroit idéal pour marier l'Orient et l'Occident, en réalisant le percement de l'isthme de Suez, comme l'écrit « le Père » à un disciple : « C'est à nous de faire, entre l'antique Égypte et la Judée, une des deux nouvelles routes d'Europe vers l'Inde et la Chine. Plus tard, nous percerons l'autre, à Panama. Nous poserons donc un pied sur le Nil, l'autre sur Jérusalem. Notre main droite s'étendra vers La Mecque. Notre bras gauche couvrira Rome et s'appuiera sur Paris. Suez est le centre de notre vie de travail. Là, nous ferons l'acte que le monde attend pour confesser que nous sommes mâles. »

Les saint-simoniens pensent être « la seconde expédition intellectuelle de la France » (après celle de Bonaparte). Mohammed Ali s'inscrit parfaitement dans leur rêve : « Napoléon toucha l'Égypte de son glaive civilisateur, Méhémet-Ali continua l'œuvre du guerrier, mais lui imprima un caractère industriel. » Ici, en Égypte, les querelles politiques ne risquent pas d'entraver l'action économique. Tout est concentré dans les mains d'un seul homme, le vice-roi, sans les pressions de l'opinion publique, qui « rendent impuissantes les démocraties ».

Peu après son arrivée en Égypte, Enfantin se rend dans l'isthme de Suez pour explorer le terrain. Il en revient plus convaincu que jamais de la possibilité de relier la mer Rouge à la Méditerranée. Mais Mohammed Ali ne veut pas entendre parler d'une voie internationale qui traverserait son pays et risquerait de menacer son indépendance. Il désire, en revanche, construire des barrages sur le Nil pour améliorer l'irrigation du Delta et rendre navigable une branche du fleuve toute l'année. Les ingénieurs

---

2. Id., « Thomas-Ismayl Urbain, métis, saint-simonien et musulman », in *La Fuite en Égypte,* Le Caire, CEDEJ, 1986.

saint-simoniens s'inclinent : à défaut de relier les deux mers, ils participeront à la création de barrages, sous la direction de leur compatriote Linant de Bellefonds, nommé responsable des travaux.

Les disciples de Saint-Simon découvrent avec consternation la manière inhumaine dont le « continuateur de Bonaparte » traite la plus grande partie de ses compatriotes, ces malheureux paysans qui se coupent un doigt ou se crèvent un œil pour échapper à la conscription, ou qu'on enrôle de force, sans salaire, pour des tâches d'intérêt public. Le bilan humain est effrayant. Pour le seul creusement du canal Mahmoudieh, reliant Alexandrie au Nil, les détracteurs du vice-roi n'avancent-ils pas le chiffre de 20 000 cadavres qui auraient « servi à exhausser les berges » ? Enfantin propose de mettre en place une « armée industrielle », organisée en escouades, compagnies et bataillons. Les ouvriers auraient un uniforme, une solde et des rations identiques à celles des soldats. Seuls les enfants de plus de dix ans (mesure humanitaire) en feraient partie. En revanche (disposition cynique ou destinée habilement à faire accepter le projet au vice-roi), on n'emploierait que des mutilés volontaires pour que la mutilation n'apparaisse plus comme une garantie contre la conscription.

Linant de Bellefonds réussit à faire approuver un projet plus modeste. On se contentera de deux régiments d'ouvriers, mais placés pour la première fois sous les ordres de contremaîtres, de conducteurs de travaux et d'ingénieurs, selon une véritable hiérarchie. Les saint-simoniens obtiennent aussi la création d'une école de génie civil à proximité du chantier, situé à la pointe du Delta. Débordant d'idées, ils convainquent Mohammed Ali d'instituer un Conseil supérieur de l'instruction publique, ainsi qu'un Comité consultatif des sciences et des arts.

Ces fonctionnaires d'un nouveau type s'adaptent aux circonstances comme au paysage. Leur « costume d'Orient » va se rapprocher de l'habit du *nizam,* imposé quelques années plus tôt à la nouvelle armée égyptienne et qui comprend un petit tarbouche. « Ma barbe et mes cheveux sont moins longs, ma barbe surtout, précise Enfantin à l'un de ses correspondants. J'ai un bonnet de cachemire, mon habit est rouge à manches ouvertes, veste détachée de la jupe, et par-dessus ma vieille ceinture de cuir noir. Ajoutez-y un burnous blanc en laine, des babouches rouges par-dessus des chaussons jaunes, un gilet collant à petits boutons comme les Turcs, et vous aurez mon portrait. »

Le 15 août 1834, une fête très gaie, très française, se tient sur le chantier, pour célébrer le souvenir de Napoléon. Ferdinand de Lesseps et Linant de Bellefonds sont de la partie. L'ex-colonel Sève entonne des chansons. Son appartenance à l'islam ne l'empêche pas de faire honneur au champagne qui coule à flots…

Mimaut, le consul de France, est offusqué par les mœurs d'Enfantin et de ses amis. Les « demoiselles du barrage » font jaser. Parmi les sœurs saint-simoniennes, une ex-prostituée lyonnaise, la dame Agarithe Caussidère, ne passe-t-elle pas « avec une excessive aisance de tente en tente et de bras en bras »[3] ? On reproche aussi à la belle Clorinde Rogé des visites prolongées dans la demeure de Soliman bey.

Un jeune artiste saint-simonien, Philippe-Joseph Machereau, est devenu le boute-en-train de la colonie française du Caire. Cet ancien secrétaire de Vivant Denon se produit sur les planches d'un petit théâtre du Mouski. C'est surtout un peintre de talent, qui enseigne le dessin à l'École de cavalerie de Guiza et à qui l'ex-colonel Sève a confié la décoration des murs de sa salle de billard. Plus tard, Machereau se fera musulman pour prendre femme, sous le nom de Mohammed Effendi.

Suzanne et les pestiférés

La construction du barrage est suspendue en 1835, dès les travaux préliminaires, par une terrible épidémie de peste, qui va faire 35 000 morts au Caire et décimer le tiers de la population d'Alexandrie. Tandis que des médecins saint-simoniens se mettent au service des malades avec courage, Prosper Enfantin en profite pour visiter la Haute-Égypte. « Son absence dura plus de six mois, et l'on a l'impression que le voyage lui apporta une fort agréable diversion, précise Jean-Marie Carré. Oubliant la régénération du genre humain, il arrêtait sa cange dans toutes les villes riveraines, attiré par le grouillement et le bariolage des souks, menant une vie joyeuse et nullement insensible à l'attrait des beautés noires. Entre-temps, bon chasseur, il tirait des crocodiles et des ibis dans les roseaux du Nil, ou faisait une escale archéologique, visitait Abydos et Dendérah. A Louxor, il retrouva la haute société du Caire qui avait fui devant la peste, reprit le contact et des relations plus amicales avec le consul Mimaut, se mit à travailler l'arabe et attendit paisiblement la suprême révélation qui ne vint pas[4]. »

Des pages saisissantes sur l'épidémie de peste ont été écrites par Suzanne Voilquin. Cette jeune saint-simonienne, d'origine modeste, a d'abord fait office de blanchisseuse auprès de ses amis avant d'entrer au service d'un médecin du Caire, le docteur Dussap, marié à une Orientale et assisté de sa fille, Hanem. Suzanne s'initie à l'art de soigner, tout en apprenant l'arabe. Elle imite Hanem, capable de « saigner, vacciner, poser un vésicatoire, un séton[5] ». Dans la rue, des gens jouent curieusement à la balle d'un air sérieux et passionné. On explique à Suzanne que les épidémies sont apportées par des démons et que ceux-ci, las de voltiger dans les airs, s'abattent sur des individus dont ils font leurs proies. La balle attire ces êtres maléfiques et les détournent des humains…

---

3. Id., *Les Saint-Simoniens en Égypte, op. cit.*
4. Jean-Marie Carré, *Voyageurs et Écrivains français en Égypte,* Le Caire, IFAO, rééd. 1956, t. I.
5. Suzanne Voilquin, *Souvenirs d'une fille du peuple. Une saint-simonienne en Égypte,* Paris, Maspero, 1978.

Les Européens du Caire, qui n'ont pas fui la ville, se couvrent de toile cirée, pensant se protéger ainsi de l'épidémie. Les médecins saint-simoniens soutiennent, eux, que la peste n'est pas contagieuse. Ils assistent les agonisants et pratiquent des autopsies pour essayer de comprendre la maladie. Plusieurs d'entre eux le paieront de leur vie. Le docteur Dussap, tenant de la non-contagion, accueille des pestiférés chez lui. « Les jours où l'on ne recevait pas de malades à la maison, raconte Suzanne Voilquin, le bon docteur m'emmenait en visite chez des femmes cophtes, arméniennes, et même dans quelques harems turcs, car son âge, sa longue barbe descendant jusqu'à la ceinture lui servaient de passeport ; il me présentait à ces dames comme aussi savante que lui… Oh ! que n'ai-je pu conserver ce digne homme et ma chère Hanem ; quel bien, à nous trois, aurions-nous pu faire à ce pays ! »

Le docteur Dussap et sa fille ont été emportés par l'épidémie. Suzanne est alors acceptée par un autre Français, le docteur Clot bey, comme externe à l'hôpital de l'Ezbékieh, à condition qu'elle se déguise en homme… Faute d'une école de sages-femmes pouvant l'accueillir, elle décide de poursuivre ses études en France, après avoir eu un enfant [6]. Elle repart assez tristement, avec l'impression d'avoir été flouée.

Dans l'aventure saint-simonienne en Égypte, les femmes ont un statut très particulier. Le simple fait de voyager librement dans les années 1830 est un événement. On a joliment appelé cela « utopie de la circulation »… Plusieurs saint-simoniennes n'étaient pas attirées par ce séjour en Orient, qui leur semblait être le dernier endroit pour promouvoir l'égalité des sexes. L'Amérique, où les femmes paraissaient affranchies, les tentait bien davantage. L'Égypte ou le Nouveau Monde ? Il y a eu « concurrence entre deux mythes, celui du retour aux sources et celui, tout aussi fascinant, du cheminement vers la virginité [7] ». L'Orient l'a emporté, dans un souci missionnaire. « Pour des femmes qui sentent la vie nouvelle, il y a de grandes œuvres là où la femme est esclave », écrivait Clorinde Rogé avant de s'embarquer pour Alexandrie.

Suzanne Voilquin s'est vite aperçue de la difficulté de la tâche. L'état du pays, sa propre situation de femme à demi libérée en terre étrangère – elle vivait une liaison clandestine – lui ont donné le vertige : « Cette terre arabe, ô mon Dieu ! nous rendra-t-elle en amour, dans l'avenir, tout ce que nous lui confions de noble, de tendre, de loyal ? » Ses Mémoires figurent parmi les pages les plus touchantes écrites sur la vallée du Nil. On est tenté de les rapprocher du très beau texte d'une Anglaise, lady Duff-Gordon, qui ira s'établir une trentaine d'années plus tard au milieu des paysans de Haute-Égypte [8].

---

6. *Ibid.*
7. Daniel Armogathe, « Les saint-simoniens et la question féminine », in *Les Saint-Simoniens et l'Orient,* Aix-en-Provence, Edisud, 1990.
8. Lady Lucie Duff-Gordon, *Lettres d'Égypte, 1862-1869,* Paris, Payot, 1996.

Le canal de Suez à l'étude

Plus que l'épidémie de peste, c'est la volte-face du vice-roi qui met un terme à la construction du barrage. Mohammed Ali n'en veut plus, pour diverses raisons, économiques notamment. Très déçu, Enfantin a perdu toute confiance en ce nouveau Bonaparte. Il confie à l'un de ses amis que l'Égypte ne s'émancipera vraiment que par une « expulsion complète de la race turque ». D'où la nécessité d'une intervention militaire anglo-française pour instituer un protectorat européen [9]...

Une vingtaine de saint-simoniens se réunissent l'année suivante pour célébrer l'anniversaire d'Enfantin. « On passa la nuit à danser, à causer, à porter des santés aux amis et parents restés en France [10] », raconte Suzanne Voilquin. Mais le cœur n'y est plus. « Le Père », accompagné de quelques disciples, rentre en France en 1836, après un séjour égyptien de trois ans qui ne lui a permis, ni de creuser le canal de Suez, ni de trouver « la Mère ». Est-ce à dire que le bilan du saint-simonisme est négligeable ? Loin de là.

Certains saint-simoniens restent en Égypte. C'est le cas, en particulier, de Charles Lambert, devenu bey et qui finira pacha. A ce brillant ingénieur, on doit la création, en 1838, d'une école polytechnique – la première du genre dans l'Empire ottoman – appelée à devenir « la pièce centrale de toute l'infrastructure pédagogique » du pays [11]. Lambert est également le fondateur de l'Observatoire du Caire. Parmi ceux qui prolongent leur séjour en Égypte, il y a aussi Perron, devenu directeur de l'École de médecine, et Urbain (converti à l'islam), directeur de l'École du génie militaire de Boulaq. Dans ces années-là, chaque grande réalisation ou presque est associée au nom d'un saint-simonien : Tourneux (chemins de fer), Descharmes (ponts et chaussées), Lamy (tunnel de Choubra), Olivier (irrigation), Lefèvre (prospection des minéraux), Javary et Gondet (industrie chimique)... sans oublier Roger, qui crée le premier noyau de musique militaire à l'école d'artillerie.

Enfantin n'a pas abandonné l'idée de relier la mer Rouge à la Méditerranée. A Paris, le 27 novembre 1846, il crée la Société d'études pour le canal de Suez, avec un grand industriel lyonnais, François Barthélemy Arlès-Dufour, et des ingénieurs de renom : le Français Paulin Talabot, l'Anglais Robert Stephenson (fils de l'inventeur de la locomotive à vapeur) et l'Autrichien Louis de Négrelli. En Égypte, il peut compter sur Lambert et, surtout, sur Linant de Bellefonds, que le projet passionne et qui en a déjà établi un tracé. Plusieurs chambres de commerce – Marseille, Lyon, Venise, Trieste et Prague – appuient l'initiative. De nouvelles

9. Philippe Régnier, *Les Saint-Simoniens en Égypte, op. cit.*
10. Suzanne Voilquin, *Souvenirs d'une fille du peuple, op. cit.*
11. Selon Anouar Abdel-Malek, *Idéologie et Renaissance nationale. L'Égypte moderne*, Paris, Anthropos, 1969.

études sur le terrain sont entreprises, avec l'autorisation de Mohammed Ali, qui commence à entrevoir l'utilité d'une telle réalisation mais se réserve de la contrôler.

Le rapport de Paulin Talabot, publié en 1847, établit que les deux mers sont au même niveau, contrairement à une croyance millénaire et aux calculs de l'ingénieur de Bonaparte. Ce constat est exact mais il va donner lieu à une conclusion inattendue : l'abandon de l'idée d'un canal direct entre les deux mers. Sans différence de niveau, explique Talabot, il n'y a pas de courant ; et, sans courant, il ne peut y avoir ni canal profond ni embouchure durable sur la Méditerranée. C'est dans le vieux port d'Alexandrie que l'ami d'Enfantin veut faire aboutir son canal, ce qui impose de lui faire franchir le Nil. Ce parcours extravagant – à l'image du saint-simonisme – suppose la création d'un pont-canal d'un kilomètre de long, avec plusieurs écluses sur chacun de ses versants... L'affaire restera dans les cartons jusqu'à l'entrée en scène de Ferdinand de Lesseps.

11

Écrivains en voyage

Ni un essai, ni un roman, encore moins un banal récit de voyage. La petite merveille que Gérard de Nerval publie en 1851 échappe à tous les genres connus. En « parfumant la vérité de poésie et de fiction », il offre « le conte de la mille et deuxième nuit, adapté au goût français »[1] de l'époque. La remarque peut être élargie, car « Les femmes du Caire », qui occupent la plus grande partie du *Voyage en Orient*, enchantent aussi – et jusqu'à aujourd'hui – des Égyptiens francophones. « L'Égyptien trouve en ce texte une amitié qu'il n'a pas souvent l'occasion de rencontrer chez les autres écrivains européens, et surtout français[2] », remarque une universitaire cairote. La magie qui s'en dégage tient sans doute au regard de ce rêveur, qui peint admirablement avec des mots.

L'Orient, pour Gérard de Nerval, est une vieille passion. Dans sa jeunesse, il copiait la calligraphie arabe, sans être capable de la comprendre. Par la suite, le peintre Marilhat lui a montré ses croquis d'Égypte, et il a beaucoup rêvé aux *Mille et Une Nuits*, se sentant transporté dans Le Caire du sultan Baybars. Mais ce voyage en Égypte, au Liban et à Constantinople, entrepris de janvier à novembre 1843, est aussi une thérapie : ayant été interné pour un brusque accès de folie, cet homme de trente-quatre ans veut prouver à son entourage – et se prouver à lui-même – qu'il est sain d'esprit.

En Égypte, contrairement aux autres voyageurs, il reste au Caire, n'étant guère tenté par « de simples ruines dont on se rend fort bien compte d'après dessins ». Pour lui, « les mœurs des villes vivantes sont plus curieuses à observer que les restes des cités mortes »[3]. Cette attitude peu commune fait sans doute l'originalité de son livre. Plutôt que de faire rêver son lecteur avec des temples, des obélisques ou des momies, Nerval l'introduit dans une sorte d'exotisme quotidien, presque domestique. Au Caire, il loue une vieille maison, dans le quartier franc, s'habille à l'orientale et se fait raser la tête pour porter la calotte et le petit tarbouche alors

---

1. Hassan el-Nouty, *Le Proche-Orient dans la littérature française, de Nerval à Barrès,* Paris, Nizet, 1958.
2. Laïla Enan, « L'Égyptien de Nerval », in *La Fuite en Égypte,* Le Caire, CEDEJ, 1986.
3. Lettre à son père, 2 mai 1843.

en usage. Ne pouvant vivre en célibataire, car les voisins s'inquiètent pour leurs filles, il achète une esclave, avec les encouragements du consul de France, qui juge cela tout à fait normal... Bref, il s'insère complètement dans ce paysage qui le fascinait avant qu'il le connaisse.

Le fascine-t-il encore au bout de quelques mois ? Sa désillusion s'exprime de manière quasi officielle par une lettre ouverte à Théophile Gautier, publiée le 7 octobre 1843 dans le *Journal de Constantinople :* « Non, je ne penserai plus au Caire, la ville des mille et une nuits, sans me rappeler les Anglais que je t'ai décrits, les voitures suspendues de Suez, coucous du désert, les Turcs vêtus à l'européenne, les Francs mis à l'orientale, les palais neufs de Méhémet-Ali bâtis comme des casernes, meublés comme des cercles de province avec des fauteuils et canapés d'acajou, des billards, des pendules à sujet, des lampes carcel, les portraits de messieurs ses fils en artilleurs, tout l'idéal du bourgeois campagnard... »

C'est pourtant Nerval lui-même, dans le *Voyage en Orient,* qui nous offre un tableau enchanteur du palais de ce même Mohammed Ali, à Choubra : « Un pavillon vitré, qui couronne une suite de terrasses étagées en pyramide, se découpe sur l'horizon avec un aspect tout féerique... On redescend après avoir admiré le luxe de la salle intérieure et les draperies de soie qui voltigent en plein air parmi les guirlandes et les festons de verdure ; on suit de longues allées de citronniers taillés en quenouille, on traverse des bois de bananiers dont la feuille transparente rayonne comme l'émeraude, et l'on arrive à l'autre bout du jardin à une salle de bains trop merveilleuse et trop inconnue pour être ici longuement décrite... Dans les nuits d'été, le pacha se fait promener sur le bassin dans une cange dorée dont les femmes de son harem agitent les rames. Ces belles dames s'y baignent aussi sous les yeux de leur maître, mais avec des crêpes de soie... »

Non, Gérard de Nerval n'est pas déçu par l'Égypte. Il l'est d'autant moins qu'il cherchera par la suite à y retourner. Sa désillusion affichée est, à la fois, une caractéristique du romantisme et une manière de prouver qu'il n'est nullement fou. Après être entré au Caire comme dans un rêve, après avoir été captif de ses fantômes, ne doit-il pas « ramener le voyageur à la conscience du réel et le faire assister à la dégradation progressive des mirages [4] » ? On reste pourtant, tout au long du livre, dans une sorte d'enchantement, malgré quelques tableaux terribles, comme la vente en plein air de jeunes esclaves noires : « Les marchands offraient de les faire déshabiller, ils leur ouvraient les lèvres pour que l'on vît les dents, ils les faisaient marcher et faisaient valoir surtout l'élasticité de leur poitrine... »

Mais ces pages sont équilibrées par un climat général de grande dou-

---

4. Michel Jeanneret, dans la présentation du *Voyage en Orient,* Paris, Garnier-Flammarion, 1980.

cœur et par de somptueuses descriptions. Ni Savary, ni Volney, ni Denon n'avaient su raconter avec autant de force, et autant de couleurs, le retour de la caravane de La Mecque : « C'était comme une nation en marche qui venait se fondre dans un peuple immense, garnissant à droite les mamelons du Mokattam, à gauche les milliers d'édifices ordinairement déserts de la ville des morts... Tous les musiciens du Caire rivalisaient de bruit avec les sonneurs de trompes et les timbaliers du cortège, orchestre monstrueux juché sur des chameaux... Vers les deux tiers de la journée, le bruit des canons de la Citadelle, les acclamations et les trompettes annoncèrent que le *Mahmil,* espèce d'arche sainte qui renferme la robe de drap d'or de Mahomet, était arrivé en vue de la ville... Sept ou huit dromadaires venaient à la file, ayant la tête si richement ornée et empanachée, couverts de harnais et de tapis si éclatants, que, sous ces ajustements qui déguisaient leurs formes, ils avaient l'air des salamandres ou des dragons qui servaient de monture aux fées... De temps en temps, le *Mahmil* s'arrêtait, et toute la foule se prosternait dans la poussière en courbant le front sur les mains... »

Victor Hugo s'extasie sur ce *Voyage en Orient* qui, dit-il, le dispense d'aller en Égypte. Peut-on rêver plus beau compliment ?

Mine de rien, Gérard de Nerval s'est beaucoup documenté avant de partir. Et, sur place, il a fréquenté assidûment une bibliothèque, fondée par deux Français, Prisse d'Avennes et le docteur Abbott, où l'on trouve « tous les livres possibles concernant l'Égypte ». C'est le rendez-vous des Européens cultivés de la capitale. Il y en a d'autres, tout aussi pittoresques, comme la pharmacie Castagnol. Nerval y croise des beys originaires de Paris, qui viennent s'entretenir avec les voyageurs de passage et glaner quelques souvenirs de la patrie. Il voit « les chaises de l'officine, et même les bancs extérieurs, se garnir d'Orientaux douteux, à la poitrine chargée d'étoiles en brillants, qui causent en français et lisent les journaux, tandis que des *saïs* tiennent tout près à leur disposition des chevaux fringants, aux selles brodées d'or ». Cette affluence s'explique par le voisinage de la poste franque. « On vient attendre tous les jours la correspondance et les nouvelles, qui arrivent de loin en loin, selon l'état des routes ou la diligence des messagers. Le bateau à vapeur anglais ne remonte le Nil qu'une fois par mois. » Douce Égypte de 1843 !

Un vice-roi qui tourne le dos à l'Europe

Les Français du Caire ne seront plus aussi sereins, six ans plus tard, au cours du voyage de Gustave Flaubert et Maxime du Camp. Un changement de règne est intervenu. Au vieux Mohammed Ali, décédé, a succédé son petit-fils, Abbas Ier, un féodal, qui n'aime guère les Européens, et les Français en particulier. La plupart des techniciens de haut rang, devenus beys ou pachas, perdent leurs fonctions. Certains quittent le pays pour retourner en France. Cette sombre période – noircie à souhait par les Occidentaux et marquée en tout cas par un repli de l'Égypte sur elle-même – va durer dix ans, jusqu'à l'assassinat de ce souverain imperméable à la culture européenne. Flaubert n'a aucune indulgence pour lui : « Abbas, je vous le dis en confidence, est un crétin presque aliéné, incapable de rien comprendre ni de rien faire. Il désorganise l'œuvre de Méhémet, le peu qui en reste ne tient à rien. Le servilisme général qui règne ici (bassesse et lâcheté) vous soulève le cœur de dégoût, et sur ce chapitre bien des Européens sont plus orientaux que les Orientaux [5]. » Maxime du Camp, de son côté, assassine le nouveau vice-roi en quelques mots (« gros homme, ventripotent, blafard, maladroit dans ses gestes, jambes arquées, œil vitreux ») et fait allusion à sa grande consommation d'éphèbes : « Parfois, il s'échappait de cette masse de chair un rire saccadé qui ne déridait pas le visage tuméfié par la débauche » [6].

L'Égypte d'Abbas Ier n'est quand même pas une dictature policière. Les deux écrivains s'y promènent en liberté, se faisant ouvrir toutes les portes grâce à de précieux passeports. Maxime du Camp, excellent organisateur, a réussi en effet à obtenir pour son ami une mission d'études – non rétribuée – du ministère français de l'Agriculture et du Commerce. Lui-même est chargé – tout aussi gratuitement – d'étudier les antiquités par le ministère de l'Instruction publique, tandis que l'Académie des inscriptions et belles-lettres lui a confié la tâche de prendre des photographies.

Agés de vingt-huit ans l'un et l'autre, tous deux fils de chirurgien, ils partagent le même amour de la littérature et des excentricités. Mais le parallèle s'arrête là. Maxime du Camp n'en finit pas de s'appliquer : dévorant tous les livres sur l'Égypte, les annotant, classant ses dossiers, il pousse l'organisation jusqu'à engager au Caire un certain Khalil bey, pour leur enseigner, à raison de quatre heures par jour, les mœurs musulmanes. Aux dents longues de Maxime, désireux d'exploiter au maximum ce voyage pour devenir un homme célèbre, répondent la langueur et l'incertitude de Gustave, tourmenté par un roman qu'il n'a pas achevé (*La Tentation de saint Antoine*). Le plus souvent, les visites de temples l'ennuient. Il « sèche », sous des prétextes divers. Ce voyage en Égypte éprouvera d'ailleurs durement leur amitié, et ils finiront par se détester. « Du Camp n'est qu'un littérateur, Flaubert est un écrivain [7] », remarque Jean-Marie Carré, qui ne supporte pas le premier et admire profondément le second.

Dès son retour en France, Maxime du Camp publiera un livre, *Le Nil,* et un album de photos. Flaubert, lui, ne rédige en route qu'un petit texte, *La Cange,* et griffonne des notes de manière télégraphique, qu'il se contentera de « mettre en phrases » après le voyage, pour les ranger dans

5. Lettre au docteur Cloquet, 15 janvier 1850.
6. Maxime du Camp, *Le Nil,* Paris, 1877.
7. Jean-Marie Carré, *Voyageurs et Écrivains français en Égypte,* Le Caire, IFAO, rééd. 1956, t. II.

un tiroir. Lors de la publication de ses œuvres complètes, en 1910, sa nièce, Caroline Franklin Grout, exhumera ce journal mais en donnera, sans le dire, une version expurgée : non seulement des passages audacieux ou gênants en seront gommés, mais certains mots se verront remplacés par d'autres. Ainsi, « garces » et « putains » deviendront « courtisanes » et « almées »… Acquis par un collectionneur, le *Voyage en Égypte* de Flaubert disparaîtra de la circulation pendant une soixantaine d'années. Il faudra attendre quelque temps encore pour que l'édition intégrale du manuscrit original puisse être établie et publiée par un chercheur du CNRS, Pierre-Marc de Biasi [8]. C'est un texte déroutant, fait de phrases très courtes, séparées par des tirets, mais dans lesquelles percent les fulgurances du talent.

La découverte du grotesque

La verdeur de certains passages du *Voyage en Égypte* s'explique par le fait que le texte n'était pas destiné à la publication. Mais on peut y voir aussi une manière nouvelle de regarder : « Flaubert raconte ce qu'il a vu sans juger, presque sans intervenir, en appliquant déjà, dans les récits de "choses vues", ce principe d'impersonnalité, ce refus de conclure et cette relativité généralisée des points de vue, qui vont bientôt lui servir à révolutionner l'art du roman [9]. » En Égypte, l'écrivain a découvert ce qu'il appelle le « grotesque ». Et d'abord chez certains de ses compatriotes, comme le ridicule Chamas, poète amateur, qui déclame son plus beau vers devant Gustave, lequel, hurlant de rire, le fait répéter, encore et encore : « C'est de là, par Allah ! qu'Abdallah s'en alla ! »

Le grotesque, il le perçoit surtout chez les Égyptiens. Il le guette, le met en scène, avec une vigueur et parfois une brutalité sans pareilles. C'en est presque insupportable par moments, comme dans cette description de l'hôpital de Kasr-el-Aïni : « Bien tenu – œuvre de Clot bey. – Jolis cas de véroles ; dans la salle des mameluks d'Abbas, plusieurs l'ont dans le… Sur un signe du médecin, tous se levaient debout sur leurs lits, dénouaient la ceinture de leur pantalon (c'était comme une manœuvre militaire) et s'ouvraient l'anus avec leurs doigts pour montrer leurs chancres… » En Moyenne-Égypte, quand le bateau longe le mont où se trouve le monastère dit de « la Poulie », et que des moines coptes descendent par une corde le long de la paroi rocheuse pour venir demander la charité, il note : « Un de nos matelots (le grotesque du bord) dansait tout nu une danse lascive ; pour chasser les moines chrétiens, il leur présentait son derrière, pendant qu'ils se cramponnaient au bordage. »

---

8. Gustave Flaubert, *Voyage en Égypte*, présenté par P.-M. de Biasi, Paris, Grasset, 1991.
9. Pierre-Marc de Biasi, *ibid.*

En Égypte, Flaubert le romantique devient réaliste. Il emmagasine des images. Une métamorphose s'opère lentement, qui va marquer le reste de son œuvre. Pour lui, comme l'écrit Jean-Marie Carré, « il ne s'agit plus de rêver l'Orient et de se complaire dans les inspirations romantiques ; il ne s'agit même plus de le peindre, d'être uniquement paysagiste et décorateur : il faut passer derrière la scène et affronter les coulisses, pénétrer derrière toutes ces apparences scintillantes et pittoresques, démasquer les désirs et les pensées... ».

Avec Maxime du Camp, en Haute-Égypte, Flaubert fait appel aux services de la célèbre Kuchouk Hanem, ancienne maîtresse d'Abbas, devenue prostituée à plein temps. « C'est une impériale bougresse, écrit-il, tétonneuse, viandée, avec des narines fendues, des yeux démesurés, des genoux magnifiques, et qui avait, en dansant, de crânes plis de chair sur son ventre. » Une autre danseuse, plus jeune, donne lieu à un passage du même calibre : « Je descends avec Saphia Zougairah – très corrompue, remuant, jouissant, petite tigresse. Je macule le divan. Second coup avec Kuchouk... »

Pourquoi cette obsession du sexe ? Au milieu du XIXe siècle, l'Égypte apparaît à bien des Français comme un lieu de liberté sexuelle, inaccessible dans une Europe corsetée. L'Orient suggère « non seulement la fécondité, mais la promesse (et la menace) du sexe, une sensualité infatigable, un désir illimité, de profondes énergies génératrices [10] ». Flaubert, mieux que d'autres, illustre la thèse d'Edward Saïd : à savoir que « l'Orient » n'existe pas, c'est « une création de l'Occident, son double, son contraire, l'incarnation de ses craintes et de son sentiment de supériorité tout à la fois, la chair d'un corps dont il ne voudrait être que l'esprit [11] ». Sauf que chez lui, grâce à sa plume, tout – y compris le sordide – se transforme en art.

---

10. Edward Saïd, *L'Orientalisme. L'Orient créé par l'Occident*, Paris, Seuil, 1980.
11. *Ibid.*

12

Le harem dans l'objectif

Si Flaubert n'a même pas cherché à remplir son contrat avec le ministère de l'Agriculture et du Commerce, Maxime du Camp, lui, s'est acquitté scrupuleusement de sa tâche. Il a photographié des monuments, comme on le lui avait demandé et, dès son retour en France, a publié ses clichés dans un livre – le premier du genre – qui sera un succès de librairie.

L'Égypte est associée à la photographie dès le jour où cette invention est révélée au public. Arago, qui la présente à l'Académie des sciences le 19 août 1839, lance à l'auditoire : « Chacun songera à l'immense parti qu'on aurait tiré, pendant l'Expédition d'Égypte, d'un moyen de reproduction si exact et si prompt ; chacun sera frappé de cette réflexion que, si la photographie avait été connue en 1798, nous aurions aujourd'hui des images fidèles d'un bon nombre de tableaux emblématiques, dont la cupidité des Arabes et le vandalisme de certains voyageurs ont privé à jamais le monde savant. » Il n'est cependant pas trop tard, ajoute le physicien-astronome : « Pour copier les millions et millions de hiéroglyphes qui couvrent, même à l'extérieur, les grands monuments de Thèbes, de Memphis, de Karnak, etc., il faudrait des vingtaines d'années et des légions de dessinateurs. Avec le daguerréotype, un seul homme pourrait mener à bonne fin cet immense travail. Munissez l'Institut d'Égypte de deux ou trois appareils de M. Daguerre, et sur plusieurs des grandes planches de l'ouvrage célèbre, fruit de notre immortelle expédition, de vastes étendues d'hiéroglyphes réels iront remplacer des hiéroglyphes fictifs ou de pure convention ; et les dessins surpasseront partout en fidélité, en couleur locale, les œuvres des plus habiles peintres ; et les images photographiques, étant soumises dans leur formation aux règles de la géométrie, permettront, à l'aide d'un petit nombre de données, de remonter aux dimensions exactes des parties les plus élevées, les plus inaccessibles des édifices. »

Le message d'Arago recueille un écho immédiat. Moins de deux mois plus tard, les peintres Horace Vernet et Frédéric Goupil Fesquet partent pour l'Égypte, armés d'un daguerréotype que leur a confié un opticien connu, Lerebours, après leur en avoir expliqué l'usage. Vernet est déjà un artiste célèbre, auteur de plusieurs marines et scènes de bataille. Membre de l'Institut, il a dirigé l'Académie de France à Rome. L'arrivée sur le trône de Louis-Philippe, son protecteur et ami personnel, a fait de lui un peintre quasi officiel. On lui doit déjà *La Chasse au lion,* en attendant l'impressionnante *Prise de la smalah d'Alger*, longue de 21 mètres...

Le 6 novembre, les deux hommes – assistés d'un neveu de Vernet – sont déjà à l'œuvre, à Alexandrie, en train de « daguerréotyper comme des lions ». Il ne suffit pourtant pas de se poster devant le palais de Ras-el-Tine et de déclencher l'obturateur. La machine est lourde et encombrante, elle nécessite de nombreuses manipulations. On utilise des plaques argentées qui doivent être sensibilisées dans des vapeurs d'iode avant d'être enfermées dans une boîte spéciale. Le temps d'exposition varie selon les humeurs du ciel, ou de la machine. Le développement est encore plus compliqué : l'image doit être soumise aux vapeurs de mercure, puis fixée dans une solution chaude de chlorure de sodium. Et, de toute manière, l'épreuve sera unique.

Le 7 novembre, nos deux photographes amateurs font une démonstration devant Mohammed Ali, à Ras-el-Tine. Récit de Goupil Fesquet : « Nous nous rendons au palais le 7 au matin, en cavalcade de baudets. Tout a été préparé d'avance pour n'avoir plus qu'à soumettre l'épreuve à la chambre obscure, et à faire paraître l'image dans le mercure. Le vice-roi qui nous attend avec impatience se promène les mains derrière le dos à la Napoléon, tenant son sabre dont il fait parfois tourner la dragonne pour se distraire ; des généraux et des colonels qu'il a invités à ce nouveau genre de spectacle sont debout autour de lui, muets comme les murailles. Un cabinet ayant vue sur le harem (dont la fréquentation est aujourd'hui interdite au vice-roi, par ses médecins) nous est ouvert. La chambre obscure est braquée devant la nature, et l'image qui se reflète dans le miroir est soumise à l'inspection des assistants ébahis [1]. »

Le verre dépoli est remplacé par la plaque iodée, sous l'œil attentif du maître de l'Égypte. L'opération dure deux longues minutes. « Dans ce moment, raconte Goupil Fesquet, la physionomie de Méhémet est pleine d'intérêt ; l'expression de ses yeux, où se peint malgré lui une sorte d'inquiétude, paraît encore augmenter au moment de faire l'obscurité pour le passage de la plaque au mercure ; ses prunelles brillantes roulent dans leur orbite avec une étonnante rapidité. Un silence de stupeur et d'anxiété règne parmi les spectateurs, le cou tendu, et n'osant faire un seul mouvement ; mais il est rompu par le bruit soudain d'une allumette chimique, et le reflet de son éclair argenté rejaillit pittoresquement sur tous ces visages de bronze. Méhémet-Ali, qui se tient debout tout près de l'appareil, bondit sur place, fronce ses gros sourcils blancs... "C'est l'ouvrage du diable !" s'écrie-t-il, puis il tourne les talons, tenant toujours la poignée de son sabre qu'il n'a pas quitté un seul instant. »

1. Frédéric Goupil Fesquet, *Voyage en Orient fait avec Horace Vernet en 1839 et 1840,* Paris, 1843.

Vernet et Goupil Fesquet photographient le harem vice-royal. De l'extérieur, il s'agit d'un bâtiment banal, qui n'a rien à voir avec les fantasmes de la peinture orientaliste. La révolution daguerrienne, c'est aussi cette réalité à l'état brut. Même les savants de Bonaparte avaient fait en sorte d'animer leurs sites, en y mettant de la couleur ou des personnages. Pour la première fois, l'Égypte fascinante, l'Égypte magique est vue ainsi, sans interprétation, avec la seule médiation d'un appareil. De quoi satisfaire des esprits positivistes épris d'objectivité, mais désorienter beaucoup d'autres...

Il faudra du temps à la photographie pour être considérée comme un art, susceptible de révéler la réalité, et pas seulement de la décalquer. Pour le moment, les pionniers du daguerréotype en sont encore à découvrir les mystères de leur instrument. Ils ne sont même pas sûrs de réussir leurs prises de vue. La pyramide de Khéops, par exemple, désespère Goupil Fesquet qui, le 21 novembre, dans son journal de bord, avoue que « quatre ou cinq épreuves manquées, en suivant le procédé de l'inventeur, nous jettent dans le plus profond découragement ». Et, le lendemain : « Il me paraissait bien humiliant de rentrer au Caire sans rapporter aucun souvenir des monuments les plus célèbres du monde, en dépit des dénigrements de mes compagnons qui menaçaient de jeter le daguerréotype au Nil. » Ce n'est qu'en observant un temps de pose de quinze minutes qu'il réussira enfin à saisir le sphinx et les pyramides.

Les trois Français croisent un Canadien, Pierre Joly de Lobtinière. Il est peintre amateur et se déplace lui aussi avec un daguerréotype confié par l'opticien Lerebours... On échange des impressions, quelques recettes. On fait un petit bout de chemin ensemble, puis chacun part de son côté : Vernet, son neveu et Goupil Fesquet en direction de Jérusalem, tandis que Joly de Lobtinière embarque vers la Haute-Égypte pour réaliser, entre autres, une photographie du temple de Philae que l'opticien publiera en 1841 dans les *Excursions daguerriennes*.

Du calotype au collodion

Dans la foulée de ces pionniers, les photographes se succèdent en Égypte : Jean-Jacques Ampère en 1840, le comte Girault de Prangey en 1841, André Itier en 1843... Au cours des vingt années qui suivent l'invention de Daguerre, aucun autre pays méditerranéen n'attire autant les chasseurs d'images [2].

La photographie intéresse les peintres, mais aussi les écrivains, comme Gérard de Nerval, qui emporte en Égypte un daguerréotype. Cette « machine compliquée et fragile » lui vaut de petits attroupements d'une

2. Marie-Thérèse et André Jammes, *En Égypte au temps de Flaubert. Les premiers photographes, 1839-1860,* Paris, 1980.

foule respectueuse qui croit à des opérations magiques. Il l'abandonne assez vite, ayant du mal à s'en servir. « Le daguerréotype est revenu en bon état sans que j'aie pu en tirer grand parti, écrit-il à son père. Les composés chimiques nécessaires se décomposèrent dans les climats chauds. J'ai fait deux ou trois vues tout au plus... »

C'est d'un autre procédé, plus pratique, dérivé du calotype de l'Américain Fox Talbot, que Maxime du Camp se sert quelques années plus tard en Égypte. Il s'agit cette fois de photographies tirées sur papier par le biais d'un négatif permettant des épreuves multiples, mais avec beaucoup de manipulations. Avant la prise de vue, il faut plonger la feuille dans du nitrate d'argent, ce qui ne manque pas de noircir les doigts de l'opérateur maladroit. L'image doit être développée dans la même solution, puis fixée dans du bromure de potassium. Maxime du Camp, qui voyage avec Flaubert, s'est adjoint un domestique corse. Celui-ci, écrit-il, « distillait l'eau et lavait les bassines pendant que je me livrais seul à cette fatigante besogne de faire les épreuves négatives ». A son retour en France, quelque 125 calotypes seront tirés sur papier salé, à Loos-lès-Lille, dans l'atelier de Blanquart-Évrard : ce sont des vues de monuments, très froides, sans grande sensibilité artistique. Avant même la publication de son livre [3], Maxime du Camp vendra son matériel et ne s'intéressera plus à la photographie.

Le voyageur qui répond le mieux à l'appel scientifique d'Arago est un ingénieur grenoblois, Félix Teynard, qui se rend dans la vallée du Nil en 1851-1852 et publie un livre intitulé *Égypte et Nubie*. Le sous-titre exprime bien son ambition : *Atlas photographique servant de complément à la grande « Description de l'Égypte »*. Teynard observe les monuments avec un regard d'ingénieur, accompagnant ses photos de commentaires extrêmement précis sur les perspectives et les angles de vue. Cela ne l'empêche pas de faire preuve de sensibilité. On peut y voir les images d'Égypte les plus personnelles et sans doute les plus belles de ces années 1850 [4].

Les Français ne sont pas les seuls à vouloir immortaliser l'Égypte sous le voile noir. Les tirages les plus spectaculaires de cette époque sont réalisés, en grand format, par l'Anglais Francis Frith, qui utilise un nouveau procédé, le collodion, avec des plaques de verre. Mais les compatriotes de Daguerre occupent une place de premier plan dans la photographie égyptienne, avec des genres qui commencent à se diversifier. L'architecte Pierre Trémaux, voyageant à deux reprises en Orient entre 1847 et 1854, publie des scènes de la vie quotidienne, des tableaux d'artisans, et les premiers nus. Peu après, le peintre Gérôme accompagne en Égypte le sculpteur Bartholdi et se sert des nombreuses photos prises par celui-ci pour réaliser ses premières toiles orientalistes.

3. Maxime du Camp, *Égypte, Nubie, Palestine et Syrie,* Paris, 1852.
4. Denis Roche Jr, « La description (photographique) de l'Égypte », *Égyptes*, Avignon, n° 3, 1993.

Les premiers photographes-résidents français apparaissent au Caire dans les années 1860. Hippolyte Arnoux, Émile Béchard et Ermé Désiré font des portraits en atelier, mais offrent aussi aux touristes des scènes de genre, des paysages et des monuments. La capitale égyptienne compte aussi à cette époque une grande figure de la photographie française : Gustave Le Gray. Contraint de fermer son atelier parisien, cet artiste a trouvé un emploi de professeur de dessin au Caire, ce qui ne lui interdit pas de fréquenter encore la chambre noire. Il enrichira l'histoire photographique de quelques vues remarquables de la Haute-Égypte.

Qu'ils soient résidents ou de passage, archéologues ou artistes, professionnels ou amateurs, les photographes n'en finissent pas de planter leur trépied dans la vallée du Nil. L'Égypte, reproduite à l'infini, sous tous les angles et avec tous les éclairages possibles, ne perd ni son mystère ni son attrait. La rencontre d'une technique révolutionnaire avec des pierres séculaires fait cependant reconsidérer le temps qui passe et modifie les repères. Face à des monuments quasi immuables comme les pyramides, la relation à l'éphémère est comme inversée [5]. Ce ne sont pas des instants fugitifs qu'un déclic immortalise, mais une éternité qui se prête au jeu de l'instantané.

---

5. Alain D'Hooghe et Marie-Cécile Bruwier, *Les Trois Grandes Égyptiennes*, Paris, Marval, 1996.

Frontispice de la *Description de l'Égypte*, réalisé par Vivant Denon. Les principaux monuments y sont représentés, d'Alexandrie à Philae, avec une volonté de lier l'épopée napoléonienne à la civilisation pharaonique. Dans la corniche d'encadrement figure le chiffre de Napoléon, entouré du serpent, symbole de l'immortalité. Les douze cartouches, sur les parties verticales, célèbrent aussi bien des hauts lieux de l'Égypte antique, comme Thèbes, que les Victoires de l'armée d'Orient, comme Aboukir ou El-Arich.

Dans cette planche de la *Description de l'Égypte*, les personnages donnent l'échelle du Sphinx et de la Grande Pyramide de Guiza.

Bonaparte, accompagné d'officiers et de savants, se fait présenter une momie. Tableau de Maurice Orange, 1895.

Le consul général de France en Égypte, Bernardino Drovetti, collectionneur d'antiquités, tient un fil à plomb devant le visage d'un colosse récupéré par son équipe (Paris, Bibliothèque nationale).

Jean-François Champollion, à quarante ans, peint par Léon Coigniet (Paris, musée du Louvre).

Cet encrier, conçu en 1802 et décoré de pseudo-hiéro-
glyphes, a été l'une des premières manifestations de
l'égyptomanie en porcelaine de Sèvres. Sa production
n'a jamais été interrompue depuis lors (Manufacture
nationale de Sèvres).

Érection de l'obélisque de Louxor sur la place de la Concorde, le 25 octobre 1836, en
présence du roi Louis-Philippe et d'une foule immense (Paris, bibliothèque des Arts
décoratifs).

Le vice-roi d'Égypte, Saïd pacha, reçu à Paris en mai 1862 par Napoléon III et l'impératrice Eugénie.

Saïd pacha, affecté de strabisme, d'après une photographie de Nadar.

Prosper Enfantin, dit « le Père », chef de file des saint-simoniens, dans l'un des costumes portés par les membres de l'associaion.

Le pavillon égyptien pendant les travaux d'aménagement de l'Exposition universelle de Paris, en 1867.

A l'Exposition universelle, Ferdinand de Lesseps commente en public une carte en relief de l'isthme de Suez (*L'Illustration*, 1867).

La place Mohammed-Ali (ex-place des Consuls), à Alexandrie, dans les années 1870.

Ismaïl pacha, vice-roi d'Égypte,
à qui la Sublime Porte a accordé
en 1867 le titre de khédive.

Auguste Mariette coiffé du tarbouche.

Auguste Mariette, fondateur du musée de Boulaq et directeur des Antiquités égyptiennes, surveille un chantier de fouilles. Avec l'âge et les épreuves, il est devenu bougon. Ses ouvriers le craignent mais sont impressionnés par sa compétence et son intuition. A sa mort, en 1881, il sera remplacé par Gaston Maspero.

DEUXIÈME PARTIE

De grandes ambitions

1

Lesseps, à la hussarde

La traversée a duré dix jours, dix jours pénibles sur une Méditerranée en colère. Mais Alexandrie apparaît enfin à l'horizon, mince bande blanche se confondant avec l'écume. On la devine plus qu'on ne la voit. Alexandrie, vraiment ? Les Européens qui arrivent en Égypte pour la première fois sont déçus par cette ville sans relief qui n'a ni la majesté de Naples ni celle de Marseille. A mesure que le bateau s'approche de la côte, seul un œil exercé peut distinguer la silhouette du palais de Ras-el-Tine, les petites dunes couvertes de moulins à vent et, avec un peu de chance, la colonne de Pompée.

Pour Ferdinand de Lesseps, ce 7 novembre 1854 marque des retrouvailles. L'Égypte, il l'a connue une vingtaine d'années plus tôt pour y avoir exercé la charge de consul de France. La fébrilité qui l'habite en ce moment est pourtant moins liée aux souvenirs qu'à un pari. Sur la terre des pharaons, il revient avec un projet. Et il sait que ce voyage va décider du reste de sa vie. Dans quelques jours, il aura quarante-neuf ans. C'est un homme en pleine santé, vigoureux et trapu. La moustache et la chevelure noire sont éclairées par un regard intense. Excellent cavalier, brillant causeur, cet ex-diplomate sait se montrer galant avec les femmes et courtois avec tout le monde. Sans doute a-t-il été un parfait compagnon, attentif et rassurant, pendant cette traversée mouvementée.

Deux hommes l'attendent à la descente du bateau des Messageries maritimes : son vieil ami Ruyssenaers, qui est consul général de Hollande, et le ministre égyptien de la Marine, représentant le vice-roi. Lesseps échappe à la cohue habituelle des marchands en tout genre et des portefaix plus ou moins homologués. Il est conduit par une voiture de la Cour jusqu'à une somptueuse villa, bordant le canal Mahmoudieh, où l'attend une armée de domestiques rangée sur l'escalier.

Comment ne songerait-il pas à son premier débarquement à Alexandrie, en 1831 ? Débarquement raté pour celui qui arrivait alors de Tunis, avec le titre modeste d'élève consul : un cas de choléra s'étant déclaré à bord, tous les passagers avaient été soumis à la quarantaine. Enfermé au lazaret, n'ayant rien à faire, le jeune homme s'était plongé dans les livres que lui avait aimablement apportés son supérieur, M. Mimaut. C'est là qu'il avait découvert l'étude de Le Père, l'un des savants de l'Expédition française, sur un possible percement de l'isthme de Suez : un canal reliant la Méditerranée à la mer Rouge, qui réduirait de moitié la route des Indes... Cette perspective audacieuse l'avait fait rêver.

Un diplomate en disgrâce

Fils et petit-fils de diplomate, Ferdinand de Lesseps n'a pas eu beaucoup de mal à épouser la carrière après des études de droit. Son oncle Barthélemy l'a introduit au ministère des Affaires étrangères avant de le faire nommer auprès de lui à Lisbonne. Et c'est son père, Mathieu, qui lui a ouvert la voie en Égypte, ayant été lui-même, de 1802 à 1804, le premier représentant français au Caire après l'Expédition de Bonaparte. Élève consul, puis vice-consul et responsable à deux reprises du consulat général de France, entre 1831 et 1837, Ferdinand de Lesseps a eu le temps de bien connaître le pays et de se familiariser avec les mœurs orientales. Il y a fait preuve d'habileté et de courage. Son attitude exemplaire lors de la terrible épidémie de peste de 1834 lui a valu la Légion d'honneur. Il s'est montré encore plus héroïque, huit ans plus tard à Barcelone, dans une ville en état de siège, menacée de bombardements. Sa récompense a été l'ambassade de France à Madrid, où il a pu confirmer ses talents de négociateur.

C'est à ce diplomate en pleine gloire, déjà couvert de décorations, que l'on fait appel en 1849 pour entreprendre une délicate médiation entre le pape et la République romaine. Il ne sait pas ce qui l'attend... Les troupes françaises campent aux portes de la Ville sainte, prêtes à intervenir. Dans une situation confuse, où les instructions de Paris manquent de cohérence, Ferdinand de Lesseps tente d'empêcher un conflit armé. Il va et vient, déborde d'activité. En fait-il trop ? Les militaires s'agacent. Rappelé à Paris, il est déféré devant le Conseil d'État et encourt un blâme. Sa carrière diplomatique est brisée. L'homme d'action n'a plus qu'à aller jouer au *gentleman farmer* dans un manoir du Berry, où le malheur le poursuit : à quelques mois d'intervalle, sa femme et l'un de ses fils sont emportés par la scarlatine.

Dans sa retraite berrichonne, l'ex-ambassadeur réfléchit cependant au fameux canal qui pourrait relier la Méditerranée à la mer Rouge. Il rédige un mémoire dans ce sens, le fait traduire en arabe et songe à le soumettre au vice-roi d'Égypte. Mais beaucoup d'eau a coulé dans la vallée du Nil depuis son départ. Abbas pacha est un homme ombrageux et méfiant, qui dirige le pays d'une main de fer. Comme l'a constaté Flaubert, il n'aime guère les Européens, et les Français le détestent. Peut-il prêter attention à un tel projet ? En juillet 1852, Lesseps consulte par lettre son ami Ruyssenaers, précisant toutefois que son entreprise « est encore dans les nuages ». Le consul de Hollande lui répond sans détour qu'il n'a aucune chance d'intéresser le vice-roi.

Lesseps décide alors de soumettre directement son projet au sultan – souverain en titre de l'Égypte –, en y associant un financier de ses amis.

Le négociateur envoyé à Constantinople revient bredouille. De tels travaux, lui ont dit les autorités ottomanes, ne pourraient être entrepris que par le vice-roi d'Égypte. Lesseps en prend son parti. « Dans cette situation, écrit-il à Ruyssenaers, je laisse dormir mon mémoire sur le percement de l'isthme, et, en attendant des temps plus propices, je m'occuperai d'agriculture et de la construction d'une ferme modèle. »

Il n'attendra pas très longtemps... Dans la nuit du 10 au 11 juin 1854, Abbas est assassiné par de jeunes mamelouks de son harem particulier. La mort du vice-roi sera cachée pendant quarante-huit heures pour laisser à son fils le temps de regagner Le Caire et lui succéder. On le transporte en plein jour d'un palais à l'autre, assis dans une voiture comme s'il était vivant. Mais le stratagème échoue, et l'oncle du défunt, Saïd, successeur légal, se présente à la Citadelle, accompagné du corps consulaire, pour réclamer le pouvoir. Il l'obtient, avec l'aval officiel de la Porte.

Aucune nouvelle ne pouvait réjouir autant Ferdinand de Lesseps. Il a connu Saïd adolescent, se considère même comme son ami. Le jeune prince souffrait alors d'obésité, et son père, Mohammed Ali, le soumettait à un régime alimentaire très strict et à des exercices physiques draconiens. Saïd trouvait refuge chez le consul de France, qui lui faisait préparer des macaronis. D'où leur amitié... L'histoire, racontée par Lesseps, est trop belle pour ne pas être acceptée ainsi.

Le Français écrit aussitôt au nouveau vice-roi pour le féliciter de sa nomination. Il lui précise que la diplomatie lui a laissé des loisirs et qu'il serait ravi de pouvoir lui présenter ses hommages. En réponse, Saïd l'invite à venir en novembre, après la visite qu'il doit lui-même effectuer à Constantinople.

Un prince qui joue à la guerre

Pour se présenter devant le vice-roi, au palais de Gabbari, ce 7 novembre 1854, Ferdinand de Lesseps a accroché sur son habit noir ses principales décorations. Une manière de témoigner à celui qu'il a connu « dans une autre position cette déférence respectueuse que le cœur humain accepte toujours avec plaisir », comme il l'écrit à sa belle-mère et confidente Mme Delamalle[1]. L'entretien est chaleureux. On évoque des souvenirs. Saïd fait état des « persécutions » dont il a été victime au cours du règne précédent. Le lendemain, les deux hommes iront essayer ensemble, dans le jardin du palais, les pistolets offerts par le Français à Son Altesse... A aucun moment il n'est question du canal de Suez, « sujet que je ne veux entamer qu'à coup sûr, et lorsque la question sera assez mûre pour que le prince puisse adopter l'idée comme lui appartenant plus encore qu'à moi-même », précise Ferdinand à Mme Delamalle.

1. Ferdinand de Lesseps, *Lettres, journal et documents,* Paris, 1875-1881.

Saïd l'invite à l'accompagner, quelques jours plus tard, dans un périple d'Alexandrie au Caire, par le désert. Lesseps accepte naturellement avec plaisir. En attendant, il en profitera pour rendre visite à d'anciens amis, recevoir des personnalités dans la demeure qui lui est allouée, interroger les uns et les autres sur les habitudes du vice-roi, « ses goûts, les tendances de son esprit, les personnes qui l'entourent... », bref, préparer le terrain.

Saïd pacha a offert à Ferdinand de Lesseps un beau cheval anézé venu de Syrie. Pour ce voyage dans le désert libyque, ils seront accompagnés de... dix mille hommes de troupe. Le nouveau vice-roi aime jouer à la guerre, depuis que son père l'avait nommé grand amiral de la flotte égyptienne. Une flotte qui n'existait plus, souligne l'Arménien Nubar pacha dans ses *Mémoires*, ajoutant perfidement que Saïd « avait le mal de mer ».

Quatrième fils de Mohammed Ali, le nouveau vice-roi a trente-deux ans. Ce n'est pas un Don Juan : massif, pour ne pas dire obèse, il est affligé d'un vilain strabisme. Mais ce prince oriental à la barbe rousse ne manque pas de finesse d'esprit. Il a reçu une éducation moderne, grâce à un précepteur français, Koenig bey, et parle avec beaucoup d'aisance la langue de Molière. Les Européens d'Égypte l'apprécient d'autant plus qu'ils redoutaient les mœurs féodales de son prédécesseur. Depuis l'assassinat de ce dernier, les langues se sont déliées. On attribue à Abbas toutes sortes de méfaits, le traitant volontiers de monstre. Même Nubar pacha, qui l'a servi et le défend, ne cache pas ses comportements sadiques, racontant qu'un jour le défunt a fait coudre les lèvres d'une femme de son harem, coupable d'avoir fumé malgré son interdiction [2]. Mais les historiens contemporains ont tendance à nuancer le portrait...

Sur ce périple dans le désert, et l'événement capital qui l'a marqué, on ne dispose guère que du témoignage de Ferdinand de Lesseps lui-même. Un témoignage remarquable de précision et de poésie, qui mérite d'être largement cité, mais sans oublier la remarque de son principal biographe, Georges Edgar-Bonnet, valable pour toute la suite de l'histoire : « S'il déforme très peu les faits, il les teinte, ou plutôt les colore avec intensité, d'un optimisme inlassable et systématique, qui donne de la réalité une impression trompeuse [3]. » Optimisme sans lequel l'aventure de Suez n'aurait sans doute pas abouti...

Plaidoirie dans le désert

Lesseps rejoint l'état-major en compagnie de Zoulfikar pacha, un ami d'enfance de Saïd, qu'il a connu autrefois. Il l'entretient de son projet et celui-ci promet de l'appuyer. Les deux hommes partagent une tente luxueusement équipée, à côté de celle du vice-roi. Dans ce camp militaire

2. Nubar Pacha, *Mémoires*, introduction et notes de Mirrit Boutros-Ghali, Beyrouth, 1983.
3. Georges Edgar-Bonnet, *Ferdinand de Lesseps*, Paris, 1951, t. I.

volant, les tables sont en acajou, les aiguières en argent et la vaisselle en porcelaine de Sèvres.

Le matin, la musique militaire annonce le réveil de Son Altesse. Saïd est très gai, ayant réussi la veille à faire traverser le lac Maréotis à son artillerie, malgré l'avis défavorable des généraux qui jugeaient ce passage impraticable. Lesseps est invité à entrer dans la tente vice-royale. « Nous restâmes plus de deux heures, précise-t-il, à causer tout seuls sur beaucoup de sujets qui m'intéressèrent vivement et qui, en définitive, avaient pour objectif, d'une manière générale, de chercher à illustrer le début de son règne par quelque grande et utile entreprise. » On est toujours dans la phase de préparation du terrain.

Le 15 novembre, le Français a la bonne idée de vouloir montrer à Saïd les qualités de son cheval. D'un bond, il franchit un parapet de pierre qui vient d'être édifié et poursuit sa course au galop. Les généraux présents apprécient la performance. Lesseps, toujours poète, y verra ensuite « l'une des causes de l'approbation donnée à [son] projet par l'entourage du vice-roi ».

Et voici le moment clé : « A cinq heures du soir, je remonte à cheval et je retourne dans la tente du vice-roi, escaladant de nouveau le parapet dont je viens de parler. Le vice-roi était gai et souriant ; il me prend la main, qu'il garde un instant dans la sienne, et me fait asseoir sur son divan à côté de lui. Nous étions seuls ; l'ouverture de la tente nous laissait voir le beau coucher de ce soleil dont le lever m'avait si fort ému, le matin. Je me sentais fort de mon calme et de ma tranquillité, dans un moment où j'allais aborder une question bien décisive pour mon avenir. Mes études et mes réflexions sur le canal des deux mers se présentaient clairement à mon esprit, et l'exécution me semblait si réalisable que je ne doutais pas de faire passer ma conviction dans l'esprit du prince. J'exposai mon projet, sans entrer dans les détails, en m'appuyant sur les principaux faits et arguments développés dans mon mémoire, que j'aurais pu réciter d'un bout à l'autre. »

Que dit ce fameux mémoire ? D'abord, que la jonction de la Méditerranée et de la mer Rouge par un canal navigable a toujours préoccupé les grands hommes qui ont gouverné l'Égypte, de Sésostris à Mohammed Ali, en passant par Alexandre et Bonaparte. Un canal indirect, communiquant avec le Nil, a d'ailleurs existé à plusieurs époques au cours des siècles. Le prince qui réalisera un vrai canal maritime, assure Lesseps, restera dans la postérité, plus encore que les bâtisseurs des pyramides, « ces monuments inutiles de l'orgueil humain ». Il cite des chiffres : la distance de Londres à Bombay serait réduite de moitié. Et, de Constantinople aux Indes, c'est par trois qu'on diviserait la route à parcourir...

Saïd, très attentif, pose des questions. Lesseps a réponse à tout. Il ne parle pas seulement en lieues, mais en tonneaux et en francs, démontrant qu'un tel canal serait une affaire rentable. Le vice-roi s'inquiète cependant des réactions de Constantinople, de Londres, d'autres capitales peut-être... Le Français balaie ces objections, expliquant les avantages que l'Empire ottoman, comme la Grande-Bretagne et tous les autres pays du monde, trouverait dans une telle voie d'eau. Il les passe en revue : pour l'Allemagne, ce serait le complément de la libre navigation du Danube ; pour la Russie, une réponse à son aspiration nationale vers l'Orient ; pour les États-Unis d'Amérique, un moyen de développer leurs relations avec l'Indo-Chine...

Après deux heures d'entretien, Saïd est conquis. « Il fait appeler ses généraux, raconte Ferdinand de Lesseps, les engage à s'asseoir sur des pliants rangés devant nous et leur raconte la conversation qu'il vient d'avoir avec moi, les invitant à donner leur opinion sur les propositions de "son ami". Ces conseillers improvisés, plus aptes à se prononcer sur une évolution équestre que sur une immense entreprise dont ils ne pouvaient guère apprécier la portée, ouvraient de grands yeux en se tournant vers moi, et me faisaient l'effet de penser que l'ami de leur maître, qu'ils venaient de voir si lestement franchir à cheval une muraille, ne pouvait donner que de bons avis. Ils portaient de temps en temps la main à la tête en signe d'adhésion, à mesure que le vice-roi leur parlait. »

Saïd a demandé à Lesseps de coucher sur le papier les grandes lignes de son projet. Il ignore que ce mémoire est prêt depuis deux ans. Son auteur n'a plus, selon ses propres termes, qu'à lui donner « un dernier coup de lime ». Ce qu'il fait la nuit suivante sous sa tente, car il a du mal à trouver le sommeil, et on veut bien le croire. Le mémoire, « adressé du camp de Maréa à S. A. Mohammed-Saïd, vice-roi d'Égypte et dépendances », portera la date du 15 novembre 1854.

Calculons. Lesseps a débarqué le 9 en Égypte : il lui a fallu moins d'une semaine pour emporter le morceau. Dans un camp de fortune, en plein désert, deux hommes viennent de décider de changer la carte du monde. A eux deux, ils ne sont pourtant pas grand-chose. L'un, diplomate sur la touche, semble avoir sa carrière derrière lui. L'autre, bien que vice-roi, gouverne un pays peu développé et n'est d'ailleurs qu'un vassal du sultan de Constantinople. Mais ils vont provoquer un formidable débat – politique, technique et financier –, agiter les chancelleries, passionner l'opinion.

La bataille de Suez vient de commencer.

2

Investir dans le sable

Ferdinand de Lesseps n'a rien inventé : en Europe, au milieu du XIXe siècle, la liaison entre la Méditerranée et la mer Rouge est dans tous les esprits. On rêve de Suez, comme on commence à rêver de Panama. Les deux isthmes sont associés dans l'imagination collective, le percement de l'un devant conduire tôt ou tard au percement de l'autre.

Lesseps est resté en contact avec les saint-simoniens. Avant de retourner en Égypte, en novembre 1854, il a pris soin de s'arrêter à Paris pour s'entretenir avec les responsables de la Société d'études pour le canal de Suez, qui lui ont remis divers documents. Sans doute s'est-il montré assez vague sur ses intentions et n'a-t-il même pas cherché à engager la discussion avec eux sur le meilleur moyen de réaliser ce projet. Selon lui, les amis d'Enfantin font doublement fausse route. Sur le plan technique, d'abord, en préconisant un canal indirect, difficile à construire et plein d'inconvénients pour l'Égypte. Sur le plan politique, ensuite, en voulant commencer par obtenir l'accord des gouvernements européens, alors que la décision de percer l'isthme doit être égyptienne et s'appuyer sur des capitaux privés.

Lesseps n'est ni ingénieur ni financier. Ce généraliste possède seulement des intuitions, de l'habileté et une volonté à toute épreuve. S'il n'a pas inventé le canal de Suez, il a trouvé le moyen de le réaliser, en abattant sa carte au bon moment. Et c'est là tout son mérite, pour ne pas dire son génie.

Les Anglais sont directement intéressés par l'isthme de Suez comme route des Indes. Mais, contrairement aux Français, ils ne songent pas à une voie navigable : leurs efforts portent sur le développement de moyens terrestres, en attendant le chemin de fer qui reliera Alexandrie à Suez. En 1829, un pionnier, le lieutenant Waghorn, a réussi à se rendre de Londres à Bombay en soixante-treize jours, en passant par Suez, alors que les voiliers mettent habituellement quatre ou cinq mois en contournant l'Afrique. Au cours des années suivantes, sans bénéficier d'aucun soutien, Waghorn a amélioré son système et l'a étendu au transport des voyageurs, abaissant le délai à cinquante jours. Ce précurseur mourra dans la misère, en 1850, privé de la reconnaissance qu'il méritait [1]. Bien des années plus

1. John Pudney, *Suez. De Lesseps' Canal,* Londres, Dent, 1968.

121

tard, Lesseps lui rendra hommage – « Il a ouvert la route, nous l'avons suivi » –, lui faisant ériger une statue à Port-Tewfik…

Un firman personnalisé

Le 25 novembre 1854, les consuls généraux des différentes puissances se rendent à la Citadelle pour complimenter le vice-roi à l'occasion de son retour au Caire. En présence de Ferdinand de Lesseps, Saïd annonce à l'assistance qu'il a décidé le creusement d'un canal entre les deux mers et qu'il a chargé son ami français de constituer une compagnie à cet effet. C'est la stupéfaction. Saïd, goguenard, lance au consul général des États-Unis : « Eh bien, monsieur de Leon, nous allons faire concurrence à l'isthme de Panama et nous aurons fini avant vous. »

Au cours des jours suivants, Ferdinand de Lesseps prend soin de communiquer son mémoire aux consuls généraux de Grande-Bretagne et de France. Il reçoit chez lui les consuls d'Autriche et de Prusse, rend visite à plusieurs princes, s'entretient avec des Français du Caire… Il déborde d'activité pour faire avancer son projet, tout en aidant Saïd à mettre la dernière main au firman de concession qui sera publié le 30 novembre [2].

Dans ce document, son nom figure dès la première phrase : il s'agit d'un acte personnalisé, comme en rêverait plus d'un homme d'affaires. Le préambule mérite d'être cité intégralement : « Notre ami, M. Ferdinand de Lesseps, ayant appelé notre attention sur les avantages qui résulteraient pour l'Égypte de la jonction de la mer Méditerranée et de la mer Rouge par une voie navigable pour les grands navires, et nous ayant fait connaître la possibilité de constituer, à cet effet, une compagnie formée de capitalistes de toutes les nations, nous avons accueilli les combinaisons qu'il nous a soumises, et lui avons donné, par ces présentes, pouvoir exclusif de constituer et diriger une compagnie universelle pour le percement de l'isthme de Suez, et l'exploitation d'un canal entre les deux mers, avec faculté d'entreprendre ou de faire entreprendre tous travaux et constructions, à la charge pour la compagnie de donner préalablement toute indemnité aux particuliers en cas d'expropriation pour cause d'utilité publique ; le tout dans les limites et avec les conditions et charges déterminées dans les articles qui suivent. »

La durée de la concession est de quatre-vingt-dix-neuf ans, à compter du jour de l'ouverture du canal à la navigation. L'Égypte entrera ensuite en possession du canal et de tous les établissements qui en dépendront, en échange d'une indemnité à fixer. Les travaux seront exécutés aux frais de la compagnie, qui se verra concéder gratuitement tous les terrains nécessaires à ses activités, n'appartenant pas à des particuliers. De même pourra-t-elle extraire des mines et carrières du domaine public, sans payer

2. Jules Charles-Roux, *L'Isthme et le Canal de Suez*, Paris, 1901.

122

de droits, tous les matériaux qui lui seront nécessaires. Le gouvernement égyptien recevra 15 % des bénéfices nets, indépendamment des intérêts et dividendes des actions qu'il se réserve d'acheter lors de l'émission. La compagnie en aura 75 % et les membres fondateurs 10 %. Les tarifs des droits de passage du canal de Suez seront égaux pour toutes les nations, aucune d'elles ne pouvant bénéficier d'avantages particuliers.

Le gouvernement français s'empresse de conférer au nouveau vice-roi le grand cordon de la Légion d'honneur. La remise officielle a lieu le 22 novembre en présence de plusieurs personnalités, dont Ferdinand de Lesseps et son cousin Edmond. Dans les discours, le futur canal de Suez n'est pas cité. Il est seulement question de « l'œuvre de réorganisation et de réforme » entreprise par Mohammed Ali, que son fils Saïd va poursuivre, et qui bénéficiera des « encouragements et, au besoin, l'aide de l'Empereur ». C'est par une lettre non publique que le vice-roi demandera à Napoléon de « donner son approbation » au projet.

Le canal est une affaire privée. Il ne peut être – et ne doit surtout pas apparaître – comme une entreprise pilotée par la France. « Tout en ne dissimulant nullement qu'elle a nos sympathies, vous ferez bien […] de vous abstenir d'y engager la responsabilité du consulat général », écrit le 2 janvier 1855 le ministre français des Affaires étrangères à son consul en Égypte. Cette ligne sera scrupuleusement suivie, même en coulisses. Au point que, durant les mois suivants, Ferdinand de Lesseps réclamera un soutien plus actif de son gouvernement.

Agitation saint-simonienne

Lesseps n'a pas manqué d'envoyer aux responsables de la Société d'études pour le canal de Suez copie de l'ensemble des documents : son mémoire, le firman, ainsi que les lettres aux consuls britannique et français. Il y a même ajouté la liste des personnalités qui pourraient, selon lui, devenir les fondateurs de la future compagnie : les principaux responsables saint-simoniens y figurent. Cela lui vaut, en retour, les félicitations enthousiastes d'Arlès-Dufour : « Bravissimo. Depuis vingt-six ans Enfantin et ses amis rêvent de Suez. Depuis dix ans nous l'étudions. Depuis quatre ans nous cherchons le joint sans le trouver ni le deviner et vous, d'un seul coup, d'un seul jet, vous atteignez ce but grandiose… »

Enfantin est beaucoup plus réservé, pour ne pas dire franchement hostile. Dans une lettre à Lesseps, le 19 décembre, il s'en tient à une objection technique, jugeant comme une « impossibilité manifeste » de faire déboucher le canal direct sur le golfe de Péluse en Méditerranée. Mais, au fil des semaines, son opposition s'élargit et se durcit. Il obtient, le 5 janvier, une audience de Napoléon III pour mettre en garde l'empereur contre le projet de Ferdinand de Lesseps et vanter, au contraire, sa propre Société d'études, à laquelle il cherche à donner un second souffle.

Les fondateurs de la Société d'études sont divisés. Talabot, d'accord avec Enfantin, s'accroche à son projet de tracé indirect. Arlès-Dufour, à qui Ferdinand de Lesseps fait miroiter la présidence du futur conseil d'administration de la compagnie, a du mal à se situer. Négrelli se rallie. Quant à Stephenson, il ne croit plus à un canal depuis qu'Alexandrie et Suez doivent être reliés par une ligne de chemin de fer.

La polémique épistolaire entre Enfantin et Lesseps tourne essentiellement autour d'une question de méthode : comment obtenir l'accord de la communauté internationale ? « Je dois chercher à conserver à notre affaire son caractère d'initiative égyptienne en dehors des complications de la politique européenne, écrit le 16 janvier Ferdinand de Lesseps à Arlès-Dufour. Les puissances accepteront un fait accompli, elles ne se mettront jamais d'accord pour le provoquer [3]. »

Enfantin n'en croit rien. « L'affaire de Suez n'est pas une affaire égyptienne, ou turque seulement, comme le prétend M. de Lesseps, écrira-t-il à Négrelli : elle est surtout européenne, et même universelle, et la société qui l'exécutera sera certainement l'expression de la volonté des puissances que cette œuvre intéresse, elle ne sera pas le résultat du caprice ou de la bienveillance de Saïd pacha pour tel ou tel de ses amis. »

Le ton monte progressivement, et le débat se déplace. Le chef des saint-simoniens envoie à Lesseps des lettres désagréables, sinon menaçantes : « Si nous voulions vous jouer des tours, nous agirions sans vous. Nous constituerions sans vous une société, sauf à voir comment vous, concessionnaire, vous feriez pour refuser les conditions que nous vous proposerions pour nous céder votre concession. » Enfantin accuse Lesseps de s'être « comporté avec nous comme un hanneton ». Il finira par le traiter de « fou dangereux qui gâche cette belle affaire de Suez », demandant qu'on le mette « hors d'état de nuire ».

Ferdinand de Lesseps compte sur sa famille et ses amis, à Paris, pour contrer l'offensive saint-simonienne. Sa belle-mère, Mme Delamalle, se dépense sans compter, multipliant les démarches dans les milieux officiels. Dans une lettre particulièrement intéressante, datée du 22 janvier 1855, il lui fait part de sa détermination : « Je veux faire une grande chose, sans arrière-pensée, sans intérêt personnel d'argent... Je serai inébranlable dans cette voie, et, comme personne n'est capable de me faire dévier, j'ai la confiance que je conduirai sûrement ma barque jusqu'au port... Mon ambition, je l'avoue, est d'être seul à conduire les fils de cette immense affaire, jusqu'au moment où elle pourra librement marcher. En un mot, je désire n'accepter les conditions de personne, mon but est de les imposer toutes... » Étonnante profession de foi, qui éclaire bien la psychologie du personnage et annonce la suite.

---

3. Georges Edgar-Bonnet, *Ferdinand de Lesseps*, Paris, 1951, t. I.

L'exploration de l'isthme à dromadaire

Pour Ferdinand de Lesseps, l'heure est venue d'aller en reconnaissance sur le terrain. Saïd lui a conseillé de partir seul avec Linant de Bellefonds, qui connaît la topographie et la canalisation de l'Égypte sur le bout des doigts. Mais, pour une affaire de cette importance, le futur président de la Compagnie universelle préfère « avoir deux avis, même différents ». Il obtient que Mougel, ingénieur des Ponts et Chaussées, qui a exécuté plusieurs grands travaux hydrauliques dans le pays, soit aussi du voyage [4].

Le départ est fixé au 23 décembre, avant-veille de Noël. Bonaparte était allé sur les lieux exactement à la même époque, cinquante-six ans plus tôt... Depuis lors, la route entre Suez et Le Caire, qui fait un peu plus de 110 kilomètres, a été aménagée. Elle compte quinze relais, où l'on peut trouver des aliments, de la boisson et même des lits.

Suez est une bourgade misérable, sans un arbre, entre mer et désert. De trois à quatre mille personnes y habitent dans des logements en bois ou en torchis. Pas une seule fontaine. Tous les quinze jours, la malle des Indes vient créer un peu d'agitation dans ce bout du monde. La rade est magnifique. On aperçoit, à droite, les monts de l'Attaka et, à gauche, dans le lointain, le commencement de la chaîne du Sinaï avec ses reflets roses.

Lesseps et ses deux collaborateurs passent quelques jours à Suez, le temps d'examiner le port et les environs, au moyen d'un canot à vapeur du gouvernement. Ils visitent les restes du canal antique, dont les berges sont encore visibles, et reconnaissent des maçonneries anciennes qui commandaient son entrée dans la mer Rouge. Leur enquête les persuade que la rade de Suez ne présente pas de dangers pour la navigation, contrairement à ce que soutiennent certains. Par mauvais temps, les bâtiments s'y maintiennent bien. On cite pour exemple la corvette-magasin de la Compagnie anglaise des Indes, ancrée sur place depuis plus de deux ans, et qui n'a jamais essuyé d'avaries.

Le 31 décembre, au petit matin, la caravane se met en route. Lesseps et Linant, habillés à l'arabe, sont juchés sur des dromadaires. Mougel, moins sportif, les suit à dos d'âne, avec son paletot et son pantalon gris. Leur escorte de bédouins veille particulièrement sur les barils d'eau, tandis que les cuisiniers sont accompagnés d'une véritable ménagerie : des moutons, des chèvres, des poules, des dindons, des pigeons en cage... En partant de Suez vers le nord, la caravane emprunte le lit de l'ancien canal, dont les berges sont encore bien conservées. Pour atteindre la Méditerranée, elle doit franchir plus de 120 kilomètres de désert.

Dans l'isthme de Suez, la nature semble avoir tracé elle-même la ligne de communication entre les deux mers. Il existe en effet, du nord au sud, une sorte de vallée formée par l'intersection de deux plaines, descendant

---

4. Ferdinand de Lesseps, *Lettres, journal et documents,* Paris, 1875-1881.

par une pente insensible, l'une du cœur de l'Égypte, l'autre des premières collines de l'Asie. Cette vallée naturelle est parsemée de plusieurs lacs, qui laissent à penser que, dans des temps reculés, les deux mers se rejoignaient.

La caravane arrive le lendemain à la hauteur du bassin desséché des lacs Amers, occupant 330 millions de mètres carrés. Linant et Mougel y voient un passage naturel tout prêt pour le futur canal, mais aussi la possibilité d'un immense réservoir pour l'alimenter. Un peu plus au nord, c'est le Serapeum, un plateau d'une quinzaine de mètres de hauteur : l'un des rares reliefs un peu prononcés de cet isthme de Suez qui ne compte que des plaines et des dunes. Tout autour, le sable est plus fin qu'au début du parcours : hyènes, gazelles et renards y laissent la trace de leurs pas. La végétation, qui était absente jusqu'ici, commence à apparaître. Elle deviendra de plus en plus abondante à mesure que l'on avancera vers le nord.

Le 2 janvier dans l'après-midi, la caravane atteint le lac Timsah, entouré de collines, qui se trouve au milieu de l'isthme. Ce sera, selon Linant et Mougel, un magnifique port naturel dans lequel les navires pourront trouver tout le nécessaire pour le ravitaillement, les réparations et le dépôt de marchandises. Une vallée naturelle, perpendiculaire à celle qui occupe l'axe nord-sud, vient y aboutir. C'est la fameuse terre de Gochen où, pense-t-on, les Hébreux s'étaient établis. Autrefois fertile, elle n'est plus qu'un désert inculte mais reçoit encore le trop-plein des eaux dérivées du Nil. Linant et Mougel y voient le tracé naturel d'un deuxième canal, d'eau douce celui-là, qui arroserait les terres, servirait la navigation intérieure et fournirait de l'eau potable aux travailleurs de l'isthme.

Tous les soirs, sous la tente, les trois Français confrontent leurs observations. Ils imaginent le tracé du futur canal, discutent de sa largeur et de sa profondeur, commencent même à calculer son coût. Ces discussions alternent avec des lectures de la Bible, pour repérer l'endroit où Moïse se trouvait avec le peuple juif quelques milliers d'années plus tôt…

Au fur et à mesure qu'ils montent vers le nord, les ingénieurs examinent soigneusement le sol et s'assurent que le creusement du canal ne présenterait pas de difficultés majeures. Ce sont, expliquent-ils à Ferdinand de Lesseps, des terres meubles, qui peuvent être facilement enlevées à main d'homme jusqu'à la ligne d'eau, puis avec des dragues pour atteindre la profondeur souhaitée. Quant aux sables mobiles, tant redoutés, ils ne risquent nullement d'envahir le canal, comme le soutiennent des esprits mal informés ou malintentionnés. A preuve, les traces, encore visibles, de tous les campements d'ingénieurs qui ont procédé à un nivellement de l'isthme sept années plus tôt. Le sol est parfaitement fixé, soit par le gravier qui le couvre, soit par la végétation qui y pousse. D'ailleurs, si les sables étaient mobiles, tous les vestiges des antiques travaux de canalisation n'auraient-ils pas disparu depuis bien longtemps ?

Au nord du lac Timsah, Lesseps et ses collaborateurs campent au pied du plateau d'El-Guisr, qui atteint vingt mètres de hauteur. C'est le point culminant de l'isthme. Le canal devra le franchir, mais cela ne semble pas plus compliqué que pour le Serapeum.

Et l'on atteint enfin le lac Menzala, où des bandes de cygnes, de flamants et de pélicans forment une multitude de lignes blanches. Ce lac, alimenté aussi bien par les crues du Nil que par les eaux de la Méditerranée, n'est séparé de la mer que par un étroit cordon de sable que les vagues franchissent par gros temps. Le rivage de Péluse passe pour impropre à la navigation, à cause des alluvions du Nil et des vents violents qui y soufflent une partie de l'année. On affirme que, dans ces parages, la mer est chargée d'un limon si épais que les navires ne pourraient aborder. Fadaises! affirment Linant et Mougel. La plage de Péluse est composée de sable pur, sans aucun effet des matières terreuses transportées par le Nil. Une double jetée peut être construite à cet endroit. Elle réglerait l'entrée du canal sur la Méditerranée.

De retour au Caire, le 15 janvier, Lesseps commande un avant-projet à ses deux collaborateurs. Il leur pose par écrit une vingtaine de questions, dont, à vrai dire, il connaît déjà la plupart des réponses, chacun de ces points ayant été longuement débattu au cours du voyage. Possédant les grandes lignes de son entreprise, et suffisamment d'arguments pour répondre aux sceptiques ou aux opposants, il peut prendre son bâton de pèlerin pour aller faire la tournée des capitales où va se décider le sort du canal de Suez.

Accueil glacé à Constantinople

Selon le hatti-chérif de 1841, le vice-roi est tenu de soumettre « les affaires importantes à la connaissance et à l'approbation » de la Sublime Porte. Le canal de Suez entre-t-il dans cette catégorie? Saïd estime que non, ou fait semblant de le croire. Il a publié son firman sans en référer au sultan, et c'est par simple courtoisie qu'il en sollicite la ratification. Ferdinand de Lesseps lui semble être le mieux placé pour aller expliquer à Constantinople les avantages de cette entreprise déjà connue du monde entier.

Son prédécesseur, Abbas, avait procédé un peu de la même manière, quelques années plus tôt, à propos du chemin de fer. Mettant la Porte devant le fait accompli, il n'avait demandé une ratification qu'après coup, sur le conseil et avec le puissant appui de l'Angleterre. Les autorités ottomanes, sauvant la face, avaient alors imposé plusieurs conditions : la ligne serait limitée au parcours Alexandrie-Le Caire (en réalité, elle devait être prolongée jusqu'à Suez); les travaux seraient entrepris aux frais exclusifs du gouvernement égyptien, sans emprunt; enfin, l'exploitation du chemin de fer ne serait pas confiée à des étrangers.

Paris avait tenté, en vain, d'empêcher ce chemin de fer, inspiré et installé par les Anglais. « Votre chemin de fer, c'est une épée flamboyante dans le sein de la France, devait dire un ministre de Napoléon III à l'un de ses interlocuteurs égyptiens. Chaque station de cantonniers se changera, peu à peu, en colonie anglaise. » A quelques années d'intervalle, la situation se retourne comme un gant : c'est l'Angleterre, maintenant, qui craint de voir l'isthme de Suez se transformer en colonie française.

Ferdinand de Lesseps va vite s'en rendre compte à son arrivée à Constantinople, malgré l'optimisme à toute épreuve qui fausse parfois ses jugements. Les ministres ottomans sont sous la pression, pour ne pas dire la dépendance, de l'ambassadeur d'Angleterre, le redouté lord Stratford de Redcliffe, surnommé « sultan Stradford » ou « Abdul-Cunning ». C'est un diplomate de la vieille école, qui n'attend pas les instructions de Londres pour se déterminer. Occupant ce poste depuis une douzaine d'années, il semble faire la pluie et le beau temps dans la capitale d'un Empire ottoman en semi-déliquescence.

Lesseps est reçu courtoisement par le grand vizir, Rechid pacha, puis par le sultan. Il leur expose avec conviction les avantages que le canal de Suez présenterait pour l'Empire ottoman et l'excellent accueil que ce projet rencontre dans les capitales européennes. S'avançant un peu vite, il affirme que l'Angleterre n'y est pas hostile, contrairement à ce que pourrait laisser penser « la mauvaise humeur personnelle » de son ambassadeur à Constantinople.

Le pouvoir ottoman n'aimerait mécontenter ni l'Angleterre ni la France, qui, toutes deux, sont engagées à ses côtés, en ce moment même, afin de combattre les forces russes en Crimée. S'y ajoute son peu d'enthousiasme pour une entreprise qui lui paraît dangereuse à plus d'un titre. Premièrement, ce canal risquerait de donner plus de poids international à l'Égypte, donc de la rendre plus indépendante à l'égard de Constantinople. Deuxièmement, les concessions territoriales qui seraient accordées à la future Compagnie universelle feraient s'implanter des Européens dans l'isthme de Suez, et cela est contraire aux principes ottomans. Troisièmement, la Turquie se verrait coupée de l'Égypte par une barrière physique, sans aucune garantie sur le passage des bâtiments de guerre à travers le canal.

A peine Lesseps est-il reparti que le grand vizir écrit au vice-roi d'Égypte : « Permettez à mon amitié de vous dire que je vois avec la plus vive peine Votre Altesse se jeter dans les bras de la France. Rappelez-vous ce qu'il en a coûté à votre père pour s'être fié à ce gouvernement qui n'a pas plus de stabilité que ses agents. La France ne peut rien, ni pour vous, ni contre vous, tandis que l'Angleterre peut vous faire beaucoup de mal [5]. »

5. Archives diplomatiques françaises, Affaires étrangères, « Alexandrie, 9 avril 1855 », in *Correspondance politique. Égypte*, vol. 26.

Des actionnaires presque tous français

Après un passage à Paris, où il mobilise relations, parents et amis, Lesseps se rend en Grande-Bretagne. L'opposition du Premier ministre, lord Palmerston ne fait pas de doute, mais les chambres de commerce anglaises semblent être plutôt favorables à un canal. Le Français tient des réunions, distribue des brochures, accorde des entretiens aux journaux, jouant sur l'opinion pour faire fléchir le gouvernement. La commission scientifique qu'il a mise en place – comprenant quatre Français, quatre Anglais, un Autrichien, un Espagnol, un Italien et un Prussien – a confirmé le choix d'un tracé direct, évalué l'ensemble des travaux à 200 millions de francs et estimé les revenus annuels à 29 millions. Ce serait une bonne affaire.

Au Caire, Saïd pacha est soumis à d'intenses pressions par son entourage, majoritairement hostile au projet. Même des Français d'Alexandrie s'y opposent, craignant de voir leur ville détrônée par un nouveau port sur la Méditerranée. Le vice-roi attend désespérément un soutien de Napoléon III, mais celui-ci se montre d'une prudence déroutante, comme s'il craignait l'Angleterre ou avait conclu un pacte secret avec elle. De retour en Égypte, Lesseps réconforte Saïd, l'entoure et obtient, le 30 janvier 1856, un firman définitif de concession : le futur canal, ouvert aux navires de toutes les nations, sera construit et exploité par une compagnie universelle.

Ferdinand de Lesseps compte, plus que jamais, sur l'opinion publique européenne pour faire pression sur les gouvernements, mais aussi pour financer sa société. La conjoncture est favorable en France, où l'on assiste depuis quelques années à une explosion du marché financier. L'enrichissement du pays et sa stabilité politique incitent les épargnants à investir. Le Second Empire a même réussi à financer sa guerre de Crimée, en 1854, en mobilisant « le suffrage universel des capitaux ». Dix mille personnes ont répondu à son appel[6] !

Le promoteur du Canal commence par s'adresser à des banquiers, comme Fould et Rothschild, qui réclament des commissions importantes. Changeant son fusil d'épaule, il décide alors d'organiser lui-même la souscription dans tous les pays, y compris les États-Unis. Un bureau est ouvert à Paris. Des correspondants sont engagés en province et à l'étranger : l'entreprise étant universelle, le capital doit l'être aussi. Lesseps s'adresse lui-même au public, au cours de divers voyages – au Royaume-Uni (à quatre reprises de 1856 à 1858), à Barcelone, Venise, Trieste, Vienne, Odessa...

Il n'est pas facile d'engager des porteurs de capitaux à investir dans le sable, pour un projet hypothétique, dont des ingénieurs de renom, comme Stephenson, affirment qu'il est techniquement irréalisable. Le Canal n'est pas destiné à des bateaux à voile. Or, la marine à vapeur en est encore à ses balbutiements : au début de 1855, elle ne représente que 5 ou 6 % du

---

6. Hubert Bonin, *Suez. Du Canal à la finance (1858-1987)*, Paris, Economica, 1987.

tonnage des flottes britannique et française. Le projet de Ferdinand de Lesseps est aussi un pari sur la vapeur.

La souscription est ouverte le 5 novembre 1858. 400 000 actions, pour un montant total de 200 millions de francs, sont mises sur le marché. En France, c'est un grand succès. Les 21 000 souscripteurs appartiennent à toutes les professions : magistrats, commerçants, officiers, hommes d'Église... « Tout ce qui lit, médite, gouverne, enseigne, prie, produit, épargne, agit, combat, travaille », commente Lesseps avec enthousiasme. Ils ont pris plus de 207 000 actions. Ailleurs, en revanche, l'échec est presque complet. Ceux qui avaient souscrit n'ont pas versé l'argent : « Ni les Anglais, par respect de l'attitude prise par leur gouvernement ; ni les Américains, par indifférence ; ni les Russes, par timidité ; ni les Autrichiens, par politique, n'étaient en disposition ou en mesure de faire honneur à leur signature [7]. »

Saïd pacha s'est-il engagé à couvrir les souscriptions qui ne seraient pas remplies ? En tout cas, il ne l'a pas fait par écrit. Voulant sauver son entreprise, Lesseps lui attribue d'autorité 176 000 actions, au lieu des 64 000 prévues. Cela donne lieu à un moment assez délicat, que l'Arménien Nubar, adversaire déterminé du canal de Suez, raconte dans ses *Mémoires*, déclarant tenir l'information du consul de France, auprès duquel le vice-roi serait allé se plaindre [8].

Lesseps a remis une simple feuille volante à Saïd, que celui-ci a tendue à son secrétaire sans la lire. Quelques jours plus tard, le Français demande au vice-roi de bien vouloir donner des ordres pour le versement de sa souscription. « Quel versement ? demande Saïd. – Mais le versement de votre souscription de 88 millions. » On fait apporter la feuille volante, au verso de laquelle la somme de 88 millions est effectivement inscrite pour le compte du vice-roi d'Égypte. « Il y a déjà plus de quinze jours que, par son silence, Votre Altesse a confirmé sa souscription, dit le Français. J'en ai informé mes collègues et les personnes qui vous portent un si haut intérêt et qui m'ont chargé de présenter leurs compliments à Votre Altesse. »

Selon Nubar, Saïd aurait dit au consul de France, dans son langage de soldat : « Votre Lesseps, il me l'a enfoncé jusqu'à la troisième capucine ! » L'historien égyptien Mohammed Sabry commente : « Mettre à la charge du trésor du vice-roi d'Égypte 44 % du capital social d'une compagnie dite universelle, qui devait être formée par les capitaux libres de l'Europe, c'était pousser Saïd sur la pente fatale des emprunts [9]... » Toujours est-il que la Compagnie du canal de Suez est constituée, avec Lesseps pour président – une compagnie universelle, de nationalité égyptienne, ayant son siège à Paris –, et les travaux peuvent commencer.

7. Georges Edgar-Bonnet, *Ferdinand de Lesseps, op. cit.*

8. Nubar Pacha, *Mémoires,* introduction et notes de Mirrit Boutros-Ghali, Beyrouth, 1983.

9. Mohammed Sabry, *L'Empire égyptien sous Ismaïl et l'ingérence anglo-française,* Paris, Geuthner, 1933.

3

L'odeur de l'argent

En 1856, deux ans après l'arrivée de Saïd au pouvoir, Alexandrie est déjà méconnaissable. L'Arménien Nubar, peu suspect de sympathie pour le nouveau vice-roi, est le premier à le constater au retour d'un long voyage en Europe : « Le nombre d'Européens avait augmenté ; il y avait plus d'animation, même parmi la population indigène ; plus d'aisance, plus de vie au-dehors ; l'atmosphère de silence et de terreur qui pesait sur le pays sous Abbas avait disparu ; on parlait librement, on se promenait[1]. » Les Français, en particulier, sont plus à l'aise que jamais en Égypte. Pour la première fois, ce pays compte un souverain qui parle parfaitement leur langue.

A Paris, Saïd est encensé. On apprécie sa francophilie et sa truculence. L'écrivain Edmond About, auteur du roman *Le Fellah,* le décrira après sa mort comme un personnage rabelaisien : « Un Gargantua, colosse débonnaire, bon vivant, gros plaisant, buveur mirifique, à la main de taille à souffleter les éléphants, à la face large, haute en couleur, exprimant la bonté, la franchise, la générosité, le courage, mais tout cela barbouillé de cynisme, méprisant les hommes et ne se respectant pas toujours assez lui-même. »

En Égypte, où tout changement de règne a tendance à se traduire par une hostilité envers les Européens, certaines mesures libérales prises par Saïd contribuent à détendre l'atmosphère. Même les paysans en profitent, puisqu'ils sont libres désormais d'acheter, de vendre et de planter ce qui leur plaît. Les arriérés d'impôts ont été annulés et toute personne ayant cultivé un terrain pendant cinq ans peut en devenir propriétaire. Quant aux négociants étrangers, ils sont autorisés à aller dans les campagnes pour traiter directement avec les cultivateurs. Des pompes et des charrues à vapeur commencent à apparaître dans les grands domaines, tandis que la guerre de Crimée fait tripler le prix du blé.

Dans les années 1850, l'Égypte devient « une nation commerçante d'importance majeure, sinon de première grandeur[2] ». Elle profite du

---

1. Nubar Pacha, *Mémoires,* introduction et notes de Mirrit Boutros-Ghali, Beyrouth, 1983.
2. David Landes, *Banquiers et Pachas,* Paris, Albin Michel, 1993.

développement de la marine à vapeur, encore difficilement utilisable sur de longues distances, comme le contournement de l'Afrique par le cap de Bonne-Espérance, mais très adaptée à la Méditerranée : même sans canal, l'isthme de Suez regagne de l'importance comme route des Indes. La voie ferrée entre Alexandrie et Le Caire a été achevée en 1856, et le tronçon suivant, Le Caire-Suez, sera utilisable deux ans plus tard. Après des siècles de décadence, Alexandrie retrouve son statut d'entrepôt mondial. Une intense activité règne dans le port, les sacs d'épices ou de céréales et les balles de coton se mêlant aux malles des immigrants. Car le pays attire du monde, de plus en plus de monde. Quelque 30 000 personnes viennent s'y installer chaque année, et ce nombre ira croissant, surtout à partir de 1862, quand la guerre de Sécession aux États-Unis fera flamber les prix du coton.

Des filous et des rapaces

Les nouveaux venus, Européens ou Levantins, appartiennent à toutes les catégories sociales. Certains comptent sur la vallée du Nil pour faire fortune, d'autres pour échapper à la misère. Les filous, petits ou grands, sont légion. Parfois, de vrais rapaces viennent flairer l'odeur de l'argent, trouvant une proie idéale en la personne de Saïd pacha, qui sait mieux que personne jeter l'argent par les fenêtres. Son prédécesseur, Abbas, ne menait pas non plus une vie de privations malgré ses allures d'intégriste : il avait mobilisé une partie du faubourg Saint-Antoine, à Paris, en 1849, pour meubler plusieurs palais et, la même année, fait tirer quelque cent mille coups de canon pour célébrer la circoncision de son fils... Mais, contrairement à Abbas, le nouveau vice-roi vit au milieu des Européens, s'amusant de leurs extravagances et cédant volontiers à leurs sollicitations. Un Français, Bravay (qui inspirera le *Nabab* d'Alphonse Daudet), le divertit – et le dépouille – particulièrement. Un jour, cet aventurier se plaint de n'avoir pas été suffisamment payé : Saïd, grand seigneur, maintient le montant mais convertit en livres sterling ce qui était libellé en lires italiennes...

« Autour du vice-roi, signale Sabatier, le consul de France, les dirigeants et les chercheurs d'or s'agitent sans cesse. De tous les coins de l'Europe, au premier bruit de la mort d'Abbas pacha, il en est venu s'abattre sur l'Égypte comme sur une nouvelle Californie. Les projets les plus extraordinaires, les plans les plus absurdes, ont été présentés à Son Altesse qui a le tort, à mon avis, de perdre un temps précieux à les examiner [3]. » Saïd accorde des concessions publiques à des sociétés étrangères, quitte à racheter ensuite ces privilèges, avec de lourdes pertes, lorsque ces entre-

---

3. Archives diplomatiques françaises, Affaires étrangères, « Alexandrie, 2 octobre 1854 », in *Correspondance politique. Égypte*, vol. 25.

prises frôlent la faillite. Il est harcelé de réclamations plus ou moins fantaisistes. Tel Européen, qui s'est fait cambrioler, se retourne contre le gouvernement, l'accusant de ne pas assurer l'ordre public. Tel autre, dont le bateau s'est échoué, met en cause l'existence d'un banc de sable… On raconte qu'un jour d'été, à Alexandrie, Saïd reçoit un consul dans son palais de Ras-el-Tine. Les fenêtres sont ouvertes. Voyant éternuer son visiteur, une fois, puis deux, il lui lance avec malice : « Couvrez-vous, monsieur le consul, couvrez-vous ! Vous pourriez vous enrhumer, et votre gouvernement me réclamerait des indemnités. » Certains auteurs attribuent le mot à Ismaïl, successeur de Saïd, ce qui est tout aussi plausible…

Plusieurs consuls occidentaux appuient les filous, quand ils ne sont pas de mèche avec eux. Le représentant des États-Unis, M. de Leon, a une réputation détestable. N'ayant à défendre qu'un seul résident américain en Égypte, il compte pas mal de protégés d'autres nationalités. Saïd cède aux demandes de ses obligés, pour se débarrasser d'affaires qui l'ennuient. Mais il arrive aussi qu'un consul réclame des dommages pour lui-même : ainsi, M. Zizinia, représentant de la Belgique, réussit-il à extorquer une très grosse somme à Saïd, à titre d'indemnité, sous prétexte que, naguère, Mohammed Ali lui avait *oralement* promis une concession non obtenue. Consul de Belgique, mais de nationalité grecque, M. Zizinia a aussi le statut de protégé français : il est appuyé par son collègue et demi-compatriote le consul de France [4].

Étant lui-même très dépensier et devant s'acquitter des actions du canal de Suez qui ont été souscrites pour l'Égypte, le vice-roi ne peut contracter d'emprunts : cela lui est interdit par la législation ottomane. Il contourne la difficulté, en 1858, par l'émission de bons du Trésor. A la fin de l'année suivante, 2 millions de livres sterling se trouvent en circulation. D'autres bons ayant été vendus, la dette flottante atteint 3,5 millions au milieu de 1860. Les salaires des fonctionnaires n'ont pas été versés. Saïd vend sa somptueuse vaisselle en or pour récupérer quelque argent.

Un nouveau pas est franchi en septembre 1860 quand une banque parisienne, le Comptoir d'escompte, lui accorde un prêt de 28 millions de francs. Le vice-roi s'est engagé à ne pas émettre d'autres bons à court terme sans l'accord de ses créanciers français. Mais il le fera malgré tout, sous un nom différent… A la fin de l'année suivante, la dette flottante atteint 11 millions de livres. Saïd doit alors vendre son écurie, licencier des fonctionnaires et même réduire une armée qu'il avait beaucoup choyée, avec des unités supplémentaires, de nouveaux uniformes et la promotion d'Égyptiens de souche.

Éteindre des emprunts par d'autres emprunts : c'est le cercle vicieux dans lequel il s'enferme. Les souscripteurs y trouvent leur compte, puisque les bons sont vendus à des taux très élevés. Des financiers habiles et des

---

4. Mohammed Sabry, *L'Empire égyptien sous Ismaïl et l'ingérence anglo-française*, Paris, Geuthner, 1933.

intermédiaires en tout genre se servent au passage. A Paris, on suit l'affaire de près. Ne vaut-il pas mieux que l'Égypte ait des prêteurs français ? « Si nous nous abstenons, d'autres prennent la place[5] », écrit le consul à son ministre.

Tous les financiers français d'Égypte ne sont pas des rapaces. Ils se considèrent pour la plupart comme des gens honnêtes et même désireux de participer au développement du pays. Nombre d'entre eux ont une attitude complexe, bien analysée par le chercheur britannique David Landes, qui a consacré une étude très fouillée au banquier Édouard Dervieu. Ces hommes d'affaires respectent des principes, mais appliquent, en réalité, deux systèmes de règles : les unes, dans leurs rapports entre eux ; les autres, dans leurs rapports avec les Orientaux. Ils considèrent ces derniers selon toute une gamme d'appréciations, allant du mépris à la compassion : « Certains voyaient en chaque Égyptien un ennemi potentiel dont la mauvaise foi imposait une vigilance constante et le recours à des remèdes puissants ; d'autres considéraient les indigènes comme des enfants dont les manigances et l'inconduite étaient mieux tenues en échec par les châtiments paternels de leurs amis et protecteurs européens. Cependant, ils s'accordaient tous pour reconnaître que la société indigène était arriérée et la civilisation égyptienne inférieure ; l'Européen ne pouvait se permettre de se plier aux coutumes du pays, mais l'Égyptien devait apprendre les manières et accepter la justice des Occidentaux ; les codes de conduite acceptés en Europe, les valeurs telles que l'honnêteté, le respect des règles, la raison, etc., qui, en principe, façonnaient les relations sociales et professionnelles en Occident, devaient être modifiées pour s'adapter aux réalités d'un environnement étranger[6]. »

Gagner le respect de l'Occident

La vulnérabilité financière du vice-roi détruit le peu d'autorité de son gouvernement face aux étrangers, et le régime des Capitulations s'en trouve défiguré. Les Européens et leurs protégés échappent à la justice locale. Même dans les conflits qui les opposent aux Égyptiens, ils ont pris l'habitude de s'adresser aux juridictions consulaires. Jouissant d'une quasi-immunité diplomatique, ils deviennent intouchables. Les plaignants égyptiens eux-mêmes, fatigués d'attendre que leur requête aboutisse, finissent par s'adresser au consul concerné, mais pour apprendre parfois que la personne qu'ils veulent poursuivre a changé entre-temps de nationalité, grâce à un autre consul complaisant...

Un jeune ingénieur français, Félix Paponot, engagé par la Compagnie

---

5. Archives diplomatiques françaises, Affaires étrangères, « Alexandrie, 19 août 1861 », *op. cit.*, vol. 29.
6. David Landes, *Banquiers et Pachas, op. cit.*

de Suez, débarque en Égypte à la fin de 1860. Quelques semaines plus tard, il écrit à sa mère : « Je suis resté cinq jours à Alexandrie. C'est une ville assez belle dans le quartier européen. Le despotisme y existe dans tout ce qu'il a de plus exagéré ; les Européens frappent les Arabes d'une manière ignoble. On voit presque tout le monde avoir un "guide de course", un nerf de bœuf à la main et frapper à tort et à travers. Le luxe est ici effrayant. On y porte des toilettes ébouriffantes et de la plus grande mode parisienne : c'est à qui se surpassera [7]. »

Un épisode significatif survient en janvier 1863, quelques jours après la mort de Saïd et alors que son successeur, Ismaïl, commence à gouverner. A Alexandrie, dans le quartier du port, un « jeune Français de bonne famille », Napoléon Conseil, circule calmement à cheval lorsqu'il est agressé par un soldat égyptien armé d'un bâton. Les deux hommes en viennent aux mains. D'autres soldats interviennent, et le Français est traîné, une corde au cou, jusqu'au commissariat de police, tandis qu'une petite foule crache sur lui en criant : « Mort aux chrétiens ! Le pacha qui protégeait les chrétiens est mort ! » Alerté, le consul de France, M. de Beauval, envoie immédiatement ses *cawass* armés récupérer le jeune homme. Puis il télégraphie au vice-roi et écrit au ministre égyptien des Affaires étrangères pour exiger une punition exemplaire, dont il fixe lui-même les termes : « la dégradation du sous-officier qui commandait le poste, la mise aux fers des trois soldats reconnus coupables, et leur exposition publique, pendant une heure, sur la grande place, devant le consulat de France, en présence d'une force militaire imposante ». Si satisfaction ne m'était pas donnée dans les vingt-quatre heures, ajoute-t-il, « je serais contraint de prendre les mesures qu'exigerait la sécurité de mes nationaux » – autrement dit, faire appel aux forces de marine françaises présentes dans le port.

Le vice-roi s'incline, et la cérémonie punitive se déroule exactement selon les modalités fixées. Elle a lieu sur la place des Consuls – où se trouvent la plupart des consulats européens, les banques et les sièges des compagnies maritimes – en présence d'une foule nombreuse. M. de Beauval est à son balcon, au milieu de la place. Il agite un drapeau tricolore en criant : « Vive la France ! » Des illuminations seront organisées dans le quartier européen pour remercier Ismaïl pacha d'avoir « prouvé aux indigènes et à l'armée que les liens qui attachaient l'Égypte à la civilisation n'étaient pas rompus ».

Dans sa réponse au télégramme du consul de France, le vice-roi lui avait répondu : « Moi aussi, je tiens à faire un exemple et à rectifier l'intention des gens malintentionnés. Je vous accorderai plus que vous ne me demandez. » Cette dernière phrase éclaire parfaitement la psychologie d'Ismaïl, comme d'ailleurs celle de Saïd, qui auront passé tout leur règne à tenter de gagner le respect de l'Occident et à prévenir son courroux,

---

7. Bruno Reyre, *Félix Paponot, 1835-1897*, archives familiales.

quitte à se ruiner, ou plutôt à ruiner leur pays. Dans son souci d'être bien vu, Saïd pacha a même envoyé en 1862 un bataillon soudanais au Mexique, aux côtés du corps expéditionnaire français. Ces malheureux paysans, arrachés à leur terre natale, passeront plusieurs années au bout du monde, dans des conditions facilement imaginables, pour un combat sans signification.

4

Les trésors de M. Mariette

Rien ne destinait Auguste Mariette, fils d'un modeste employé de Boulogne-sur-Mer, à devenir le premier défenseur du patrimoine égyptien. Rien, sinon une grande curiosité, des dons éclectiques et une parenté avec Nestor L'Hôte, le secrétaire et dessinateur de Champollion. C'est en classant les papiers personnels de ce cousin décédé que le jeune homme a été confirmé dans sa vocation. Mais le coup de foudre pour le pays des pharaons, il l'avait déjà éprouvé en fréquentant la bibliothèque municipale, riche de quelques beaux livres et même d'une caisse de momie acquise en 1837. Renonçant à son poste d'enseignant dans un collège de la ville, à ses petits travaux littéraires et journalistiques dans des feuilles locales, Mariette a tout fait alors pour obtenir une embauche au Louvre, puis une mission en Égypte.

Il a vingt-neuf ans, en 1850, quand on lui remet une petite somme d'argent, le chargeant d'aller recueillir de vieux manuscrits coptes et syriaques dans des monastères de la vallée du Nil. Vingt-huit jours de voyage. Et, à l'arrivée, un changement total de programme. « Je n'ai pas trouvé de manuscrits, je n'ai fait l'inventaire d'aucune bibliothèque, dira Mariette quelques années plus tard à l'Académie des inscriptions et belles-lettres. Mais, pierre à pierre, je rapporte un temple. »

Au patriarcat copte du Caire, il reste à la porte : on n'a pas beaucoup apprécié deux de ses devanciers, des Anglais, qui ont saoulé des moines pour leur soutirer des trésors... La mission de Mariette est terminée avant d'avoir commencé. Va-t-il renoncer ? Repartir ? Une visite à la Citadelle du Caire, qui domine la ville, lui évite de se poser la question : « Le calme était extraordinaire. Devant moi s'étendait la ville du Caire. Un brouillard épais et lourd semblait être tombé sur elle, noyant toutes les maisons jusque par-dessus les toits. De cette mer profonde émergeaient trois cents minarets comme les mâts de quelque flotte submergée. Bien loin dans le sud, on apercevait les bois de dattiers qui plongent leurs racines dans les murs écroulés de Memphis. A l'ouest, noyées dans la poussière d'or et de feu du soleil couchant, se dressaient les pyramides. Le spectacle était grandiose, il m'absorbait avec une violence presque douloureuse. On excusera ces détails peut-être trop personnels ; si j'y insiste, c'est que le moment fut décisif. J'avais sous les yeux Gizeh, Abousir, Saqqarah, Dahchour, Mît-Rahyna. Ce rêve de toute ma vie prenait un corps. Il y avait là, presque à la portée de ma main, tout un monde de tombeaux, de stèles, d'inscriptions, de statues. Que dire de plus ? Le lendemain, j'avais loué deux ou trois mules pour les bagages, un ou deux ânes pour moi-même ; j'avais acheté une tente, quelques caisses de provisions, tous les *impedimenta* d'un voyage dans le désert, et le 20 octobre 1850, j'étais campé au pied de la Grande Pyramide... »

La découverte du Serapeum

Ce n'est pas à Guiza, pourtant, mais quelques kilomètres plus loin, à Saqqara, que va se jouer le destin de Mariette. Se promenant sur ce site accidenté, il aperçoit une tête de sphinx émergeant du sable. A côté, gît une pierre sur laquelle est gravée en hiéroglyphes une invocation à Osiris-Apis. Le Français se souvient d'un texte de Strabon, vieux de dix-huit siècles : « Le Serapeum est bâti en un lieu tellement envahi par le sable qu'il s'y est formé, par l'effet du vent, de véritables dunes et que, lorsque nous le visitâmes, les sphinx étaient déjà ensevelis, les uns jusqu'à la tête, les autres jusqu'à mi-corps seulement... »

Il se précipite dans un village voisin, embauche une trentaine d'ouvriers, réunit quelques outils et commence à déblayer. Un sphinx, puis deux, puis trois... Cent quarante et un sont mis au jour, ainsi que plusieurs tombeaux. Dans l'un d'eux, Mariette, ébloui, découvre sept statues, dont un magnifique scribe accroupi. Et ce n'est pas tout : cette avenue, dégagée sur deux cents mètres, aboutit à une banquette en hémicycle, garnie de onze statues grecques. Un peu plus à l'est, les ouvriers vont exhumer un petit temple d'Apis et une statue du dieu Bès.

Des fellahs viennent livrer au chantier de l'eau et des victuailles. Ils regardent, commentent et participent à leur manière. « Aujourd'hui, vers midi, pendant le déjeuner des ouvriers, je suis sorti de ma tente à l'improviste. Une quinzaine de femmes de tout âge, venues des villages voisins, étaient rangées autour de la statue d'Apis. J'en vis une monter sur le dos du taureau et s'y tenir quelques instants, comme à cheval ; après quoi, elle descendit pour faire place à une autre : toute l'assemblée y passa successivement. J'interrogeai Mohammed et j'appris que cet exercice, renouvelé de temps à autre, est regardé comme un moyen de faire cesser la stérilité... »

Mariette découvre l'Égypte en même temps que le site de Saqqara. Ses succès commencent à faire du bruit. D'autres fouilleurs non homologués, qui opèrent dans la région, envoient des espions, puis bloquent le ravitaillement du chantier. C'est la guerre. Le 4 juin 1851, le gouvernement égyptien ordonne l'arrêt des travaux et la saisie des objets découverts. Le consul de France se démène et réussit à faire lever la mesure. Mais une maladresse remet tout en question. A Paris, où sont arrivés quelques-uns des trésors de Mariette, on s'intéresse enfin aux appels de l'égypto-logue, qui a épuisé depuis longtemps son petit pécule destiné aux manus-crits orientaux. La commission budgétaire de la Chambre des députés vote un crédit destiné aux travaux de déblaiement de Saqqara et… « au transport en France des objets d'art qui en proviendront ». Les concur-rents de Mariette – parmi lesquels figurent des consuls en poste au Caire – ne se privent pas d'exploiter cet aveu imprudent, et le chantier est de nou-veau interdit.

Le Français campe toujours à Saqqara. Grande gueule, têtu, il n'a nulle intention de s'incliner. Trompant la vigilance des inspecteurs qu'on lui envoie, ou les soudoyant, il réussit à faire parvenir d'autres objets au Louvre, *via* le consulat, avec la collaboration de visiteurs de passage qui repartent de son chantier les poches pleines. Il travaille aussi la nuit : c'est à la lueur de torches, le 12 novembre 1851, qu'est découverte l'entrée des grands souterrains du Serapeum. Une merveille. Chaque jour, à l'aube, on rebouche l'entrée pour empêcher les fouilleurs concurrents de venir y mettre leur nez…

Un compromis conclu avec le gouvernement égyptien, le 12 février 1852, va permettre de poursuivre cette fantastique découverte au grand jour. A l'ouverture des galeries souterraines, Mariette assiste à un phéno-mène unique : « Par l'entrée du nord sort tumultueusement, comme de la bouche d'un volcan, une grande colonne de vapeur bleuâtre qui monte droit vers le ciel. La tombe met environ quatre heures à se débarrasser ainsi du mauvais air qui y était depuis si longtemps emprisonné. »

Peu à peu, un immense complexe religieux surgit des sables. Dans le premier souterrain, Mariette découvre vingt-quatre sarcophages de pierre, vidés de leur contenu. Sans doute ont-ils été pillés dans l'Anti-quité. Le deuxième souterrain réserve des surprises encore plus grandes : vingt-huit momies d'Apis, intactes, ainsi que le corps de Khâemouas, fils de Ramsès II, voisinant avec de fabuleux bijoux. A ces tombes s'ajoutent des catacombes de diverses époques, ainsi qu'un temple funéraire.

Des centaines de caisses, contenant des objets sans prix, partent pour la France. Elles vont enrichir le musée du Louvre, dont Mariette a été nommé, le 1er janvier 1852, attaché à la conservation des antiquités égyp-tiennes. Son salaire lui permet d'accueillir femme et enfants, qui ont débarqué en Égypte sans avertir. La petite maison de Saqqara est agran-die. Baptisée « villa Mariette » et surmontée du drapeau français, elle n'a pour meubles que de vulgaires assemblages de planches. Le découvreur du Serapeum et sa famille vont y vivre deux ans, au milieu des serpents, des scorpions et des chauves-souris, tandis que, la nuit, hyènes et chacals hurlent au milieu des collines…

Le confort semble être le dernier souci de Mariette, atteint d'ophtalmie et obligé désormais de porter de grosses lunettes bombées pour protéger ses yeux du soleil. C'est pourtant un bon vivant. Le succès comme les épreuves ont renforcé son image de géant blond, aux mains calleuses, rieur, batailleur, aimant forcer le trait, inventer même certains détails cocasses pour le plus grand plaisir de son auditoire.

Comme il est d'usage à l'époque, un partage des fouilles intervient. La quarantaine de caisses accordées à Mariette renferment quelque 2 500 objets[1]. Mais, en tenant compte des autres expéditions, légales ou non, ce sont près de 6 000 pièces qui se retrouvent au musée du Louvre dans les années 1852 et 1853[2]. Y figurent, entre autres, le célèbre scribe, des bijoux du prince Khâemouas, le monumental taureau Apis... S'il n'a pas cherché à s'enrichir personnellement, le découvreur du Serapeum n'a négligé aucun moyen, aucun subterfuge pour exporter ces trésors.

C'est pourtant à lui que Saïd pacha confie en 1858 la fonction nouvellement créée de *maamour* (directeur) des Antiquités égyptiennes. A partir de ce moment, Mariette change complètement d'optique. Il devient l'intraitable défenseur du patrimoine égyptien, luttant aussi bien contre les voleurs d'objets et les fouilleurs privés que contre les libéralités du vice-roi, toujours tenté d'offrir à ses visiteurs européens quelque bijou, statue ou sarcophage pharaonique. Un virage à 180 degrés !

La création du musée du Caire

Durant les mois qui suivent sa nomination, Mariette fait ouvrir une trentaine de nouveaux chantiers. Tout est à organiser dans un pays qui a longtemps ignoré ses richesses antiques et se trouve être le théâtre d'un immense pillage. Le *maamour* doit parfois surveiller ses propres surveillants. La découverte, à Thèbes, en février 1859, du fabuleux trésor de la reine Aah-Hotep lui vaut un sérieux conflit avec le gouverneur de la province, lequel a enfermé les bijoux dans un coffre scellé pour les expédier directement au vice-roi, avec ses compliments. Mariette voit rouge. Il se fait donner l'autorisation d'arrêter tout bateau à vapeur qui transporterait des antiquités sur le Nil. Une scène d'abordage, dans la meilleure tradition corsaire, a lieu. Le coffre est récupéré, et son contenu versé au musée. Saïd pacha retient cependant, pour son propre usage, une magnifique chaîne à sextuples mailles et un scarabée de toute beauté[3]...

Mariette ne manque pas d'ennemis, y compris parmi ses compatriotes. Le plus virulent est sans doute Émile Prisse d'Avennes, un personnage peu banal, descendant d'une famille anglaise émigrée en Flandre (Price of Aven and Carnavon) et installé depuis longtemps en Égypte. Ingénieur, architecte, devenu égyptologue, cet arabisant talentueux amasse une quantité considérable de croquis et documents en vue d'un ouvrage qui fera

1. Élisabeth David, *Mariette pacha,* Paris, Pygmalion, 1994.
2. Christiane Ziegler, *Le Louvre, les antiquités égyptiennes,* Paris, Scala, 1990.
3. Élisabeth David, *Mariette pacha, op. cit.*

date, *Histoire de l'art égyptien d'après les monuments, depuis les temps les plus reculés jusqu'à la domination romaine.* Il possède une belle demeure à Louxor, après s'être brouillé avec la moitié de la ville du Caire. Patriote, il a fait scier les reliefs de la Salle des ancêtres du temple de Karnak pour ne pas les voir tomber entre des mains allemandes et les a expédiés discrètement au musée du Louvre dans vingt-sept caisses portant la mention « Objets d'histoire naturelle »…

Pour lui, le *maamour* est un charlatan, doublé d'un escroc : « Mariette, qui est devenu directeur des monuments historiques avec 20 000 francs d'appointements, un bateau à vapeur et un millier d'hommes à sa disposition, Mariette règne en pacha sur les antiquités égyptiennes de la vallée du Nil où il fait exécuter des fouilles. En parcourant le pays, j'ai vu avec quelle impudence et quel charlatanisme il mène ses affaires. J'ai vu, au pied des pyramides, comment il a ravagé le grand sphinx pour y chercher je ne sais quel mystère, peut-être des notions moins confuses sur la mère d'Apis que le pathos inintelligible qu'il a publié. J'ai appris avec quelle effronterie il nous a trompés sur les découvertes faites au Serapeum qui n'a fourni que des stèles. La fameuse statue du scribe ne provient pas de ses fouilles, elle a été achetée 120 francs à un juif du Kaire, M. Fernandez, qui l'a déterrée à Abousir… Mariette a retiré plus de 9 000 francs d'or de petits fragments de bijoux ou de statuettes dans ses fouilles du Serapeum. Il les a fait fondre en lingots pour faire des bijoux et les a bien vendus. Sa femme en porte encore un bracelet fait ainsi de débris d'antiquités, et elle a eu la naïveté de me le dire [4]. » Ces accusations ne seront pas retenues. Prisse d'Avennes a déjà été trop médisant sur trop de monde pour être cru…

Mariette va pouvoir réaliser un projet qui lui est cher : la mise en place d'un musée égyptien, ouvert au public en 1863, dans le vieux quartier cairote de Boulaq. « Musée » est un grand mot, si l'on en croit Gaston Maspero : « Le site était assez misérable : une grève assez raide, sans cesse entamée par le courant du Nil ; au sud, une maison basse et humide où le directeur s'installa avec sa famille ; au nord, une vieille mosquée, dont les salles avaient servi d'entrepôt aux bagages des voyageurs et des marchandises ; à l'est enfin, et en bordure de la grande rue de Boulaq, des hangars longs et bas, où l'on aménagea des bureaux pour les employés et des salles pour les monuments [5]. » Les quatre ou cinq pièces ouvertes aux visiteurs sont mal éclairées. On y trouve parfois des scorpions ou un reptile endormi. La direction finit par faire appel à un psylle réputé, qui réussit à attirer les serpents et à les mettre hors d'état de nuire [6]…

Mariette vit au milieu d'une ménagerie. Les visiteurs sont surpris de trouver dans le jardin des singes, une gazelle et même un chameau. On ne

---

4. Émile Prisse d'Avennes, *Petits Mémoires secrets de la cour d'Égypte,* Paris, 1931.
5. Gaston Maspero, *Notice bibliographique sur Auguste Mariette,* Paris, 1904.
6. Édouard Mariette, *Mariette pacha. Lettres et souvenirs personnels,* Paris, 1904.

peut pas dire que le directeur soit très accueillant. Le vicomte de Vogüé décrit un personnage silencieux et renfrogné, revêtu d'une stambouline et coiffé du tarbouche : « Tandis que le visiteur traversait le jardin, ce propriétaire sourcillait d'un air rogue et fâché, il suivait l'intrus d'un regard jaloux, le regard de l'amant qui voit un inconnu entrer chez sa bienaimée, du prêtre qui voit un profane pénétrer dans le temple. » Une grande tendresse se cache pourtant derrière cette enveloppe rude : « La glace rompue, il vous prenait en affection, vous entraînait à son musée, et là il continuait devant ses vieilles pierres ; à sa voix, elles s'animaient, les momies se levaient de leurs gaines, les dieux parlaient, les scribes déroulaient leurs papyrus, les milliers de scarabées, symboles d'âmes libérées, emplissaient l'air [7]... »

En 1859, Mariette fait déblayer les temples d'Abydos et de Médinet-Habou. Au printemps de l'année suivante, il entreprend des fouilles très fructueuses à Tanis, dans le Delta. Mais Saqqara réserve encore de belles surprises : le directeur des Antiquités y met au jour le Cheikh-el-Beled et le mastaba de Ti. Cette même année à Guiza, il découvre la statue en diorite de Khéphren.

Le diabète commence à le ronger et il souffre d'ophtalmie. « Nos regards bleus ne sont pas faits pour des climats embrasés », écrit-il en août 1860 à un ami. Cela ne l'empêche pas de fasciner son entourage par des dons d'observation, d'intuition et de déduction logique peu communs. Le génie que Champollion a mis dans l'étude de la philologie semble trouver son écho chez Mariette dans l'archéologie. L'un de ses collaborateurs raconte une scène étonnante lors du déblaiement d'Abydos : « Avec sa perspicacité habituelle en matière de fouilles, Mariette a désigné devant moi à ses fellahs l'endroit où devait se trouver le mur d'enceinte. Au grand étonnement des hommes qui travaillaient depuis trois semaines pour lui, quelques coups de pioche ont découvert la muraille en question, décorée de bas-reliefs et d'inscriptions du plus haut intérêt. Un vieil Arabe vint alors lui dire : "Je n'ai jamais quitté ce village, jamais je n'avais même entendu dire qu'il y eût là un mur. Quel âge as-tu donc pour te rappeler sa place ? – J'ai trois mille ans, répondit imperturbablement Mariette. – Alors, répliqua le vieil homme, pour avoir atteint un si grand âge et paraître si jeune, il faut que tu sois un grand saint ; laisse-moi te regarder !" Et pendant trois jours, il est venu contempler le saint qui, parfois avec une prodigalité sans égale, distribuait des coups de canne aux ouvriers qui ne travaillaient pas à sa guise [8]. »

A Paris, on se plaint de l'absence de Mariette, qui est toujours fonctionnaire français, affecté au Louvre. Ses supérieurs finissent par lui demander de choisir entre la France et l'Égypte. Déchiré, il choisit

---

7. Eugène Melchior de Vogüé, *Chez les pharaons, Boulacq et Saqquarah*, 1880.
8. Théodule Devéria, *Journal de voyage*, cité par G. Devéria, in *Bibliothèque égyptologique*, t. IV.

l'Égypte, tout en sachant que sa situation est tributaire des sautes d'humeur du pacha régnant. La mort de Saïd, en 1863, lui vaudra d'ailleurs une période de purgatoire, jusqu'à ce que le nouveau vice-roi, Ismaïl, reconnaisse ses mérites et ne puisse plus se passer de lui.

5

Polytechniciens et ouvriers-fellahs

Contre le canal de Suez le gouvernement britannique n'a pas désarmé. Il continue de distiller des arguments assassins, susceptibles de décourager les actionnaires, d'impressionner le vice-roi d'Égypte et de renforcer le veto du sultan. Son raisonnement, relayé par des journaux comme le *Times*, paraît d'une logique implacable :

1) le canal est irréalisable, en raison de la difficulté de navigation en mer aux deux entrées envisagées ;

2) même s'il était réalisé, son existence serait menacée par les dépôts de vase et les sables mobiles ;

3) des sommes énormes devraient donc être consacrées au percement puis à l'entretien de cette voie d'eau, ce qui l'empêcherait d'être rentable ;

4) n'étant pas rentable, l'entreprise ne saurait être qu'une opération politique dirigée contre l'Angleterre, pour lui ravir la route des Indes et faire de l'isthme de Suez une colonie française.

Lors de débats à la Chambre des communes, des voix s'élèvent en faveur du canal, mais elles sont minoritaires. Lord Palmerston continue d'affirmer haut et fort qu'il s'agit de la plus grande escroquerie des temps modernes. Lesseps plaide inlassablement sa cause auprès de l'opinion britannique. Il écrit aux journaux, brandit des chiffres, tient bon. N'en déplaise au gouvernement de Sa Majesté, le premier coup de pioche sera donné le 25 avril 1859 sur le rivage de la Méditerranée.

Avant de se rendre sur place, le président offre un « banquet d'adieu » à tous les employés de la Compagnie dans un grand restaurant parisien. On porte des toasts, à l'empereur (toujours bien discret), à l'impératrice Eugénie (cousine de Ferdinand de Lesseps, dont le soutien est assuré) et au prince Jérôme (le plus enthousiaste, qui a été nommé protecteur de la Compagnie). Un certain Duchenoud, « savant orientaliste », demande la parole. Il déclame un poème de sa composition, à la gloire du président :

> Toi qui pendant dix ans as mûri dans ton sein
> Le plan de cette œuvre si belle ;
> Toi dont l'infatigable zèle
> Appelle le succès sur ce vaste dessein,
> Accomplis ta tâche immortelle...

La tâche commence de manière héroïque, sur une étroite langue de terre, balayée par des vents violents et parfois submergée par les eaux, entre le lac Menzala et le golfe de Péluse. Quelques dizaines de pionniers, conduits par un ingénieur des Ponts et Chaussées, Laroche, y logent dans des cabanes ou sous des tentes, à l'endroit où naîtra Port-Saïd. Sur place, il n'y a rien. La nourriture, les barriques d'eau, les outils, le bois et même les pierres doivent y être acheminés par bateau, à partir de Damiette, ou d'Alexandrie, encore plus éloignée.

Tandis que l'on monte le phare et commence à construire un appontement, une machine diplomatique se met en branle. De Constantinople, le sultan ordonne à son vassal d'arrêter les travaux. Les autorités égyptiennes transmettent la consigne à la Compagnie. Le consul de France lui-même demande à ses compatriotes d'obéir. Le chantier est stoppé, mais Lesseps refuse de s'incliner. Après quelques mois d'interruption, les travaux reprennent. Ils ne s'arrêteront plus.

Pour couper court aux soupçons britanniques de colonisation de l'isthme, il a été officiellement décrété que les quatre cinquièmes au moins des ouvriers seraient égyptiens. Un règlement spécial a été promulgué par Saïd pacha, prévoyant que ces ouvriers – des paysans réquisitionnés – devront être « fournis par le gouvernement égyptien, d'après les demandes des ingénieurs en chef et selon les besoins ». Le salaire sera d'un tiers supérieur à la paie journalière moyenne et – nouveauté dans la vallée du Nil – les malades ou les blessés recevront une demi-paie. Les enfants de moins de douze ans ne gagneront qu'une piastre par jour (au lieu de trois) mais auront droit à une ration entière de nourriture. Enfin, la Compagnie prendra à sa charge les frais de transport des ouvriers et de leurs familles. Cette charte représente un net progrès, puisque les fellahs, régulièrement soumis à la corvée pour creuser ou curer des canaux d'irrigation, ont l'habitude de ne pas être payés et ne disposent d'aucune garantie médicale ou sociale.

Ainsi donc, au début des années 1860, les relations franco-égyptiennes prennent la forme d'une relation de travail quotidienne assez étrange : entre des ingénieurs français, polytechniciens ou centraliens, diplômés des Ponts et Chaussées, et de pauvres paysans illettrés, arrachés à leur terre et à leur foyer, qui ne comprennent ni le sens ni la nécessité de ces travaux dans le désert.

Les Français affichent généralement un souci d'humanité. Un responsable de la Compagnie décrit « nos braves ouvriers indigènes », qui se sont organisés eux-mêmes dans un chenal infiltré d'eau : « Les hommes du milieu de la file ont les pieds et le bas des jambes dans l'eau. Ils se penchent en avant et prennent à même leurs bras des mottes de terre, provenant du fond, qu'ils ont préalablement retournée avec une pioche à fer carrée, appelée *fass* dans le pays, et qui ressemble à une houe un peu courte et large. Ces mottes sont passées de main en main jusqu'à la berge, où d'autres hommes, tout à fait hors de l'eau ceux-ci, tendent le dos en se croisant les bras en arrière, ce qui constitue une hotte d'un genre primitif. Quand on a empilé assez de mottes pour faire une charge, l'individu se met en marche, toujours courbé, jusqu'à la ligne extrême de la berge ; alors, il se redresse, ouvre les bras, et le tout glisse à terre. Après quoi, notre homme revient prendre un nouveau chargement, et ainsi de suite. Inutile de te dire que, pour ce métier original, toute l'équipe s'est débarrassée de ses vêtements, de sorte que je ne conseillerais pas de faire visiter le chantier à des voyageuses, s'il s'en présentait par hasard[1]. »

Pourquoi ce système d'un autre temps ? Parce que ces ouvriers ont été incapables de s'initier au maniement des madriers, chevalets, pelles et brouettes. Ah ! le chargement de la brouette… « L'un prenait la roue ; les deux autres, les brancards de la brouette remplie, et mes trois gaillards de porter triomphalement cette charge… Tu comprends qu'avec de pareilles habitudes, ils aient préféré revenir au mode simple dont ils se servent pour leurs travaux d'endiguement. Au surplus, un bain, par cette saison, et dans l'eau salée, n'est ni désagréable ni malsain. On a donc fini par laisser les manœuvres travailler à leur façon et ils s'en tirent avec beaucoup d'activité et d'entrain. D'entrain ? Eh oui ! Ils chantent, ils barbotent, ils rient en montrant leurs dents blanches qu'envieraient bien des jolies femmes de notre connaissance[2]. »

Une vision un peu moins joyeuse des chantiers sera donnée des années plus tard par Voisin bey, ingénieur en chef des travaux[3]. De nombreuses désertions ont lieu au cours de l'année 1860, parce que les ouvriers, payés selon leur rendement, gagnent à peine de quoi assurer leur nourriture. Pour recruter, des avis sont placardés dans les villages, soulignant les bonnes conditions proposées et précisant qu'il « est expressément défendu à tout Européen, quel que soit son grade, de maltraiter les ouvriers arabes ». En réalité, ceux-ci sont surtout frappés, à coups de bâton ou de fouet – comme il est alors en usage dans toute l'Égypte –, par des compatriotes, chargés d'appliquer le règlement. Les Français laissent faire. Il s'en trouve toujours pour justifier cette pratique devant des voyageurs de passage. Le peintre Narcisse Berchère, qui visite les chantiers, s'entend dire par son cicérone : « Le fellah est comme la femme de Sganarelle : il demande à être battu. Attention ! Battu par ses pairs, pas par nous. D'ailleurs, la chose qui nous répugne le plus, c'est d'avoir à sévir par nous-mêmes… Les contingents d'ouvriers-fellahs arrivent ici accompagnés d'officiers et de cheikhs. C'est à eux qu'appartient la responsabilité du travail à exécuter, donc celle de sévir… Je vous emmènerai voir dans le village arabe une charmante peau de bœuf étendue par terre : c'est le lit de la justice. Il est rempli des arguments les plus persuasifs. Vous constaterez avec quelle bonne volonté les coupables acceptent leur châtiment[4]. »

1. Olivier Ritt, *Histoire de l'isthme de Suez*, Paris, Hachette, 1869.
2. *Ibid.*
3. Voisin bey, *Le Canal de Suez*, Paris, 1902-1906.
4. Narcisse Berchère, *Le Désert de Suez, cinq mois dans l'isthme*, Paris, 1862.

Les avis alléchants placardés dans les villages – où d'ailleurs personne ne sait lire – font chou blanc. Sollicité par la Compagnie, qui manque de bras, le vice-roi ordonne alors aux gouverneurs des provinces de fournir des contingents. On envoie chercher *manu militari* des paysans dans toute l'Égypte. « Le régime des corvées proprement dites succéda ainsi, à partir du mois de janvier 1862, au mode précédent de recrutement[5] », précise Voisin bey.

Trois entreprises sont menées simultanément. Il s'agit, à la fois, d'établir un port sur la Méditerranée, de creuser un canal maritime qui relierait ce port à Suez sur la mer Rouge et de creuser un autre canal, d'eau douce celui-là, à partir du Nil, pour alimenter les campements. L'approvisionnement en eau potable est en effet l'une des questions les plus urgentes, car les centaines de chameaux mobilisés pour transporter des barriques ne suffisent pas à la tâche.

Dans cette première phase, l'essentiel du travail se fait à main d'homme, même si quelques dragues, parvenues péniblement par mer, s'activent à Port-Saïd. Cette ville naissante compte déjà 2 000 âmes au printemps 1861. Des habitations ont été construites, ainsi que des ateliers, une scierie mécanique et des machines à distiller l'eau salée. Malgré le bassin et l'appontement qui s'achèvent, plusieurs navires de ravitaillement font encore naufrage.

A l'intérieur de l'isthme, où neuf autres chantiers ont été ouverts, parfois en plein désert, l'activité n'est pas moins intense. Des milliers de personnes s'affairent à la pioche dans la même tranchée, et la terre qu'ils enlèvent est chargée dans des paniers de jonc. Incessamment, de longues files d'hommes gravissent les berges escarpées, sur lesquelles des planches ont été disposées en escalier, tandis que d'autres en descendent avec leurs couffes vides. Cette fourmilière humaine s'active aussi la nuit, à la lueur de centaines de torches de bois gras, au rythme des chants entonnés par les surveillants.

Le premier enfant français de l'isthme naît le 10 juin 1860. On le prénomme Ferdinand-Saïd.

L'arbitrage de l'empereur

Pour son prix de poésie 1861, l'Académie française a choisi comme thème le percement du canal de Suez. Soixante-douze candidats entrent en lice. Le vainqueur, Henri de Bornier, appelé à lire son œuvre sous la coupole, n'est pas un adepte de la sobriété. Parti d'une histoire compliquée de khalife, au Moyen Age, qui aurait transformé le canal antique en fossé fétide et noir, il en arrive au vice-roi éclairé que l'Égypte s'est donné, pour lancer finalement un grand cocorico :

5. Voisin bey, *Le Canal de Suez, op. cit.*

> Au travail ! Ouvriers que notre France envoie,
> Tracez, pour l'univers, cette nouvelle voie !
> Vos pères, les héros, sont venus jusqu'ici ;
> Soyez fermes comme eux et comme eux intrépides,
> Comme eux vous combattez aux pieds des Pyramides,
> Et les quatre mille ans vous contemplent aussi !

Ferdinand de Lesseps, infatigable, vient régulièrement dans l'isthme, entre deux voyages en Europe, pour contrôler les travaux, stimuler les énergies, régler des conflits. Il dispose d'une étrange voiture, aux larges roues, tirée par quatre dromadaires. « On dirait un char antique portant quelque dieu païen, tant l'escorte qui l'entoure est nombreuse, animée et brillante », note Paul Merruau, l'ancien consul de France qui l'accompagne sur place.

Le 12 novembre 1862, l'embryon de canal maritime, arrivé au milieu de l'isthme, commence à remplir le lac Timsah. Une grande fête est organisée, en présence de notables égyptiens, d'oulémas, d'évêques et de plusieurs consuls généraux. « Au nom de Son Altesse Mohammed Saïd, déclare Ferdinand de Lesseps en faisant un signal aux ouvriers armés de leurs pioches, je commande que les eaux de la Méditerranée soient introduites dans le lac Timsah, avec la grâce de Dieu. » La musique militaire et les coups de fusil couvrent les bruits de l'eau bouillonnante qui rompt les restes de la digue pour se précipiter dans cet immense bassin asséché depuis des milliers d'années...

Quelques semaines plus tard, Lesseps apprend avec consternation que Saïd pacha est au plus mal. Il se précipite à Alexandrie et arrive au palais quelques heures après la mort de son bienfaiteur. Tristesse et inquiétude. Si le nouveau vice-roi, Ismaïl, est encore plus européanisé que son oncle, il ne passe pas pour un fervent partisan du canal de Suez. Sa première adresse aux consuls généraux est de nature à inquiéter la Compagnie puisqu'il y critique le principe de la corvée. A Lesseps, venu lui demander des explications, Ismaïl répond avec panache mais non sans ambiguïté : « Nul n'est plus canaliste que moi, mais je veux que le canal soit à l'Égypte et non l'Égypte au canal. » Les travaux vont continuer, comme si de rien n'était.

Lesseps propose que la ville naissante de Timsah, appelée à devenir le grand port intérieur de l'isthme, soit baptisée Ismaïlia. C'est l'occasion d'une nouvelle célébration et de quelques phrases bien senties : « Avec Mohammed Saïd, nous avons commencé le canal, avec Ismaïl nous l'achèverons. Que dès aujourd'hui donc le nom de Timsah soit remplacé par celui d'Ismaïlia, et que les eaux de la Méditerranée, s'unissant à celles de la mer Rouge, unissent également dans l'avenir les noms de Saïd et d'Ismaïl, tous deux chers à nos cœurs ! »

Au printemps 1863, Constantinople revient à l'offensive, exigeant la suppression de la corvée dans l'isthme de Suez, pour des raisons humanitaires. Jusqu'ici, la sollicitude des autorités ottomanes pour le sort du fellah égyptien avait échappé à tout le monde... Mais il faut tenir compte de cette exigence, qui trouve naturellement un écho à Londres, même si Ferdinand de Lesseps souligne que son entreprise est bien plus humaine que la construction de la voie ferrée Alexandrie-Le Caire-Suez, laquelle « repose sur des milliers de cadavres égyptiens ». La Compagnie n'a-t-elle pas mis en place des services médicaux et sociaux ? Ses statistiques, publiées tous les ans, indiquent que le taux de mortalité n'a jamais été aussi faible sur un chantier en Égypte : le rapport du docteur Aubert Roche, médecin-chef, fait état, entre mars 1861 et mars 1862, de 20 morts sur 1 250 employés européens et de 23 morts sur une « population arabe » de 120 933 personnes. Autrement dit, à proportion égale, le Canal tue cent fois moins d'Égyptiens que d'étrangers... Les conditions climatiques, auxquelles les seconds ne sont pas habitués, suffisent-elles à expliquer une telle différence ? Nul n'est en mesure de confirmer les chiffres de la Compagnie, qui paraissent cependant plausibles à un chercheur du CNRS [6].

L'habile Nubar, revenu aux commandes pour être le ministre des Affaires étrangères d'Ismaïl, fait de l'abolition de la corvée son cheval de bataille et réclame une renégociation des accords. Il n'est pas acceptable, selon lui, que 20 000 travailleurs soient mobilisés en permanence. 20 000 qui sont en fait 60 000, puisqu'à ceux qui travaillent s'ajoutent ceux qui se rendent sur les chantiers et ceux qui en repartent, dans des périples pouvant durer de quinze à vingt jours. « La population de l'Égypte, précise Nubar, était condamnée à tour de rôle à donner à la Compagnie deux à trois mois de son temps, de son travail et de sa vie, sans rémunération aucune ; car, au mépris de l'entente intervenue et qui aurait dû assurer un franc par jour de travail, la Compagnie les renvoyait sans salaire aucun, laissant même la nourriture à leur charge [7]. »

Lesseps s'indigne. L'affaire s'envenime. Nubar se rend à Paris et, discrètement appuyé par le duc de Morny, assigne en justice la Compagnie. Celle-ci contre-attaque en organisant un spectaculaire banquet de 1 600 couverts, au palais de l'Industrie, sur les Champs-Élysées, le 11 février 1864. Le prince Napoléon, cousin de l'empereur, prend la parole pendant une heure et demie, électrisant l'assistance par un discours très peu diplomatique, dans lequel il accuse Nubar pacha d'avoir des livres sterling « pour argent de poche ».

Le conflit prenant une tournure dangereuse, on demande un arbitrage à Napoléon III. Curieux arbitrage ! C'est l'empereur des Français qui est amené à trancher une controverse entre l'Égypte et des Français... Napoléon III réunit une commission d'étude et, après en avoir reçu les conclusions, se prononce, le 6 juillet 1864, dans un long document. Chacune des

6. Serge Jagailloux, *La Médicalisation de l'Égypte au XIXᵉ siècle, 1798-1916*, Paris, Recherche sur les civilisations, 1986.

7. Nubar Pacha, *Mémoires,* introduction et notes de Mirrit Boutros-Ghali, Beyrouth, 1983.

deux parties peut y trouver des satisfactions. La Compagnie est invitée à renoncer aux contingents de travailleurs égyptiens. De même devra-t-elle rétrocéder à l'Égypte le canal d'eau douce, ainsi que quelque 60 000 hectares de terrains en partie irrigués. En compensation, elle recevra 84 millions de francs. Cet arbitrage lui donne surtout une sorte de caution officielle, qui va lui permettre d'obtenir enfin l'accord des autorités ottomanes.

Les chantiers se vident. Les ingénieurs français voient partir leurs ouvriers, qui regagnent leurs villages. Ces paysans seront remplacés par des Européens ou des Levantins, rétribués beaucoup plus cher, mais surtout par d'énormes machines, fabriquées spécialement en France pour percer ce canal en plein désert.

Une nouvelle aventure commence, sous le signe de la fée Vapeur.

6

L'Exposition universelle

Si tu ne vas pas en Égypte, l'Égypte viendra à toi... L'immense majorité des Français, sous le Second Empire, n'est pas allée dans la vallée du Nil et n'a aucune chance de s'y rendre. L'Exposition universelle de 1867, organisée à Paris, va lui permettre en quelque sorte de toucher du doigt le pays des pharaons. Les 7 millions de visiteurs qui se pressent sur le Champ-de-Mars sont surtout attirés par les pavillons orientaux. Et, dans cet Orient magique, l'Égypte – à qui plus d'une vingtaine de médailles seront décernées – occupe de loin la première place.

Ismaïl pacha arrive à Paris, pour l'inauguration, auréolé du nouveau titre de khédive, qu'il a longuement négocié avec son suzerain, le sultan de Constantinople. « Khédive », dont personne en Égypte ne comprend très bien la signification, semble vouloir dire « seigneur » en persan. C'est plus élégant et surtout plus glorieux que « vice-roi », qui exprime une idée de sujétion. Le petit-fils de Mohammed Ali a également obtenu, contre beaucoup d'argent, la succession en ligne directe pour les membres de sa famille. C'est son fils aîné, Tewfik, qui lui succédera sur ce qu'on appelle déjà le trône d'Égypte.

La France a toutes les raisons de recevoir royalement ce pacha, francophone, francophile, diplômé de Saint-Cyr. L'entrée du *Mahroussa* dans la rade de Toulon, le 15 juin 1867, est saluée par les vaisseaux pavoisés de la flotte, tandis que l'artillerie des forts tire sans discontinuer. C'est le baron Haussmann, préfet de la Seine, qui accueille le khédive à Paris. Dans la cour de la gare de Lyon, un bataillon du 43e régiment d'infanterie rend les honneurs. Cinq voitures de la Cour, en grande livrée, escortées par des lanciers de la Garde, conduisent Ismaïl et sa suite au palais des Tuileries. Le khédive est introduit dans le salon du Premier Consul, où se tient l'impératrice, « entourée du grand-maréchal du palais, du grand-écuyer, du grand-veneur, du commandant en chef de la Garde impériale, de l'adjudant-général du palais, de sa dame d'honneur et des officiers et dames du service[1]... ». L'empereur, atteint de douleurs rhumatismales, n'assiste pas à la réception. Ce n'est pas une maladie diplomatique. Une dizaine de

---

1. Georges Douin, *Histoire du règne du khédive Ismaïl*, Rome, 1933-1938, t. II.

jours plus tard, Napoléon III invitera Ismaïl, logé au pavillon de Marsan, à prendre place à sa droite pour passer en revue la garnison de Paris. Il l'invitera à déjeuner à Saint-Cloud, lui présentera personnellement le château de Versailles, puis ira lui rendre visite, avec la famille impériale, sur le site de l'Exposition.

Une leçon d'égyptologie

Le pavillon égyptien, dont la conception a été confiée à Mariette, occupe 6 000 mètres carrés. C'est un ensemble de plusieurs bâtiments, illustrant tout à la fois l'Égypte pharaonique, l'Égypte musulmane et l'Égypte moderne. Une armée de savants, d'architectes et de décorateurs a été mobilisée pour en faire une œuvre pédagogique, mais éclatante. « Cet étalage somptueux parlait à l'esprit comme aux yeux : il exprimait une idée politique [2] », souligne Edmond About.

Inspiré du temple de Philae, le premier bâtiment veut être une synthèse de l'Ancien et du Nouvel Empire, ainsi que du style ptolémaïque. Pour en dessiner les moindres détails, Mariette a effectué plusieurs voyages en Haute-Égypte. Cela lui a valu d'interminables discussions avec les architectes, comme il l'a raconté avec humour :

« A chaque instant, le dialogue s'engage entre M. Schmitz et moi :

– Monsieur Mariette, ne vous semble-t-il pas que cette ligne serait un peu plus élégante si elle était arrondie par le haut ?

– Monsieur Schmitz, soyez calme ; les Égyptiens ont fait cette ligne plate ; si elle est raide, ils en sont responsables, et non pas nous.

– Cependant, monsieur Mariette, il va de soi qu'une ligne qui commence de cette façon ne peut tourner brusquement et finir de cette autre façon. Le bon goût...

– Mettez, monsieur Schmitz, le bon goût dans votre poche. Nous faisons de l'égyptologie antique. L'Égyptien antique met des yeux de face sur des têtes de profil ; il plante les oreilles sur le haut du crâne comme un plumet de garde national. Tant pis pour l'Égyptien antique [3]... »

Le temple du Champ-de-Mars est une construction en plâtre, avec du sable collé pour imiter le grès. Une allée de sphinx conduit jusqu'à l'entrée, dont les parois sont couvertes d'hiéroglyphes. On traverse des colonnes ornées de chapiteaux à tête d'Hathor, avant de passer sous le péristyle qui est orné de trois stèles provenant du temple d'Abydos. La salle intérieure est décorée à la manière des tombeaux de Ti et Ptah-Hotep. « Le visiteur, en quatre pas, du seuil au secos, traversait quarante siècles représentés par leur architecture, leur sculpture et leur peinture [4]. »

---

2. Edmond About, *Le Fellah,* Paris, 1869.
3. Lettre à Charles Edmond, commissaire de l'Exposition, Le Caire, juillet 1866.
4. Charles Edmond, *L'Égypte à l'Exposition universelle de 1867,* Paris, 1867.

Ne se contentant pas de reproductions et de moulages, Mariette a fait venir d'Égypte nombre d'objets précieux, provenant du musée de Boulaq, comme les bijoux d'Aah-Hotep, la vache Hathor, les statues d'Isis et d'Osiris ou celle de Khéphren à la tête protégée par l'épervier. Certains repartiront en mauvais état : la statue de la reine Aménéritis s'est brisée à Paris et le visage du Cheikh-el-Beled a été défiguré par un moulage clandestin [5]...

C'est au premier étage du bâtiment moderne que sont exposés 500 crânes de momies, classés par dynastie. Si Mariette a voulu faire de la partie ancienne « une leçon vivante d'archéologie », cette partie-ci est plutôt une leçon de choses. En exposant tous les produits de l'Égypte, toutes les richesses de son sol et de son sous-sol, le khédive s'adresse aux commerçants et aux industriels, les invitant à investir dans son pays. Une sorte de caravansérail, inspiré de la *wikala* d'Assouan, abrite un café arabe et des boutiques, dans lesquelles des orfèvres, des selliers, des nattiers et des chibouquiers s'affairent sous les yeux du public. C'est un immense succès. L'Égypte sera classée hors concours pour les démonstrations de travaux manuels.

La presse parisienne est pleine de détails pittoresques sur le pavillon égyptien. Théophile Gautier n'est pas le dernier à s'extasier devant « ce délicieux rêvoir oriental » où « les marchands et les voyageurs doivent trouver bien-être, calme et fraîcheur ». Un peu plus loin, il rejoint les enfants qui se bousculent à l'écurie pour apercevoir deux dromadaires, « charmantes bêtes au pelage blanc, d'une légèreté extraordinaire, et dont le col de cygne balance une tête mignonne aux grands yeux de gazelle » [6].

On fait la queue devant le pavillon consacré au canal de Suez. Ferdinand de Lesseps en personne explique le projet, à l'aide d'un immense plan en relief, sur lequel figurent, en modèle réduit, des dragues, des chalands, des wagonnets... Un diorama, réalisé par le directeur de l'Opéra, montre de petits bateaux traversant déjà une partie de l'isthme. Cette démonstration vaudra, bien sûr, à la Compagnie l'une des médailles d'or de l'Exposition.

Le khédive reçoit le Tout-Paris dans un bâtiment de style arabe, somptueusement décoré. On y entre par une porte à double battant, chargée d'arabesques et rehaussée d'ivoire, d'ébène et de bronze. Certaines boiseries ont été prélevées dans des palais du Caire. Six lampes de mosquée pendent du plafond et un magnifique Coran enluminé, relié de maroquin rouge, s'offre aux yeux des visiteurs. Du marbre partout, et de toutes les couleurs. Les notables français sont charmés par le petit-fils de Mohammed Ali, qui s'entretient avec eux, assis sur son divan et fumant le narguilé. « Ismaïl pacha parle le français le plus pur, sans le moindre accent », précise *Le Moniteur*.

---

5. Henri Wallon, *Notice sur la vie et les travaux de Mariette pacha*, Paris, 1883.
6. Théophile Gautier, *L'Orient*, vol. II.

La momie démaillotée

Quelques privilégiés – savants, médecins, écrivains ou artistes – ont droit à une séance de démaillotage d'une momie dans la salle des collections anthropologiques. Dans leur *Journal*, les frères Goncourt en font une description hallucinante : « En travers, jetée sur une table, la momie qu'on va débandeletter. Tout autour, se pressant, des redingotes décorées. Et l'on commence l'interminable développement de la toile emmaillotant le paquet raide. C'est une femme qui a vécu il y a quatre mille ans... On déroule, on déroule toujours, sans que le paquet semble diminuer, sans qu'on se sente approcher du corps. Le lin paraît renaître et menace de ne jamais finir sous les mains des aides, qui le déroulent sans fin. Un moment, pour aller plus vite et pour dépêcher l'éternel déballage, on la pose sur ses pieds, qui cognent sur le plancher comme un bruit dur de jambes de bois. Et l'on voit tournoyer, pirouetter, valser affreusement, entre les bras hâtés des aides, ce paquet qui se tient debout, la mort dans un ballot. On la recouche et on déroule encore... » Sous chaque aisselle de cette reine morte se trouve une fleur. « Des fleurs de quatre mille ans », commentera, dans *L'Orient,* un Théophile Gautier bouleversé.

Les Goncourt fouillent du regard l'assistance, cherchant déjà les adjectifs qu'ils consigneront le soir même dans leur *Journal.* Maxime du Camp n'a-t-il pas aperçu une lueur sous le menton de la morte ? Le voilà qui se précipite. « Il crie : "Un collier !" Et avec un ciseau, dans le pierreux de la chair, il fait sauter une petite plaque en or, avec une inscription écrite au calame, et découpée en forme d'épervier... » L'opération continue. Pinces et couteaux descendent sur ce corps desséché, dénudent la poitrine. « Dumas fils, venu pour représenter ici l'esprit du XIXe siècle, cherche à faire un bon mot de Paris, ne le trouve pas et s'en va. Une dernière bande, arrachée de la figure, découvre soudainement un œil vivant et qui fait peur. Le nez apparaît, camard, brisé et bouché par l'embaumement ; et le sourire d'une feuille d'or se montre sur les lèvres de la petite tête, au crâne de laquelle s'effilochent des petits cheveux courts, qu'on dirait encore avoir la mouillure et la suée de l'agonie. » De leur plume terrible, les Goncourt concluent : « Elle était là, étalée sur cette table, frappée et souffletée en plein jour, toute sa pudeur à la lumière et aux regards. On riait, on fumait, on causait. » Étrange rencontre franco-égyptienne...

La famille impériale a droit, elle aussi, à un démaillotage. Le 28 juin, on ouvre en son honneur une momie vieille de vingt-sept siècles. Le prince impérial est particulièrement intéressé par l'opération : il emportera même une partie des bandelettes... Sa mère, Eugénie, « connue pour sa délicatesse très relative, demande sans détour à Ismaïl pacha de lui offrir les bijoux d'Aahhotep. Un peu désarçonné par cette audace charmeuse, le vice-roi n'ose pas un refus brutal et répond : "Il y a quelqu'un de plus puissant que moi à Boulaq, c'est à lui qu'il faut vous adresser."

Alors commence un ballet de courtisans autour de Mariette [7]… ». Le gardien du patrimoine égyptien oppose un refus catégorique, bien qu'on lui fasse miroiter le titre de conservateur du Louvre et les appointements afférents. « Mariette ne dissimula pas un instant qu'en manquant de complaisance il avait affaibli beaucoup sa position, mais il ne regretta jamais ce qu'il avait fait, assure Maspero. Certes, il eût aimé voir au Louvre, à côté des trophées du Serapeum, ces monuments qu'il aimait plus que ses propres enfants, mais la France l'avait cédé à l'Égypte pour qu'il conservât les antiquités sur le sol même qui les avait portées ; son devoir était de les défendre fidèlement, envers et contre tous, même contre ses compatriotes [8]… »

Les largesses d'un prince oriental

A défaut de bijoux pharaoniques, Ismaïl, grand seigneur, offre à la famille impériale la *dahabiah* luxueuse qu'il a fait venir spécialement d'Égypte. Ce grand bateau à voile triangulaire, amarré près du pont d'Iéna pendant toute la durée de l'Exposition, a été remorqué d'Alexandrie à Marseille, pour emprunter ensuite canaux et fleuves jusqu'à Paris. Les Français apprennent par les journaux que la princesse Mathilde est montée à bord et s'est rendue jusqu'à Saint-Cloud, escortée par douze Nubiens en tenue d'apparat, qui ont descendu la Seine à l'aviron.

La presse parisienne suit pas à pas ce souverain oriental, si à l'aise à Paris. On le voit partout : dans les musées et à l'Opéra, au Jardin d'acclimatation comme au steeple-chase de Vincennes. On apprécie ses manières charmantes, son humour. *Le Figaro* raconte comment, pour passer inaperçu, « il ôte brusquement son tarbouche et tire de dessous son paletot un chapeau à ressort, plat comme une galette », qu'un coup de poing fait bondir. Les commerçants espèrent sa venue. N'a-t-il pas commandé à un tailleur, en une seule visite, quatorze douzaines de pantalons, huit douzaines de gilets et autant de redingotes assorties ?

Après l'Exposition universelle, Ismaïl va faire une cure à Vichy et, là aussi, ne passe pas inaperçu. Ses prodigalités impressionnent. Il dédommage un caissier dévalisé, fonde une rente perpétuelle pour un orphelin et finance même une église en construction… De retour à Paris, après une visite officielle en Grande-Bretagne, le khédive offre 20 000 francs pour les pauvres, crée une bourse pour un étudiant, puis une deuxième, fait aussi quelques emplettes, achetant notamment quatre-vingts robes pour son harem [9]. Les chroniqueurs mondains notent qu'il a assisté pour la troisième fois à la représentation de *La Grande Duchesse de Gerolstein*,

---

7. Élisabeth David, *Mariette pacha*, Paris, Pygmalion, 1994.
8. Gaston Maspero, « Mariette (1821-1881) », in *Bibliothèque égyptologique*, 18, 1904.
9. Georges Douin, *Histoire du règne du khédive Ismaïl, op. cit.*

interprétée par Mlle Schneider, sa maîtresse du moment. Il n'est pas le premier à honorer cette jolie femme dont la loge a été surnommée « le passage des princes »…

Un accueil triomphal attend Ismaïl à Alexandrie, où trois jours de feux d'artifice et d'illuminations ont été prévus. Aux consuls généraux, venus lui souhaiter la bienvenue et le féliciter pour son titre de khédive, il annonce solennellement, le 13 septembre 1867 : « Je vais m'appliquer à donner de la grandeur et de la prospérité à l'Égypte. » Tout un programme, comme on va le voir !

7

Ismaïl le Magnifique

« Mon pays n'est plus en Afrique. Nous faisons partie de l'Europe. »
Que n'aura-t-on cité cette phrase du khédive Ismaïl ! Bien après sa mort,
dans les années 1910, elle figurera même chaque jour en première page
du *Journal du Caire*, l'un des principaux quotidiens francophones de la
capitale. L'a-t-il réellement prononcée ? Elle correspond parfaitement, en
tout cas, à son état d'esprit en septembre 1867. Tout l'incite à « donner de
la grandeur » à l'Égypte : son titre de khédive, le gouvernement héréditaire assuré à sa famille, l'accueil qu'il a reçu en France comme en
Grande-Bretagne et ce qu'il a vu dans un Paris haussmannien en pleine
transformation.

Le changement se manifeste aussitôt. Au palais de Ras-el-Tine, à
Alexandrie, de nouveaux domestiques font leur apparition : des laquais
poudrés, en culotte courte et livrée rouge et or. L'entrée des appartements
est commandée par un huissier vêtu de noir, avec chaîne sur la poitrine et
épée au côté. Bientôt, on verra Son Altesse dans une voiture découverte,
tirée par des chevaux percherons harnachés à la française et montés par
des postillons. L'équipage n'est plus précédé de *saïs* pieds nus mais de
piqueurs à cheval.

« Le vice-roi se rapproche beaucoup de la colonie européenne et fait
tout pour favoriser les mœurs et les coutumes de l'Europe, écrit le consul
de France. Au Caire, ses femmes et ses filles sortent comme lui dans
des voitures fermées ou ouvertes du style le plus élégant, conduites
par des cochers français et anglais ayant le chapeau et la cocarde, avec
des valets de pied ou des grooms habillés à la dernière mode. » Le diplomate fait état d'une confidence d'Ismaïl à l'un de ses ministres : « Je
veux tout faire pour amener en Égypte le flot européen. Lui seul peut
nous pousser, nous faire marcher, nous aider à faire entrer la civilisation
en Égypte. »

Les Français de passage, invités à déjeuner au palais d'Abdine, se sentent
comme chez eux. « On se mit à table à midi, raconte un visiteur. On servit,
avec une mise en scène parisienne et élégante, un beau déjeuner à la française, sans luxe exagéré et n'ayant d'oriental que le *pilaw*, mets national
et quotidien à la table du khédive. Des vins excellents étaient passés,

comme en France... Après le déjeuner, on passa au salon pour le café et les cigares [1]. » Si les invités égyptiens portent, comme le vice-roi, la stambouline turque (cette redingote à collet étroit, boutonnée de haut en bas) et sont coiffés du tarbouche, les valets de pied arborent l'habit vert, la culotte rouge et les bas de soie blancs. Naturellement, l'européanisation n'empêche pas le khédive de conserver son harem et ses eunuques, de traiter en esclaves les fellahs qu'il emploie – ou réquisitionne – pour travailler dans ses domaines.

Le Caire, à la manière d'Haussmann

A Paris, Ismaïl a été impressionné par les innovations urbanistiques. Il aimerait bien que Le Caire s'en inspire, pour donner la meilleure image aux invités étrangers lors de l'inauguration du canal de Suez, prévue en 1869. Cela l'incite à poursuivre la modernisation déjà engagée depuis son arrivée au pouvoir, mais aussi à prendre de nouvelles décisions.

Le Français Lebon est invité à éclairer Le Caire au gaz, après avoir fait de même à Alexandrie. Un autre Français, Cordier, obtient en 1865 la distribution de l'eau dans la capitale. L'un des premiers quartiers à bénéficier de ces nouveautés est l'Ismaïlia, qui porte le nom de son fondateur. Le vice-roi a voulu exploiter de vastes terrains abandonnés, situés entre l'Ezbékieh et les palais de la rive du Nil : nivelés et divisés en lots, ils ont été donnés gratuitement à toute personne s'engageant à y bâtir un immeuble d'au moins 2 000 livres. C'est un succès. Nombre de maisons cossues voient le jour. Des avenues ombragées, se coupant à angle droit ou en oblique, convergent vers les deux ronds-points principaux. Ce quartier n'est pas seulement le caprice d'un souverain, mais le véritable embryon de la ville moderne [2].

Ismaïl aurait pu s'en tenir à des initiatives de ce genre, mais sa folie des grandeurs l'entraîne plus loin. A Paris, il a visité les chantiers d'Haussmann, discuté avec plusieurs ingénieurs et architectes, notamment Barillet-Deschamps, le créateur du Bois de Boulogne. C'est à lui qu'il va faire appel pour transformer l'Ezbékieh. Ces huit hectares, au cœur de la capitale, étaient jadis noyés par les eaux du Nil une partie de l'année. Les luxueuses demeures orientales dont la place était entourée se transformaient alors en palais vénitiens, et le lac accueillait des fêtes nautiques et des illuminations aux flambeaux. « En hiver, quand les eaux se retiraient, l'étang devenait un champ de verdure, d'où émergeait le sombre feuillage des sycomores [3]. » Depuis son assèchement par Mohammed Ali, l'Ezbékieh était un magnifique jardin sauvage en pleine ville, et un

1. F. de Carcy, *De Paris en Égypte. Souvenirs de voyage,* Paris, 1875.
2. Marcel Clerget, *Le Caire,* 1934, t. II.
3. Arthur Rhôné, *Coup d'œil sur l'état du Caire ancien et moderne,* Paris, 1882.

coupe-gorge la nuit. Ismaïl a commencé à l'aménager à sa manière, mais Barillet-Deschamps reprend tout de zéro, pour en faire un parc à la parisienne, ceinturé de hautes grilles et traversé de routes bordées de trottoirs. Des arbres majestueux cèdent la place à « des réverbères en forme de tulipes géantes, aux pétales de verre coloré, aux feuillages de fonte[4] ». Une rivière, un lac, une cascade, une grotte, un belvédère, un pavillon de photographie, un débit de liqueurs et de sirops, un kiosque de tir pour amateurs, des chevaux de bois... Seuls quelques gommiers majestueux rappellent qu'on est en Égypte. Et, à l'heure de la promenade, sous le kiosque à musique, il arrive que l'orchestre militaire joue aussi quelques airs orientaux.

Ali Moubarak, un brillant intellectuel formé à Paris, élabore une réorganisation urbaine du Caire, accompagnée d'un nouveau découpage administratif. Mais le khédive ne dispose que de deux ans à peine avant l'inauguration du canal de Suez. N'ayant ni le temps ni les moyens nécessaires pour transformer la ville ancienne, il se contente de plaquer une façade européenne sur certains quartiers. On perce des avenues, on détruit des bâtiments, on les reconstruit à la va-vite dans un style italien. De vieilles mosquées, aux couleurs passées, mêlant le rose à l'ocre, sont repeintes de manière éclatante avec des zébrures blanches et rouges[5]...

Le Progrès égyptien, hebdomadaire créé par des Français, se gausse de toutes ces initiatives avec une étonnante liberté de ton. Son humour corrosif et ses insinuations lui valent parfois la colère du khédive et des sanctions, mais il va pouvoir se déchaîner pendant trois ans, de 1868 à 1870, en attendant que d'autres journaux prennent la relève. Pendant ce temps, un juif nationaliste égyptien, Yaacoub Sanoua, exilé à Paris, publie une feuille au vitriol agrémentée de dessins satiriques, le *Journal d'Abou Naddara,* qui fustige la politique d'Ismaïl.

Les Français d'Égypte ont-ils des raisons de se plaindre ? Le khédive pourvoit même à leurs loisirs. Pour suppléer au manque de théâtres de la ville du Caire, il en fait construire un, en quelques semaines, au début de 1869. Quatre loges sont réservées au souverain et aux dames du harem. Le rideau, où brille son chiffre, ainsi que les fauteuils de l'orchestre ont été commandés à Paris. Ce théâtre construit en bois est inauguré avec une représentation de *La Belle Hélène*. Le mois suivant, un cirque ouvre ses portes. Son exploitation a été confiée à un Français, Rancy[6].

A la fin des années 1860, dans ce pays de 5 millions d'habitants, les résidents français sont près de 15 000 (pour une population européenne totale évaluée à 150 000 personnes). Au Caire comme à Alexandrie – et, bien sûr, à Port-Saïd et Ismaïlia –, les Français sont présents dans tous les secteurs économiques. Ils occupent également des postes clés dans

---

4. *Ibid.*
5. André Raymond, *Le Caire,* Paris, Fayard, 1993.
6. Georges Douin, *Histoire du règne du khédive Ismaïl*, Rome, 1933-1938, t. II.

l'administration. Des officiers (Bernardy, Larmec, Mircher, Princeteau, Rapatel, Perrin) ont pris la relève de Soliman pacha comme instructeurs de l'armée. Des médecins (Gaillardot, Gastinel, Perron) dirigent l'École de médecine, les hôpitaux ou le Conseil de santé, à la suite de Clot bey. Des ingénieurs (Boinet, Barrois, Ventre) travaillent dans le sillage de Linant de Bellefonds, lequel occupera un temps le poste de ministre des Travaux publics. Des Français dirigent aussi l'École normale (Peltier), l'Imprimerie nationale (Chelu) ou sont inspecteurs de l'instruction publique (Bernard, Mirguet).

Polkas et *Te Deum* dans le désert de Suez

La principale activité française en Égypte est, bien sûr, le canal de Suez. Tous les regards sont tournés vers l'isthme, où Ferdinand de Lesseps et ses ingénieurs ont changé de rythme : on ne creuse plus à la force du bras, mais au moyen d'imposantes machines, dont les utilisateurs sont aussi fiers que les concepteurs. Le « génie » français est à l'honneur, dans tous les sens du mot, à une époque où la Science, le Progrès et l'Industrie portent des majuscules. Il faut voir avec quel lyrisme on célèbre les fameuses « dragues à long couloir » de MM. Borel et Lavalley ! « Figurez-vous, dit Lesseps à ses actionnaires, une fois et demie la longueur de la colonne Vendôme, coupée par le milieu, appliquée au haut de la drague par un bout, déversant par l'autre, au loin, les produits du dragage, et formant au milieu du canal comme un pont volant. Les dragues pourvues de cet appareil ne déversent pas les déblais, comme le font les dragues ordinaires, dans des bateaux qui viennent les accoster. Elles amènent d'un seul jet les déblais directement sur les berges, et cela à des distances de 60 à 70 mètres. Ce résultat, jusqu'ici sans précédent, est obtenu par l'adjonction à la drague d'un long couloir, véritable aqueduc métallique... » Et le président précise sous les applaudissements : « De Port-Saïd à Suez, le canal maritime est attaqué sur toute la ligne, à toute profondeur, à toute largeur » [7].

La population régulière de l'isthme atteint désormais 19 000 personnes, en comptant les femmes et les enfants. Les contingents de fellahs réquisitionnés ayant été remplacés par des ouvriers de toutes nationalités, les chantiers sont des sortes de Babel où l'on s'interpelle en plusieurs langues. Le patron d'une drague peut être français, italien ou grec ; le mécanicien, anglais ou allemand ; les chauffeurs et les matelots sont grecs, maltais ou égyptiens. Ce personnel, affirme Lesseps, s'est fondu de manière remarquable. « C'est un des plus heureux dons du caractère et de l'esprit français de produire cette fusion. »

7. Rapport présenté à l'assemblée générale de la Compagnie universelle de Suez, le 1er août 1866.

L'épidémie de choléra de l'été 1865 fait fuir de nombreux ouvriers de l'isthme, qui se ruent à Port-Saïd sur des bateaux. Mais, après cette catastrophe – marquée par des actes d'héroïsme et la mort de plusieurs médecins de la Compagnie –, tout rentre dans l'ordre. Le nombre d'ouvriers augmente même, les fuyards ayant fait de la propagande et rameuté des candidats... Le 15 août 1865, la Saint-Napoléon est marquée par la première jonction indirecte entre les deux mers : un convoi de charbon, chargé sur la Méditerranée, franchit la portion de canal maritime déjà creusée puis, sans transbordement, emprunte le canal d'eau douce pour atteindre Suez. Les ministres des différents cultes bénissent le convoi. Messe et *Te Deum* à la paroisse Sainte-Eugénie d'Ismaïlia.

Les obstacles ne manquent pourtant pas. Au début de 1866, les ingénieurs se heurtent à un rocher récalcitrant, d'environ 25 000 mètres cubes. Pour le faire sauter, la Compagnie doit recruter des mineurs spécialisés dans le Piémont. Plus de 600 ouvriers s'attaquent à ce banc et réussissent à le vaincre. En mars, arrive enfin une bonne nouvelle de Constantinople : la publication du firman... autorisant le percement du canal de Suez. C'est la fin des hostilités. Ferdinand de Lesseps reçoit la Medjidieh ottomane en même temps que le grade de commandeur de la Légion d'honneur.

Ismaïlia, siège de l'administration centrale de la Compagnie, est déjà une charmante bourgade de 4 000 habitants, surnommée « la Venise du désert ». A défaut de mer, elle donne sur le lac Timsah, où a été installé un établissement de bains. La ville principale – à laquelle s'ajoute un quartier grec et un village arabe – est française jusqu'au bout des ongles. On a planté des palmiers sur la place Champollion. Dans l'église, de style gothique, dédiée à saint François de Salles, deux coquillages de la mer Rouge, scellés dans le mur à l'entrée, font office de bénitier. Les commerces ne manquent pas, il existe même une Belle Jardinière à Ismaïlia. Dans le quartier dit « des garçons », des maisonnettes sont réservées aux célibataires. Les ingénieurs, techniciens et employés qui ont fait venir femme et enfants ont droit à des habitations plus vastes, avec des vérandas en bois.

Deux bals sont donnés chaque année par la direction générale de la Compagnie. On y danse des polkas et des quadrilles, accompagnés par un piano, des violons, deux cornets à piston... Le reste du temps, on se reçoit les uns chez les autres, pour faire de la musique, réciter des poèmes, jouer aux cartes ou aux charades. Des régates sont organisées sur le lac Timsah, avec des équipes concurrentes venues de Port-Saïd. Les vainqueurs voient leur nom imprimé dans le *Journal de l'union des deux mers,* édité à Paris. Quant aux chasseurs, ils ont tout le désert pour eux. Chaque coup de fusil fait lever une armée de flamants roses au-dessus du lac...

Le premier collège des frères

Si l'isthme de Suez est un petit coin de France, Le Caire et Alexandrie connaissent une influence française croissante. On le voit à la naissance des premières écoles, comme celle du Bon-Pasteur, créée pour les filles en 1845 par des religieuses d'Angers. Certes, les Français ne sont ni les premiers ni les seuls à prendre des initiatives dans ce domaine : les Arméniens, les Grecs, les Italiens, ainsi que la communauté juive avaient déjà ouvert en Égypte de petits établissements scolaires sous le règne de Mohammed Ali. Mais une nouvelle dimension est donnée à l'enseignement, à partir de 1854, quand des religieux français, les frères des Écoles chrétiennes, inaugurent leur premier collège au Caire. Il ne s'agit plus d'une initiative communautaire, à usage interne en quelque sorte, mais d'une formation destinée à des élèves de toutes origines nationales et de toutes religions.

Les débuts de cette entreprise sont racontés de manière pittoresque dans un document commémoratif[8] : « Aux premiers jours de février 1854, quatre disciples de saint Jean-Baptiste de La Salle abordent au Caire par la petite gare de Bab-el-Hadid. Aussitôt, ils reçoivent l'hospitalité des révérends pères franciscains qui les avaient appelés et, pendant que les cloches sonnent à toute volée, l'église de l'Assomption retentit d'un fervent *Te Deum*. La cérémonie terminée, les quatre frères des Écoles chrétiennes prennent possession de leurs locaux à Darb-el-Guéneina, au centre grouillant de la vie commerciale du Caire. Quatre salles vides, bien étroites, voilà les classes ; à l'étage supérieur, auquel on accède par un escalier branlant, des murs lézardés, des salles plus exiguës encore : voilà leur demeure… » Une souscription permet de recueillir l'argent nécessaire et d'ouvrir l'établissement le 15 février 1854.

« Le grain de sénevé allait devenir un grand arbre. Tous les oiseaux du Bon Dieu, sans distinction, viendront s'y abriter. Bientôt, dans tout Le Caire, on ne parla que de la grande école : "Madrassat El-Kibira", si bien que le souverain, Saïd pacha, digne fils de l'illustre Mohammed Ali, se fit informer. Le consul de France lui remit un rapport des plus élogieux. Que faire en faveur de ces hommes qui avaient abandonné leur patrie bien-aimée pour venir en cette terre étrangère ? Le représentant du grand empereur de France demandait seulement pour ses protégés un terrain vaste où ils pourraient installer une plus grande école. Le vice-roi laissa libre choix parmi ses domaines. Un amas de ruines, non loin de l'école, retint l'attention des frères. Non seulement le prince ratifia le choix, mais il tint à participer aux frais de déblaiement. »

Saïd a participé, en effet, largement à la création de ce collège de Khoronfish. D'autant plus largement qu'il a négligé les écoles publiques

---

8. Frères des Écoles chrétiennes, *Souvenir du centenaire*, Le Caire, 1947.

égyptiennes. Selon un chercheur anglais, « la somme d'argent qu'il donna aux frères du Caire et aux Italiens d'Alexandrie était probablement supérieure à ce qu'il dépensa pour son budget d'enseignement tout au long de son règne [9] ». Son successeur, Ismaïl, développe, en revanche, les établissements secondaires publics, sous l'impulsion de deux anciens membres des Missions scolaires égyptiennes en France : le célèbre Rifaa el-Tahtawi et Ali Moubarak. Cela ne l'empêche pas de soutenir les frères, auxquels il confie l'éducation de douze jeunes mamelouks. De même offrira-t-il, quelques années plus tard, un terrain aux jésuites, appelés eux aussi à créer des collèges.

L'épidémie de choléra qui s'abat sur l'Égypte en 1865 donne aux frères l'occasion de se distinguer et de consolider définitivement leur position. Dans une capitale que tout le monde fuit – Ismaïl pacha lui-même choisit prudemment de partir à l'étranger –, les religieux français ouvrent un dispensaire avec la collaboration des pères de la Terre-Sainte, des sœurs de Saint-Joseph et du Bon-Pasteur. « Deux fois par vingt-quatre heures, les salles voyaient se renouveler leur funèbre clientèle. On n'en sortait guère que pour prendre place dans le lugubre tombereau faisant office de corbillard. Du moins, les mourants avaient la consolation de recevoir des soins quasi maternels avec le baume des secours religieux dont le réconfort est si puissant en ces redoutables moments. En moins d'une semaine, trois religieuses du Bon-Pasteur succombèrent, martyres de la charité. Par une sorte de miracle, aucun frère ne fut atteint, non plus que les élèves internes qui étaient demeurés au collège au nombre d'une trentaine. On attribua cette protection merveilleuse au Sacré-Cœur de Jésus auquel la communauté s'était consacrée depuis le début du fléau [10]. » Tous les vendredis désormais, pendant des décennies, un salut au Saint Sacrement commémorera cet événement, dans la chapelle où a été placée en ex-voto une médaille d'honneur décernée par Napoléon III.

L'éducation parisienne du prince Hussein

Le khédive se soucie de l'éducation de ses propres fils, tout en l'exploitant à des fins politiques. Si le prince héritier, Tewfik, poursuit sa formation en Égypte, avec des professeurs particuliers, Hussein et Hassan sont envoyés en Europe au cours de l'année 1868. Le premier ira à Paris, « parce que l'on y reçoit la meilleure éducation » et parce qu'Ismaïl veut flatter l'empereur ; le second ira à Londres, pour ne pas vexer les Anglais, et on fera d'ailleurs en sorte de lui donner exactement le même train de vie.

---

9. J. Heyworth-Dunne, *An Introduction to the History of Education in Modern Egypt*, Londres, Luzac, 1939.
10. Frères des Écoles chrétiennes, *Souvenir du centenaire, op. cit.*

C'est le ministre des Affaires étrangères en personne, Nubar pacha, qui est chargé de préparer l'arrivée des princes en Europe. Le khédive l'envoie à Paris et, du Caire, suit pas à pas cette affaire, échangeant de longues lettres avec son ministre, dans lesquelles le moindre détail est précisé [11]. Il s'agit bien d'une opération politique : au-delà de son souci de soigner les relations franco-égyptiennes, Ismaïl espère que l'impératrice Eugénie viendra inaugurer le canal de Suez l'année suivante.

Au général Fleury, aide de camp de l'empereur, il demande de bien vouloir surveiller personnellement l'éducation de Hussein, pour lui faire acquérir « toutes les brillantes qualités que doit posséder un jeune prince » et lui « faciliter l'accès dans la meilleure société de Paris ». Nubar et Fleury consacrent plusieurs séances de travail aux modalités de cette entreprise. Il est décidé que Hussein suivra le même système que le prince impérial. Pour précepteur, Nubar souhaite un colonel, de manière à « avoir le même grade » que le professeur du prince Hassan à Londres. Mais Fleury lui explique que les grades sont différents en France et en Angleterre : « Vous pouvez avoir des colonels jeunes en Angleterre ; on y avance par achat de grades. Ici, si c'est un colonel, ce ne pourrait être qu'un vieux colonel et plus bon à rien. D'ailleurs, un commandant en France équivaut à un colonel anglais. » Finalement, Napoléon III choisit lui-même le « gouverneur » : ce sera le commandant Castex, de l'état-major, qui « doit bientôt passer lieutenant-colonel ».

Lettre du khédive à son ministre : « L'installation de Hussein pacha doit être proportionnée à son rang ; il aura un hôtel, loué si c'est possible pour quatre ans, un maître d'hôtel, des domestiques en nombre suffisant, trois voitures (victoria, coupé, landau), sept chevaux, y compris les chevaux de selle et celui du gouverneur ; je ne veux pas néanmoins un luxe exagéré ressemblant à de la profusion... » Réponse du ministre au khédive, après consultation du général Fleury, qui a trouvé un hôtel particulier sur le boulevard Saint-Germain : « Le service de l'hôtel sera composé de : un premier maître d'hôtel, un deuxième maître d'hôtel, un argentier, deux valets de pied, deux hommes de peine, une lingère, un premier cocher chef du service, un petit cocher, quatre palefreniers dont un servira de groom pour suivre à cheval, huit chevaux, dont cinq de voiture et trois pour monter, trois voitures, un break. » Surtout pas de luxe exagéré...

Le programme des études a été établi avec soin : « Point d'instruction spéciale, c'est-à-dire technique. Instruction générale, de manière à former un prince et un homme d'État. Pour cela, grande attention à faire à une connaissance approfondie de l'histoire raisonnée. Étude des sciences naturelles et exactes, de manière à ce que le prince ne soit étranger à aucune invention, à aucun progrès matériel, et, enfin, étude profonde de la littérature française, qui comprend les traductions latines et grecques, afin

---

11. De larges extraits de ces lettres sont cités par F. Van den Bosch, *Vingt Ans d'Égypte,* Paris, 1932.

d'entretenir, chez le prince, ce feu sacré qui vivifie tout, sciences exactes, comme sciences naturelles. »

Hussein et Hassan sont présentés à l'empereur et à l'impératrice le 24 octobre 1868 au palais de Saint-Cloud. Rapport très positif de Nubar : « Si les princes ont été enchantés de leur entrevue, l'empereur et l'impératrice les ont trouvés très bien élevés, très comme il faut et ils leur ont plu beaucoup. » Hussein (futur sultan d'Égypte) devient le compagnon de jeu du prince impérial. Et, en mars 1869, le ministre peut télégraphier triomphalement au khédive que l'invitation est acceptée : l'impératrice Eugénie participera aux cérémonies d'inauguration du canal de Suez.

8

Eugénie sur la dunette

Le percement du canal de Suez progresse convenablement. En mars 1869, le khédive se rend dans l'isthme – c'est sa première visite – pour inaugurer l'entrée des eaux de la Méditerranée dans les lacs Amers. On l'y accueille avec des arcs de triomphe et vingt et un coups de canon. « Son Altesse fut reçue par les dames d'Ismaïlia, précise le correspondant de *L'Isthme de Suez*. Mlle Voisin lui présenta un bouquet de fleurs nées dans les jardins de notre désert, et, en même temps, La Fanfare, société formée par les employés de la compagnie, exécutait une cantate composée en l'honneur du souverain de l'Égypte par MM. Thévenet et Lavestre, tous deux agents du télégraphe [1]. »

Les ingénieurs et employés du canal sont encore plus touchés par la présence du prince de Galles (futur Édouard VII). Quelle revanche, après tant de déclarations méprisantes de l'Angleterre ! Le prince ne cache pas que, selon lui, lord Palmerston est « coupable d'un lamentable défaut de prévision ». Le ministre britannique des Affaires étrangères, lord Stanley, a d'ailleurs publiquement déclaré l'année précédente à des importateurs de coton : « Je n'ai aucune espèce de doute sur l'achèvement définitif du canal de Suez. Il est évident qu'aucune nation ne profitera aussi largement que la nôtre du trafic qui doit passer sur le canal. »

Les responsables des travaux ont rencontré des difficultés inattendues. Sur beaucoup de points, dans la plaine de Suez notamment, les terrains se sont révélés plus durs que les sondages ne le laissaient prévoir. Il a fallu changer d'urgence l'organisation des chantiers et commander en Europe des pompes puissantes, des milliers de wagons, des kilomètres de rails. Cela ne fait pas l'affaire de la Compagnie, qui a déjà largement dépassé son budget et a dû lancer un emprunt de 100 millions de francs avec l'appui de l'empereur.

Malgré tout, le travail approche de son terme. « Nous n'avons plus que 5 millions de mètres cubes à déblayer », précise Ferdinand de Lesseps, au début d'août, aux actionnaires. Provoquant des applaudissements nourris, il annonce que l'ouverture du canal de Suez a été fixée au 17 novembre suivant. D'ici là, le khédive sera revenu dans l'isthme pour présider un

---

1. *L'Isthme de Suez. Journal de l'union des deux mers,* mars 1869.

autre événement : l'entrée des eaux de la mer Rouge dans les lacs Amers, le 15 août, fête de Napoléon. Avec son lyrisme habituel, Ferdinand de Lesseps lance le signal : « Il y a trente-cinq siècles, les eaux de la mer Rouge se retiraient au commandement de Moïse. Aujourd'hui, sur l'ordre du souverain de l'Égypte, elles rentrent dans leur lit. » Une catastrophe est évitée de justesse, les eaux bouillonnantes ayant emporté les talus et menacé de briser les chaînes des dragues. On réussit heureusement à renforcer la dernière digue. Les flots s'assagissent peu à peu et les eaux des deux mers finissent par se confondre calmement.

Aux pieds de l'impératrice

Le canal ne sera pas terminé pour l'inauguration : il restera encore quelque 2,8 millions de mètres cubes à enlever. Sur certaines portions, la profondeur dépassera à peine cinq mètres, au lieu des huit prévus. Mais tout le monde – les actionnaires comme le khédive – est pressé d'ouvrir la voie d'eau. Ismaïl, qui veut faire des cérémonies une grande opération de propagande pour l'Égypte et s'affirmer à cette occasion comme souverain à part entière, a écrit à toutes les têtes couronnées d'Europe pour les inviter dans la vallée du Nil. Ne seront présents, finalement, outre Eugénie, que l'empereur François-Joseph d'Autriche, le prince royal de Prusse, le prince et la princesse des Pays-Bas, le prince de Hanovre, l'émir Abdel Kader et quelques seconds couteaux. Mais, aux ambassadeurs et délégués des différentes puissances, s'ajouteront près de 900 invités, savants, artistes, écrivains ou journalistes.

La délégation française – la plus nombreuse et la plus brillante – compte au moins 275 personnes [2]. Toutes les grandes institutions y sont représentées (l'Institut, le Collège de France, la magistrature, l'armée...), ainsi que certaines écoles (comme Saint-Cyr), le Jockey Club, une douzaine de quotidiens et les principales revues. Autant dire que la « couverture » de l'événement va occuper une place considérable, en attendant la publication de nombreux livres. Pas un seul saint-simonien, en revanche : Ferdinand de Lesseps n'a pas eu l'élégance d'inviter ses anciens adversaires, auxquels le Canal doit tout de même beaucoup. Il est vrai que Prosper Enfantin a quitté ce monde en 1865, pour rejoindre Dieu sait quel autre... Quelques années avant sa mort, il aurait confié à Maxime du Camp : « J'ai été un vieux niais de m'affliger, car tout ce qui est arrivé a été providentiel ; entre mes mains l'affaire eût échoué... Je crois bien que je serais resté dans le lac Timsah et que je m'y serais noyé et l'entreprise avec moi... Je remercie Lesseps et je le bénis [3]. »

---

2. D'après la liste établie par Jean-Marie Carré, *Voyageurs et Écrivains français en Égypte*, Le Caire, IFAO, rééd. 1956, t. II.
3. Maxime du Camp, « Souvenirs... », *Revue des Deux Mondes*, 15 mai 1882.

Les invités débarquent à Alexandrie le 15 octobre, équipés pour la plupart comme pour une expédition équatoriale. Théophile Gautier ne se prive pas d'ironiser sur les coiffures de ses compagnons de voyage, censées les préserver de l'insolation : « Les plus ordinaires étaient des casques à double fond en toile blanche, ouatée et piquée, avec un quartier se rabattant sur la nuque comme les mailles des anciens casques sarrasins, une visière en abat-jour doublée de vert, et de chaque côté de la tête deux petits trous pour la circulation de l'air[4]... » Quant à l'ophtalmie, elle se combat par un grand déploiement de lunettes bleues, « de lunettes à verres enfumés comme pour les éclipses, de lunettes avec des œillères se prolongeant sur les branches et s'adaptant au temps ». On n'a pas oublié les cabans de flanelle blanche, les paletots de toile, les gilets de nankin, « les pantalons bouffants entrés dans les guêtres de cuir montant jusqu'aux genoux, les nécessaires de maroquin, les étuis de jumelle passés en sautoir, les fusils de chasse enveloppés dans leur fourreau et jetés sur l'épaule... ».

Le khédive a demandé à Auguste Mariette de servir de guide à 120 privilégiés qui ont droit à un voyage en Haute-Égypte avant l'inauguration du canal. L'égyptologue a préparé à leur intention un petit livre, très pédagogique[5]. Théophile Gautier ne sera pas de la partie et ne visitera même pas l'isthme de Suez, après une vilaine chute dans le bateau, qui lui a valu une fracture du bras. Condamné à l'immobilité, c'est de la terrasse de l'hôtel Shepheard's, au Caire, qu'il décrira l'Égypte, mais ses lecteurs n'y perdront pas au change. L'œil du journaliste, allié à la sensibilité du romancier, donne des pages d'anthologie. Toute l'Égypte semble défiler devant la célèbre terrasse : effendis trottinant fièrement sur leur âne, porteurs d'eau ployant sous le poids d'une outre en peau de bouc, paysannes majestueuses portant une jarre sur la tête, montreurs de singes, charmeurs de serpents, « buffles aux couleurs d'ardoise, aux cornes renversées en arrière »...

L'impératrice Eugénie a quitté Paris accompagnée d'une nombreuse suite, dont une trentaine de domestiques, et Albert, le coiffeur de la Cour. Elle fait escale à Constantinople, où le sultan Abdel Aziz la reçoit avec un luxe inouï, puis *L'Aigle* met le cap sur Alexandrie. Les 5 000 Français de la ville sont en pleine effervescence. Une commission spéciale a été constituée pour organiser une réception « digne de l'importance et des sentiments patriotiques de la colonie ». Des souscriptions sont reçues au consulat, à la banque Dervieu, au café de France, à l'hôtel Abbat, au bureau du journal *Le Nil*... Les locaux ont été pavoisés et tous les membres de la nation « invités à illuminer ».

Le 23 octobre, dès 7 heures du matin, c'est la mobilisation générale.

---

4. Théophile Gautier, *L'Orient*, 1877.
5. Mariette pacha, *Itinéraires de la Haute-Égypte*, rééd. avec une préface de Jean-Claude Simoën, Paris, Éditions 1900.

Ferdinand de Lesseps et le consul partent sur un petit vapeur à la rencontre de *L'Aigle*, pour prendre des instructions. A 11 heures et demie, on apprend qu'Eugénie est partie pour Le Caire en train spécial, avec le khédive, sans s'arrêter à Alexandrie. La déception est immense. « C'est la politique qui a fermé la bouche des canons de réjouissance, c'est la politique qui a soufflé les lampions, s'exclame *Le Progrès égyptien.* Que de mères avaient, ce matin, habillé leurs petites filles, que de dames avaient essayé leur révérence devant leur miroir, combien les Français ont-ils froissé de cravates, combien ont-ils essayé d'habits ! » La colonie alexandrine ne verra sa souveraine que trois semaines plus tard, lorsqu'elle viendra sur place rattraper sa bévue...

Le khédive est, paraît-il, aussi amoureux d'Eugénie que l'est le sultan. Il ne néglige rien, en tout cas, pour lui plaire. Ismaïl a même demandé à son ministre des Affaires étrangères de recruter du personnel féminin à Paris en vue d'une initiative ambitieuse : « Il s'agissait, dans l'espace d'un mois qui nous séparait de l'inauguration, de fonder, ouvrir et faire fonctionner une grande école de jeunes filles indigènes, pour la montrer à l'impératrice », révèle Nubar pacha, sans préciser s'il s'est conformé à cet ordre [6].

Eugénie manifeste le désir d'assister à une noce égyptienne. « Quelle bonne fortune, majesté ! s'écrie Ismaïl. Il y en a justement une ce soir au palais. » Et, aussitôt après avoir pris congé de l'impératrice, il convoque un jeune fonctionnaire à qui il annonce : « Tu te maries ce soir. » C'est du moins ce qu'on raconte au Caire. Invérifiable. Les archives indiquent seulement que, le 24 octobre, l'impératrice a assisté à une noce au palais de la reine mère.

Une autre histoire, peu croyable mais rapportée avec beaucoup de sérieux par des proches de la famille khédiviale, amusera longtemps les salons du Caire : « Savez-vous pourquoi la route des Pyramides, aménagée à l'occasion du Canal, présente un coude abrupt à un certain endroit ? Parce que Ismaïl, assis en voiture à côté de l'impératrice, espérait la voir basculer dans ses bras... »

Aux Tuileries, avant de partir, Eugénie a fait appel à un jeune égyptologue, Gaston Maspero, pour qu'il lui donne, ainsi qu'à ses dames de compagnie, quelques leçons sur la civilisation pharaonique. Au palais cairote de Guézira, ces dames continuent leur formation avec Auguste Mariette, avant de partir pour la Haute-Égypte. Le khédive accompagne son auguste invitée jusqu'à Assiout, et c'est le jeune prince Hussein, l'élève du général Fleury, qui lui sert de chevalier servant pendant le reste du périple. L'impératrice retrouve à Louxor la joyeuse bande des Français. Le thermomètre indique 36 degrés quand arrive un télégramme de l'empereur précisant qu'il neige à Paris...

---

6. Nubar Pacha, *Mémoires,* introduction et notes de Mirrit Boutros-Ghali, Beyrouth, 1983.

L'Orient fondu dans l'Occident

Le 16 novembre, quatre-vingts navires de toutes nationalités se trouvent dans la rade de Port-Saïd, où *L'Aigle* fait une entrée triomphale, sous des salves d'artillerie. Eugénie câble à Napoléon III : « Réception magique. Je n'ai rien vu de pareil de ma vie. » Elle est incontestablement la vedette de cette semaine historique, éclipsant l'empereur d'Autriche, le vaillant François-Joseph, qui a tenu à affronter une tempête redoutable, au départ de Jaffa, pour être au rendez-vous. C'est d'ailleurs sur le quai Eugénie qu'est célébrée dans l'après-midi une cérémonie religieuse, à la fois chrétienne et musulmane, sans précédent en Orient. Si l'ouléma de service se montre rapide et discret, Mgr Bauer, aumônier des Tuileries, vêtu de pourpre et coiffé d'un bonnet carré, délivre un sermon aussi long qu'emphatique.

Après avoir salué Ismaïl et gratifié Eugénie d'un compliment audacieux (« Il sied bien à votre âme virile de faire les plus grandes choses en silence »), l'ecclésiastique loue « cette généreuse et noble France, qui, dans toutes les classes sociales, s'est enthousiasmée pour le percement de l'isthme de Suez, a fourni ses millions et ses bras, son intelligence et son énergie, ses ingénieurs et ses travailleurs, son personnel et son matériel... ». Mgr Bauer ne lésine pas sur les adjectifs : « Il est permis d'affirmer que l'heure qui vient de sonner est non seulement une des plus solennelles de ce siècle, mais encore une des plus grandes et des plus décisives qu'ait vues l'humanité depuis qu'elle a une histoire ici-bas. Ce lieu, où confinent – sans désormais s'y toucher – l'Afrique et l'Asie, cette grande fête du genre humain, cette assistance auguste et cosmopolite, toutes les races du globe, tous les drapeaux, tous les pavillons, flottant joyeusement sous ce ciel radieux et immense, la croix debout et respectée de tous face au croissant, que de merveilles, que de contrastes saisissants, que de rêves réputés chimériques devenus de palpables réalités ! »

Les phrases grandiloquentes et un peu ridicules de l'aumônier des Tuileries expriment bien pourtant l'esprit du temps : « Les deux extrémités du globe se rapprochent ; en se rapprochant, elles se reconnaissent ; en se reconnaissant, tous les hommes, enfants d'un seul et même Dieu, éprouvent le tressaillement joyeux de leur mutuelle fraternité ! Ô Occident ! ô Orient ! rapprochez, regardez, reconnaissez, saluez, étreignez-vous ! » Ainsi, le canal de Suez pousse l'orientalisme à son terme, comme le relève le sociologue Edward Saïd. L'islam n'est plus un univers lointain et hostile. Lesseps, ce magicien, annule la distance et dissipe la menace. « Tout comme une barrière de terre avait pu être transmuée en une artère liquide », l'Orient change de substance, passant « d'une résistance hostile à une association obligeante et soumise » [7]. Il se fond quasiment dans l'Occident...

---

7. Edward Saïd, *L'Orientalisme. L'Orient créé par l'Occident,* Paris, Seuil, 1980.

L'œuf, le poussin et la poule

La nuit du 16 au 17 novembre est agitée, et même dramatique, mais les invités du khédive ne s'en rendent pas compte. Une frégate égyptienne s'est échouée au kilomètre 28 du Canal, entre Port-Saïd et Kantara. Impossible de l'y déloger. A 3 heures du matin, Ismaïl se rend lui-même sur les lieux, accompagné d'un millier de marins. Il se déclare prêt, si nécessaire, à faire sauter le bateau. Ferdinand de Lesseps affirme qu'à cet instant, devant une résolution aussi généreuse, il a eu les larmes aux yeux et a même embrassé le khédive[8]... Sagement, la frégate se laisse faire, évitant au vice-roi de recourir à cette extrémité. Et, le 17 au matin, la flottille peut entrer dans le canal de Suez, *L'Aigle* en tête, suivi du navire de François-Joseph et d'une quarantaine d'autres bâtiments.

La population d'Ismaïlia, massée sur les hauteurs, le long des berges, attend avec anxiété. Vers 17 h 30, une légère fumée et l'extrémité d'un mât apparaissent enfin au-dessus des dunes. C'est *L'Aigle*. On retient son souffle. « Il passe à nos pieds lentement, ses roues tournant à peine, avec une prudence, des précautions qui ajoutent à la gravité du moment. Il débouche enfin dans le bassin. Salves d'artillerie, toutes les batteries saluent, l'immense foule applaudit, c'est vraiment admirable. L'impératrice sur sa haute dunette agite son mouchoir. Elle a près d'elle M. de Lesseps[9]... » Les chapeaux volent en l'air, on s'embrasse. Des ingénieurs, des ministres pleurent comme des enfants. La moitié du Canal a été franchie en huit heures et demie.

Les réjouissances commencent. Aux invités du khédive, aux employés de la Compagnie, aux habitants et aux bédouins de l'isthme s'ajoutent tous ceux qui ont fait le voyage à leurs frais. Eugène Fromentin note en style télégraphique : « Le soir, illumination générale. Feu d'artifice tiré devant le palais du vice-roi. Table ouverte partout. Grande tente de cinq cents couverts, autre de deux ou trois cents. La table du palais du gouverneur est la plus originale et la meilleure de toutes. Dîners extravagants. Grands vins, poissons exquis, perdreaux, canards sauvages. Sept ou huit mille personnes à nourrir ainsi en plein désert... Mélange fantastique du superflu et des somptuosités les plus extraordinaires avec le plus incroyable dénuement[10]... »

Le 20 novembre, à 11 h 30, *L'Aigle* pénètre en mer Rouge. L'isthme de Suez est vaincu, la carte du monde modifiée. Les chroniqueurs n'ont plus de mots pour qualifier l'enthousiasme des personnes présentes. A Paris, devant le Sénat et le Corps législatif, Napoléon III provoque un tonnerre d'applaudissements en déclarant : « Si, aujourd'hui, l'impératrice n'as-

---

8. Ferdinand de Lesseps, *Lettres, journal et documents,* Paris, 1875-1881.
9. Eugène Fromentin, *Voyage en Égypte,* 1869.
10. *Ibid.*

siste pas à l'ouverture des Chambres, c'est que j'ai tenu à ce que, par sa présence dans un pays où nos armes se sont autrefois illustrées, elle témoignât de la sympathie de la France pour une œuvre due à la persévérance et au génie d'un Français. » L'Égypte est oubliée. Nubar pacha fera remarquer au ministre français de l'Instruction publique, Victor Duruy : « L'empereur a parlé du poussin, mais de la poule qui a pondu l'œuf et l'a couvé pendant des jours et des nuits entières, l'empereur n'a rien dit. »

Ferdinand de Lesseps a le bon goût de refuser le titre de duc de Suez que lui propose Napoléon III. Pour cet homme de soixante-quatre ans, une deuxième vie commence, sous le signe de la gloire : en l'espace de quelques jours, il reçoit les plus hautes décorations – françaises, ottomanes, autrichiennes, belges, italiennes... en attendant un accueil triomphal en Angleterre et son élection à l'Académie française. Mais, pour l'heure, le grand homme célèbre l'événement à sa manière en épousant, le 25 novembre, dans la chapelle d'Ismaïlia, Louise-Hélène Autard de Bragard, une jeune fille de vingt ans.

Un autre héros français de la fête aura un étrange destin : Mgr Bauer, l'aumônier des Tuileries, abandonnera les ordres quelques années plus tard. On verra alors ce curieux personnage au Bois de Boulogne, faisant le salut militaire aux officiers qu'il croisera. Et le général de Galliffet lui répondra par « le geste rituel de la bénédiction [11] »...

11. Abel Hermant, *L'Impératrice Eugénie*, Paris, 1938.

9

Genèse d'un opéra

Cinq mois avant l'inauguration du canal de Suez, Auguste Mariette écrivait à son frère : « Figure-toi que j'ai fait un opéra, un grand opéra dont Verdi fait la musique... Le vice-roi dépense un million. Ne ris pas. C'est très sérieux. » Édouard Mariette affirme avoir été très troublé en prenant connaissance du sujet. Ce texte aurait présenté une étonnante similitude avec une nouvelle qu'il aurait lui-même écrite, et laissée traîner sur une table, dans la maison de Saqqara. L'égyptologue s'en serait-il inspiré pour composer *Aïda* ? L'accusation de plagiat, formulée à demi-mot (« On voit tous les jours de pareilles surprises dans les arènes littéraires. A quoi eût-il servi de jérémier[1] ? »), reste à prouver...

On n'a cessé d'ailleurs, au fil des décennies, d'attribuer le texte d'*Aïda* aux auteurs les plus divers, sinon au khédive lui-même qui en a fait la commande. Il est établi aujourd'hui que la paternité de l'œuvre appartient à Auguste Mariette[2]. Le directeur des Antiquités en a écrit le scénario, esquissé les costumes et les décors, donné les grandes lignes de la mise en scène. Mais, contrairement à une légende, *Aïda* n'a pas inauguré l'Opéra du Caire, construit à la hâte en l'honneur des invités d'Ismaïl, pour la bonne raison qu'elle était encore dans les limbes. C'est une autre œuvre de Verdi, *Rigoletto,* précédée d'une cantate du prince Poniatowski, qui a été applaudie le 1er novembre 1869.

Curieusement, Mariette a choisi pour son héroïne un nom à consonance arabe, Aïda. L'action se passe « sur les bords du Nil, au temps de la puissance des pharaons ». Cette imprécision donne plus de liberté à l'auteur, qui semble s'être surtout inspiré du règne de Ramsès III, douze siècles avant Jésus-Christ. Aïda est une princesse éthiopienne, prisonnière en Égypte, devenue l'une des suivantes d'Amnéris, la fille du pharaon. Les deux femmes sont amoureuses du même homme, Radamès, le jeune capitaine des gardes, qui n'a d'yeux que pour Aïda. Les choses se gâtent quand l'Égypte et l'Éthiopie entrent en guerre l'une contre l'autre et que Radamès, vainqueur de l'ennemi, se voit offrir la main d'Amnéris.

---

1. Édouard Mariette, *Mariette pacha. Lettres et souvenirs personnels*, Paris, 1904.
2. Jean-Marcel Humbert, in *Revue de musicologie,* t. LVII, 1976, n° 2.

Naturellement, c'est Aïda qu'il aime, et avec elle qu'il va tenter de fuir. Divers épisodes conduisent au drame final : le capitaine est condamné à être emmuré vivant dans la crypte souterraine du temple de Vulcain, mais il y est rejoint par Aïda, venue mourir dans ses bras…

Une égyptomanie musicale

Avant même l'Expédition de Bonaparte, l'Égypte antique avait inspiré plusieurs opéras, dont *La Flûte enchantée* de Mozart, représentée à Paris le 20 août 1801 sous le titre *Les Mystères d'Isis*. Pour cette œuvre ésotérique avaient été choisis des décors fantastiques et des costumes mélangeant symboles maçonniques et hiéroglyphes. Après la campagne d'Égypte, les Parisiens avaient eu droit à deux autres grands succès : *Moïse* de Rossini (1827) et *L'Enfant prodigue* de Daniel François Esprit Auber (1850). Le décor de ce dernier opéra avait enthousiasmé Théophile Gautier, arrachant à sa plume des accents lyriques : « A droite s'élève le temple d'Isis avec le caractère éternel de l'architecture égyptienne. Les hiéroglyphes coloriés tournent autour des colonnes, grosses comme des tours, en processions immobiles. L'épervier ouvre ses ailes sur les frontons ; les chapiteaux à têtes de femmes regardent de leurs yeux obliques, les sphinx allongent leurs griffes pleines d'énigmes, les obélisques et les stèles se dressent chamarrés d'inscriptions symboliques, tout est menace et mystère dans cette effrayante splendeur, qu'illumine un soleil implacable [3]… » Bref, tout ce que les Français pouvaient attendre de ce pays fascinant.

Avec *Aïda*, cependant, on passe à une autre dimension. C'est la première fois qu'un opéra égyptisant est conçu en Égypte, par un égyptologue. Mariette s'est lancé dans la tâche avec la ferveur et les scrupules d'un savant. Il passe plus de six mois en Haute-Égypte pour copier exactement des colonnades de temples, relever sur les stèles et les bas-reliefs tous les éléments qui lui seront nécessaires, notant la boucle d'une perruque, l'arrondi d'un poignard, le détail d'un chasse-mouches. Il pousse l'exactitude, nous dit son frère, « jusqu'à recueillir sur les chapiteaux de Philae, par un léger grattage au canif, les échantillons de la couleur qu'un contemporain d'Alexandre y avait appliquée [4] ».

Mais Mariette est aussi un artiste, qui a dirigé naguère l'école de dessin de Boulogne-sur-Mer. Pour les besoins de l'opéra, il se remet à l'aquarelle, composant des éléments de décor, des costumes et des bijoux. Son scénario en prose est confié à Camille du Locle, directeur de l'Opéra-Comique à Paris, qui l'enrichit, le découpe en scènes et le structure en quatre actes. Le texte sera ensuite traduit en italien et transformé en

---

3. *La Presse*, 9 décembre 1850.
4. Édouard Mariette, *Mariette pacha…, op. cit.*

vers par Antonio Ghislanzoni, puis retraduit dans l'autre sens pour la version française.

Pour la musique, le khédive veut Verdi. Le *maestro*, contacté par des intermédiaires, répond qu'il n'est pas dans ses habitudes de « composer des morceaux de circonstance ». On revient à la charge, on insiste, menaçant insidieusement de faire appel à Wagner ou à Gounod. Piqué au vif, le créateur de *Rigoletto* et de *La Traviata* accepte, après avoir imposé ses conditions financières. C'est Mariette qui signe le contrat au nom du khédive le 29 juillet 1870, huit mois après l'inauguration du canal de Suez. Il y est précisé que le compositeur italien recevra 150 000 francs pour ce travail, payés en or, et ne sera pas obligé de se rendre au Caire pour les répétitions.

Mariette a du mal à cacher son amertume. Il craint d'être le dindon de la farce, comme pour l'Exposition universelle. N'avait-il pas alors entièrement réalisé le pavillon égyptien, pris des risques et des coups, tandis que d'autres se pavanaient et se remplissaient les poches ? « C'est vrai, écrit-il à son frère, que je ne fais pas la musique de l'opéra en question ; c'est vrai que je n'en écris que le libretto. Mais le scénario est de moi, c'est-à-dire que j'en ai conçu le plan, que j'en ai réglé toutes les scènes et que l'opéra dans son essence est sorti de mon sac. Puis, c'est moi qui vais à Paris pour faire exécuter les décors, pour faire confectionner les costumes, pour donner à tout la couleur locale qui doit être égyptienne antique. Maintenant qu'arrivera-t-il ? C'est que V. [Verdi] a déjà fait contrat pour 150 000 francs avec le vice-roi, que D. L. [du Locle] touchera bel et bien ses droits d'auteur, que MM. les décorateurs et costumiers gagneront leur argent, que Dr. [Draneth] prélèvera son tant pour cent sur toutes les dépenses, pendant que moi, je me ruinerai en frais d'hôtel à Paris ; car le vice-roi entend tout simplement que je sois assez payé en me laissant mon salaire. Je sais que je pourrais refuser et dire qu'après tout on me fait faire là un métier qui n'est pas le mien. Mais le moyen de renoncer à vous voir tous et de répondre à Joséphine et Sophie qui me crient avec des bouches énormes : Pèèèèère, quand partons-nous ? » Lettre émouvante d'un égyptologue-artiste, qui n'en est pas moins homme…

Ses soucis ne font que commencer. La guerre de 1870 entre la France et la Prusse, puis la Commune l'immobiliseront à Paris pendant plusieurs mois. Or, une clause du contrat prévoit que si *Aïda* n'est pas représentée au Caire en janvier 1871, Verdi sera libre de la faire jouer lui-même ailleurs six mois après. Le compositeur consentira heureusement à oublier cette clause, compte tenu des circonstances.

Reproduire sur scène l'Antiquité égyptienne est relativement facile. Il suffit de s'en donner les moyens après avoir réuni la documentation nécessaire. Mais comment retrouver la musique en usage du temps des pharaons ? Ce sont des sonorités totalement inconnues. Pour son *Moïse*, Rossini n'a même pas cherché à faire de l'exotisme musical, se contentant de créer l'ambiance par le texte, le décor et les costumes.

Verdi ne part pourtant pas de rien. Dans les décennies précédentes, deux Français ont donné naissance à la musicologie égyptienne[5]. Le premier s'appelle Guillaume André Villoteau, c'était l'un des membres de l'Expédition de Bonaparte. Ancien chanteur de la maîtrise de Notre-Dame de Paris, devenu ténor à l'Opéra après la Révolution, il a recensé en Égypte tous les aspects de la musique arabe moderne. Il a établi une liste d'instruments de l'Antiquité et fait travailler son imagination en s'inspirant des mélodies religieuses coptes, issues de cette civilisation disparue.

Le deuxième pionnier est un saint-simonien : Félicien David a vécu plusieurs années en Égypte. Son « ode-symphonie », *Le Désert* (1844), inspirée de tout ce qu'il a entendu et observé sur place, est accueillie comme une révolution. Et c'en est une, en effet. Par une juxtaposition de chœurs, de vers récités et de mouvements pour orchestre seul, elle évoque le cheminement d'une caravane dans le désert : la marche, la halte, la nuit étoilée, le réveil à l'aube... Pour la première fois, le public français entend le chant du muezzin. Dans cette symphonie, l'artiste saint-simonien crée de nouveaux procédés musicaux et, rompant avec les turqueries de l'époque, ouvre une brèche dans laquelle vont s'engouffrer tous les compositeurs français orientalisants. *L'Enfant prodigue* d'Auber est directement calqué sur ce nouvel exotisme oriental, avec des altérations de certains degrés de l'échelle musicale ou l'utilisation plus statique de l'harmonie et du mode mineur.

Ainsi, l'Égypte antique parvient, par des moyens détournés, à prendre une réalité sonore[6]. Le talent de Verdi va lui permettre d'aller plus loin que David et Auber. Pour *Aïda,* il se fait envoyer de Constantinople un air turc, et du Caire une mélodie accompagnant à la flûte les évolutions des derviches tourneurs. Il essaie de recréer les sonorités des trompettes de l'Égypte ancienne qui, selon Plutarque, rappelaient les cris de l'âne. Un artisan milanais lui fabrique de longs instruments à piston – beaucoup trop longs, comme on s'en apercevra plus tard en découvrant des trompettes antiques dans le tombeau de Toutankhamon. Le son est curieux, mais cela ne fait qu'ajouter à l'étrangeté de l'œuvre.

La science au service des costumes

Mariette est conscient des risques encourus. Il confie ses craintes dans une lettre au surintendant des théâtres khédiviaux, Draneth bey (lequel n'est autre que le Français Thénard, qui s'est rebaptisé par anagramme) : « Un roi peut être très beau en granit avec une énorme couronne sur la tête ; mais dès qu'il s'agit de l'habiller en chair et en os et de le faire mar-

---

5. Jean-Pierre Bartoli, « A la recherche d'une représentation sonore de l'Égypte antique », in *L'Égyptomanie à l'épreuve de l'archéologie*, Paris, musée du Louvre, 1996.
6. *Ibid.*

cher, et de le faire chanter, cela devient embarrassant et il faut craindre de… faire rire. » On sourira en effet, à la première représentation au Caire, le 24 décembre 1871, en voyant des anciens Égyptiens barbus et moustachus, les acteurs ayant refusé de se séparer de ces virils attributs. Avec ses costumes et ses décors, malgré toute la recherche égyptologique sur laquelle elle repose, *Aïda* est – et restera – un peu kitsch…

Cette première, au Caire, est un grand succès. Le khédive, entouré des pachas et des consuls, manifeste son enthousiasme, tandis que les dames de la cour écarquillent les yeux à l'abri de leurs loges grillagées. Le spectacle se termine à une heure avancée de la nuit, sous les ovations. Ismaïl est acclamé, Verdi aussi. On le télégraphie au *maestro*, qui n'a pas daigné faire le voyage, ou qui a eu peur de prendre le bateau.

Mariette a demandé de ne pas figurer sur les affiches. « Je désire que mon nom ne soit même pas prononcé », écrit-il en juillet 1870 à Draneth bey. Signe de prudence plutôt que de modestie, l'égyptologue craignant d'être ridiculisé par un échec… Il se plaindra d'ailleurs au même correspondant, un an plus tard, de ce que l'on ait prévu de jouer « son » opéra à Milan sans même l'en informer : « *Aïda* est […] un produit de mon travail ; c'est moi qui ai décidé le vice-roi à en donner la représentation ; *Aïda*, en un mot, est sortie de mon cerveau, et il me semble qu'avant d'en disposer aussi complètement, on me devait au moins la déférence de m'en écrire [7]. » L'égyptologue se repent-il d'avoir voulu l'anonymat ? Au fil des années, on finira par oublier son rôle et seul le nom de Verdi restera associé à l'œuvre.

Aïda est donc représentée le 2 février 1872 à la Scala de Milan, puis à Parme. Paris décide, à son tour, de l'accueillir, mais, contrairement à l'usage, avec de nouveaux costumes et de nouveaux décors. Verdi en est vexé : ce qui était bon pour les Italiens ne le serait-il pas pour les Français ?

Le théâtre Garnier veut faire de cette représentation un véritable événement. On y mettra le temps et l'argent qu'il faut. Un comité consultatif est spécialement créé pour assister le metteur en scène et ses collaborateurs. L'Opéra acquiert même la *Description de l'Égypte,* car il n'est pas question de se contenter des esquisses de Mariette pour un tel spectacle. Décors, costumes et bijoux doivent être adaptés à la scène, mais avec une reconstitution historique impeccable, dans les moindres détails.

On fait appel au meilleur dessinateur de costumes de Paris, Eugène Lacoste, un peintre qui a déjà visité l'Égypte. Le comité consultatif le met en rapport avec plusieurs savants, dont Gaston Maspero, professeur d'égyptologie au Collège de France. Les deux hommes se voient à de nombreuses reprises. Lacoste n'arrête pas de poser des questions. Maspero fait lui-même plusieurs dessins. Pour les femmes, on décide d'utiliser des

---

7. Saleh Abdnoun, « Genesi dell'*Aïda* », *Quaderni dell'Instituto di Studi Verdiani,* n° 4, 1971.

tissus de lin blanc ou écru, souvent transparents, comme ceux des anciens Égyptiens, mais en les masquant pudiquement par des écharpes de couleur. Quant aux hommes, il n'est pas question cette fois qu'ils se produisent avec une barbiche à la Badinguet. Ils ne seront pas équipés d'armes puisées dans les stocks de l'Opéra. Tout doit être neuf, et parfaitement conforme aux indications des spécialistes.

Et pourtant… « Quantité de détails montrent que l'artiste s'est néanmoins laissé emporter par son enthousiasme : double barbe du pharaon, casques guerriers, cuirasses et armes plus romaines qu'égyptiennes, la part scientifique est loin d'être sans faille[8]. » Le public ne s'aperçoit de rien. C'est l'enthousiasme, un enthousiasme « indescriptible », disent les archives de l'Opéra. La scène de marche du deuxième acte doit être bissée « aux acclamations délirantes de la salle entière », écrit le critique de *L'Art musical*.

Cet énorme succès va inciter nombre de compositeurs à sauter à pieds joints dans la marmite égyptienne. Victor Massé crée *Une nuit de Cléopâtre* à l'Opéra-Comique dès 1884, suivi de la *Cléopâtre* de Victorien Sardou en 1890. Massenet propose la sienne en 1914, après avoir fait jouer *Thaïs*, tandis que Camille Saint-Saëns « égyptianise » *Samson et Dalila* pour se mettre au goût du jour.

Claude Debussy ne reste pas à l'écart de cette mode, même s'il s'y inscrit avec originalité. Son ballet *Khamma* (1912), qui marie flûtes et harpes, se déroule dans le temple d'Amon-Rê. *Pour l'Égyptienne* est une pièce pour piano à quatre mains, où la musique se veut déconcertante. La distance est encore accentuée dans *Canope,* l'un des *Préludes,* où l'illustration des vases funéraires égyptiens apparaît bien énygmatique. Le dépaysement recherché ici n'est pas celui que l'on trouve chez d'autres musiciens : « Pendant que Massenet, par réalisme dramatique, cherche en quelque sorte à nous rapprocher de ce passé absolu et de ces lieux lointains, Debussy, par un lyrisme symbolique, accuse au contraire l'éloignement au moyen d'une langue musicale plus résolument tournée vers la modernité[9]. » Proximité de l'exotisme d'un côté, étrangeté de l'autre. Il apparaît, une fois de plus, que l'égyptomanie permet tout et son contraire…

8. Jean-Marcel Humbert, art. cit.
9. Jean-Pierre Bartoli, « A la recherche… », art. cit.

10

Les créanciers au pouvoir

Les événements se bousculent en Égypte, où le spectre de la faillite est de plus en plus présent. Ismaïl le Magnifique a dépensé des sommes folles lors de l'inauguration du canal de Suez. Pour ce potentat oriental, le faste et l'apparat sont une manière de gouverner, et sans doute d'exister. Ayant décidé, par exemple, de marier quatre de ses enfants en même temps, il décrète quatre semaines de festivités au Caire... Mais ce ne sont que gouttes d'eau dans un océan de dettes.

Certaines dépenses sont justifiées. On ne pourra pas reprocher à l'ambitieux khédive d'avoir réalisé, au cours de ses seize ans de règne, quelque 112 canaux, 430 ponts, 1 880 kilomètres de chemin de fer, 5 200 kilomètres de lignes télégraphiques, ainsi que des installations d'eau potable, de gaz et d'égouts dans plusieurs quartiers du Caire et d'Alexandrie [1]. Et, même s'il en a tiré de larges profits personnels, les 64 sucreries créées dans le pays doivent être mises à son actif. Dans ces années-là, l'Égypte a vu doubler son revenu national. Beaucoup d'argent a été consacré aussi à l'instruction publique, avec la création de nombreuses écoles et l'envoi de boursiers en Europe, spécialement en France.

On peut même mettre au crédit d'Ismaïl les pots-de-vin qu'il a accordés à certains gouvernements pour défendre sa politique. Le titre de khédive, chèrement payé, ne visait pas seulement à flatter son ego mais à affirmer l'autonomie de l'Égypte à l'égard de l'Empire ottoman. Plus encore, la réforme judiciaire de 1875, arrachée aux puissances européennes, cherchait à atténuer des privilèges scandaleux accordés aux résidents étrangers.

Le canal de Suez a été un gouffre financier. Ayant hérité cette entreprise de son prédécesseur, et bien forcé de la mener à son terme, Ismaïl y a laissé des plumes. Aux 88 millions de francs de participation au capital se sont ajoutés les 84 millions de francs dus à la Compagnie en vertu de l'arbitrage de Napoléon III, puis les 30 millions versés à cette même Compagnie, à la veille de l'inauguration, pour acquérir diverses installa-

---

1. Anouar Abdel-Malek, *Idéologie et Renaissance nationale. L'Égypte moderne*, Paris, Anthropos, 1969.

tions (hôpitaux, logements, etc.) qu'elle a réalisées dans l'isthme. Tout cela grève lourdement le budget égyptien.

Les emprunts se succèdent, à des taux de plus en plus lourds. Ismaïl ne sait plus quoi inventer. L'un de ses collaborateurs lui souffle une recette miracle pour repartir de zéro : si les propriétaires terriens paient d'avance six annuités d'impôt, toutes les dettes pourront être éteintes. On bricole aussitôt une loi, dite de la *Moukabalah,* pour allécher les intéressés : ceux qui prêteront ainsi à l'État bénéficieront d'une réduction fiscale de 50 % jusqu'à la fin de leurs jours. L'opération, détournée de diverses manières, donne des résultats catastrophiques, et il faut recourir à un autre expédient...

Les actions de Suez changent de mains

La banqueroute survenue en Turquie en 1874 affaiblit fortement les titres égyptiens. Le khédive, pris à la gorge, décide alors de vendre les actions du canal de Suez acquises par son prédécesseur. Quatre ou cinq ans plus tôt, il les aurait mal négociées : le Canal démarrait difficilement, avec des problèmes techniques et un trafic très réduit. « Calme mort, le canal est raté », télégraphiait à la fin de 1869 l'agent de la banque Worms à Port-Saïd. Les actionnaires protestaient, s'affolaient. Le Canal avait coûté deux fois plus cher que prévu et les recettes ne suivaient pas. L'action achetée 500 francs s'était effondrée à 208 francs en moyenne de 1862 à 1871, pour remonter péniblement à 422 francs entre 1871 et 1874. Mais, peu à peu, le nombre des navires s'est mis à croître, et les caisses ont commencé à se remplir.

Le banquier Édouard Dervieu prend une option sur les actions du khédive et se met aussitôt en chasse à Paris pour trouver un groupe d'acheteurs français. Il s'adresse, sans succès, à plusieurs établissements bancaires. Lesseps, alerté, sollicite le gouvernement. Si le ministre des Finances, Léon Say, craint d'engager le Crédit foncier dans une affaire aussi lourde, le ministre des Affaires étrangères, le duc Decazes, ne veut pas susciter le courroux de l'Angleterre, alors qu'on a besoin d'elle face aux menaces de l'Allemagne de Bismarck. Il consulte son homologue britannique, lord Derby, qui le met en garde : avec un tel achat, la compagnie « universelle » deviendrait exclusivement française, ce qui serait inacceptable pour Londres. Lord Derby ne lui dit pas cependant que, de son côté, le Premier ministre anglais, Disraeli, négocie discrètement avec le khédive la cession des titres...

Plusieurs membres du cabinet britannique jugent absurde de payer très cher des actions qui représentent peut-être 44 % du capital de la Compagnie mais ne donneraient pas de pouvoir à l'Angleterre : les statuts prévoient en effet qu'aucun actionnaire n'aura plus de dix voix (sur plusieurs milliers) aux assemblées générales. Disraeli insiste, tempête, argumente.

Et il emporte la décision. On se passera même de l'accord du Parlement, qui n'est pas en session : Rothschild avancera l'argent.

L'homme d'État anglais réalise un coup de maître. « L'affaire fut décidée, menée, terminée, avec une audace et une rapidité vraiment inouïes : en dix jours, le prix était convenu, le marché signé, les titres livrés [2]. » Le consul britannique au Caire s'entretient à plusieurs reprises avec le khédive, dans le plus grand secret. Le 23 novembre, Ismaïl se déclare disposé à vendre ses 176 602 actions pour 100 millions de francs. Le 24 novembre, le cabinet britannique donne son accord. Le 25, le marché est conclu avec le gouvernement égyptien. Le 26, les caisses contenant les actions sont transférées au consulat britannique, puis chargées sur un bateau venant des Indes et transitant par le canal de Suez. Le 1er janvier 1876, les actions, arrivées à Londres, se trouvent dans les coffres de la Banque d'Angleterre [3]. Disraeli, triomphant, a écrit à la reine Victoria : « C'est arrangé, madame. Vous l'avez ! »

La France est partagée entre la consternation et l'amertume. Les Anglais viennent d'acquérir, sous son nez, près de la moitié de ce canal qu'ils n'ont pas fait et auquel ils s'étaient tant opposés ! Un canal dont ils sont d'ailleurs les principaux utilisateurs, puisque leurs navires représentent les trois quarts du trafic.

Ferdinand de Lesseps, lui, préfère prendre la chose du bon côté : n'avait-il pas souhaité dès le début une participation britannique ? Celle-ci ne peut aujourd'hui que consolider l'entreprise et rapprocher les deux pays. Bien que les statuts ne l'exigent pas, il accorde trois sièges à l'Angleterre au conseil d'administration, la France gardant cependant la haute main sur la direction et le fonctionnement du Canal.

L'Égypte, elle, ne possède plus grand-chose. Déjà, pour acquitter ses dettes, Ismaïl avait cédé pour vingt-cinq ans le revenu de ses actions. Le voilà privé des actions elles-mêmes. Reste le droit pour son pays de percevoir 15 % des bénéfices nets de la Compagnie. Mais ce droit sera, à son tour, cédé au Crédit foncier de France en 1880 par le futur khédive, Tewfik.

Une tutelle anglo-française

Si la vente des actions du Canal a apporté un peu d'oxygène à Ismaïl, ces millions sont vite engloutis dans la machine infernale de l'endettement. Au début de 1876, il emprunte de nouveau, et cette fois à 30 % [4]. Où trouve-t-il l'argent ? Essentiellement en France et en Angleterre, grâce à des intermédiaires locaux. Les nouveaux prêts sont cependant gagés sur

---

2. Charles Lesage, *L'Invasion anglaise en Égypte. L'achat des actions de Suez*, Paris, 1906.

3. Angelo Sammarco, *Les Règnes d'Abbas, de Saïd et d'Ismaïl*, t. IV du *Précis de l'histoire d'Égypte*, Rome, 1935.

4. David Landes, *Banquiers et Pachas*, Paris, Albin Michel, 1993.

ses propriétés particulières, sur celles de sa famille ou sur les recettes des Chemins de fer égyptiens et du port d'Alexandrie. Ainsi, « des porteurs étrangers, principalement français et anglais, simples particuliers ou établissements de crédit, possèdent ensemble une créance colossale sur le trésor du khédive, avec lequel se confond en fait le trésor de l'Égypte [5] ».

La dette à long terme a été contractée par des porteurs anglais, alors que la dette flottante se trouve entre les mains de créanciers français [6]. D'où un conflit entre ces deux groupes, chacun cherchant le moyen le plus sûr d'être remboursé. Et, de la part des gouvernements de Londres et de Paris, une volonté d'intervenir dans les affaires égyptiennes.

Cette intervention va se faire de manière progressive, devant un khédive tantôt complice, tantôt résigné, et finalement dépassé par la situation. Cela commence, en mai 1876, par l'institution d'une Caisse de la dette, sous le contrôle de six commissaires européens. Cela se poursuit, en novembre de la même année, par la nomination de deux contrôleurs généraux : l'un, anglais, chargé de la comptabilité publique ; l'autre, français, chargé des recettes. Deux syndics de faillite, en quelque sorte, veillant à ce que les intérêts de la dette soient bien versés. Ce qui suppose des rentrées fiscales, donc une nouvelle saignée des campagnes : le fellah est, malgré sa misère, le seul vrai pourvoyeur de fonds dans la vallée du Nil. La famine qui survient en Haute-Égypte en 1877 rend l'opération encore plus cruelle. La perception des impôts dans les provinces se fait, plus que jamais, à coups de fouet.

Une étape de plus est franchie en août 1878 avec la constitution d'un gouvernement dit « européen » : un Anglais, Rivers Wilson, et un Français, Blignières, y détiennent les postes clés, le premier aux Finances et le second aux Travaux publics. Le khédive, soumis à une forte pression d'officiers nationalistes, destitue ce gouvernement au printemps suivant pour le remplacer par un « ministère entièrement égyptien ». Mais il est lui-même destitué par le sultan, à la demande de Londres et de Paris : le 25 juin 1879, un télégramme adressé à « l'ex-khédive Ismaïl » met un terme à ce règne flamboyant et chaotique.

Avec le successeur, Tewfik, tout reprend comme avant. Le contrôle anglo-français est confirmé, constituant le véritable gouvernement de l'Égypte. On unifie et réorganise l'ensemble des dettes : le taux est abaissé mais, dorénavant, le remboursement annuel représentera plus de la moitié des recettes budgétaires du pays.

En 1882, l'État n'emploie que 1 263 Européens (dont 345 Italiens, 328 Français et 272 Anglais). C'en est assez pour indigner les fonctionnaires égyptiens, moins bien payés et dominés par ces Occidentaux. A cela s'ajoute surtout la révolte des « officiers-fellahs », dont beaucoup sont mis en demi-solde par mesure d'économie. Ces Égyptiens de souche

5. Gabriel Hanotaux, *Histoire de la nation égyptienne*, Paris, Plon, 1931-1935.
6. Samir Saul, « La France et l'Égypte à l'aube du XXe siècle », in *Le Miroir égyptien*, Marseille, Éd. du Quai, 1984.

se sentent à juste titre pénalisés par rapport aux officiers d'origine turque ou circassienne. Leur revendication catégorielle va se transformer en mouvement nationaliste.

Le nouveau khédive doit bientôt faire face à une quasi-insurrection. Il est contraint de confier le ministère de la Guerre au chef de la dissidence, le général Orabi. Puis, ne contrôlant plus la situation, il lance des appels au secours à Constantinople, à Londres et à Paris.

L'arrivée d'une escadre anglo-française contribue à dramatiser les événements. Le 11 juin 1882, une rixe entre un Maltais et un Égyptien, à Alexandrie, se transforme en bataille rangée. On sort les gourdins, des coups de feu sont tirés. Il y a de nombreuses victimes. Pris de panique, des résidents européens se ruent sur les navires pour fuir le pays.

L'intervention militaire est refusée à Paris

Une certaine confusion règne en Europe. Gambetta, qui dirige le gouvernement français, souhaite une intervention militaire. Les Anglais font la sourde oreille. Mais, à partir du moment où Gambetta est remplacé par Freycinet, les rôles s'inversent : c'est Londres qui pousse à intervenir, et Paris qui rechigne. A mesure que la situation se détériore dans la vallée du Nil, l'Angleterre se montre de plus en plus résolue, et la France de plus en plus indécise.

Ferdinand de Lesseps, qui a gardé le contact avec les officiers nationalistes, est farouchement opposé à l'intervention. Son avis est partagé par une grande figure de la Chambre des députés : Clemenceau. Ce point de vue va s'imposer, car la France ne se sent pas assez forte pour une nouvelle aventure en Orient. Craignant la réaction de l'Allemagne, n'ayant pas encore digéré sa défaite de 1870, elle rencontre des difficultés en Tunisie et, pour couronner le tout, vient d'essuyer un krach boursier...

Le 9 juillet, les résidents européens d'Alexandrie sont invités par leurs gouvernements à embarquer dans les vingt-quatre heures. « Bien que l'évacuation fût très avancée, il restait encore des retardataires. Dans la nuit, les janissaires des consulats allèrent de porte en porte hâter les départs, et le consul de France envoya des voitures chercher ceux de ses administrés logés dans les quartiers excentriques. Dans l'obscurité, l'exode fut particulièrement pénible ; les émigrants, en butte aux insultes, aux vexations de toutes sortes, durent acheter à prix d'or les services des cochers et des bateliers [7]... » Certains ont refusé de partir et se sont barricadés, avec des armes, à l'hôtel Abbat, au siège du Crédit lyonnais ou de l'Anglo-Egyptian Bank. Des médecins n'ont pas voulu abandonner l'hôpital, où se trouvent sept sœurs de la Charité. D'autres religieux sont également restés en ville.

---

7. Achille Biovès, *Anglais et Français en Égypte (1881-1882)*, Paris, 1910.

Le lendemain, la flotte française fait demi-tour, laissant les canons de l'amiral Seymour tirer seuls sur Alexandrie après un dernier ultimatum aux nationalistes. Ceux-ci n'ont guère les moyens de résister à une telle puissance de feu. En ville, c'est l'anarchie. Plusieurs quartiers sont pillés et en partie incendiés. De la place Mohammed-Ali (ex-place des Consuls), symbole de la présence européenne, il ne reste à peu près rien. Le consulat de France, entre autres, est détruit. Les troupes britanniques, qui débarquent finalement le 15 juillet, instituent la loi martiale.

Ferdinand de Lesseps tente – en vain – d'empêcher les navires de guerre d'entrer dans le canal de Suez. Accompagné de son fils Victor, agent général de la Compagnie, il monte solennellement à bord de *L'Orion,* en frac de cérémonie, arborant toutes ses décorations, pour apostropher l'amiral Hoskins. Cette protestation, jugée « brillante, inutile et même déplacée » par l'*Egyptian Gazette,* n'aura aucun effet.

Dans la nuit du 20 au 21 août, les Britanniques débarquent à Ismaïlia. Fusillade et coups de canon sont entendus pendant plusieurs heures. On se demande sur qui et sur quoi tirent les occupants, puisque les troupes égyptiennes campent à plusieurs dizaines de kilomètres de là. Le 21, Ismaïlia se réveille en compagnie de plusieurs milliers de soldats anglais : le lac Timsah est couvert de navires de guerre. On apprend qu'à Port-Saïd l'amiral Hoskins a pris possession des locaux de la Compagnie. La navigation sur le Canal est interrompue. Elle reprendra quelques jours plus tard, mais l'affaire laissera des traces.

Le 27 septembre, le khédive Tewfik, de retour dans sa capitale, y est accueilli par le général Wolseley et par le duc de Connaught, fils de la reine Victoria. Il gagne son palais de Guézira sous la protection des baïonnettes anglaises. Sur le parcours, les musiques jouent alternativement l'hymne khédivial et le *God Save the Queen.* Un nouvel acte vient de se conclure en Égypte, dans lequel la France n'a joué qu'un rôle de figurant.

TROISIÈME PARTIE

Une culture rayonnante

1

Perfide Albion

Un jésuite français assiste, le 30 septembre 1882, à la première revue des forces d'occupation au Caire. Le religieux compte environ dix-huit mille hommes, de toutes les armes, défilant silencieusement, sans tambours ni clairons, derrière deux drapeaux criblés de balles. Le khédive est présent, avec ses ministres, aux côtés du duc de Connaught et des amiraux anglais. L'infanterie en veste écarlate ouvre la marche, suivie de la cavalerie, de l'artillerie, de la brigade navale, de l'artillerie de marine et du contingent indien. Défileront ensuite, avec toutes leurs décorations, les beys, les pachas et les consuls. Une nouvelle page s'ouvre. Le jésuite note amèrement : « Au fond du cœur, je ne puis m'empêcher de m'écrier : pauvre France ! C'est toi qui devais conquérir ce pays magnifique et y planter la croix ; c'est en punition de tes crimes que Dieu a peut-être confié à d'autres cette mission ! Ce qui paraît certain, c'est que, sous une forme ou sous une autre, l'Égypte va devenir, sinon chrétienne, du moins anglaise[1]. »

Les jésuites, qui s'étaient réfugiés à Alexandrie, ont retrouvé leur collège du Caire intact : dans la capitale, un préfet de police efficace a fait en sorte que les Européens ne soient pas molestés et que l'on ne porte pas atteinte à leurs biens. A Alexandrie, où tout le monde est revenu, les victimes de pillages sont – largement – indemnisées. Bientôt, on ne verra plus trace des déprédations sur la place Mohammed-Ali, où s'affairent maçons et ouvriers. Les immeubles reconstruits seront encore plus luxueux qu'avant, et la France aura un nouveau consulat.

L'ordre règne, mais qui gouverne ? Paris réclame le rétablissement d'une gestion anglo-française de l'Égypte, par le biais de la Caisse de la dette. Les Britanniques n'en veulent pas : pour eux, la politique du condominium, qui avait été suivie de 1876 à 1882, est révolue. Ils seront contraints de maintenir cette fameuse Caisse, sous la pression des États européens, mais feront en sorte de contrôler peu à peu les finances, comme ils contrôlent déjà tous les autres rouages de l'État.

L'Angleterre assure que l'occupation de l'Égypte est provisoire. Ses soldats ne sont là que pour rétablir l'ordre, protéger les résidents euro-

1. Dans Compagnie de Jésus, *Relations d'Orient*, 1883.

péens et restaurer l'autorité du khédive. Des événements imprévus (une épidémie de choléra, un soulèvement au Soudan...) l'incitent cependant à prolonger son séjour. Les mois passent, en effet, et les Anglais ne s'en vont pas. Il apparaît, de plus en plus clairement, que l'occupation est appelée à durer. Les nouveaux maîtres du pays affirment que la situation générale ne pourra être assainie que par les réformes profondes qu'ils ont engagées et dont les effets demanderont du temps.

Des privilèges et des fauteuils

Les résidents français ont eu très peur pendant les événements de 1882, marqués par des assassinats d'Européens dans plusieurs villes. Ils auraient mauvaise grâce à se plaindre de l'ordre qui règne désormais, même si cet ordre est anglais. Leurs privilèges sont intacts. Des privilèges immenses, pour ne pas dire exorbitants. Le droit coutumier a élargi les Capitulations au fil des décennies : de mauvaises habitudes ont fini par acquérir force de loi.

Les étrangers ont, en Égypte, le droit de libre établissement et de libre commerce, ainsi que le droit de libre circulation. Leur domicile est inviolable : aucun d'entre eux ne peut être arrêté ou appréhendé sans l'assistance de son consulat. Ils ne peuvent être soumis qu'à leurs lois nationales, ou aux lois égyptiennes auxquelles leur État aurait donné son approbation. Ce sont des tribunaux spéciaux qui les jugent – tribunaux mixtes ou tribunaux consulaires, selon la nature des infractions et la nationalité des personnes en cause. Enfin, ils ne sont soumis à aucun impôt direct. Les étrangers ont obtenu que ce statut s'applique aux personnes juridiquement placées sous leur protection, mais aussi à leurs domestiques ou employés. En un mot, ils sont « considérés légalement, judiciairement, financièrement, administrativement et au point de vue religieux, comme s'ils n'avaient jamais quitté la mère patrie [2] ».

La position de la France en Égypte reste forte. Au début de l'occupation anglaise, on compte 340 hauts fonctionnaires français [3]. Le ministère des Travaux publics est l'un de leurs bastions, avec un sous-secrétaire d'État, Rousseau pacha. Bien implantés aux Finances et à la Justice, ils dirigent aussi le Service des antiquités, l'Imprimerie nationale, l'École khédiviale de droit, l'École normale et l'École des arts et métiers. A cela s'ajoute une place de premier plan dans toutes les institutions internationales qui ont survécu à l'occupation : la Caisse de la dette, l'administration des domaines et les tribunaux mixtes. Le nombre des fonctionnaires français diminuera légèrement dans les années 1890, restant toutefois supérieur à celui des Anglais. Mais ceux-ci occupent les postes clés, chaque ministre égyptien étant flanqué d'un conseiller britannique tout-puissant, qui lui dicte ses décisions.

2. Groupe d'études de l'islam, *L'Égypte indépendante,* Paris, Paul Hartmann, 1938.
3. Gabriel Hanotaux, *Histoire de la nation égyptienne,* Paris, Plon, 1931-1935.

Les Français détiennent toujours la majorité des actions du canal de Suez. Ils dirigent la Compagnie, même si 10 sièges du conseil d'administration sur 32 appartiennent désormais à l'Angleterre. Ils sont les principaux porteurs de rentes égyptiennes et occupent une place de choix dans le secteur bancaire, avec le tout-puissant Crédit foncier égyptien. Les principales usines de raffinage de sucre du pays leur appartiennent. Cela dit, la Grande-Bretagne est prépondérante dans les échanges commerciaux, assurant à elle seule un tiers des importations égyptiennes et les deux tiers des exportations.

Les résidents français souffrent de leurs divisions. « En Haute-Égypte, note un observateur attentif, la plupart des sucreries sont dirigées chacune par deux Français, l'ingénieur et le mécanicien ; ils sont presque toujours brouillés et ne laissent rien ignorer de leurs griefs. » Les Égyptiens les sentent plus proches d'eux que les Anglais, mais les respectent moins. « Tandis que le Français reste un petit bourgeois économe et inquiet de l'avenir, qui supprime ses besoins pour rogner ses frais, l'Anglais a tout ensemble les manières d'un grand seigneur et celles d'un négociant au commerce prospère », ajoute cet observateur. S'ils sont mieux payés que les Français, « les fonctionnaires britanniques dépensent aussi davantage et ont un train de maison proportionné à leurs appointements ». Ils s'entourent de nombreux domestiques. « Ce goût de la représentation extérieure s'est trouvé tout à fait propre à frapper les Égyptiens » [4].

Face aux Anglais, la France a beaucoup de mal à jouer un rôle politique en Égypte. Son représentant, le comte d'Aubigny, s'entend dire en 1891 par le khédive Tewfik : « Vous êtes loin. Ils me tiennent. Que n'êtes-vous venus en 1882 ? » Mais Tewfik est un homme résigné, qui ne cherche pas à se dégager de la tutelle anglaise. Ce n'est pas le cas de son fils, le jeune Abbas Hilmi, qui lui succède en janvier 1892 et ne supporte pas les méthodes dominatrices du consul britannique, lord Cromer, le véritable maître du pays. Il y a là pour la France une situation à exploiter. Le jeune khédive n'a-t-il pas des velléités d'indépendance ? « Je l'entretiens doucement dans cet ordre d'idées », écrit au Quai d'Orsay le marquis de Reverseaux, le représentant français au Caire. Mais ce ne sont que des conseils de modération, et rien d'autre, que Paris pourra dispenser à Abbas lorsque celui-ci entrera en conflit ouvert avec Cromer.

Une brassée de journaux impertinents

Cette impuissance de leur gouvernement est vivement ressentie par les Français d'Égypte. Elle les conduit à avoir une attitude souvent agressive à l'égard de l'occupant britannique. Étant les seuls étrangers à posséder une presse abondante, ils ne se privent pas de critiquer, d'ironiser et de

---

4. Albert Métin, *La Transformation de l'Égypte*, Paris, 1903.

rappeler constamment à l'Angleterre qu'elle est supposée plier bagages. Dans les années 1890, *Le Journal égyptien* publie même chaque matin, en tête de première page, la promesse d'évacuation qui avait été faite par les représentants de Sa Majesté.

C'est avec *Le Bosphore égyptien*, créé en 1880, que les autorités anglaises vont avoir le plus de mal. Ce quotidien tire à un demi-millier d'exemplaires, ce qui constitue alors un chiffre respectable. Il est dirigé par un redoutable Marseillais, qui n'est pas seulement un polémiste de talent mais l'un des membres les plus influents de la société cairote [5] : arrivé en Égypte en 1879, Octave Borelli est avocat-conseil du ministère des Finances, homme d'affaires, membre de plusieurs sociétés savantes, cofondateur du Comité d'action pour l'enseignement français laïque. Il a le titre de bey, la Légion d'honneur et une demi-douzaine de décorations étrangères. C'est un patriote français, dont les éditoriaux ne laissent rien passer aux Anglais. Jour après jour, il décortique leur action, pour la condamner [6].

Ne supportant plus d'être égratigné par ce quotidien, qui brocarde même ses positions anti-esclavagistes, le consul britannique, Clifford Lloyd, le fait interdire en 1884 par arrêté ministériel. Les rédacteurs impriment alors un dernier numéro, avec ce sous-titre : « Journal pas politique, peu littéraire, illustré. Bureau au Caire, ministère de l'Intérieur. Pour tout ce qui concerne la rédaction, s'adresser à Clifford Lloyd, ex-sous-secrétaire d'État avant son départ, et surtout affranchir. »

Le quotidien finit par reparaître, après avoir accepté le principe d'une « petite censure [7] ». Mais il ne tarde pas à s'en prendre au Premier ministre, Nubar pacha, considéré comme l'homme des Anglais, ce qui lui vaut une nouvelle interdiction. Le consulat de France s'en mêle, de nombreuses dépêches diplomatiques sont échangées avec Paris. Le conflit du *Bosphore* prend l'allure d'une affaire d'État [8]. Nubar est finalement contraint d'aller présenter ses excuses au journal, qui reparaît...

Les Français d'Égypte ont le délicieux privilège de profiter d'une vie coloniale sans être considérés comme colonialistes, et même de pouvoir se poser en adversaires de l'occupant. L'une de leurs grandes fiertés est... l'*Egyptian Gazette*. Le seul quotidien de langue anglaise se trouve contraint, en effet, de publier la moitié de ses pages en français pour avoir suffisamment de lecteurs ! Y a-t-il démonstration plus éclatante de la suprématie d'une langue sur une autre ? La presse française, elle, s'enrichit régulièrement de nouveaux titres : *La Réforme* (1894), *L'Écho d'Orient* (1896), *Le Courrier d'Égypte* (1897), *Le Journal du Caire* (1898),

---

5. F. Garcin, « Un notable français du Caire à la fin du XIXᵉ siècle », in *Revue de l'Occident musulman et de la Méditerranée*, Aix-en-Provence, n° 30, 2ᵉ semestre 1980.

6. Ces articles sont réunis dans son livre, *Choses politiques d'Égypte*, Paris, 1895.

7. Jules Munier, *La Presse en Égypte (1799-1900)*, Le Caire, IFAO, 1930.

8. Archives des Affaires étrangères, France, *Affaire du journal « Le Bosphore égyptien »*, 46 documents, Paris, Imprimerie nationale, 1885.

La Bourse égyptienne (1898), *Les Pyramides* (1899), *Le Progrès égyptien* (1904). S'y ajoutent de nombreuses revues, comme *Le Lotus* (1901) ou *La Nouvelle Revue d'Égypte* (1902).

Cinglante réplique britannique

En Égypte, face aux Anglais, les Français ne désarment pas. Ils se sentent « appelés à soutenir des assauts qui sont rudes », comme le souligne un visiteur de passage [9]. Chacun est soucieux de « travailler à la conservation de nos mœurs, de notre langue et de notre influence en Égypte ». Un Cercle français s'est créé au Caire en 1891, dans un bel hôtel particulier, en face du jardin de l'Ezbékieh. « Presque tous les membres s'y réunissent journellement, précise le voyageur. On joue, on boit, on lit, on cause surtout. Les journaux français apportés par le dernier courrier fournissent matière à de nombreuses discussions. » Ce cercle « a rallié tous les Français éparpillés, a concentré les forces, il est devenu un centre de résistance contre tous les efforts adverses ».

Le moindre faux pas anglais est monté en épingle. « Beaucoup de Français parlent haut, font les bravaches, recherchent l'incident de brasserie et le duel [10]. » Lord Cromer interdit à ses officiers et fonctionnaires de répondre aux provocations. L'un de ses collaborateurs, sir Alfred Milner, va se charger pourtant de remettre à leur place ces perturbateurs. De retour en Angleterre après avoir été sous-secrétaire d'État aux Finances, il consacre à la France quelques pages au vitriol dans un livre très éclairant sur l'occupation britannique, publié à Londres en 1891 et traduit quelques années plus tard à Paris [11].

Alfred Milner reconnaît que son pays n'a pas tenu sa promesse d'évacuer l'Égypte. Il l'attribue à une erreur initiale : « Nous pensions n'avoir à réprimer qu'une révolte militaire » ; or l'essentiel tient à « la pourriture profonde de tout le système gouvernemental ». D'où les réformes engagées, auxquelles la France ne perd pas une occasion de s'opposer. Cela va de « mesquines tracasseries » à des « torts graves ». Ainsi a-t-elle tenté de retarder l'abolition de la corvée et d'empêcher la juste application des impôts aux étrangers, tout en se donnant « le ridicule de maintenir un service postal distinct en Égypte, alors que toutes les autres puissances ont renoncé à ce privilège suranné ».

La France, ajoute-t-il, s'imagine « parler au nom de la moitié du monde civilisé », alors qu'elle est la seule puissance européenne à adopter un tel comportement. Cette politique « détestable » tient sans doute au fait qu'elle est « dominée par la jalousie ». Mais elle n'a à s'en prendre qu'à

9. Louis Malosse, *Impressions d'Égypte*, Paris, 1896.
10. Jacques Berque, *L'Égypte, impérialisme et révolution*, Paris, Gallimard, 1967.
11. Alfred Milner, *L'Angleterre en Égypte*, Paris, 1898.

elle-même, s'étant « dérobée au dernier moment », en 1882, après nous avoir poussés à intervenir militairement en Égypte.

L'Anglais veut bien reconnaître que les Français ont été « les pionniers de l'influence européenne » dans la vallée du Nil. Encore doivent-ils se souvenir que « d'autres nations aussi ont des droits spéciaux » à s'occuper de ce pays : l'Autriche, par exemple, dont le commerce avec l'Égypte est presque égal à celui de la France ; ou encore la Grèce et l'Italie, dont les ressortissants sont plus nombreux que les siens. D'ailleurs, la France est loin d'être désintéressée. Si elle a fait du bien, elle a fait aussi beaucoup de mal : « Le canal de Suez a englouti par millions l'argent égyptien et entraîné le sacrifice de milliers de vies égyptiennes. »

Last but not least, les Français n'ont pas de cœur. Quand nous gérions ensemble les finances du pays, affirme Milner, Paris voulait « arracher au débiteur égyptien jusqu'à son dernier sou », alors que Londres réclamait « quelques égards » pour ce peuple malheureux. Cela n'a pas échappé, écrit-il, aux hommes d'État égyptiens, qui éprouvent une « exécration profonde » pour la politique française. Et le résultat est là : la France a perdu son ascendant sur les couches instruites, alors qu'elle aurait pu exercer une « immense influence » en Égypte, en raison de sa langue et de sa culture.

2

L'Égyptien, ce grand enfant

La plupart des journaux et revues francophones d'Égypte militent contre l'occupation britannique. Cela ne veut pas dire qu'ils sont pour l'indépendance du pays. Aux yeux des Français, les Égyptiens n'ont pas la capacité de se gouverner eux-mêmes, et ils l'ont prouvé au cours des événements funestes de 1882. Octave Borelli l'écrit sans détour dans *Le Bosphore égyptien* : « Orabi, imposteur pitoyable, atteste l'incapacité de sa race livrée à elle-même. » Certes, il existe bien des Égyptiens « distingués » et « supérieurs », mais ils sont incapables de « gérer seuls et librement » les affaires publiques. L'Égypte, « née des œuvres de l'Europe depuis un demi-siècle », ne peut se passer de son concours. Et, l'Europe, c'est d'abord la France.

La « question d'Égypte » ne peut donc être résolue que par l'internationalisation. A cette thèse Renan a donné une justification quasi philosophique : l'Égypte appartenant au monde, elle n'a pas le droit d'être une nation.

Désireuse de dénoncer les méfaits de l'occupation britannique, la presse française est amenée à s'apitoyer sur la population égyptienne. Elle est « bonne, sage, tolérante », souligne *Le Bosphore*, mais ce compliment recouvre l'idée, bien ancrée, que l'Égyptien est un être passif, amorphe, subissant aisément toutes les dominations. Sous la direction d'Orabi, n'a-t-il pas « fait la révolution militaire comme il a construit les pyramides : en dormant[1] » ? Ce peuple passif est aussi « un peuple éternellement enfant », comme l'écrivent de nombreux auteurs.

« Le fond du caractère égyptien est une bonté insouciante, une disposition à tout accepter sans murmure… une acceptation du fait accompli, quel qu'il soit », précise en 1894 le *Guide Joanne* pour touristes. Quelques années plus tôt, dans son *Voyage en Égypte*, Eugène Fromentin ne disait pas autre chose : « Ce peuple est doux, soumis, d'humeur facile, aisé à conduire, incroyablement gai dans sa misère et son asservissement. Il rit de tout. Jamais en colère. Il élève la voix, ou crie, ou gesticule, on les croit furieux, ils rient. »

---

1. Farida Gad al-Haqq, « L'image de l'Égyptien dans la presse française d'Égypte (1882-1898) », in *Images d'Égypte*, Le Caire, CEDEJ, 1992.

Un peuple laborieux ? « Je ne le crois pas, écrit Fromentin. Il n'y a que des désœuvrés partout, dans les campagnes comme dans les villes. » C'est un peuple qui mendie : « Forcément et naturellement mendiants, le mot de *bakchich* résume tout leur vocabulaire usuel, et le geste de tendre la main toute leur pantomime. Demander, insister, vous poursuivre en répétant *bakchich, bakchich, kétir,* attendre qu'on leur donne, demander de nouveau quand on a donné, rien ne leur coûte. Leur patience est extraordinaire, leur indiscrétion n'a pas de bornes, aucun scrupule, nul respect humain. »

Une population très animale

En 1893, le duc d'Harcourt publie *L'Égypte et les Égyptiens,* un livre bourré d'erreurs mais surtout incroyablement méprisant. Au fil des pages, on relève des remarques du genre : « Cette aptitude à recevoir des coups est un trait caractéristique de la race égyptienne... Triste race ! que sa lâcheté condamne à être exploitée et pressurée constamment par des étrangers. » Ou encore : « La population entière est composée d'esclaves, et ceux qui en portent seuls le nom sont les serviteurs des riches, moins malheureux en cela que les autres. » Si encore ils aspiraient au savoir, tentaient de s'élever ! « Chez les Égyptiens, l'indifférence pour la vérité est générale ; c'est un besoin qu'ils ne connaissent pas, qu'ils ne comprennent pas, et dont on ne peut, semble-t-il, leur faire sentir ni le prix, ni la noblesse. »

Dans son édition française de 1898, le guide *Baedeker*, bible du voyageur cultivé, compare les paysans égyptiens à leurs animaux : « Généralement d'une taille au-dessus de la moyenne, ils ont une ossature robuste, surtout le crâne qui est extraordinairement dur et épais ; les articulations des pieds et des mains sont aussi très fortes, presque lourdes ; tous ces traits caractéristiques aux animaux domestiques, leurs commensaux, forment le contraste le plus tranché avec ceux des habitants du désert... »

La classe égyptienne au pouvoir, d'origine turque en majorité, considère-t-elle le fellah autrement ? Nombre de visiteurs français ne font que répéter ce qu'ils ont entendu dans des palais du Caire. Cela ne les empêche pas de mépriser de la même manière dirigeants et paysans. Recevant Ferdinand de Lesseps à l'Académie française en 1884, Ernest Renan, philologue consacré par ses études sémitiques, parle de Saïd pacha, le vice-roi défunt, en ces termes : « Vous prîtes sur lui un empire étrange, et quand il monta sur le trône, vous régnâtes avec lui. Il touchait par vous quelque chose de supérieur, qu'il ne comprenait qu'à demi, tout un idéal de lumière et de justice dont son âme ardente avait soif, mais que de sombres nuages, sortant d'un abîme séculaire de barbarie, voilaient passagèrement à ses yeux. » L'illustre académicien s'exprime ainsi, sans complexe, devant la fine fleur du Paris littéraire. Mettant dans le même panier prince barbare et fellah enfant, il précise à l'intention de ceux qui n'auraient pas compris : « Le barbare est toujours un enfant. »

Cette barbarie, un écrivain voyageur comme Édouard Schuré la décèle chez les danseuses égyptiennes. Il les décrit longuement, avec une complaisance de voyeur, pour les dénoncer bien sûr. Entré au hasard dans un établissement, au fond d'une rue obscure, il a été attiré par « un rythme tapageur, à trois temps, impérieux et haletant comme le battement d'un pouls enfiévré ». Rien n'est caché au lecteur : « La danseuse est vêtue d'un jélik brodé, recouvert de plaques métalliques qui font une sorte de cuirasse sur son sein. La jupe est striée de larges bandes jaunes verticales en forme de feuilles de cactus... Elle se tient droite ; mais, chose étrange, les trois parties de son corps, la tête, la poitrine et les flancs, ne se mettent en branle que successivement et séparément. C'est d'abord la tête qui bouge horizontalement et automatiquement de droite à gauche et de gauche à droite, comme la tête d'un serpent qui se réveille. Ensuite les seins s'animent du même mouvement vibratoire sans que le reste du corps y participe. Enfin les flancs commencent à s'agiter pour eux-mêmes. Alors c'est une innommable et savante variété de trépidations et de mouvements circulaires des hanches et des reins, auxquels la tête de la danseuse assiste dans une immobilité glaciale... Puis l'épais vertige remonte des flancs à la tête et redescend de la tête aux flancs en s'alourdissant et se précipitant toujours... »

Édouard Schuré, qui n'était là que pour se documenter et défendre la morale, affirme solennellement : « J'éprouvais une stupeur mêlée de pitié devant cette désagrégation de la personne humaine par un retour voulu à l'animalité... Nous assistons à une illustration chorégraphique de l'instinct bestial, à un engloutissement de l'esprit par la matière »[2].

Bien d'autres voyageurs français racontent, avec la même hypocrisie, la « danse de l'abeille », dans laquelle de jeunes Nubiennes, faisant mine d'être piquées par un insecte, se tâtent le corps, retirent un vêtement, puis un deuxième, en poussant des halètements de plus en plus profonds, avant de finir sur les genoux des spectateurs, qui collent des pièces de monnaie sur leurs seins humides... Détestable animalité !

L'équipement du touriste

Tout récit de voyage en Égypte commence inévitablement par les mêmes images de bruit et de chaos lors du débarquement à Alexandrie. Un Français, Montbard, passager du vapeur *Saïd* dans les années 1890, ne manque pas de sacrifier au rite : « Une barque accoste, un pilote monte à bord. Encore quelques tours d'hélice et le *Saïd,* franchissant les passes difficiles de l'entrée du port, jette l'ancre au milieu d'une nuée d'embar-

2. Édouard Schuré, *Sanctuaires d'Orient*, Paris, 1898.

cations qui l'entourent aussitôt, et dont les équipages bizarres, bavards, bruyants, s'ébattent comme une nuée de sauterelles sur le pont du paquebot. » Toujours des animaux… Montbard continue sur le même ton : « Dans un vacarme effrayant, cette bande bariolée envahit le pont. Agiles comme des chats, ils surgissent de tous les côtés, pénètrent par les sabords, disparaissent dans les écoutilles, montent le long des cordages, grimpant les uns sur les autres, se bousculant entre eux, riant, hurlant, vociférant, gesticulant, s'emparant de tout ce qui leur tombe sous la main. » Des sauterelles et des chats, qui ressemblent à des singes…

Un notaire de Nancy, Gustave Paul, venu visiter l'Égypte au cours de l'hiver 1895, en compagnie de sa fille Marguerite, livre ses premières impressions à son épouse restée en France : « J'ai vu beaucoup d'Arabes sales et pouilleux… La population d'Alexandrie est horrible, on y voit le cosmopolitisme le plus odieux, réunion de toutes les misères et de tous les vices. On n'est pas évidemment au milieu d'une population naturelle, c'est un ramassis de toute espèce de choses, les races et les couleurs ; et les langues s'y parlent toutes… » Marguerite est tout aussi horrifiée. Les Arabes « sont pouilleux et même puceux ». Il lui arrive, en effet, d'attraper une « puce d'Arabe ».

Moins d'une semaine plus tard, pourtant, elle a changé de ton, comme gagnée par le charme du décor. Elle parle de « nos chers quartiers arabes du Caire »[3]. Son père la photographie, souriante, au sommet de la pyramide de Khéops. La photographie occupe beaucoup le notaire, équipé d'un matériel portable, qui développe lui-même une partie de ses clichés, mais doit commander de nouvelles plaques à Nancy et en attendre la livraison. D'Égypte, il rapportera plus d'un millier de vues !

Les deux Nancéiens sont invités à dîner par des notables français du Caire, violemment antibritanniques. Gustave photographie un mariage princier, Marguerite se fait faire une robe de bal chez une couturière… Puis ils embarquent sur *Le Khédive,* pour une croisière de trois semaines jusqu'à Assouan. Le soir, sur le bateau, les dames se réunissent autour d'un piano et chantent du Massenet.

Partir en Égypte reste une aventure dans les années 1890, même si le voyage est facilité par des agences comme Cook ou Gaze. Le guide *Baedeker* consacre plusieurs paragraphes aux « précautions hygiéniques ». Pour les excursions un peu longues, le touriste est invité à se munir d'une véritable pharmacie, comprenant des remèdes contre la fièvre, la diarrhée, les insolations et les piqûres d'insectes, mais aussi la constipation chronique, la dysenterie, l'inflammation des yeux, les accès de faiblesse… « Quelques menus objets » doivent également être apportés d'Europe : un gobelet, une gourde, un bon couteau, un thermomètre, une boussole, une lampe à magnésium destinée à éclairer les espaces sombres…

---

3. Geoffroy de Saulieu, *Deux Mois en Égypte en 1895,* mémoire de maîtrise d'histoire, université Paris IV-Sorbonne, 1997.

« Pour visiter rapidement le pays, il suffira de quatre à cinq semaines », précise le *Baedeker*. Gustave Paul et sa fille y séjourneront deux mois. Le notaire est parti de France avec un revolver. Sur place, il découvre le *courbache* (fouet), précisant dans une lettre à son épouse que cet outil « joue un grand rôle dans la vie musulmane » et que les touristes ne s'en séparent pas. Lui-même a fait utilement appel à « Dame Courbache », en Haute-Égypte, pour « rosser des âniers » indélicats.

3

A l'école française

Comment empêcher les Anglais de contrôler toute l'Afrique ? A Paris, le parti colonial a vigoureusement appuyé l'initiative d'un officier de marine, le capitaine Marchand, qui se proposait de partir du Congo français et de se frayer un chemin par les forêts et les marécages pour remonter jusqu'au Soudan. Pari réussi : accompagné d'une douzaine d'officiers, de quelque deux cents tirailleurs sénégalais et de porteurs, Marchand est arrivé, le 19 juillet 1898, à Fachoda, sur le Nil blanc, à l'issue d'un périple de plusieurs milliers de kilomètres. Il a installé sa petite troupe dans un fort en ruine, sur lequel le drapeau tricolore a été hissé.

De leur côté, les Anglais ont entrepris la reconquête du Soudan ex-égyptien. Une armée nombreuse descend vers le sud et reprend une à une les villes du pays, jusqu'à Omdurman, la capitale. Poussant plus loin, le général Kitchener arrive, le 18 septembre, devant Fachoda, avec une flottille de plusieurs canonnières. Il tombe sur ces Français, surgis de nulle part. Le premier contact est poli, mais très froid. Kitchener informe Marchand que le Soudan est redevenu égyptien, donc anglais, et l'invite à plier bagages. Le Français refuse avec hauteur, déclarant attendre les instructions de son gouvernement. Le télégraphe britannique se met aussitôt à crépiter, tandis que l'on campe face à face.

A Paris, comme à Londres, la presse s'enflamme. Fera-t-on la guerre pour Fachoda ? La France, déchirée par l'affaire Dreyfus, n'en a ni les moyens ni l'envie. Seule une alliance avec l'Allemagne lui permettrait d'agiter réellement une telle menace, mais l'Allemagne occupe l'Alsace-Lorraine... Le 3 novembre, le gouvernement décide l'évacuation de Fachoda. L'opinion française est consternée. On manifeste sur les boulevards parisiens, dans la colère et l'impuissance. Il ne reste plus à la petite garnison de Fachoda qu'à amener les couleurs et à partir, la mort dans l'âme. Désormais, le Nil appartient à l'Angleterre, et à elle seule.

L'humiliation de Fachoda ouvre pourtant la voie à ce qu'on va appeler « l'Entente cordiale ». Une première convention franco-anglaise est conclue en avril 1899. Paris et Londres finissent par aboutir, le 8 avril 1904, à un règlement global de leur contentieux colonial, qui définit deux sphères d'influence : la France aura les mains libres au Maroc, tandis que l'Angleterre pourra continuer à occuper l'Égypte sans limite de durée. Cette occupation militaire est justifiée par la poursuite d'une œuvre réformatrice de longue haleine. La Grande-Bretagne est donc relevée de son engagement d'évacuer la vallée du Nil, et absoute en quelque sorte de ne l'avoir pas tenu[1].

L'Entente cordiale, conclue sans avertir le sultan – alors qu'il est toujours, en principe, le suzerain de l'Égypte –, prévoit de transférer au gouvernement khédivial les principales attributions de la Caisse de la dette. La France se trouve ainsi privée de son seul véritable levier politique. En échange, elle a obtenu quelques garanties : ses écoles, notamment, jouiront de la même liberté que par le passé et ses fonctionnaires ne seront pas traités moins bien que leurs homologues anglais.

L'Entente cordiale rassure les investisseurs. On assiste à un afflux de capitaux en Égypte, avec l'éclosion de nombreuses sociétés et banques françaises. La vallée du Nil est un bon placement, puisque l'argent y rapporte de 8 à 15 %, soit deux fois plus qu'en France[2]. Mais les nationalistes égyptiens ne pardonnent pas à la France de les avoir abandonnés à leur sort. Le plus connu d'entre eux, Moustapha Kamel, fondateur du Parti national, a obtenu sa licence en droit à Toulouse et entretient une correspondance régulière avec la journaliste parisienne Juliette Adam, qu'il appelle « madame chérie » ou « maman ». Le 10 mai 1904, de l'hôtel-casino San Stefano d'Alexandrie, il lui écrit amèrement : « Funeste accord franco-anglais, qui aura des effets désastreux pour notre pauvre pays… Mes compatriotes détestent aujourd'hui la France plus que l'Angleterre elle-même… La France est la première puissance de l'Europe qui ait sanctionné l'occupation par un acte officiel !… Les Anglais se moquent de nous, pauvres esprits qui ont cru à la France. »

S'étant inclinée à Fachoda, la France en subit immédiatement la conséquence en Égypte : nombre de familles, voulant assurer l'avenir de leurs enfants, les retirent des sections françaises de l'enseignement public pour les inscrire dans les sections anglaises. Ces dernières se retrouvent avec les trois quarts des élèves, contre un quart précédemment. L'Entente cordiale de 1904 ne peut qu'accentuer le phénomène. Les Britanniques ayant la voie libre en Égypte, ne faut-il pas apprendre leur langue pour entrer dans l'administration ? Les sections françaises vont même disparaître quelque temps, avant d'opérer une remontée, mais en restant toujours en deuxième position.

---

1. Gabriel Hanotaux, *Histoire de la nation égyptienne*, Paris, Plon, 1931-1935.
2. Samir Saul, « La France et l'Égypte à l'aube du XXe siècle », in *Le Miroir égyptien*, Marseille, Éd. du Quai, 1984.

L'appel des tribunaux mixtes

L'homme que les Anglais ont installé au ministère égyptien de l'Instruction publique ne contribue pas à les faire aimer. Ce Douglas Dunlop accumule les mesures absurdes, qu'il édicte avec une délicatesse de grenadier. « Un esprit étroit, un cerveau primaire », dit de lui le représentant de la France dans une dépêche du 14 août 1918. Les Égyptiens les plus éclairés sont indignés par les options et les méthodes de ce haut fonctionnaire qui préfère ne pas avoir de subordonnés britanniques connaissant l'arabe : « Cela ne pourrait, dit-il, que leur donner des idées romantiques sur les indigènes, et ils perdraient leur temps à expliquer ce qu'ils doivent enseigner aux indigènes en arabe, au lieu de les amener à apprendre l'anglais [3]. » Mister Dunlop part du principe que les sciences ne peuvent pas être enseignées en arabe, et que d'ailleurs peu d'Égyptiens ont besoin d'apprendre les sciences. Cette politique s'inscrit dans une volonté d'économies : moins de gratuité scolaire, moins d'écoles secondaires, moins de missions scolaires à l'étranger… Les intellectuels égyptiens en arrivent à la conclusion que le but visé par l'Angleterre est « de recruter de petits employés sans initiative, sans caractère, sans ressort, et non d'instruire sérieusement le peuple [4] ».

Les observateurs anglais eux-mêmes sont très sévères pour Douglas Dunlop, qui a l'appui de lord Cromer. « Dans aucun autre domaine l'occupation britannique n'a échoué aussi lamentablement que dans celui de l'éducation [5] », constate sir Valentine Chirol. L'Angleterre ne semble même pas chercher à créer des écoles susceptibles d'attirer les enfants de la bourgeoisie égyptienne. Il faudra attendre 1908 pour voir naître à Alexandrie l'excellent Victoria College, où l'enseignement sera dispensé aussi en français pour répondre aux besoins de la clientèle.

Les écoles françaises ont beaucoup bénéficié de la réforme judiciaire instaurée en 1875, sous le règne du khédive Ismaïl. Une réforme à laquelle – paradoxalement – la France s'était longtemps opposée. La création des tribunaux mixtes visait à atténuer les privilèges scandaleux des résidents étrangers en Égypte, lesquels trouvaient toujours le moyen d'échapper à la justice locale, même dans les conflits les opposant à des Égyptiens. On a imaginé alors une institution originale, formée de juges étrangers et de juges égyptiens, pour trancher les litiges civils ou commerciaux entre des personnes de nationalités différentes. Le système fonctionne à merveille. Plus personne ne veut être jugé par les tribunaux indigènes. Si les sociétés anonymes relèvent naturellement de la nouvelle juridiction, des Égyptiens s'inventent un « intérêt mixte » pour y accéder.

---

3. Wilfrid Scaven Blunt, *My Diaries,* New York, 1921.
4. Ahmed Chafik, *L'Égypte moderne et les Influences étrangères,* Le Caire, 1931.
5. Valentine Chirol, *The Egyptian Problem,* Londres, 1920.

La langue française est dominante aux tribunaux mixtes, dans les plaidoiries comme dans les documents officiels. Seul l'italien lui fait concurrence, mais la France possède un avantage décisif sur l'Italie : le code adopté en 1875 par cette juridiction prestigieuse n'est autre que le Code Napoléon, un peu simplifié et adapté à l'Égypte.

« L'influence française s'en est trouvée centuplée, commente Jacques d'Aumale qui a représenté la France au Caire entre les deux guerres. Les codes français, les manuels de droit français, les Cirey, les Clunet, les Dalloz devinrent les instruments de travail de tous les juristes, rendant indispensable la connaissance du français... Les contrats, en prévision de procès toujours possibles, furent rédigés en français, les plaidoiries qui, théoriquement, pouvaient avoir lieu en arabe ou dans la langue du juge, arrivèrent peu à peu à n'être faites qu'en français ; un avocat tenant à gagner sa cause ne se serait pas risqué à plaider autrement qu'en français. La langue française, la pensée française, le droit français dominaient [6]. »

Les tribunaux mixtes offrent des emplois à des magistrats et des avocats, mais aussi à des greffiers, des huissiers, des secrétaires... Leurs pourvoyeurs naturels sont les écoles françaises, qui trouvent là un facteur supplémentaire de développement. Les diplômés des frères et des jésuites ont le choix entre l'École khédiviale de droit (à direction anglaise, mais avec une section française) et l'École française de droit, créée en 1890 et qui attire un nombre croissant de candidats. Dans le premier établissement, les étudiants de la section anglaise doivent suivre... des cours de français pour être en mesure d'accéder à d'indispensables manuels de droit. Dans le second, les examens ont lieu en France. Le directeur, Pélissié du Rausas, barbiche à la Henri IV, emmène chaque été ses étudiants à Paris, leur offrant en prime la revue du 14 Juillet dans les tribunes de Longchamp...

Les religieux de la République

En 1908, les écoles françaises comptent 25 000 élèves, soit le sixième des effectifs scolaires du pays. Il faut y ajouter quelque 2 500 inscrits dans des écoles non françaises – comme celles de l'Alliance israélite – qui dispensent un enseignement français [7]. Les collèges des frères arrivent en tête, avec 6 000 élèves, suivis des jésuites et des franciscains. Les filles se partagent entre les pensionnats de la Mère de Dieu, du Bon-Pasteur, des Filles de la charité, des sœurs de la Mission africaine de Lyon ou de Notre-Dame de la Délivrande. Aux écoles privées laïques viendront s'ajouter trois lycées, à partir de 1909, ceux du Caire, d'Alexandrie et de Port-Saïd.

---

6. Jacques d'Aumale, *Voix de l'Orient,* Montréal, Variétés, 1945.
7. Léon Polier, « La France en Égypte », in *Revue des Deux Mondes,* 1er août 1914.

La guerre scolaire qui secoue la France se répercute inévitablement sur cet enseignement à l'étranger. L'interdiction des congrégations religieuses (1904) est encore trop récente pour que les plaies soient cicatrisées. Lorsque le lycée d'Alexandrie ouvre ses portes, les jésuites du collège Saint-François-Xavier ont une jolie formule : « Ce n'est pas une œuvre française, c'est une œuvre laïque. » Les élèves qui seraient tentés d'aller au lycée sont avertis qu'il n'y a pas de billet de retour... Mais les hostilités vont s'atténuer d'année en année, beaucoup plus vite qu'en France. On verra même, en 1945, les frères des Écoles chrétiennes céder leur collège de Mansoura à la Mission laïque. L'école catholique et « l'école sans Dieu » ne se concurrencent pas plus que les établissements religieux entre eux. Il faut dire que l'offre répond à peine à la demande : les élèves désireux d'apprendre le français ne manquent pas dans cette Égypte anglaise !

A Paris, on se garde bien de mettre des bâtons dans les roues aux établissements privés. Même aux moments les plus vifs de la campagne anticléricale, les écoles religieuses d'Égypte sont soutenues par les gouvernements de la IIIᵉ République. Inaugurant la chapelle des jésuites d'Alexandrie, le 31 mars 1886, le consul de France proclame : « Toute école religieuse qui s'élève sur les rivages d'Égypte est une forteresse pacifique d'où rayonne, avec le respect de notre drapeau, un invincible amour pour la France. » Aucune manifestation importante dans ces écoles, aucune distribution de prix n'est imaginable sans la présence, au premier rang, du diplomate en poste au Caire ou à Alexandrie.

D'ailleurs, le « ministre de France », comme on l'appelle, préside quatre fois par an – Pâques, Pentecôte, Toussaint et Noël – la grand-messe consulaire. Tous les Français résidant au Caire sont conviés à cette cérémonie, et beaucoup se font un devoir d'y assister malgré leurs opinions anticléricales. Le rendez-vous a lieu dans les salons de l'agence. Une longue file de voitures stationne devant la porte. Le ministre monte dans la première, et le cortège s'ébranle dans les rues du Caire, pour rappeler solennellement que la France est la protectrice des catholiques en Orient... Le ministre entre dans l'église, précédé de ses huit *cawass* aux pantalons bleus bouffants, à la petite veste rayée de fils d'or, qui frappent les dalles de leur longue canne à pomme d'argent. Les prêtres viennent apporter au représentant de la République l'évangile et le crucifix à baiser. Ils l'encensent par trois fois. A la fin de la messe, qui dure deux bonnes heures, on chante en latin le *Domine fac salvam rempublicam Gallorum* (« Dieu, sauve la République »)[8]. Il ne reste plus au ministre de France qu'à aller présider trois autres messes, les jours suivants, dans les églises catholiques orientales...

Collèges et pensionnats religieux sont ouverts à des élèves de toutes nationalités et de toutes religions. Au tournant du siècle, on y trouve des

---

8. Louis Malosse, *Impressions d'Égypte*, Paris, 1896.

Français, bien sûr, et d'autres Européens, mais aussi une forte proportion d'Égyptiens et beaucoup d'Orientaux originaires de Syrie. Les catholiques représentent une bonne moitié des effectifs. Aux musulmans, aux juifs et aux rares protestants s'ajoutent de nombreux orthodoxes, de rite copte ou grec, qualifiés de « schismatiques » par les dirigeants de ces écoles.

Religieux et religieuses ne se privent pas d'enseigner la foi et la morale catholiques à tous les enfants qui leur sont confiés. Les familles ne peuvent pas l'ignorer. Parfois elles se rebellent, comme ces parents juifs qui retirent avec fracas leurs enfants du collège des jésuites d'Alexandrie, en 1891, parce qu'on les contraint d'assister aux offices, sans les autoriser à sortir pour leurs propres fêtes religieuses. Cela fait un petit scandale, mais on est à Alexandrie, où la communauté juive a beaucoup de poids. Le collège Saint-François-Xavier, qui dispense une culture classique, finira d'ailleurs par fermer ses portes en 1919, n'étant pas adapté aux besoins sociaux et professionnels de cette ville très cosmopolite [9].

Ce n'est qu'après la Première Guerre mondiale qu'on commence à faire des distinctions entre chrétiens, musulmans et juifs. Les frères dispensent alors « deux sortes d'instruction religieuse » : l'une, « particulière », réservée aux seuls catholiques, dans le but « d'exhorter à la fréquentation des sacrements, de prémunir contre certaines influences, de stimuler l'esprit d'apostolat » ; l'autre, « plus générale », destinée à l'ensemble des élèves. Les interrogations ne s'adressent qu'aux chrétiens. Les autres sont exempts de l'étude et de la récitation du catéchisme. Tout cela dans « le respect le plus absolu du sanctuaire des jeunes âmes », sur lesquelles « nulle pression n'est exercée » [10].

Il n'est pas question de faire du prosélytisme en direction des musulmans. Les religieux français espèrent seulement « les imprégner d'esprit chrétien ». Très peu de conversions, d'ailleurs, sont enregistrées, et le plus souvent en cachette. Ce n'est pas vrai pour les juifs, avec qui on prend moins de gants. Quant aux « schismatiques », ces chrétiens égarés, leur « retour vers la vraie foi » est clairement visé. En 1925, dans le *Bulletin des écoles chrétiennes,* édité en France, on peut lire au chapitre « Égypte » : « Du collège de la Sainte-Famille à Héliopolis (près du Caire) : dans le courant de l'année, un élève de la deuxième classe a abjuré le schisme copte ; son plus jeune frère le suivra dans cette voie dès qu'on le jugera suffisamment instruit... Du collège du Sacré-Cœur à Moharrem-bey (faubourg d'Alexandrie) : en novembre 1924, un bon jeune homme copte de la première classe faisait son abjuration. Le 20 décembre, c'était le tour d'un jeune schismatique grec. Oh ! la joie des ouvriers évangéliques, en voyant ainsi leurs travaux couronnés par la grâce ! » Il est précisé parfois que ces conversions ont eu lieu avec l'assentiment des familles. Autant dire que ce n'est pas toujours le cas...

---

9. Robert Ilbert, *Alexandrie, 1830-1930,* Le Caire, IFAO, 1996, t. I.
10. Frères des Écoles chrétiennes, *Souvenir du centenaire,* Le Caire, 1947.

Le meilleur enseignement d'Égypte

Le khédive Ismaïl a favorisé l'installation de plusieurs écoles françaises. Ses successeurs ne manquent pas de soutenir ces établissements, en s'y rendant régulièrement. En 1921, le sultan Fouad (qui deviendra roi quelques mois plus tard, lors de la proclamation de l'indépendance formelle de l'Égypte) fait ainsi la tournée des écoles étrangères d'Alexandrie. Avec une pointe d'humour, le consul de France câble au Quai d'Orsay : « Le sultan fait de son mieux pour acquérir une certaine popularité... Il a su se faire applaudir par les enfants. Et, comme il était accompagné partout d'un cinématographe, il se fait applaudir maintenant sur l'écran. Dans leur petite harangue, les élèves des sœurs l'ont comparé à Charlemagne, ainsi qu'il fallait s'y attendre, et il s'en est montré satisfait... Il va sans dire que le spectacle qui lui a été offert était soigneusement préparé et tout à fait artificiel. Le sultan s'en est montré enchanté... Je suis allé, bien entendu, remercier le souverain au palais après l'avoir reçu sept fois en huit jours au seuil des divers établissements français [11]. »

Les grandes familles musulmanes envoient volontiers leurs enfants chez les religieuses, chez les frères des Écoles chrétiennes ou au collège des jésuites du Caire, dont l'excellence est unanimement reconnue. Visitant cet établissement en mai 1916, le sultan Hussein, prédécesseur de Fouad, est entouré de deux de ses gendres, anciens élèves, le prince Ismaïl Daoud, son aide de camp, et Mahmoud Fakhry bey, son premier chambellan. « Voilà deux fruits de vos écoles, dit-il aux jésuites devant tout le collège réuni. Que Dieu bénisse vos écoles et leurs fruits. » Les frères, eux, ont la fierté de compter parmi leurs premiers bacheliers deux futurs présidents du Conseil, Ismaïl Sedki et Tewfik Nessim.

Chez les jésuites, toutes les matières s'enseignent en français dans ces années-là. Pourtant, les cours d'arabe, dispensés par des religieux syriens, sont d'un niveau supérieur à ceux de bien des écoles égyptiennes. On ne peut pas en dire de même des pensionnats de jeunes filles, où l'arabe reste une langue étrangère, et parfois ignorée. Il existe généralement deux sections, l'une préparant au baccalauréat français, l'autre au baccalauréat égyptien. Mais, jusqu'aux années 1930, il est possible de passer en français les épreuves égyptiennes en mathématiques, sciences naturelles, histoire ou géographie.

Au début du siècle, lord Cromer tente de faire ouvrir une section anglaise chez les jésuites. Il se heurte à un mur. Les pères se contentent d'améliorer l'enseignement de la langue de Shakespeare, à la demande des familles, mais rien de plus. La Compagnie de Jésus est peut-être universelle, mais le collège du Caire restera français !

11. Archives diplomatiques françaises, Affaires étrangères, « Alexandrie, 1er décembre 1921 », *Correspondance politique. Égypte.*

Dans cette Égypte occupée par les Anglais, les billets de chemin de fer et les timbres-poste portent des inscriptions en français et en arabe. Le français est la langue de la justice, mais aussi celle des salons et des affaires. C'est en français que l'on vocifère autour de la corbeille dans les Bourses d'Alexandrie et du Caire [12]. En français aussi que sont rédigées les archives du rabbinat, dans les deux villes, dès le début du XXe siècle [13]. La langue de Molière s'installe même dans l'intimité familiale. Dans nombre de familles, on entend parler et plaisanter en français. Des groupes de théâtre se créent à Alexandrie et au Caire pour jouer des vaudevilles et des comédies. Le public apprécie beaucoup les pièces bilingues, où l'un des acteurs parle en arabe et un autre lui répond en français. Même les fonctionnaires britanniques sont contraints de s'adapter à ce climat : « C'est en un français boiteux que les Anglais au service de l'Égypte échangent leurs lettres officielles », avoue l'ancien sous-secrétaire d'État aux Finances [14].

Bref, bien qu'exclue politiquement, la France n'a pas perdu la partie en Égypte. Comme le dit avec lyrisme un visiteur de passage, « son influence est partout... Elle est dans l'air que l'on respire. Elle est comme ces parfums qu'une jolie femme laisse sur son passage [15] ».

12. Léon Polier, « La France en Égypte », art. cit.
13. *Juifs d'Égypte*, Paris, Éd. du Scribe, 1984.
14. Alfred Milner, *L'Angleterre en Égypte*, Paris, 1898.
15. Louis Malosse, *Impressions d'Égypte, op. cit.*

4

Maspero sur le terrain

Un petit retour en arrière s'impose ici pour comprendre la rivalité franco-anglaise dans un domaine hautement symbolique : l'égyptologie. En novembre 1880, Paris s'inquiète de l'état de santé d'Auguste Mariette, qui s'est brusquement aggravé. S'il mourait, la direction du Service des antiquités en Égypte pourrait échapper à la France. Le risque est réel, même si l'on cherche à se persuader que la géniale découverte de Champollion a définitivement fait de l'égyptologie « une science française ». L'Angleterre peut revendiquer le poste, avec une certaine légitimité, puisque des savants comme Birch ou Wilkinson ont fait avancer cette science par des travaux essentiels. L'Allemagne, quant à elle, ne compte pas seulement l'éminent Karl Richard Lepsius, dont l'œuvre est fondamentale, mais Heinrich Brugsch, qui a dirigé la première école d'égyptologie au Caire et dont le frère Emile travaille avec Mariette. Brugsch passe pour un candidat d'autant plus redoutable que la position internationale de son pays s'est beaucoup renforcée.

A Paris, l'homme de la situation semble être Gaston Maspero, un brillant égyptologue de trente-quatre ans, qui enseigne au Collège de France. Ce fils d'émigrés politiques italiens a montré très tôt des dons exceptionnels. Lauréat du Concours général à treize ans, entré à l'École normale supérieure, il a appris l'égyptologie seul, en étudiant les stèles du Louvre et les inscriptions de l'obélisque de la Concorde [1]. On l'a vu traduire en huit jours, de manière parfaite, un texte découvert par Mariette, provoquant l'admiration du directeur des Antiquités.

Un enseignement à l'École des hautes études est confié à cet autodidacte par un grand égyptologue, Emmanuel de Rougé, considéré comme le continuateur de Champollion. Maspero apprend beaucoup à son contact. Et, à la mort de Rougé, en 1872, c'est à lui qu'on songe pour occuper la chaire d'égyptologie au Collège de France. Mais, comme il est un peu jeune, on décide de ne lui donner pendant deux ans qu'un titre de chargé de cours.

---

1. Simonne et Jean Lacouture, introduction à Gaston Maspero, *Égypte,* 1900, Paris, rééd. 1989.

Gaston Maspero a déjà publié plusieurs travaux, connaît l'arabe, mais n'est toujours pas allé en Égypte. L'occasion se présente donc en novembre 1880, lors de la maladie de Mariette. On lui demande d'étudier la création au Caire d'une école française, sur le modèle de celles qui existent à Athènes et à Rome. Si le Service des antiquités venait à échapper à la France, celle-ci aurait au moins un outil pour poursuivre des recherches indépendantes.

Il arrive en Égypte le 5 janvier 1881. Mariette meurt treize jours plus tard, après une semaine d'agonie. « On lui a célébré des funérailles magnifiques et il repose dans le jardin de son musée, au pied de la statue de Khéphren », écrit Maspero à un ami. Le sarcophage, réalisé par l'architecte Ambroise Baudry, suivra le musée à chacun de ses déplacements : à Guiza en 1891, puis en plein centre du Caire (où il se trouve toujours) en 1902. Boulogne-sur-Mer, la ville natale de Mariette, élèvera à celui-ci une étrange statue de bronze, sur un piédestal en forme de pyramide tronquée, où il figure en tarbouche, avec une tenue d'académicien qu'il n'a jamais portée. A la cérémonie d'inauguration, le 16 juillet 1882, aucun représentant égyptien n'est invité, comme si l'on avait voulu récupérer Mariette, par un « monument du malentendu, de l'équivoque, presque de l'imposture [2] »...

L'École française du Caire

Gaston Maspero a eu le temps de s'entretenir longuement avec Mariette, auquel il succède, le 18 février, comme directeur du Service des antiquités et conservateur du musée de Boulaq. Il est aussi le premier directeur de l'École française d'archéologie du Caire.

La paternité de cette institution est controversée. Dans une dépêche du 14 mars 1880, le baron de Ring, ministre de France en Égypte, la réclamait, avec deux sortes d'arguments. D'une part, disait-il, nous souffrons d'une « égyptologie en chambre » et seule une école installée sur place permettrait à nos savants et étudiants d'aller sur le terrain. D'autre part, la création d'une école grandirait notre rôle en Égypte, car les gens y vénèrent autant Mariette, l'homme pour lequel l'Antiquité n'a pas de mystère, que Lesseps, l'homme qui a réuni les deux mers. « Le fait que ces deux individualités sont françaises donne aux fellahs une haute opinion de notre peuple. Il sera très impressionné en voyant Mariette pacha laisser après lui toute une école. Quant à la société égyptienne qui a déjà une certaine culture, elle subira aussi l'influence de jeunes gens instruits, agréables, aptes à propager des idées généreuses. »

2. Jacques Cassar, in *Bulletin de la Société française d'égyptologie,* Paris, n° 90, avril 1981.

C'est un argument voisin que développe, l'année suivante, Ernest Renan, mais en changeant de registre. L'illustre spécialiste du monde sémitique pense qu'une telle école, au Caire, serait « utile à la civilisation et au progrès de la moralité en Orient ». Là-bas, écrit-il, « chaque chose est estimée d'après ce qu'elle rapporte, et chaque homme d'après l'argent qu'il gagne ». C'est pourquoi « la vue d'un établissement où des hommes de grands mérites mènent une vie modeste, vouée aux travaux les plus impersonnels, et néanmoins entourés de la plus haute considération, sera une leçon excellente et un spectacle nouveau pour l'Orient ».

Curieusement, Renan pense que les savants musulmans « n'ont rien à apprendre » aux arabisants de Paris ou Leipzig : selon lui, l'Orient doit s'étudier en Europe. Mais des fouilles sont nécessaires, sur place, pour découvrir ce qui est encore caché, et ces fouilles ne peuvent être exécutées que par des « nations civilisées », c'est-à-dire européennes [3]. Selon lui, une école orientale ne devrait pas se limiter à l'Égypte antique, ni même à l'ensemble de l'Égypte, mais étudier tous les pays de la région et toutes les disciplines. Sa place est au Caire, de préférence à Damas, Beyrouth ou Jérusalem. Il la voit comme un « grand *khan* scientifique », un « quartier général de toutes les branches de la recherche orientale ».

Gaston Maspero et ses collaborateurs commencent par loger à l'hôtel, puis deviennent les locataires de Mme Zariffa Effendi, « accoucheuse des harems khédiviaux », dans une maison infestée de rats « qui, non contents de s'attaquer aux bougies, allumées ou non, s'en prenaient aussi aux chapeaux de Mme Maspero [4] ». Le directeur, veuf, vient en effet de se remarier avec la fille d'un des contrôleurs financiers de l'Égypte, Estournelle de Constant. « Notre école, précise-t-il, commence à prendre tournure. Je l'ai logée dans une maison turque vert pistache, entre deux ruelles. Je suis au premier avec deux chambres d'hôte ; l'école est au second avec un escalier indépendant. Nous possédons en commun un jardinet avec jet d'eau et une terrasse d'où l'on a le plus beau panorama qu'on puisse rêver. A l'horizon, les trois grandes pyramides, aussi nettes que si elles fussent à mille mètres au lieu d'être à trois lieues ; de l'autre côté, la Citadelle, des collines de décombres et les pentes du Mokattam ; entre les deux, Le Caire, dominé par une forêt de minarets [5]. »

L'Institut français d'archéologie orientale (IFAO) ne portera officiellement ce nom que le 17 mai 1898. Il déménagera alors dans un local neuf, situé dans une rue que des générations de Cairotes connaîtront sous le nom d'Antikhana. Mais le développement de la bibliothèque et la création d'une imprimerie exigeront un bâtiment encore plus grand : en 1907, l'Institut s'installe définitivement dans l'ex-palais de la princesse Mounira, qui a la particularité d'avoir été construit dans un quartier bombardé par

---

3. Christian Decobert, « La lettre de Renan sur l'École du Caire », in *D'un Orient l'autre*, Paris, CNRS, 1991.
4. Jean Vercoutter, *Centenaire de l'École du Caire*, Le Caire, IFAO, 1981.
5. *Bibliothèque égyptologique*, t. XVIII.

Bonaparte après la première insurrection du Caire. On revient toujours à Bonaparte...

Les premiers « pensionnaires » et « chargés de mission » de l'École du Caire arrivent en 1881, dans une période troublée qui va conduire à l'occupation britannique. N'étant pas autorisés à fouiller en dehors de la capitale, ils se mettent à copier et publier des textes qui ont été relevés dans la nécropole thébaine ou sur le temple d'Edfou. Les coptisants, pour leur part, décryptent des documents originaux conservés au Caire, tandis que les spécialistes de l'islam étudient la topographie de la période fatimide et traduisent des manuscrits. En attendant de pouvoir ouvrir des chantiers de fouilles, l'École a ainsi une importante activité d'édition, qui ne cessera de se développer au fil des années, surtout après l'installation d'une imprimerie par l'un de ses directeurs, Émile Chassinat, ancien ouvrier typographe, qui dessine de sa propre main quelque 4 000 caractères hiéroglyphiques. A cette fonte hiéroglyphique et ptolémaïque, sans équivalent en Europe, s'ajouteront peu à peu des caractères cunéiformes, hébraïques, arabes, grecs, coptes et même amhariques, qui en feront la meilleure imprimerie orientaliste du monde.

Les Anglais tentent de s'incruster

La France possède donc, au début des années 1880, une position exceptionnelle dans l'égyptologie, avec deux leviers importants : l'École du Caire et la Direction des antiquités. Maspero abandonne la première à un compatriote, Eugène Lefébure, pour se consacrer à la seconde.

Depuis son arrivée en Égypte, il a le souci de faire parler les pyramides, dont on vient seulement de découvrir qu'elles ne sont pas toutes muettes. Il en explore successivement cinq, dans le sud de Saqqara : les cinq contiennent des textes gravés, sur les murs de leurs chambres intérieures. Maspero, aidé de Brugsch et de plusieurs collègues, va analyser et publier ces textes, qui en disent long sur les rites funéraires de l'Ancien Empire. Ce seul travail, extrêmement précieux pour les chercheurs, aurait suffi à assurer sa notoriété.

Sa deuxième tâche en tant que *maamour* des Antiquités est de démasquer des pilleurs qui sévissent en Haute-Égypte. On constate en effet depuis quelque temps l'apparition, sur le marché européen, de pièces funéraires portant le nom de Pinedjem Ier, grand prêtre d'Amon, alors que n'ont été trouvées ni sa tombe ni celles de sa lignée. Les soupçons se portent sur deux frères du village de Gourna, en face de Louxor. Maspero fait arrêter l'un, et l'autre révèle le pot aux roses : dans la falaise surplombant le temple de Hatchepsout, égyptologues et policiers, médusés, découvrent une tombe de cent mètres de long contenant de fabuleux trésors. Ces sarcophages entassés contiennent les corps des pharaons les plus illustres du Nouvel Empire ! Les égyptologues se livreront à des recherches passionnées pour comprendre pourquoi de tels restes, cachés dans la falaise, n'occupent pas les tombes correspondantes, aménagées dans la vallée des Rois. Un formidable polar, vieux de trois mille ans, se dégage peu à peu [6]... On mettra plusieurs années à inventorier ces trésors au musée de Boulaq. Ce n'est qu'en 1886 que ces momies seront démaillotées, en présence du khédive Tewfik, pour être étudiées.

Maspero poursuit les fouilles de Mariette dans les temples d'Edfou et Abydos. Il ouvre de nouveaux chantiers, fait déblayer le sphinx de Guiza grâce à une souscription internationale, réorganise le musée de Boulaq, publie diverses études, dont les *Contes populaires de l'Égypte ancienne*. En 1886, il repart poursuivre ses travaux interrompus en France, après avoir cédé la Direction des antiquités à son compatriote Eugène Grébaut. Celui-ci va subir la première offensive britannique pour prendre pied dans ce secteur très convoité.

En cette fin de siècle, l'égyptologie représente « le lieu culturel par excellence » et peut fournir à l'administration anglaise « des éléments de légitimation inappréciables » [7]. Comment s'incruster dans ce fief français ? En créant deux directions au lieu d'une, les deux ne pouvant évidemment revenir à la France. C'est donc un projet de réorganisation du Service des antiquités qui est avancé en 1890, avec de bons arguments : cette institution est trop lourde, elle mélange le travail scientifique et la gestion. Or, ses activités devraient être encore développées : ne faudrait-il pas doter le musée du Caire d'une bibliothèque, d'un catalogue et d'un inventaire ? Mieux s'occuper des touristes, dont le nombre augmente ? Mieux lutter contre les déprédations et les exportations illégales d'objets anciens ?

La France s'oppose à ce projet, ne voulant y voir qu'une volonté de l'affaiblir. D'autres suggestions anglaises – comme la création d'un sous-secrétariat aux Beaux-Arts, qui serait confié à l'Allemand Brugsch – sont repoussées avec la même véhémence. Des journaux britanniques, *Times* en tête, se déchaînent alors contre l'incurie des fonctionnaires français des Antiquités. Grébaut, qui n'est pas de taille à affronter une telle tempête, finit par rendre son tablier, en 1892. Son successeur, Jacques de Morgan, un spécialiste de la Perse antique, réussit à calmer le jeu pendant ses cinq années de mandat. Mais Victor Loret, qui vient après lui, manque de souplesse. Il est publiquement humilié en mai 1898 lorsque le sous-secrétaire d'État britannique l'oblige à réexpédier à Louxor des momies qu'il venait de faire transporter à Guiza...

Le représentant de la France en Égypte réclame de toute urgence un nouveau directeur des Antiquités. Il en fait même le portrait : ce devrait être « un esprit souple et conciliant », un connaisseur de l'Orient, si

---

6. Pierre Grandet, « Le pillage des tombes royales égyptiennes », in *L'Égypte ancienne*, Paris, Points-Seuil, 1996.

7. « Archéologie et politique », in *L'Égyptologie et les Champollion*, Presses universitaires de Grenoble, 1974.

possible un égyptologue, en tout cas un savant reconnu... Bref, il réclame Maspero. Celui-ci pose des conditions financières, qui sont acceptées, et repart mettre de l'ordre au Caire. Il a de la chance : son arrivée, en 1899, coïncide avec une période de détente franco-anglaise, après l'accord sur Fachoda. Même un grave accident qui survient le 3 octobre à Karnak ne lui sera pas reproché. Pis qu'un accident : une catastrophe. L'architecte français Georges Legrain est en train de dégager le temple d'Amon, consolidant le monument au fur et à mesure qu'il sort de terre, quand, brusquement, le 3 octobre, onze colonnes de la salle hypostyle s'effondrent. Le pauvre Legrain passera dix années de sa vie à les remonter. Avec, cependant, une récompense méritée, en 1903, lorsqu'il découvrira des centaines de statues de diverses époques...

Maspero répond à la catastrophe de Karnak par des projets de réforme. Il multiplie les tournées d'inspection, élabore de nouveaux programmes de restauration et accélère le transfert des collections dans le nouveau musée du Caire, inauguré en 1902. Frappant un grand coup, il propose même que tout monument et tout objet antique appartiennent à l'État. Les propriétaires fonciers s'étranglent, les acheteurs étrangers protestent. « Le projet capote mais Maspero s'est couvert[8]. »

Le Service des antiquités s'agrandit considérablement au cours de ces années-là : avec un budget triplé, il passe de vingt-quatre agents à une centaine. De grands travaux sont entrepris pour redresser le portique du temple d'Edfou, déblayer la nécropole civile de Thèbes, dégager le Ramesseum, désensabler le sanctuaire d'Abou-Simbel[9]...

Maspero consacre deux ou trois mois chaque hiver à une tournée d'inspection. Il navigue sur le Nil à bord d'une vieille *dahabiah,* construite en d'autres temps pour un prince de la famille khédiviale. Ce voyage, accompli avec son épouse et parfois des amis, lui permet de constater à quel point les scènes que les Égyptiens inscrivaient sur leurs monuments sont conformes à la nature. Il ne se lasse pas de commenter cet art exceptionnel : « Je regarde à l'aventure le fleuve et les deux rives. Là-bas, bien en ligne sur un banc de sable fauve, une bande de grands vautours se chauffe au soleil ; les pattes écartées, le dos voûté, le cou plié et rencogné dans les épaules, les ailes ramenées en avant de chaque côté de la poitrine, ils reçoivent béatement la large coulée de lumière qui se répand sur leurs plumes et les pénètre de sa tiédeur. C'est ainsi que les vieux sculpteurs représentaient au repos le vautour de Nekhabit, la déesse protectrice des Pharaons et qui les ombrage de leurs ailes. Séparez par l'esprit le plus gros de la bande, coiffez-le du pschent [couronne pharaonique] et du bonnet blanc, mettez-lui le sceptre de puissance aux griffes, campez-le de profil sur la touffe de lotus épanouis qui symbolise la haute Égypte,

---

8. *Ibid.*
9. Maurice Croiset, « Un grand égyptologue français », in *Revue des Deux Mondes,* 15 août 1916.

vous aurez le bas-relief qui décore un des côtés de la porte principale du temple de Khonsou, mais vous aurez aussi, sous le harnachement, un vautour véritable : la surcharge des attributs religieux n'aura pas supprimé la réalité de l'oiseau. » Plus loin, il aperçoit « un tableau descendu d'une paroi antique pour aller au marché voisin » : il reconnaît « les bœufs qui se rendent aux champs de leur pas mesuré, le labour, les pêcheurs attelés à leur filet, les charpentiers qui construisent une barque ; ils ont installé leurs bers sur une plage en pente, et accroupis dans des attitudes de singes, ils clouent les membranes à force marteaux » [10].

Être égyptologue, être saisi par la passion de l'Égypte, c'est aussi avoir un œil et une plume…

Avec Loti, au secours de Philae

Au cours de ces années-là, Gaston Maspero tente – sans grand succès – de sensibiliser l'Europe au sort de divers monuments, menacés par le barrage d'Assouan. La construction de ce vaste réservoir, à partir de 1898, puis ses deux surélévations successives noient le temple de Philae neuf mois par an. Maspero réussit tout de même à en consolider les assises de pierre. Si les murs, avec leurs sculptures, ressortent intacts de l'eau chaque été, les peintures ont perdu leurs couleurs.

Pierre Loti pousse un grand cri en 1908, dans *La Mort de Philae*, sans rien changer à cette situation. Son livre, dédié au nationaliste Moustapha Kamel, est aussi une charge contre les Anglais, accusés de défigurer l'Égypte, non seulement par des ouvrages de ce genre, mais par la présence de leurs touristes. L'agence Cook et ses « cookesses » en prennent pour leur grade, au milieu de quelques inexactitudes et beaucoup de talent : « La race fellah, gardienne inconsciente du prodigieux passé, somnolait sans désirs nouveaux et à peu près sans souffrance ; le temps coulait pour l'Égypte dans une grande paix de soleil et de mort… Mais des étrangers à présent sont maîtres et viennent de réveiller le vieux Nil pour l'asservir… Ils ont défiguré sa vallée… ils ont imposé silence à ses cataractes, capté son eau précieuse… Cela se fait du reste à la hâte, comme à la curée… »

Loti l'orientalisant, Loti le poseur ne réserve pas ses exercices de style au temple de Philae. Avec la même verve, il dénonce la banalisation de la ville du Caire, thème souvent repris par des écrivains-voyageurs français au tournant du siècle : « Les rues se banalisent ; les maisons des *Mille et Une Nuits* font place à d'insipides bâtisses levantines ; les lampes électriques commencent à piquer l'obscurité de leurs fatigants éclats blêmes… Qu'est-ce que c'est que ça, et où sommes-nous tombés ? En moins comme il faut encore, on dirait Nice, ou la Riviera, ou Interlaken, l'une

---

10. Gaston Maspero, *Ruines et Paysages d'Égypte.*

quelconque de ces villes carnavalesques où le mauvais goût du monde entier vient s'ébattre aux saisons dites élégantes... Partout de l'électricité aveuglante; des hôtels monstres, étalant le faux luxe de leurs façades raccrocheuses; le long des rues, triomphe du toc, badigeon sur plâtre en torchis; sarabande de tous les styles, le rocaille, le roman, le gothique, l'art nouveau, le pharaonique et surtout le prétentieux et le saugrenu. D'innombrables cabarets, qui regorgent de bouteilles : tous nos alcools, tous nos poisons d'Occident, déversés sur l'Égypte à bouche-que-veux-tu... Alors ce serait Le Caire de l'avenir, cette foire cosmopolite ?... Mon Dieu, quand donc se reprendront-ils, les Égyptiens, quand comprendront-ils que les ancêtres leur avaient laissé un patrimoine inaliénable d'art, d'architecture, de fine élégance, et que, par leur abandon, l'une de ces villes qui furent les plus exquises sur terre s'écroule et se meurt ? »

Un savant polyvalent

Gaston Maspero a assuré à la France une position très forte. L'Entente cordiale de 1904 précise que le Service des antiquités égyptiennes sera toujours réservé à un Français. Ce n'est pas une raison pour baisser la garde. Quelques années plus tard, les autorités britanniques obtiennent la création d'un poste de secrétaire général, aussitôt interprétée comme une nouvelle manœuvre pour dédoubler le pouvoir. On s'empresse d'y nommer un Français, quitte à laisser à un Anglais le poste de conservateur du musée du Caire... L'Entente cordiale continue, avec ses surprises et ses chausse-trappes.

L'une des dernières tâches de Maspero est l'établissement d'une nouvelle loi sur les antiquités, plus sévère, qui voit le jour en 1912. Désormais, on ne concédera plus de fouilles à des particuliers : elles seront réservées à des missions savantes, après approbation de leur projet. Les fouilleurs n'auront plus le droit d'emporter la moitié de leurs trouvailles, mais seulement les pièces dont un exemplaire existe déjà au musée du Caire. Un visa de sortie ne leur sera accordé que dans la mesure où le terrain aura été laissé dans un état satisfaisant.

Maspero rentre à Paris en 1914, couvert de gloire, pour se voir confier la fonction de secrétaire perpétuel de l'Académie des inscriptions et belles-lettres. Ses publications ne se comptent plus : la liste détaillée fait 125 pages [11] ! Il « occupe la première place en égyptologie de sa génération » grâce à une très vaste érudition, souligne le *Who Was Who in Egyptology*. En effet, Maspero est un polyvalent, qui, après avoir étudié la philologie, s'est plongé dans l'histoire et l'esthétique. C'est ce qui explique ses succès et lui a permis, entre autres, de développer de manière

11. Henri Cordier, *Bibliographie des œuvres de Gaston Maspero,* Paris, Geuthner, 1922.

magistrale sa thèse sur l'art égyptien : à savoir que les pharaons, contrairement aux Grecs, ne recherchaient pas une beauté idéale, mais visaient l'utile et la durée.

Ce grand savant s'éteint le 30 juin 1916, en pleine séance de l'Académie, après avoir été très affecté par la mort d'un de ses fils, Jean, un papyrologue de talent, tué dans les combats en Argonne. Son aîné, Henri, sinologue éminent, sera déporté par les Allemands à Buchenwald, où il succombera en 1945. Dix ans plus tard, son petit-fils François, écrivain et militant de gauche, contribuera à faire connaître le nom de Maspero en créant à Paris une maison d'édition et une librairie.

5

En mission chez les schismatiques

Les jésuites étaient déjà venus deux fois en Égypte : au XVIe et au XVIIIe siècle. Leur troisième mission, à la demande du pape, n'a pas pour but d'ouvrir des collèges mais d'assister la minuscule Église copte-catholique, constituée face à la grande Église copte d'Égypte. Cette dernière refuse la formulation du concile de Chalcédoine (451) sur les deux natures du Christ et passe donc, aux yeux de Rome, pour schismatique. Les coptes-catholiques sont portés à bout de bras, depuis longtemps, par les franciscains, auxquels sont venus prêter main-forte des religieux des Missions africaines de Lyon.

Aux jésuites il est demandé d'ouvrir un petit séminaire au Caire. C'est ce qu'ils font, à leur arrivée, en 1879. Mais, pour financer cet établissement gratuit, destiné à des enfants de familles modestes, ils prennent l'initiative d'ouvrir un collège payant, la Sainte-Famille, ce qui émeut profondément les frères des Écoles chrétiennes, déjà installés en Égypte. Le Vatican est saisi. Des mises en garde sont adressées aux jésuites. Cela n'empêche pas leur supérieur, le père Michel Jullien, de se rendre à Alexandrie pour poser les bases d'un autre établissement, qui s'appellera le collège Saint-François-Xavier. Il s'y rend sous un déguisement, par crainte non des frères, précise-t-il, mais des francs-maçons[1]... Être missionnaire en Égypte au début des années 1880 n'est pas une sinécure !

Un compromis est finalement trouvé. Il y a, dans la vallée du Nil, du travail pour tous les ouvriers du Seigneur... Les deux ordres religieux assumeront leur mission d'enseignement, chacun à sa manière. Les collèges des jésuites viseront un public plus huppé que ceux des frères, en enseignant les lettres classiques et le latin.

Quant à leurs petits séminaristes, le père Jullien les décrit ainsi : « La tête coiffée de l'inévitable tarbouche rouge qui ne s'enlève que devant le Très Saint-Sacrement ; au-dessous une petite physionomie noirâtre, évidemment intelligente, et que fait ressortir une soutane de cotonnade noire... Deux fois par semaine, ils vont se promener dans les rues du

---

1. « Un jésuite français en Égypte : le père Jullien », in *Itinéraires d'Égypte. Mélanges offerts au père Maurice Martin s.j.*, Le Caire, IFAO, 1992.

Caire en compagnie d'un père. C'est un spectacle tout nouveau pour nos musulmans ; ils les regardent avec une curiosité généralement bienveillante, sauf à plaisanter un peu sur le chapeau du père. L'Égyptien ne peut nous pardonner nos chapeaux à larges bords, auquel il adresse toutes les injures. Le khédive lui-même, quand il rencontre nos promeneurs, les regarde et les salue avec un intérêt tout particulier [2]. »

Face aux protestants anglophones

Ayant installé leur collège, et ce petit séminaire qui en est devenu une annexe, les jésuites peuvent partir en 1887 conquérir le sud de l'Égypte. Ils choisissent de s'implanter à Minia, une ville distante de 240 kilomètres du Caire, qu'un train poussif atteint après dix-sept heures de voyage. Le père Joseph Autefage ouvre cette mission, accompagné d'un frère maronite, avant d'être rejoint par plusieurs religieuses syriennes. Minia compte alors 16 000 habitants, dont 3 000 à 4 000 coptes orthodoxes, quelques centaines de protestants et à peine 200 catholiques. La première initiative des missionnaires est d'ouvrir une école pour filles. « Quatre mois plus tard, les religieuses avaient 108 élèves, et l'école protestante était fermée. »

L'objectif est clair : il s'agit de convertir les orthodoxes au catholicisme, en les « sauvant du péril protestant ». Car diverses « sectes » protestantes sont déjà à l'œuvre en Moyenne-Égypte, avec des budgets importants. Elles « répandent à profusion des brochures et des tracts fort bien rédigés et très pernicieux ». Armés d'une grosse caisse et de divers instruments de musique, ces « adversaires » se postent devant l'école des sœurs pour en détourner les élèves et les attirer vers un nouvel établissement.

Les protestants ont, à Minia, deux écoles de garçons. Dans cette guerre de communication, les jésuites ne se privent pas de dénoncer leurs méthodes. « Un des professeurs, protestant fanatique, enseigne l'anglais et surtout le protestantisme à ces malheureux enfants. Tous les dimanches, matin et soir, ceux-ci doivent assister à ses prêches faits à l'école. Malheur à celui qui va entendre la messe au lieu d'aller au prêche ! Le lendemain, un rude *falaq* (quarante coups de bâton sur la plante des pieds) lui apprendra à connaître pratiquement la douceur évangélique du prédicant, et lui donnera une idée bien sentie de la tolérance protestante [3]. »

Arrivés plus tôt, les protestants ont vingt ans d'avance sur les jésuites. Ceux-ci commencent par se désoler de leur retard, puis s'aperçoivent que ces adversaires, finalement, leur ont facilité la tâche, en ouvrant la voie : « Il était inouï autrefois qu'un copte abandonnât son Église : on ne soup-

---

2. Père Jullien, in *Relations d'Orient*, 1882.
3. Extrait d'une lettre du père de Diannous s.j., *Relations d'Orient, op. cit.*

çonnait pas même la possibilité d'un changement. Cette barrière infranchissable, les protestants sont parvenus à la faire tomber [4]. »

Catholiques et protestants s'arrachent donc les coptes-orthodoxes. Cette rivalité est aussi une bataille linguistique entre le français et l'anglais, puisque ce sont essentiellement des Américains qui occupent le terrain. « Nous ressemblons, nous autres orthodoxes, à un palmier planté dans un jardin, mais dont les fruits pendent au-dehors. Chaque passant en cueille [5] », commente un notable local.

Les protestants vont avoir un adversaire de taille en la personne du père Emmanuel Rolland, qui arrive à Minia en 1888. Ce jésuite infatigable court les campagnes environnantes à dos d'âne, dans des « excursions apostoliques » qui durent plusieurs jours. Pour toute arme, il emporte avec lui des images d'Épinal, aux couleurs criardes, qui font l'admiration des fellahs. Ignorant la chaleur, acceptant d'être logé parmi les animaux, il lui faut aussi observer le jeûne copte, qui occupe... deux cents jours par an. « Mais que de consolations ! »

Comme ses prédécesseurs jésuites des XVIe et XVIIIe siècles, le père Rolland constate l'ignorance à peu près complète des paysans sur les vérités de la religion chrétienne. Ils ne savent pas faire le signe de la croix, sont incapables d'expliquer qui est le Crucifié. Quand on leur demande de se définir, ils se contentent de montrer le tatouage en forme de croix qui figure sur leur poignet. Et leurs prêtres sont à peine plus instruits qu'eux.

Des églises catholiques sont construites en boue séchée, sans autel, sans chandeliers. Pour célébrer les funérailles, on envoie parfois chercher, à dos de chameau, la cloche d'une église voisine. Femmes et hommes ne prient pas ensemble. Pour recevoir la communion, les villageoises drapées dans leur grand voile noir, la *habara,* gagnent le chœur par une porte latérale. Elles sont séparées du sanctuaire par un mur dans lequel un guichet permet au prêtre de leur remettre le pain consacré.

Les jésuites construisent une résidence à Minia, sur un terrain obtenu grâce à une intervention du comte d'Aubigny, ministre de France, auprès du khédive Tewfik. Chaque semaine, ils comptabilisent leurs conversions. Mais aux additions se mêlent des soustractions : il arrive que des villages entiers, passés à la « vraie foi », retombent dans le « schisme », en raison d'une manœuvre réussie du camp adverse. « Ces âmes orientales sont instables et changeantes ! »

En 1895 est ouvert un dispensaire, qui rencontre aussitôt un grand succès. Il s'agit bien d'une œuvre missionnaire : « Les religieuses, tout en soignant les corps, exercent un véritable apostolat auprès des âmes et font reprendre le chemin de l'église à bon nombre de chrétiens [6]. » Les jésuites

---

4. *Ibid.*
5. Cité par le père Victor Chevrey s.j., dans son « Rapport sur la mission de la Compagnie de Jésus en Haute-Égypte », Minia, 1925.
6. Père André de La Boissière s.j., *Les Missions de la Compagnie de Jésus en Égypte,* 1925.

créent deux congrégations religieuses, une pour les hommes, l'autre pour les femmes. Ils mettent aussi leurs talents au service de la liturgie copte. Le père Joseph Blin, qui vient à Minia pour travailler à la notation musicale des chants, est contraint, au début, de demander l'aide de... l'évêque « schismatique ». Les chantres coptes sont généralement des aveugles qui ont été formés dès l'enfance pour gagner leur vie. L'un de ces aveugles chante tous les jours devant le père Blin, qui prend des notes. Ce travail sera terminé dix ans plus tard par un autre membre de la Compagnie de Jésus.

Le choléra, cadeau du ciel

« A Minia, notre outillage de pénétration avait besoin de perfectionnement, souligne un missionnaire. Un premier moyen nous fut fourni par la Divine Providence : le 13 juillet 1902, le choléra faisait son apparition [7]. » Certains jours, on compte jusqu'à trente décès. « Le père Rolland n'hésita pas ; sa place était tout indiquée. De quelle ruse se servit-il (les apôtres ont toutes les audaces) pour obtenir des autorités son droit d'entrée au lazaret ? Toujours est-il qu'il s'installa de suite aux lits des malades. Il les pansait, les consolait, les préparait à partir pour le ciel... Il y eut même des nouveau-nés qui furent baptisés en cachette avant de retourner au paradis [8]. » L'épidémie passée, le père Rolland boucle sa valise et part vers le sud rejoindre des missionnaires installés à Tahta et Louxor, laissant d'autres prendre la relève.

Jésuites et frères ne sont plus en concurrence. Les premiers cèdent, en 1902, leur école de Minia aux seconds. Cinq ans plus tard, ce sont les sœurs de Saint-Joseph de Lyon qui assurent le relais des religieuses syriennes à l'école des filles. L'arrivée des Françaises n'est pas très bien perçue par la population, qui s'est attachée aux partantes. Il leur faudra du temps pour se faire admettre, après avoir appris l'arabe. Les jésuites eux-mêmes – « trop français et trop romains, étrangers d'origine et étrangers de rite [9] » – n'auront pas toujours la vie facile, en attendant d'être remplacés par des prêtres coptes-catholiques.

Le père Victor Chevrey expose, en 1925, dans un document interne, une vision ambitieuse, à long terme. Travailler en Égypte, écrit-il, c'est permettre aussi de ramener à la foi catholique les millions de chrétiens de l'Église d'Abyssinie. Dans un deuxième temps, l'Église copte unifiée permettra d'évangéliser les régions musulmanes et fétichistes du Soudan et de l'Afrique centrale. « Enfin, on ne peut méconnaître l'importance qu'il y aura à posséder, au centre de l'islam, une Église catholique forte et

7. Père Victor Chevrey, « Rapport sur la mission... », *op. cit.*
8. H. Pélissier et V. Barjon s.j., *L'Histoire d'un demi-siècle. Mission de Haute-Égypte (1887-1937).*
9. *Ibid.*

Vue des travaux du canal de Suez à travers le seuil d'El-Guisr. Lithographie de Riou
(Paris, Compagnie de Suez).

Portrait de Ferdinand de Lesseps
par Carjat.

Passage de la flottille inaugurant le canal de Suez, le 17 novembre 1869.
Lithographie de Riou (Paris, Compagnie de Suez).

L'impératrice Eugénie visitant les pyramides. Tableau de Théodore Frère (Londres, Christie's).

La statue de Ferdinand de Lesseps, réalisée par Frémiet, domine
l'entrée du canal de Suez à Port-Saïd. Elle sera déboulonnée en 1956.

Ingénieurs français à Ismaïlia.

Au début du vingtième siècle, même dans un quartier populaire du Caire, loin du centre européanisé, on peut trouver des enseignes en français.

Irruption de la police dans les locaux du *Bosphore égyptien*, en 1885. Le journal, dirigé par des Français, est interdit. Il sera de nouveau autorisé après une intervention du Quai d'Orsay.

Réunion au Caire de l'Amicale des anciens élèves des pères jésuites, dans les années 1920. Le nombre des ministres, ambassadeurs et hauts fonctionnaires est tel que l'on parle du « banquet des excellences ».

Collège de Bab-el-Loucq, dirigé par les P.P. Jésuites

PALMIER DE NOËL

Séance offerte par les élèves à leurs petits frères, à leurs parents et à leurs maîtres le LUNDI 28 DECEMBRE 1903 à 3 h ½ p.m.

Prière d'envoyer le nom des enfants qui viendront à la séance.

Un programme, tiré à la pierre humide, destiné aux parents d'élèves du petit collège des jésuites du Caire.

Des touristes français devant le Sphinx de Guiza, au début du siècle. Le guide *Baedeker*, édition 1898, leur conseille de faire appel à un drogman, pour éviter « les relations difficiles avec les indigènes, dont les exigences n'ont pas de bornes ». Il les invite cependant à se méfier de ce commissionnaire polyglotte qui a tendance à se prendre pour un seigneur : « On traitera le drogman avec une certaine hauteur, comme un domestique qu'on paye. Surtout, on se gardera bien de se faire "expliquer" les monuments par lui ; il ne débite que des phrases incomprises qu'il a lues dans des "guides" ou apprises des touristes. »

Le roi Fouad en visite officielle à Paris en 1927.

Un café de Port-Saïd dans les années 1920.

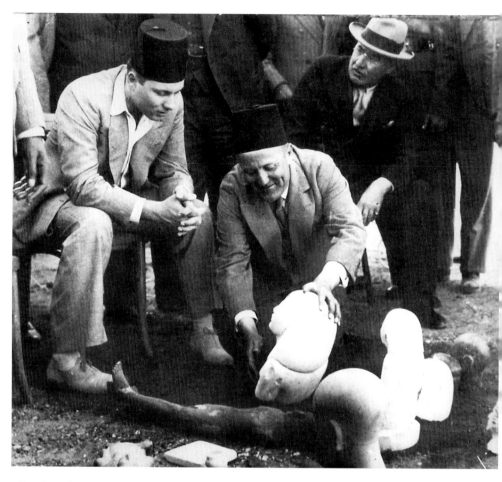

Le chanoine Drioton, directeur du Service des antiquités égyptiennes, montre une pièce archéologique au jeune roi Farouk, qui a succédé à son père en 1936, à l'âge de seize ans. L'ecclésiastique français occupera ce poste jusqu'au coup d'État des « Officiers libres », en juillet 1952, qui contraindra Farouk à l'exil et fera de l'Égypte une république.

organisée, le jour – et il viendra – où le monde musulman s'ouvrira à la foi[10]. »

En attendant, plus modestement, les missionnaires comptent leurs ouailles de Haute-Égypte. Dans les diocèses de Tahta et Minia, le nombre des catholiques a quadruplé en vingt-cinq ans. Les écoles se multiplient, après un coup d'arrêt dû à la Première Guerre mondiale. En 1925, la Mission jésuite de Haute-Égypte en dirige vingt-cinq, dont trois de filles, fréquentées aussi bien par des tenants de la « vraie foi » que par des « schismatiques » et des « infidèles ». Bientôt, un vétéran des Missions d'Orient pourra écrire : « Les coptes sont à point pour être cueillis et réunis à leurs frères dans les greniers du Père de famille. »

---

10. Père Victor Chevrey, « Rapport sur la mission… », *op. cit.*

6

Protégés et amoureux

Les Français d'Égypte perdent du terrain par rapport aux autres colonies européennes. En 1882, avant l'occupation britannique, on les estimait à 15 000, ce qui les mettait derrière les Italiens (18 000), loin derrière les Grecs (37 000), mais devant les Anglais (6 000). Trente-cinq ans plus tard, en 1917, ils sont bons derniers (21 000), derrière les Grecs (56 000), les Italiens (50 000) et les Anglais (24 000). Leur rayonnement culturel est pourtant sans commune mesure avec celui des trois autres nations réunies, et cela ne fera que s'accentuer jusqu'à la Seconde Guerre mondiale.

La présence en Égypte d'autres francophones – Belges et Suisses – l'explique pour une part, malgré leur faible nombre. Les Belges, en particulier, sont très actifs. On compte parmi eux des magistrats des tribunaux mixtes, des ingénieurs, des architectes, des religieux, des banquiers… La Constitution égyptienne porte leur marque. L'un d'eux, Jaquet, au ministère des Affaires étrangères, formera quelques brillants diplomates égyptiens, surnommés « les Jaquet boys », parmi lesquels Boutros Boutros-Ghali, le futur secrétaire général de l'ONU.

C'est un Belge, le baron Édouard Empain, qui crée, dans les années 1900, en plein désert, à une dizaine de kilomètres au nord-ouest du Caire, une ville étonnante, appelée à un grand avenir : Héliopolis. Son architecture, mélange d'Orient et d'Occident, est unique au monde. Ses maisons aux terrasses de pierre sont adaptées au climat ; une végétation luxuriante borde ses larges avenues. Cette ville-jardin s'offre une basilique latine, modèle réduit de l'église Sainte-Sophie de Constantinople, et l'hôtel le plus majestueux du Proche-Orient, l'Héliopolis Palace (aujourd'hui siège de la présidence de la République). Le tramway, surnommé « métro », qui la relie à la capitale a permis à Empain de réussir son pari. Héliopolis naît francophone : si elle possède un *sporting club* à l'anglaise, les enseignes de ses magasins sont souvent en français. Elle attire une bourgeoisie occidentalisée qui, sans être européenne, adopte un mode de vie européen. On parle d'un « style héliopolitain »[1].

---

1. Robert Ilbert, *Héliopolis 1905-1922. Genèse d'une ville*, Paris, CNRS, 1981.

Syriens égyptianisés et juifs du terroir

Les francophones d'Égypte, dans les années 20, 30 ou 40, débordent largement les colonies française, belge et suisse. Appartenant à des familles aussi bien juives que chrétiennes ou musulmanes, ils ont des statuts très différents : Égyptiens de souche, naturalisés, étrangers ou « protégés » d'un État européen. On compte aussi des apatrides, qui ne savent pas toujours qu'ils le sont, car la législation est récente et assez floue. Des Égyptiens ? Des égyptianisés ? Des « semi-indigènes », disait lord Cromer en se bouchant le nez...

Maurice Barrès, membre de l'Académie française, qui visite en 1922 le collège des frères d'Alexandrie, note avec admiration – et beaucoup de mépris : « Ces petits Levantins, assis devant les mêmes tables, à peu près devant les mêmes leçons que j'ai ânonnées, m'intéressent... Tous assistent respectueusement aux exercices religieux des petits chrétiens, y prennent une part s'ils le veulent. Parfois, tel petit Hébreu est premier au catéchisme. On touche là le défaut de ces enfants : un manque de colonne vertébrale. Ils sont une assez pauvre matière humaine. Mais on leur fait aimer la France, ses mœurs, sa loyauté. Les Italiens résistent le plus : c'est qu'ils ont une patrie. Les autres s'agglomèrent à la France. » L'auteur de *La Colline inspirée* ajoute avec emphase : « Nous vous donnons notre langue et tout ce qu'elle renferme de lumière et de sentiments. Nous ne vous demandons rien en échange, sinon vos cœurs » [2].

C'est une histoire d'amour, en effet, qui lie ces francophones à la France. « Paris, qui a pénétré en nous sans effraction, s'est emparé de notre sensibilité et de notre esprit avec une douceur irrésistible », proclame Joseph Askar-Nahas, né en 1900, qui fait sa carrière dans la Compagnie du canal de Suez [3]. Une histoire d'amour et, bien sûr, d'intérêt... La langue française est liée à un statut social : toute jeune fille musulmane de « grande famille », au Caire ou à Alexandrie, se doit de l'apprendre. Parler français, pour d'autres, est un moyen de se distinguer, d'affirmer une identité, quand on est minoritaire et qu'on craint, à tort ou à raison, d'être absorbé dans la masse musulmane.

Le cas des Égyptiens d'origine syrienne ou libanaise est typique. Chrétiens en grande majorité, ils ont émigré dans la vallée du Nil, soit pour y chercher fortune, soit pour fuir des persécutions. Certains d'entre eux sont déjà très actifs au début du XVIIIᵉ siècle, occupant des fonctions importantes dans les douanes d'Égypte. L'anarchie qui règne alors dans le pays, gouverné par les mamelouks, leur fait voir avec bonheur l'arrivée des troupes françaises. D'aucuns se mettent au service de l'occupant, allant

---

2. Maurice Barrès, *Une enquête aux pays du Levant,* Paris, Plon, 1922.

3. Joseph Ascar-Nahas, *Égypte et Culture française,* Le Caire, Éd. de la Société orientale de publicité, 1953.

parfois jusqu'à prendre les armes à ses côtés. Les plus compromis se voient contraints de partir dans les valises de l'armée d'Orient au moment de la retraite. La plupart des autres restent en Égypte, où les attend un bel avenir sous le règne de Mohammed Ali, qui les protège et se sert de leurs qualités d'intermédiaires.

De nouvelles vagues de « Syriens » surviennent après les massacres de 1860 à Damas et dans la montagne libanaise. L'Égypte, alors prospère, attire les immigrants. Si beaucoup de ces chrétiens sont commerçants, ils trouvent aussi des emplois de guide et d'interprète, notamment dans les consulats. Parmi eux, des intellectuels donnent naissance à une nouvelle presse de langue arabe en Égypte : des journaux au style plus direct, plus accessible, sans les formules ampoulées d'usage, et que le public plébiscite.

Les « Syriens » ont toujours considéré la France comme leur protectrice naturelle. Au début de l'occupation anglaise, ils sont partagés entre la raison et le sentiment. On a besoin d'eux dans la fonction publique, même si on ne les aime guère. Dans *Modern Egypt,* lord Cromer écrit à leur sujet des pages totalement contradictoires, tantôt les couvrant de fleurs, tantôt les désignant comme des rapaces... Certains journaux fondés par des « Syriens », comme *Al Mokattam,* sont au service de l'occupant anglais. D'autres, comme *Al Ahram* des frères Takla, appuient la France, qui les soutient financièrement.

Un prêtre maronite du Caire, s'adressant à ses fidèles dans les années 1890, leur lance : « Prions pour le sultan, souverain de tout l'Empire ; pour le khédive, souverain du pays ; pour la France, notre protectrice. Que notre devise soit toujours : l'âme à l'Église, le cœur à l'Égypte, l'esprit à la France [4] ». L'esprit seulement ? Beaucoup de ces catholiques, originaires d'Alep, de Damas ou de Beyrouth, sont français de cœur. « C'est notre meilleure clientèle en Égypte », câble, dans les années 20, Henri Gaillard, le représentant de la France au Caire. Les « Syriens » sont alors évalués à 60 000 personnes. Ils dépasseront 100 000 après la Seconde Guerre mondiale.

Le cas des juifs d'Égypte est tout aussi intéressant, et encore plus complexe. Voilà une communauté présente dans la vallée du Nil depuis l'Antiquité. Elle a survécu à toutes les occupations, tous les régimes politiques, connaissant elle-même les fortunes les plus diverses. Mais, à ces Égyptiens de vieille souche, se sont ajoutées diverses couches d'immigrants : d'Espagne au XVIe siècle, d'Afrique du Nord ensuite, d'Alsace après 1870, de Russie après 1917... C'est une communauté importante – 63 550 personnes recensées en 1927 – mais fragmentée à tous points de vue : social, national, linguistique.

Des juifs possèdent la plupart des grands magasins d'Égypte : Cicurel, Chemla, Hannaux, Benzion, Gattegno, Orosdi-Back. Ils ont de fortes positions dans la banque (Mosseri, Curiel), comme dans l'industrie (Rolo,

---

4. Cité par Louis Malosse, *Impressions d'Égypte,* Paris, 1896.

Suarès). Certains notables gravitent dans les rangs du pouvoir, comme Joseph Cattaoui pacha, président de la communauté du Caire, qui devient, en 1925, ministre des Finances puis des Communications. Cette bourgeoisie parle français, vit et pense en français, alors que beaucoup de juifs des milieux populaires ne connaissent que l'arabe, ou la langue de leur pays d'origine. Et cela occasionne parfois de vifs conflits.

La communauté compte plusieurs publications en français, comme *La Voix juive* ou *Israël*. Certaines de ses écoles – celles de la Fondation de Menasce, par exemple – assurent un enseignement français jusqu'au brevet. Fait unique : la langue française se porte si bien que l'Alliance israélite, implantée en Égypte pour la propager, se retire en 1923, estimant sa mission terminée [5].

Le français, langue cosmopolite

Des musulmans et des coptes font partie de cette aire francophone, même s'ils manient parfaitement l'arabe. C'est le cas de Hoda Chaaraoui, pionnière du féminisme en Égypte, qui choisit de publier *L'Égyptienne* en français. Dans le premier numéro, en février 1925, elle explique : « En fondant cette revue dans une langue qui n'est pas la nôtre, mais qui en Égypte comme ailleurs est parlée par toute l'élite, notre but est double : faire connaître à l'étranger la femme égyptienne, telle qu'elle est de nos jours – quitte à lui enlever tout le mystère et le charme que sa réclusion passée lui prêtait aux yeux des Occidentaux – et éclairer l'opinion publique européenne sur le véritable état politique et social de l'Égypte. »

Langue des minorités, le français est aussi une langue cosmopolite, permettant à des membres de communautés différentes, ne possédant pas bien l'arabe, de communiquer entre elles. C'est vrai, en particulier, à Alexandrie, où l'on se définit autant par l'appartenance à sa « colonie » qu'à sa religion. Cette ville a inscrit sa diversité dans les noms de ses plages et de ses stations de tramway – noms arabes, italiens, anglais, grecs, allemands ou français : Bacos, Bulkeley, Chatby, Cleopatra, Glymenopoulo, Laurent, Mazarita, Mazloum, Schutz, Stanley, Sidi Bichr, Victoria, Zizinia… Sur 400 000 habitants en 1907, Alexandrie compte 26 000 Grecs, 16 000 Italiens, près de 9 000 Anglais et quelque 6 400 Français, auxquels s'ajoutent de nombreux francophones d'autres groupes sociaux (musulmans, coptes, juifs, Arméniens, Syriens…).

Robert Ilbert a finement analysé la structure de cette société, qui n'a rien d'un *melting-pot* [6]. Chaque colonie (d'origine nationale) ou communauté (définissant une appartenance religieuse) – l'une et l'autre étant

---

5. *Histoire des juifs du Nil,* sous la direction de Jacques Hassoun, 2ᵉ éd., Paris, Minerve, 1990.
6. Robert Ilbert, *Alexandrie, 1830-1930,* Le Caire, IFAO, 1996.

parfois mêlées – a son identité. Chacune possède ses propres institutions, mais elle entre en relation avec les autres à tous les échelons sociaux : les notables se fréquentent entre eux, les intellectuels appartiennent aux mêmes cercles, l'homme de la rue est en contact permanent avec des gens qui n'ont ni sa religion ni sa culture d'origine.

Ces rapports horizontaux, qui s'ajoutent aux rapports internes et verticaux, sont illustrés par la composition du conseil d'administration de l'hôtel-casino San Stefano au début du siècle. Présidé par l'Arménien Boghos Nubar pacha, il a pour vice-présidents un Grec, C. Sinadino, et un juif d'origine égyptienne mais de nationalité autrichienne, J. de Menasce. Parmi ses autres membres : un Italien (Stagni), un Anglais (Carver), un Allemand (Pupikofer), un Syrien anobli (de Zogheb)...

Ces notables, excédés par les dysfonctionnements de la ville, ont décidé en 1890 de constituer une sorte de municipalité « privée », dont le secrétaire est Ismaïl Sedki, un Égyptien musulman, ancien élève des frères des Écoles chrétiennes et futur président du Conseil. Alexandrie fonctionne ainsi jusqu'en 1921, essentiellement en français, langue dominante, qu'emploient même certains « Italiens de passeport » (ayant acquis leur nationalité de manière douteuse) pour s'adresser à leur consul.

Tout le monde ne parle pas français de la même façon. Au sein de ce « club le plus fermé de la ville » qu'est le conseil municipal, c'est dans une langue très châtiée que l'on débat des plages et des égouts. Ces messieurs comptent même quelques poètes amateurs qui taquinent la muse à leurs heures... L'homme de la rue, lui, apprend à baragouiner au contact de ses voisins. Entre ces deux extrêmes, on trouve tous les anciens élèves des lycées français, des collèges et des pensionnats religieux. Dans une même famille, certains sont d'excellents francophones, alors que d'autres sont plus à l'aise en arabe, ou en anglais, ou en grec, ou en italien, ou en arménien...

Jean-Jacques Luthi a étudié avec beaucoup de soin le parler français d'Égypte [7]. La prononciation peut varier d'un groupe à l'autre : *u* devient *ou* chez les Italiens, et *i* chez les arabophones, alors que chez les Grecs, le *ch* a tendance à glisser vers le *s*... Mais, quelle que soit leur origine, les élèves des principaux établissements scolaires français finissent par avoir le même accent, l'accent d'Égypte.

C'est un parler charmant, un peu chantant. L'accent tonique n'est pas placé sur les mêmes syllabes qu'en France. Dans les énumérations, les voyelles finales s'allongent par souci d'expressivité : « Une femme riiche, qui a une autoo, une villaa, et cii et çaa... » Les gestes accompagnent volontiers la voix. Les *r* sont roulés, le grasseyement étant considéré comme un signe d'affectation. *On* est souvent prononcé *en* ; *è* et *ai* deviennent *é* : « en va boire du lé »...

Ces polyglottes mélangent volontiers les langues, passant facilement

---

7. Jean-Jacques Luthi, *Égypte, qu'as-tu fait de ton français ?*, Paris, Synonyme, 1987.

de l'une à l'autre. Il leur arrive de glisser un mot ou une expression arabes dans une phrase en français, parfois même de conjuguer des mots arabes en français (le verbe *bakchicher*, par exemple, pour « soudoyer »). Certaines exclamations font partie du langage courant : on dit *mabrouk* (pour « félicitations ») et *maalech* (« ce n'est pas grave, ça ne fait rien »). *Ya* est employé couramment pour interpeller quelqu'un : « *Ya*, Georges, viens ici ! *Ya*, Samir, où étais-tu ? »

Le français d'Égypte emprunte beaucoup à l'arabe, mais aussi au turc, et accessoirement à l'italien, au grec, à l'anglais, à l'arménien... Le policier est un *chaouiche*, mais aussi un *constable* depuis l'occupation britannique. Les mots prennent parfois des détours inattendus : *robabekia*, employé en arabe dialectal pour désigner la collecte des chiffonniers, et qui se retrouve dans le français d'Égypte, vient de l'italien *roba vecchia*. D'autres mots, de création locale, sont nés spontanément dans des milieux plus restreints : un « agamiste » est un habitué de la plage d'Agami, alors que les « alexandrinades » désignent des propos mondains d'habitants d'Alexandrie.

Des expressions ont été traduites de l'arabe : une femme punie par le Ciel ne « porte » que des filles, alors que ses voisines ont la chance d'avoir plusieurs garçons ; en revanche, on « habille » son costume, au lieu de le porter ; et on « travaille » comptable ou fonctionnaire, en exerçant ce métier ; on « laisse cadeau » un objet au lieu de l'offrir. Il arrive même qu'on « boive » une cigarette... Des expressions savoureuses font partie du langage quotidien : « D'où par où ose-t-il dire que... ? » Des insultes aussi (« Que Dieu te prenne ! »), comme des compliments (« Tu éclaires la maison ! »). Quelle heure est-il ? « Il est quatre heures et demie et cinq » (4 h 35), ou « quatre heures et demie moins cinq » (4 h 25)...

Une pléiade de poètes et de romanciers

Les francophones d'Égypte ne se contentent pas de parler français. Entre les deux guerres mondiales, nombre d'entre eux prennent la plume, pour composer des poèmes, des contes ou des romans. Ils créent des revues et des cercles littéraires, accueillent chaleureusement des écrivains français de passage. A Alexandrie, les Argonautes ont pris l'habitude de se réunir à la terrasse d'un café. Au Caire, les Essayistes sont hébergés, avec leur bibliothèque, dans un salon du conservatoire Bergründ...

Des représentants de toutes les colonies ou communautés participent à ce mouvement. Un Grec, Stavros Stravinos, a transformé sa librairie du Caire en cercle littéraire francophone. Un Italien, Jean Moscatelli, publie une anthologie des poètes d'expression française en Égypte. Des Syro-Libanaises, comme May Ziadé ou Amy Kheir, tiennent des salons littéraires. Une Égyptienne musulmane, Out el-Kouloub, écrivant en français, reçoit dans son palais sur le bord du Nil. On publie généralement à compte d'auteur, seuls des ouvrages scientifiques étant édités par des associations prestigieuses comme la Société royale de géographie.

Les écrivains qui se retrouvent dans les salons littéraires ont parfois commencé à composer en arabe, comme le poète Ahmed Rassim. D'autres s'expriment aussi bien en français qu'en italien, comme Giuseppe Ungaretti et Agostino Sinadino, ou en français et en arménien, comme Arsène Yergath, *alias* Chemlian... Cavafis, l'un des plus grands, compose en grec, mais il fait partie de ce vaste club cosmopolite où l'on peut croiser la mystérieuse Valentine de Saint-Point, petite-nièce de Lamartine, venue en Égypte en 1924 pour n'en plus repartir et y publier dix ans plus tard *La Caravane des chimères*, après avoir fondé la revue *Le Phœnix...*

Des Français prennent, en effet, une part notable à cette activité littéraire. Ils en sont parfois les inspirateurs, comme Henri Thuile, né en 1885, arrivé en Égypte à l'âge de dix ans. Cet élève des frères décroche un diplôme d'ingénieur, qui lui donne un poste à l'administration des ports et phares d'Alexandrie. Après la mort de sa femme, il se retire dans une maison au bord de la mer, près du village du Mex. C'est là qu'il compose ses poèmes et reçoit tout ce que la ville compte d'artistes. Un jeune poète d'alors, Gaston Zananiri, décrit l'immense bibliothèque et la véranda circulaire de cette « vaste demeure d'aspect vétuste, solitaire, dans un cadre désolé et pierreux [qui] contrastait étrangement avec la luminosité du ciel et de la mer [8] ».

« L'ermite du Mex » est considéré comme le chef de file d'une génération de poètes francophones d'Égypte. Quelques-uns font l'erreur de s'inspirer de forêts enneigées et de marquises poudrées. Ce n'est pas le cas de Mohammed Khairy dont les *Rêves évanescents* sont bien ancrés dans le paysage local, au risque de paraître exotiques :

> Ton cœur tremblant, ô narguilé,
> Quand je bois l'encens de ton âme
> Me semble un cœur, un cœur de femme
> Qu'un souffle épars aurait troublé.

A la veille de la Seconde Guerre mondiale, une anthologie des poètes d'Égypte d'expression française recensera quarante-six noms, dont une trentaine d'Égyptiens. Parmi eux, des romantiques, des parnassiens (avec quelques années de retard sur cette école, disparue en France), des symbolistes, et même des surréalistes, ayant Georges Henein pour chef de file. Il faut y ajouter les romanciers, les auteurs de contes, de récits, de nouvelles... La liste est longue [9]. Aucune colonie francophone ne produit autant d'œuvres en français, dans l'entre-deux-guerres, que cette Égypte occupée par les Anglais !

---

8. Gaston Zananiri, *Mémoires,* Paris, Le Cerf, 1996.
9. Jean-Jacques Luthi, *Introduction à la littérature d'expression française en Égypte (1798-1945),* Paris, Éd. de l'École, 1974.

Pourquoi la langue de Molière, et tout ce qu'elle véhicule, attire-t-elle tant les esprits cultivés ? En raison d'une même sensibilité sur les deux rives de la Méditerranée, répond alors l'Égyptien Georges Dumani, né en 1882, poète, journaliste, fondateur de l'hebdomadaire *Goha*, mais aussi militant politique et haut fonctionnaire : « C'est qu'ici et là on aime la fine clarté, l'intelligence compréhensive, l'ordonnance rythmée de la pensée et du style, l'enchâssement harmonieux des mots dans le tissu des phrases : c'est qu'ici et là – quelle que soit la diversité du génie et de la race – on a le goût de la vérité, le sens de l'ironie et le culte de la tendresse. » Peut-être… Le propos est formulé avec suffisamment d'élégance, en tout cas, pour mériter d'être cité.

Le petit Paris

Les rapports franco-britanniques en Égypte s'améliorent après la Première Guerre mondiale, mais cela n'interdit pas des escarmouches. Si le cardinal Dubois, archevêque de Paris, se rend dans la vallée du Nil en janvier 1920, c'est pour affirmer que la France est la « première puissance catholique en Orient et faire échec à la mission de Mgr Robinson, prélat britannique[1] », comme l'explique un diplomate français alors en poste au Caire. L'archevêque est reçu par le sultan Fouad, visite les écoles françaises, va même se faire photographier devant les Pyramides, sur un chameau, avec toute sa suite... Le ministre et consul général de France, Lefèvre-Pontalis, qui est sur le départ, ne se prive pas de savourer ce voyage ecclésiastique : il déteste les Anglais, ayant été jeune attaché en Égypte au temps de l'humiliation de Fachoda. C'est lui-même qui avait dû annoncer en 1899 à Marchand que la France avait décidé de baisser pavillon.

Le successeur de Lefèvre-Pontalis en Égypte, Henri Gaillard, est l'un des meilleurs orientalistes du Quai d'Orsay. Son bégaiement est suspect. On le décrit comme « un petit homme gros qui est devenu bègue à force de mentir pour la République ». Jacques d'Aumale, qui a été son collaborateur au Caire pendant plusieurs années, le décrit coiffé d'un tarbouche et allant se fondre parmi la foule des souks et des cafés pour se renseigner sur l'état d'esprit de l'opinion. Première leçon de politique indigène d'Henri Gaillard à son adjoint : « Quand vous allez chez un ministre, qu'il soit pacha ou bey, arrivez toujours tôt, ne parlez jamais de l'affaire qui vous intéresse, fumez vos cigarettes, buvez votre café, entretenez-vous de choses insignifiantes, ne craignez pas les longs silences et utilisez toutes les formules possibles de politesse, les *tafaddal,* les *ahlan wa sahlan* ; en partant, sur le pas de la porte, ravisez-vous et rappelez-vous que vous aviez une petite question à exposer au pacha, oh, sans importance ; faites votre demande et partez. On vous saura gré d'avoir suivi la *Caïda.* »

L'Agence diplomatique de France, au début des années 20, occupe une

---

1. Jacques d'Aumale, *Voix de l'Orient,* Montréal, Variétés, 1945.

curieuse demeure au Caire, ayant appartenu au khédive Ismaïl. Portes, lustres, vitraux, tapis et autres objets précieux y ont été prélevés dans des palais, des mosquées ou chez de simples particuliers, à l'initiative d'un Français, le comte de Saint-Maurice, alors grand écuyer du vice-roi. Cet incroyable bric-à-brac ne manque pas de pittoresque. Quant au caractère fonctionnel... « Dans les bureaux, installés au rez-de-chaussée à la place des cuisines et du hammam, il faisait frais en été ; mais en hiver nous y attrapions des rhumatismes [2]... »

Le thé des anciens

La France est le premier pays à reconnaître l'indépendance de l'Égypte en mars 1922, obtenant pour son représentant au Caire le titre de doyen du corps diplomatique. Ce n'est pas grand-chose, mais c'est toujours bon à prendre. L'amitié franco-égyptienne va pouvoir s'épanouir sous des titres plus ronflants, à l'ombre du tuteur anglais. L'indépendance a été octroyée par la Grande-Bretagne, sous la pression d'un vaste mouvement nationaliste. L'Égypte, qui avait déjà été détachée de l'Empire ottoman en 1914 pour devenir officiellement un protectorat anglais avec un sultan à sa tête, est désormais un royaume souverain. Sur le papier, tout au moins, car les Britanniques maintiennent leurs troupes dans la vallée du Nil, déclarent assurer la défense du pays et des voies de communication internationales, tout en se réservant la protection des minorités et des intérêts étrangers. Quelques changements vont quand même se manifester : le gouvernement égyptien, plus libre de ses mouvements, rétablit, par exemple, l'apprentissage du français dans l'enseignement secondaire public. En un an, le nombre d'élèves étudiant cette langue s'en trouve multiplié par six [3].

Le statut du français en Égypte est résumé, en 1923, par un article éloquent d'un journal de langue arabe, aussitôt communiqué au Quai d'Orsay [4] : « Quoique je sois un admirateur de la civilisation et de la littérature anglaises, écrit l'auteur, je dois avouer que l'étude du français est bien plus utile au jeune Égyptien que celle de l'anglais. C'est le français qu'il devrait étudier dès la première année de l'école primaire. Pourquoi ? Parce que la langue française, bien qu'elle ait été combattue depuis quarante ans, garde toujours en Égypte la place qui lui est due. » Suit une longue démonstration et une liste impressionnante d'illustrations. On apprend que si deux candidats se présentaient, par exemple, pour un emploi à l'Anglo-Egyptian Bank, l'un ne parlant que l'anglais, l'autre ne

---

2. *Ibid.*
3. Delphine Gérard, « Le choix culturel de la France en Égypte », in *Égypte-Monde arabe*, CEDEJ, nᵒˢ 27-28, 3ᵉ et 4ᵉ trimestres 1996.
4. Ministère des Affaires étrangères, « Alexandrie, 29 octobre 1923 », série K-Afrique, 1818-1940, sous-série *Égypte*, vol. 33.

parlant que le français, « c'est le second qui serait admis à coup sûr ». D'ailleurs, quiconque écrit une lettre en arabe à cette banque reçoit la réponse en français.

L'Égypte indépendante a donc un roi (Fouad Iᵉʳ), un nouveau drapeau (vert avec un croissant blanc et trois étoiles) et un « ministre » à Paris, Fakhry pacha, gendre du souverain, qui occupera le poste d'ambassadeur en France jusqu'à la Seconde Guerre mondiale. Paris adopte très vite ce prince occidentalisé, élevé chez les jésuites, qui commande à la Manufacture de Sèvres de somptueux services de table « égyptiens ».

En 1927, Fouad Iᵉʳ effectue une visite officielle en France. Il s'y sent presque aussi à l'aise que son père, Ismaïl le Magnifique. Le roi s'exprime très bien en français, avec un léger accent italien, contracté lors de ses études à l'académie militaire de Turin. Il a l'habitude de manier cette langue quotidiennement. Au Caire, tous les contrats conclus par le gouvernement avec les entreprises et sociétés, même anglaises, sont rédigés en français. L'administration de la statistique publie son rapport annuel en français. Les douanes et les postes égyptiennes correspondent avec leurs interlocuteurs en français. L'Institut d'Égypte, la Société royale de géographie et le conseil municipal d'Alexandrie délibèrent en français. Le Conseil des ministres lui-même dresse ses procès-verbaux en français... Quant à la reine Nazli, ancienne élève des religieuses, c'est évidemment en français qu'elle s'adresse à Mᵐᵉ Cattaoui pacha, membre de la haute bourgeoisie juive, très présente au palais. Et lorsque le roi décide de financer une histoire de la nation égyptienne, c'est naturellement à un Français qu'il s'adresse : Gabriel Hanotaux, ancien ministre des Affaires étrangères, dirigera cette œuvre en plusieurs volumes.

Avant d'être nommé ambassadeur à Paris, Fakhry pacha présidait l'amicale des anciens élèves des jésuites. Celle-ci, qui n'a nulle intention de s'encanailler après son départ, le remplace par un homme du même rang, Saïd Zoulfikar pacha, le grand chambellan du roi. Les thés, les banquets et les soirées de gala de l'amicale contribuent à faire du Caire un petit Paris. « Notre groupement, messieurs, est l'un des plus beaux de l'Égypte », peut lancer Zoulfikar à la réunion du 24 mai 1924, tandis que le père de Martimprey, recteur, présente les excuses de plusieurs membres, « retenus aux débats de la Chambre par leurs importantes fonctions ». Au printemps suivant, l'amicale donne son gala de charité annuel au théâtre royal de l'Opéra. On y joue *Aïda*, bien entendu, une œuvre que les mondains du Caire se voient imposer une demi-douzaine de fois pendant la saison.

Chaque année, à l'occasion de l'anniversaire du roi, le père recteur adresse un télégramme au palais, au nom du collège et de l'amicale, et c'est Zoulfikar qui répond, au nom de « Son Auguste souverain ». En 1929, c'est au tour du roi – donc de Zoulfikar – d'adresser ses vœux au collège de la Sainte-Famille, qui fête son cinquantenaire. Pour cette semaine de festivités, on a hissé aux mâts du collège les drapeaux français, égyptien et pontifical. Un salut solennel d'action de grâces est célébré dans la chapelle. Le ministre plénipotentiaire de France, Henri Gaillard, est au premier rang. Les journaux rendent compte largement de cette semaine mémorable. Le rédacteur en chef de *La Liberté*, Edgar Gallad, ancien élève lui-même, intitule son éditorial : « Au service de Dieu, du roi et de l'ordre ».

Dieu, le roi... Mais pourquoi l'ordre ? Sans doute n'a-t-on pas oublié au Caire l'assassinat, en novembre 1924, du commandant en chef britannique, sir Lee Stack. Et chacun sait que le pays est suspendu à une subtile partie à trois (le palais, la résidence britannique et le parti Wafd) où l'on joue toujours à deux contre un, en variant les combinaisons. L'ordre peut paraître incertain, en effet. D'ailleurs, les Français d'Égypte sont partagés sur l'avenir.

Gabriel Dardaud, jeune journaliste arrivant en 1927, s'entend dire par le « pharmacien de première classe » Hébert – barbiche, calotte grecque et redingote noire : « Fuyez avant qu'il ne soit trop tard... On capitule devant les Arabes. Il n'y aura bientôt plus de Nation française. Nous allons être réduits au statut des Grecs, des Levantins. Nos consuls n'auront plus leurs tribunaux et on leur défendra de se faire escorter par des *cawass* en uniforme parce qu'on supprimera les Capitulations [5]. » Même son de cloche de la part de Piot bey, doyen des Français du Caire et vétérinaire en chef du ministère de l'Agriculture : « Vous venez trop tard dans ce pays. Avant 1914, c'était l'âge d'or. C'est fini. Les garnisons anglaises vont progressivement se replier vers le canal de Suez, seul secteur de l'Égypte qui les intéresse vraiment. Nous serons livrés aux abus des fonctionnaires en tarbouche, même les chaouiches au coin des rues ne nous respecteront plus. On liquidera la Caisse de la dette et nous ne serons plus dispensés de payer des impôts. »

Le feu d'artifice du 14 Juillet

La plupart des Français du Caire ne voient pas les choses de manière aussi noire. En Égypte, ils se sentent plus que jamais chez eux. Le 14 juillet 1926 a encore donné lieu à une fête somptueuse dans le jardin de l'Ezbékieh, conclue par un feu d'artifice qui a duré plus d'une heure. « Des ruisseaux de champagne », précise *L'Illustration égyptienne*. On a « bu à la France et à sa grandeur ». Le service d'ordre était assuré par la Société des éclaireurs français du Caire, laquelle s'honore de « prendre soin de l'intérêt particulier de chaque citoyen français en développant ses muscles et en purifiant son sang par le développement du rythme respiratoire »... Ce 14 juillet s'est prolongé, à Héliopolis, par un grand festival de bienfaisance au bénéfice des orphelins français de la guerre. Dix « reines de beauté » ont été élues.

5. Gabriel Dardaud, *Trente Ans au bord du Nil*, Paris, Lieu commun, 1987.

L'écrivain Henry Bordeaux, qui revient au Caire en 1933, treize ans après sa première visite, constate que le protocole a changé. On ne peut plus se rendre au palais en tenue de voyageur. Pour dépanner les personnalités à la garde-robe défaillante, la légation de France a prévu une patère à laquelle sont suspendus un chapeau haut de forme et une redingote omnibus. « J'éprouve quelque répugnance à me travestir, écrit-il, d'autant qu'André Maurois, mon prédécesseur, m'a averti. Il flottait à tel point dans le vêtement commun, il se trouvait si perdu que du coup il avait craint de perdre aussi tous ses moyens. Un souvenir me vient tirer de cette perplexité : le roi n'est-il pas membre correspondant de l'Institut de France, section des inscriptions et belles-lettres ? Ne suis-je pas, par là même, son modeste confrère ? Pourquoi ne pas revêtir mon costume vert, puisque j'ai dû l'apporter, étant délégué par l'Académie française à la cérémonie d'Alexandrie en l'honneur de Maurice Barrès [6] ? » Bonne intuition : c'est par un salut à l'Académie que le roi accueille le costume brodé. Dans ce petit Paris sur Nil, on est entre gens de bonne compagnie...

L'Égypte reste un éden pour ceux qui ont les moyens d'en profiter. Certes, le Turf Club est réservé à des *gentlemen* à lorgnon, enveloppés de tabac anglais, qui étudient le *Times* dans de profonds fauteuils de cuir. Le Guézira Sporting Club, océan de verdure au bord du Nil, est également une chasse gardée britannique : on n'y tolère que quelques rares princes égyptiens et des Européens haut placés. Le club Mohammed-Ali, non moins élégant, accueille surtout des hommes politiques et des diplomates. L'Automobile Club n'est destiné qu'aux heureux propriétaires de limousines, torpédos ou panthéons qui soulèvent des nuages de poussière, depuis quelque temps, sur des routes inappropriées. Mais il y a mille autres cercles et sociétés, sans compter les grands hôtels du Caire où l'on donne des bals tous les samedis soir : au Mena House, on danse au clair de lune devant les Pyramides.

La « bonne » société française du Caire intègre quelques riches Égyptiens qui la divertissent et l'éblouissent. Mazloum pacha gagne le premier million à la Loterie nationale française, comme pour mieux resserrer les relations bilatérales. Le palais de Mahmoud bey Khalil, futur président du Sénat, marié à une Française, s'enrichit sans cesse de tableaux impressionnistes signés par les plus grands : Degas, Monet, Pissarro... Cet ami de la culture finira grand-croix de la Légion d'honneur. Quant à Izzet pacha, « galant homme, spirituel, infiniment boulevardier avec ses pantalons à carreaux et ses guêtres blanches [7] », une de ses amies françaises dit de lui : « Il nous rend au Caire les dîners qu'il nous a offerts à Paris. »

Dès les premières chaleurs, toute la Cour et le gouvernement rejoignent le roi à Alexandrie. L'Égypte change de capitale l'espace de quelques

---

6. Henry Bordeaux, *Le Sphinx sans visage,* Marseille, Detaille, 1946.
7. Jacques d'Aumale, *Voix de l'Orient, op. cit.*

mois. Une nouvelle vie mondaine s'organise. Il arrive que le Conseil des ministres se réunisse à l'hôtel-casino San Stefano, l'un des hauts lieux des plaisirs de l'été. Cela n'empêche pas beaucoup de pachas d'aller se rafraîchir plus loin, dans les villes d'eau d'Europe. Chacun a ses préférences et ses habitudes : Carlsbad, Vichy, Vittel... Au retour, ce sera l'escale obligée à Paris, pour se fournir en robes, costumes, livres et tableaux.

Les départs sont de véritables fêtes sur le quai d'Alexandrie, couvert de fleurs. On vient saluer les amis, un bouquet à la main. Égyptiens fortunés et Européens se retrouvent à bord de magnifiques paquebots, qui font de la traversée un énième plaisir estival. Les Messageries maritimes ont inauguré le *Champollion* en 1925 et le *Mariette pacha* l'année suivante. Les précédents navires desservant cette ligne s'appelaient *Sphinx, Louqsor* ou *Sinaï.* Il faut croire que les noms des égyptologues sont désormais encore plus magiques que l'objet de leurs recherches !

Les décors de ces deux palais flottants ont été conçus entièrement à l'égyptienne : meubles, tapis, tableaux, boiseries, ferronneries [8]... Dans le hall du *Champollion,* des colonnes en bois aux formes de lotus sont marquetées de motifs pharaoniques, tandis que, dans la galerie d'écriture, elles supportent des urnes éclairantes en albâtre translucide. Des papyrus stylisés « art-déco » garnissent les grilles en fer forgé autour de l'ascenseur. Une grande toile du peintre Jean Lefeuvre représente une scène de navigation, avec des rameurs noirs et une princesse éventée par des esclaves nues. Les sièges de la salle à manger s'inspirent de ceux qui ont été trouvés dans la tombe de Toutankhamon... A elles seules, les affiches de la compagnie font voyager, avec ce magnifique paquebot aux cheminées fumantes, sur fond de sphinx et de Méditerranée.

C'est à bord du *Mariette pacha* qu'arrivent les invités de l'exposition « Égypte-France », organisée au Caire en 1929. Cette grande manifestation, réunissant plus d'un millier d'exposants, est marquée par un défilé de haute couture, des conférences littéraires, cinquante représentations cinématographiques, un concert, un bal et des réceptions à n'en plus finir. Le paquebot, arborant le grand pavois, entre pour la première fois dans le canal de Suez. On accueille à bord les dirigeants de la Compagnie universelle pour un déjeuner. Le président des Messageries maritimes, Georges Philippar, porte un toast : « Nous sommes ici chez vous, puisque nous sommes dans les eaux du Canal, mais vous êtes aussi chez nous, puisque vous êtes à bord de ce paquebot français. »

Chez vous, chez nous... On s'y perd. Les Français se sentent si bien en Égypte que celle-ci finit par être oubliée.

---

8. Louis-René Vian, *Arts décoratifs à bord des paquebots français, 1880-1960,* Paris, Fonmare, 1992.

8

Ceux du Canal

Les navires qui pénètrent dans le canal de Suez par la Méditerranée sont accueillis par un Ferdinand de Lesseps géant, leur tendant la main. Cette statue de bronze, inaugurée le 17 novembre 1899 à l'occasion du trentième anniversaire de la voie d'eau, atteint presque sept mètres de hauteur, sur un piédestal qui en fait plus de dix. Emmanuel Frémiet, son auteur, souhaitait disposer sur le socle les bustes des quatre khédives successifs (Saïd, Ismaïl, Tewfik et Abbas). On l'en a dissuadé pour ne pas froisser les Égyptiens : le grand homme ne pouvait tout de même pas avoir quatre souverains à ses pieds...

Un autre sculpteur français, Auguste Bartholdi, originaire de Colmar, était candidat pour réaliser un monument. Il avait eu le coup de foudre pour la statuaire égyptienne en 1855, lors d'un premier voyage dans la vallée du Nil en compagnie des peintres orientalistes Belly et Gérôme. « Dès lors, l'idée de payer son propre tribut à l'art colossal ne le quittait plus[1]. » Bartholdi songeait à « une Égypte éclairant l'Orient ». Au cours d'un second voyage, quelques mois avant l'inauguration du canal de Suez, il avait soumis au khédive Ismaïl le projet d'une immense statue, représentant une paysanne égyptienne, coiffée du némès pharaonique et levant un bras. Ismaïl était d'accord pour la paysanne, peut-être pour le bras levé, mais pas pour le némès. On en resta là. Après diverses péripéties, ce projet devait être détourné vers l'Amérique et devenir la fameuse statue de New York. Ainsi, l'Égypte éclairant l'Orient est à l'origine de la Liberté éclairant le monde.

Ferdinand de Lesseps trônant à l'entrée du canal de Suez, c'est une consolation pour sa famille, très éprouvée. Car il s'en est passé des choses depuis l'inauguration triomphale de la voie d'eau... Beaucoup de fleurs, d'abord. Le promoteur du Canal, acclamé dans toutes les capitales, a été élu à l'Académie française. L'accueillant sous la coupole le 23 avril 1884, Renan lui a lancé : « Après Lamartine, vous avez, je crois, été l'homme le plus aimé de notre siècle, celui sur la tête duquel se sont formés le plus de légendes et de rêves. » L'immortel ajoutait imprudemment : « Votre gloire

---

1. *Auguste Bartholdi en Égypte (1855-1856)*, Catalogue de l'exposition, Colmar, 1990.

ne souffrira pas d'intermittences. Déjà vous jouissez presque des jugements de la postérité. » Dix ans plus tard, Lesseps mourait dans la plus grande tristesse, après avoir été brisé par le scandale de Panama.

Il était déjà âgé de soixante-quatorze ans quand on avait fait appel à lui pour présider la Compagnie universelle du canal interocéanique, destiné à relier deux autres mers, l'Atlantique et le Pacifique. Le vieux combattant n'avait pas su résister à la tentation d'associer son nom à une nouvelle transformation de la planète. Le jour du Jugement dernier, le Bon Dieu pourrait-il lui en vouloir d'avoir amélioré une deuxième fois Son œuvre ? Panama était parti d'une erreur technique, entraînant une mauvaise évaluation budgétaire, puis avait tourné à la catastrophe avec la mort de nombreux ingénieurs, ouvriers et techniciens, atteints de la fièvre jaune. Mais ce fut surtout un scandale politico-financier, marqué par des dessous-de-table pour obtenir un emprunt. Les travaux durent être arrêtés et la Compagnie déclarée en faillite. Si Lesseps échappa aux assises et à la prison – contrairement à son fils Charles –, il fut reconnu coupable de corruption. La presse ne s'intéressait plus qu'à l'argent sale. Tout le travail réalisé sur place – et que les États-Unis reprendraient avec succès quelques années plus tard – était effacé par un scandale obscur, aux contours mal définis.

Dans l'isthme de Suez, au début du XXᵉ siècle, on ne veut pas entendre parler de « panamistes » et de « chéquards ». Ferdinand de Lesseps reste le fondateur de la seule Compagnie qui compte. Sa statue géante est là pour en témoigner. Son ancien chalet, devenu lieu de pèlerinage, est jalousement conservé à Ismaïlia, avec le bureau de bois craquelé, le lit et la moustiquaire. Cette maison du fondateur contraste avec la somptueuse résidence de ses successeurs, où sont hébergés les hôtes de marque. Car la Compagnie est florissante. Elle demeure sous contrôle français, même si des Britanniques siègent au conseil d'administration et sont toujours les principaux utilisateurs du Canal.

Des actionnaires comblés

Le nombre des navires augmente tous les ans. Ce sont des bâtiments de plus en plus gros, comptant désormais une bonne proportion de pétroliers. Pour les accueillir, le Canal ne cesse de s'améliorer. Approfondi, élargi, il permet le passage d'une mer à l'autre en une quinzaine d'heures seulement au début des années 1930 : trois fois moins qu'à l'origine.

Tous les pavillons du monde y sont admis sans restriction, même en temps de guerre, comme l'a établi la convention de 1888. Cette neutralité de la voie d'eau a cependant volé en éclats pendant le premier conflit mondial, quand la Turquie, alliée de l'Allemagne, a envoyé 16 000 soldats pour tenter de franchir le Canal. Ils ont été repoussés par l'artillerie anglaise. On s'est souvenu alors d'une autre phrase de Renan, prononcée à l'Académie française : « L'isthme coupé devient un détroit, c'est-à-dire un champ de bataille. Un seul Bosphore avait suffi jusqu'ici aux embarras du monde ; vous en avez créé un second, bien plus important que l'autre, car il ne met pas seulement en communication deux parties de mer intérieure ; il sert de couloir de communication à toutes les grandes mers du globe. En cas de guerre maritime, il serait le suprême intérêt, le point pour l'occupation duquel tout le monde lutterait de vitesse. Vous aurez ainsi marqué la place des grandes batailles de l'avenir. »

Mais le trafic du Canal, atteint par la guerre, a repris aussitôt ensuite, pour battre de nouveaux records. Les recettes de la Compagnie augmentent en conséquence. Et, comme elle ne paie d'impôts ni en France (puisqu'elle est considérée comme égyptienne), ni en Égypte (puisqu'elle a un statut étranger), ses bénéfices sont considérables. Les actionnaires se remplissent les poches, comme le démontre un chercheur français, Hubert Bonin, qui a décortiqué tous les chiffres de la Compagnie depuis sa création. C'est, incontestablement, une « bonne affaire »[2].

De fortes recettes, alliées à une gestion efficace, permettent d'amortir toutes les dépenses d'investissement. Ainsi, de 1900 à 1939, chaque franc de bénéfice d'exploitation peut être distribué. Difficile de faire mieux ! Sur les 4 milliards de francs de recettes de cette période, les actionnaires en reçoivent les deux tiers. Les familles françaises qui avaient osé investir dans le sable en 1858 sont plus que comblées. Si l'action achetée 500 francs à l'époque s'était momentanément effondrée pendant le creusement du canal, elle est remontée au-delà de toute espérance : le cap des 1 000 francs a été franchi dès 1880, celui des 3 000 en 1895, celui des 5 000 en 1910, pour atteindre 6 513 francs en 1930. Tout cela avec une hausse modérée du coût de la vie. « Les Suez » deviennent le joyau des patrimoines. En posséder permet de bien marier ses enfants.

La Compagnie apparaît, dans la première moitié du XXᵉ siècle, comme une grande réussite technique et financière, le symbole du capitalisme triomphant. Son nouveau siège, installé en 1913 rue d'Astorg, dans le VIIIᵉ arrondissement de Paris, l'exprime de manière tapageuse. « Tous les tapis verts ou rouges sont décorés du scarabée, emblème du canal. A l'entrée, le concierge est constamment en redingote. Dans les antichambres, les huissiers ne quittent pas la livrée avec habit à la française et boutons dorés[3]. » Statues des fondateurs et maquettes de navires garnissent la « galerie des bustes » qui conduit à l'imposante salle du conseil d'administration. Là siègent de grands noms de la finance, de la banque, des compagnies maritimes, des milieux politiques et de l'aristocratie. Ces messieurs ont l'honneur d'être liés à une institution prestigieuse et, accessoirement, de se partager 2 % des bénéfices.

La Compagnie est pilotée de Paris par une direction générale toute-puissante. Depuis que Lesseps a cédé la place, « le président est un mo-

2. Hubert Bonin, *Suez. Du canal à la finance (1858-1987)*, Paris, Economica, 1987.
3. J. Georges-Picot, cité *ibid.*

narque parlementaire qui règne sans gouverner[4] ». Il se rend en Égypte six semaines par an, pour faire des relations publiques et entretenir la flamme parmi les salariés. Ceux-ci, à vrai dire, n'ont nulle raison de perdre le moral. Ils sont fiers d'appartenir à la Compagnie et très choyés par celle-ci.

Dans les années 1930, près de deux cadres ou employés sur trois sont français. Les quelques dizaines d'ingénieurs, sortis des grandes écoles (Polytechnique, Centrale, Ponts, Navale), ont le sentiment de faire partie d'un « corps », petit, certes, mais prestigieux. Les employés travaillent dans de bonnes conditions : la comptabilité, par exemple, a bénéficié très tôt des cartes perforées avec trieuses et tabulatrices.

De mai à octobre, on ne travaille que de 7 h 30 à 13 heures, en raison de la chaleur. Outre une participation aux bénéfices, le personnel jouit d'avantages appréciables. On lui construit des logements. Les soins médicaux sont gratuits. La Compagnie subventionne des écoles et des activités récréatives. Elle accorde des prêts à ses salariés et leur assure une retraite confortable.

Mais tout le monde n'est pas logé à la même enseigne : les salaires des ouvriers égyptiens – supérieurs à ceux qui sont pratiqués en Égypte – n'atteignent que la moitié de ceux de leurs camarades grecs, italiens ou austro-hongrois. Jules Charles-Roux, vice-président, le justifie « non seulement par la loi industrielle de l'offre et de la demande, un très grand nombre d'indigènes sollicitant chaque jour d'être occupés par la Compagnie, mais aussi par ce fait que, se trouvant dans leur pays d'origine et habitués dès leur enfance à l'existence frugale que comporte toujours un climat chaud, les indigènes n'ont à dépenser pour leurs frais d'existence que des sommes équivalant, environ, à la moitié des frais d'existence d'un ouvrier européen de la même profession[5] ».

Mondanités en vase clos

La Compagnie est jalouse de son autonomie, ce qui occasionne quelques frottements avec la légation française du Caire. Les gens du Canal ont tendance à vivre en vase clos. Transitant par l'isthme en 1894, Lyautey raconte : « Je suis à côté d'une jeune fille en rose, qui, née voici dix-huit ans, me parle tennis, abonnement de musique et de lecture, comédies de salon (c'est la grande attraction d'hiver à Ismaïlia) ; je lui réponds Caire, où je serai dans cinq heures et dont je pense qu'une personne si bien informée va me donner quelque avant-goût. Mais, depuis dix-huit ans, ni elle, ni sa sœur, ni sa mère n'y sont jamais allées ; toute leur Égypte tient dans l'abonnement de lecture de Port-Saïd et le tennis d'Ismaïlia. » Cet isolement est sans doute moins vrai dans l'entre-deux-guerres, mais l'esprit n'a pas beaucoup changé.

4. Hubert Bonin, *op. cit.*
5. Jules Charles-Roux, *L'Isthme et le Canal de Suez*, Paris, 1901, t. 2.

L'isthme lui-même compte plusieurs villes, plusieurs chapelles. Ismaïlia, la capitale administrative de cette petite république coloniale, se qualifie volontiers de « Washington », après avoir été baptisée « la Venise du désert ». Pour sa chance, elle n'est pas devenue, comme on l'imaginait à l'origine, un grand port intercontinental au milieu des sables. Cette petite agglomération (15 000 habitants en 1926) a le charme désuet d'une colonie provinciale. Construite par des ingénieurs et pour des ingénieurs, c'est une cité ordonnée, fleurie, bien française, qui a su faire pousser en plein désert des jacarandas bleus, des poincianas rouges et des jasmins blancs... Son quartier résidentiel se distingue du quartier grec, qui lui-même n'a rien à voir avec la partie arabe.

Un Français du Caire, Fernand Leprette, enseignant et écrivain, décrit ainsi la ville au début des années 1930 : « L'asphalte est miraculeusement lisse. Pas le plus petit morceau de papier qui traîne sur les trottoirs. Un clocher de briques vous fait la surprise de tinter avec agrément. On songe, d'abord, à des jardins anglais, à quelque Surrey. Et puis, un rien de plus pimpant rappelle plutôt quelque petite ville normande au bord de l'eau. On est dans un fief d'Occident, pas anglais mais français : c'est le fief du Canal. Il ne faut pas longtemps pour comprendre que la ville a, au plus haut point, le sens de la hiérarchie. Les agents supérieurs se sont réservé des installations princières dans une féerie de verdure et de fleurs. Les employés à traitements dits moyens occupent un quartier encore très cossu. Les commerçants se groupent sous leurs balcons de bois à béquilles. Le menu fretin, sans avoir droit à la solitude, habite dans des logements très décents. Quant aux quartiers populaires, ils sont relégués à la périphérie. Le Canal les ignore [6]. »

Les Français d'Ismaïlia savent parfaitement allier travail et loisirs : « M. l'administrateur en chef fait de l'équitation chaque matin. » Sur la plage – à l'endroit où le canal bleu méthylène rejoint le lac Timsah –, « les cabines déplacent leurs coupoles avec le soleil ». Pêche, chasse, tennis, sports nautiques, les distractions ne manquent pas. Ismaïlia reçoit des comédiens, des conférenciers et organise tous les dimanches une soirée de *small dance*. Dans cette ville provinciale, le smoking appartient au décor, ce qui n'empêche pas la vie mondaine d'être bien hiérarchisée : l'épouse d'un ingénieur en chef n'est pas celle d'un chef comptable ni celle d'un ingénieur tout court, et sait le faire sentir à l'occasion.

Port-Saïd (80 000 habitants en 1926) a un aspect bien différent, avec ses docks, ses chantiers, et le vent de la mer qui lui rappelle constamment le grand large. Il a longtemps souffert d'une mauvaise réputation, quand les navires, ne pouvant emprunter le Canal de nuit, y déversaient leurs voyageurs. Cette Babel était alors livrée à des commerces bruyants et parfois douteux. Grâce à la fée Électricité, « sous l'influence d'autorités soucieuses de l'ordre et de la moralité publics, Port-Saïd est devenu un

---

6. Fernand Leprette, *Égypte, terre du Nil*, Paris, 1932.

honnête port, ni meilleur ni pire que ses congénères européens », signale de manière un peu énigmatique le comte de Serionne, agent supérieur de la Compagnie en Égypte [7]. La ville s'honore de compter « la plus belle église du pays », une cathédrale dédiée à Marie reine du monde. Elle compte de grands hôtels, un lycée français, un lycée italien, une école grecque... En été, c'est un lieu de villégiature apprécié, avec des activités mondaines et un gymkhana automobile.

Le caractère cosmopolite de ce port ouvert sur le monde – où l'on parle de « rive Asie » et de « rive Afrique » – est souligné par les fêtes religieuses ou nationales qui s'y succèdent. Les sociétés musicales descendent dans la rue pour la Sainte-Cécile et la Sainte-Barbe. Les Autrichiens sortent leurs drapeaux le 8 août, et les Italiens le 20 septembre... Quant aux Français, ils sont chez eux : le 14 Juillet n'est pas la fête d'une seule colonie mais de toute la ville. On vient même de Damiette pour assister à la retraite aux flambeaux et au feu d'artifice, tiré du casino. En dehors de ces festivités à date fixe, les orchestres des bateaux de guerre en transit se produisent tout au long de l'année dans la rue principale.

A l'autre bout de l'isthme, Suez vante « son climat sec, ses hôpitaux de première classe ». Paul Morand, qui y fait escale sur la route des Indes, est réveillé en sursaut, à l'heure de la sieste, par un drôle d'angélus : « un angélus sec, autoritaire, fanatique, administré à la ville comme une fessée ». Il ajoute : « Et continuellement éclate le sifflet du petit train qui s'ébranle comme pour un vrai voyage, mais ne fait que trois kilomètres et s'arrête définitivement aux docks, à Port-Tewfik » [8].

Suez a été détrônée, et elle le sait, par son faubourg. Port-Tewfik est la ville du directeur de la « troisième section » de la Compagnie. Des bungalows de style colonial, abrités par des acacias-lebbeks, parsèment l'avenue Hélène. « Des autos de luxe glissent devant des haies et des pelouses bien taillées, écrit Fernand Leprette. Un rare *Haviland*, qui regagne Hambourg, fait flotter à l'arrière, noir sur rouge, sa croix gammée et ne laisse aucune trace qu'un bruit de ressac contre la berge. Une embarcation rapide accoste : le pilote en casquette blanche jette sa mallette au boy qui l'attend. Il croise des jeunes hommes pareils à lui, d'une sobre élégance, marchant par simple plaisir sportif. Chacun se salue avec une courtoisie discrète. Quelques-uns s'en vont derrière de hauts grillages retrouver des jeunes filles en shorts. Tout ici a une allure de bon ton. Mais j'y flaire un léger ennui distingué. »

Rien n'interdit aux habitants de l'isthme de se donner des sensations plus fortes en allant explorer le Sinaï ou camper sur la mer Rouge. Jusqu'au début des années 50, ces privilégiés auront la côte quasiment à eux, sans touristes. Plus d'un gardera, à jamais, l'impression d'avoir vécu au paradis.

---

7. *L'Égypte,* ouvrage collectif sous la direction de Joseph Cattaui pacha, Le Caire, IFAO, 1926.

8. Paul Morand, *La Route des Indes,* Paris, 1936.

9

Un chanoine aux Antiquités

Ce n'est pas un Français mais un Anglais qui fait, en novembre 1922 – cent ans exactement après l'eurêka de Champollion –, la découverte égyptologique la plus spectaculaire du XXᵉ siècle. Il s'appelle Howard Carter. Ce fouilleur professionnel arrondit ses fins de mois en fabriquant des aquarelles pour touristes. Dans la vallée des Rois, depuis dix ans, il cherche désespérément des tombes royales, avec l'aide financière d'un compatriote mécène, lord Carnavon. Carter est près d'abandonner la partie quand ses ouvriers dégagent un escalier de seize marches, conduisant à une tombe scellée. Il s'agit de la dernière demeure d'un pharaon mineur de la XVIIIᵉ dynastie, Toutankhamon. Carter câble à Carnavon, qui accourt. Le 26 novembre, les deux Anglais pénètrent dans l'antichambre de la tombe et n'en croient pas leurs yeux : un fabuleux mobilier funéraire est entreposé là depuis 3 200 ans.

La nouvelle fait le tour du monde. D'innombrables pièces de valeur sont recueillies pendant quatre années de déblaiement. Devant la momie royale, enfin atteinte, c'est l'éblouissement : trois sarcophages emboîtés les uns dans les autres, un cercueil en or massif, sculpté et gravé, ainsi qu'un masque funéraire, également en or massif, incrusté de lapis-lazuli. Au total, la fabuleuse découverte de Howard Carter permet de recueillir plus de deux mille objets : des colliers, des bagues, des bracelets, des vases, des cannes, des coffres, des statues, des lits d'apparat, et même les chars du roi…

L'égyptomanie s'en trouve furieusement relancée. « Les années Toutankhamon » sont marquées par toutes sortes de créations, à Paris en particulier, où une nouvelle ligne « égyptienne » de vêtements est présentée au printemps 1923 par des princes de la haute couture, tandis que Cartier conçoit un nécessaire de toilette Toutankhamon en émail cloisonné, or, ivoire, onyx, saphirs, émeraudes et diamants[1].

Si un Anglais a fait la découverte, c'est un Français, Pierre Lacau, directeur général du Service des antiquités égyptiennes, qui va avoir la tâche redoutable de la gérer. Treize années de soucis, et parfois de cauchemar.

---

1. *Égyptomania. L'Égypte dans l'art occidental, 1730-1930,* Paris, musée du Louvre, 1994.

Il faut d'abord transporter ce fabuleux mobilier de la vallée des Rois à Louxor. Puis, le conduire jusqu'au Caire, en le protégeant des voleurs, des marchands d'antiquités et des curieux. Au musée, chaque pièce est analysée, fichée, photographiée, avant d'être traitée pour en assurer la conservation[2].

Tout cela, sous l'œil de la presse mondiale... et les vociférations de Carter et Carnavon, qui réclament une partie du trésor. Le Service des antiquités ne veut leur accorder que l'exclusivité des publications. Des procès sont engagés. Lacau est au cœur de la tourmente. Le savant à barbe blanche est accusé tantôt d'incompétence, tantôt de vouloir tirer la couverture à lui. Et, de nouveau, le rôle prééminent exercé par la France sur l'égyptologie se trouve mis en cause.

Le directeur des Antiquités est confronté simultanément à une autre affaire délicate, qui fait de lui l'ennemi des fouilleurs allemands. En 1922 apparaît au musée de Berlin un merveilleux buste de Néfertiti, taillé dans un bloc de calcaire. Il provient, explique-t-on, des fouilles de Tell-el-Amarna, en Moyenne-Égypte. Comment une pièce aussi exceptionnelle a-t-elle pu quitter le pays ? « Avec l'autorisation de Pierre Lacau », explique l'égyptologue allemand Ludwig Borchardt. Des documents attestent en effet qu'une partie des objets recueillis dix ans plus tôt sur ce site ont reçu le visa de sortie, signé du directeur des Antiquités. Selon la coutume, des pièces mineures peuvent être conservées par ceux qui les ont découvertes. Mais le buste de Néfertiti n'entre nullement dans cette catégorie et n'a pu qu'être caché à l'inspecteur qui s'était rendu sur place pour le contrôle réglementaire.

Pierre Lacau, constatant qu'il a été joué par l'équipe de Borchardt, interdit de fouilles les égyptologues allemands. Le pouvoir nazi fera pression sur le roi Fouad pour lever cette mesure. Il obtiendra gain de cause, en promettant de restituer la fameuse statue pour n'en conserver qu'une copie. Mais c'est la copie qui sera envoyée en Égypte, Hitler s'étant, paraît-il, amouraché de Néfertiti entre-temps[3]...

La passion de Jean-Philippe Lauer

Pierre Lacau, de passage à Paris au cours de l'été 1926, reçoit la visite d'un architecte de vingt-quatre ans, tout intimidé : il s'appelle Jean-Philippe Lauer, ne connaît ni l'égyptologie ni les langues orientales, mais aimerait bien travailler sur les bords du Nil. Le directeur des Antiquités, qui a besoin de renfort sur le chantier de Saqqara, lui propose un engagement de huit mois. Le jeune homme accepte avec empressement. Son aventure égyptienne durera plus de soixante-dix ans.

2. Gabriel Dardaud, *Trente Ans au bord du Nil,* Paris, Lieu commun, 1987.
3. *Ibid.*

A l'époque, la vallée que domine Saqqara était noyée par les eaux du Nil une partie de l'année. L'émotion qui a saisi Jean-Philippe Lauer en découvrant ce panorama extraordinaire mérite des guillemets : « Le 2 décembre 1926, je prenais l'express de Haute-Égypte qui me déposait trente kilomètres au sud du Caire, en gare de Bédrachein, où m'attendait un fonctionnaire du Service des antiquités, dignement coiffé de son tarbouche. Après m'avoir aidé à charger mes bagages, mon guide me fit prendre place à bord d'un *sand car*, et ce fut au trot du cheval que nous rejoignîmes Saqqara. Après avoir traversé le marché de Bédrachein, la voiture du Service s'engagea sur un chemin de terre battue qui longeait un vaste étang bordé de palmiers où se baignait un troupeau de buffles... Au-delà de l'étang, la route passait parmi les ruines de Memphis et, pour la première fois, je vis, étendus à l'ombre des palmiers, les deux magnifiques colosses de Ramsès II... Plus loin, la route passait sur un talus au bas duquel, émergeant à peine de l'eau, apparurent les vestiges du grand temple de Ptah... Une immense nappe d'eau bleutée s'étendait à perte de vue dans la vallée, limitée seulement à l'ouest par le village de Saqqara et sa palmeraie et surtout par le souple ruban d'or des sables du désert de Libye à la crête duquel se silhouettaient plusieurs pyramides, dont la pyramide à degrés de Djoser. Nous nous trouvâmes bientôt entourés d'eau, en plein milieu d'un immense miroir réfléchissant, avec des coloris infiniment nuancés, tout ce qui émergeait de cette onde calme et limpide : palmiers, tamaris et acacias entre lesquels les barques des pêcheurs ou des passeurs filaient paisiblement [4]... »

Le jeune Lauer, devenu fonctionnaire égyptien, est appelé à seconder un Anglais, Cecil Firth. Celui-ci – un homme jovial, aux allures de géant – habite, avec son épouse et sa fille, une petite maison dans le désert, non loin de la fameuse pyramide à degrés qui passe pour le plus vieux monument en pierre du monde. Il campe dans cet endroit perdu pour tenter de reconstituer le complexe funéraire conçu vers 2700 avant Jésus-Christ par le fameux architecte Imhotep. Il accueille avec humour le Français et lui fait construire un modeste logis à côté du sien. Une amitié est née, que rien n'entamera jusqu'à la mort de Firth, en 1931, preuve que l'Égypte n'est pas seulement un champ de bataille franco-britannique...

Tandis que des ouvriers déblaient les alentours de la pyramide, Jean-Philippe Lauer étudie les fragments épars de deux édifices déjà mis au jour. « J'eus, dès le début, raconte-t-il, conscience de l'ampleur du travail que représentait Saqqara. Je me suis pris au jeu de ce gigantesque puzzle au point d'être "possédé". L'univers s'était raccourci à un champ de ruines qui hantaient mes jours et mes nuits. Alors que je recréais une forme, dès qu'une ébauche d'architecture se révélait à moi, j'entrais dans un état d'exaltation proche du délire [5] ! »

4. Jean-Philippe Lauer, *Saqqarah. Une vie,* entretiens avec Philippe Flandrin, Paris, Payot, 1992.

5. Claudine Le Tourneur d'Ison, *Une passion égyptienne. Jean-Philippe et Marguerite Lauer,* Paris, Plon, 1996.

Le contrat du jeune architecte est renouvelé pour huit mois. Il le sera de nombreuses autres fois par la suite... En 1928, Firth et Lauer dégagent un puits de 28 mètres de profondeur et atteignent un caveau de granit. Vide. Un escalier, qui était enfoui sous les sables, aboutit à une porte murée. Firth ordonne aux ouvriers d'y faire une brèche, puis se met à quatre pattes pour pénétrer dans le tombeau. Son embonpoint lui vaut de rester coincé. On le pousse, on le tire, il réussit à se dégager. Puis, avec un sourire en coin : « Lauer, vous qui êtes si mince, pourquoi ne passeriez-vous pas le premier ? » Récit du Français : « Je me suis immédiatement glissé dans la brèche et j'ai plongé dans le trou, une bougie à la main. Je suis retombé deux mètres plus bas dans une antichambre où personne depuis quatre mille ans n'avait pénétré. Lentement, je me suis redressé en levant la bougie pour explorer l'espace où je me trouvais. Le cœur battant, je franchis une première salle avant de parvenir à un étroit passage... Soudain, je m'écriai à l'intention de Firth : "Oh ! Il y a une porte avec le protocole du roi comme dans la pyramide à degrés !" Dans une salle oblongue et perpendiculaire à la précédente, six panneaux couronnés par des arcatures posées sur des piliers djed avaient perdu la majeure partie des faïences bleues qui les recouvraient. Brisées, elles gisaient sur le sol. Un autre passage ouvrait sur une seconde chambre oblongue et je vis alors trois stèles fausses portes recouvertes de reliefs d'une remarquable finesse. Fou de joie, je me mis cette fois à hurler : "C'est formidable, il y a des stèles ! Trois stèles !"... Firth fut enfin à mes côtés. Les yeux exorbités, comme moi pétri d'émotion, il contemplait les stèles... Nous venions de découvrir le cénotaphe de Pharaon » [6].

Un an plus tard, Firth et Lauer trouvent un deuxième tombeau, identique au premier, cette fois sous la pyramide elle-même. Le jeune architecte n'aura pas de mal à obtenir un nouveau mandat. Il obtiendra aussi la main de la fille cadette du nouveau directeur de l'Institut français d'archéologie orientale, Pierre Jouguet. Une belle histoire d'amour, intimement liée à Saqqara, où le couple vit tout un temps sans eau courante et sans électricité, se chauffant en hiver au moyen de braseros. Le jour où enfin le téléphone est installé, il porte le numéro 1, mais la ligne sera coupée pendant la Seconde Guerre mondiale pour n'être jamais rétablie...

Poursuivant son tête-à-tête avec l'architecte Imothep, essayant inlassablement d'imaginer le plan suivi par cet illustre prédécesseur, Jean-Philippe Lauer reconstitue, pièce à pièce, le complexe funéraire. Ce puzzle monumental est l'œuvre de toute une vie. Même après sa mise à la retraite, il continuera à passer plusieurs mois par an dans sa maison de Saqqara, où d'autres auront pris le relais. A quatre-vingt-quinze ans, dans sa célèbre tenue kaki, il confiera à un journaliste français : « Ah, si Imhotep avait pu me dire dans le creux de l'oreille la disposition de ses archi-

6. *Ibid.*

traves sur ses colonnes, j'aurais pu tout replacer ! Las… Faute de l'entendre, j'ai préféré les laisser en l'état. Il faut savoir oser reconstituer mais sans exagérer [7]. »

Étienne Drioton en tarbouche

Qui va diriger le Service des antiquités ? La question se pose une nouvelle fois en 1935 avec le départ de Pierre Lacau. L'accord conclu entre Paris et Londres lors de l'Entente cordiale ne tient plus puisque l'Égypte, dans l'intervalle, a acquis son indépendance. La décision est entre les mains du roi Fouad, lequel subit toutes sortes de pressions pour ne pas laisser ce poste stratégique à la France. Fait nouveau : des Égyptiens aussi se mobilisent, estimant que la défense du patrimoine national revient à un enfant du Nil, ce qui n'est pas forcément absurde…

Les Français ont un bon candidat en la personne d'Étienne Drioton, l'un des plus brillants éléments du Louvre. Passionné d'égyptologie depuis l'enfance, excellent conférencier, c'est aussi un chercheur talentueux, qui a élucidé le système cryptographique. Il n'a qu'un seul handicap : sa soutane. M. Drioton est en effet chanoine honoraire de la cathédrale de Nancy.

Nombre d'égyptologues français lui doivent leur formation première dans les années 20. Jean Sainte Fare Garnot n'a jamais oublié la fascination qu'exerçait cet ecclésiastique sur ses élèves. Il les réunissait le lundi après-midi au Louvre pour de brillantes « conférences-promenades », ou à l'Institut catholique, où ses cours commençaient par une prière. « L'usage s'établit, à partir de 1930, de faire sa première année d'égyptien avec l'abbé Drioton ; on n'entrait qu'ensuite à l'École des hautes études, sous la houlette de Gustave Lefebvre, de Raymond Weill ou d'Alexandre Moret. Cependant l'enseignement de l'abbé était si vivant, si lumineux, que presque toujours nous nous inscrivions en seconde année, pour le plaisir de l'entendre et d'apprendre encore… Quant à ses leçons de copte, il n'y en avait pas d'autres dans la France entière. »

M. Drioton est donc prêtre. Le roi Fouad décide d'ignorer ce détail, et le choisit pour directeur des Antiquités égyptiennes. Mais quand l'ecclésiastique – dispensé du port de la soutane par ses supérieurs – arrive au Caire pour prendre ses fonctions, Fouad vient de mourir. Et les députés égyptiens ont voté contre la construction, jugée trop coûteuse, d'un mausolée de granit, destiné à abriter des momies royales honteusement dénudées, qui offensaient les yeux des visiteurs du musée égyptien. Ne sachant plus où mettre ces objets de scandale, on les a entreposés dans la maison vacante du directeur des Antiquités. Le chanoine Drioton trouve donc à son arrivée, alignés dans le salon, une vingtaine de pharaons, princes et

7. *La Vie,* 2 janvier 1997.

princesses, dépouillés de leurs bandelettes, dans des cercueils de bois recouverts d'une plaque de verre.

Ses collaborateurs, un peu gênés, lui demandent de leur laisser le temps d'aménager un entrepôt plus adéquat. Il les rassure, avec sa bonhomie habituelle. « Tous les matins, raconte joliment Gabriel Dardaud – trop joliment ? – le bon abbé disait sa messe devant les pharaons couchés à ses pieds ; l'autel et son crucifix encadré de deux cierges étaient dressés au fond de la pièce. *"Dominus vobiscum... – Et cum spiritu tuo"*, répondait la vieille maman du célébrant, seule admise à cet office quotidien. Une dernière et large bénédiction : *"Ite missa est."* Mme Drioton passait à travers les cercueils pour aller préparer le petit déjeuner de son chanoine de fils. Les cierges éteints, les pharaons retrouvaient le calme de leur éternité. »

Cet ecclésiastique massif, bon vivant, aimant plaisanter, s'attire beaucoup de sympathies. Sa mère, une solide Bourguignonne, fait de sa table l'une des meilleures du Caire. Le chanoine Drioton ne manque pas de séduire le jeune roi Farouk, arrivé sur le trône en 1936, et auquel il sert de guide lors d'un voyage en Haute-Égypte. Participe également à cette randonnée Howard Carter, le découvreur de Toutankhamon, qui a voué depuis lors le Service des antiquités aux gémonies pour l'éternité. Un cousin de Farouk, Adel Sabet, se souvient de Carter « sempiternellement maussade » et du « pétulant abbé Drioton », portant son tarbouche de fonctionnaire égyptien incliné sur l'oreille. *« A typical excitable Frenchman »*, avait décrété la gouvernante anglaise, qui voyait en lui le prototype du Français vibrionnant[8].

Appuyé par Farouk, le chanoine Drioton va pouvoir continuer l'œuvre de ses prédécesseurs et encourager diverses recherches. Sous son « règne », plusieurs égyptologues français se distinguent. Pierre Montet découvre en 1939 à Tanis, dans le Delta, la nécropole des rois tanites (XXIe et XXIIe dynasties), dont l'un repose, avec toutes ses parures, dans un cercueil d'argent à tête de faucon. En Haute-Égypte, Bernard Bruyère dégage le village antique des ouvriers de Deir-el-Médina, tandis que sa femme Françoise, voilée, transformée en infirmière, soigne les paysans de la région. Fernand Bisson de La Roque vit sous la tente avec sa famille, près de Karnak, après avoir mis au jour les ruines du temple de Montou. Quant à Georges Goyon, il escalade une centaine de fois la Grande Pyramide pour y relever tous les graffiti et inscriptions y figurant.

Étienne Drioton n'en poursuit pas moins ses propres recherches sur la cryptographie, mais aussi sur le théâtre égyptien antique, y apportant des connaissances inédites. Il réussit à reconstituer « des fragments de tragédie, de comédie, d'opéra bouffe et même de pièces de propagande politique[9] ».

---

8. Adel Sabet, *Farouk, un roi trahi*, Paris, Balland, 1990.

9. Christiane Desroches-Noblecourt, *La Grande Nubiade ou le parcours d'une égyptologue*, Paris, Stock-Pernoud, 1992.

Le chanoine est pris à partie dans diverses querelles égyptologiques ou pseudo-égyptologiques qui agitent certains cercles. On ne manque pas de lui tendre des pièges et même d'ourdir un complot contre lui. Il en arrive, un jour, à cacher deux inspecteurs de police dans son armoire-vestiaire pour qu'ils puissent constater qu'une provocatrice à demi folle, manipulée par on ne sait qui, s'est elle-même dépoitraillée avant de crier au viol[10]…

10. *Ibid.*

10

La fin d'un monde

Signe des temps : le jeune prince Farouk faisait ses études à Londres – et non à Paris – quand il a été rappelé au Caire, au printemps 1936, pour succéder à son père décédé. Mais il est parfaitement francophone. Il a même un peu de sang français, puisque Nazli, sa mère, est une arrière-petite-fille de Soliman pacha, l'ex-colonel Sève... Une petite histoire court dans les salons : à l'âge de cinq ans, Farouk, à qui on n'avait appris que l'arabe et l'anglais, lança à la reine qui bavardait en français avec ses dames de compagnie : « Je comprends tout ce que vous dites ! » On rit et on lui donna un professeur de français.

L'histoire est si vraie – ou si belle – que le proviseur du lycée français du Caire la relate en avril 1939 dans un numéro spécial du *Temps* consacré à l'Égypte. Numéro qui s'ouvre d'ailleurs par un message émouvant du jeune roi, mis en parallèle avec un texte beaucoup plus banal du président de la République française, Albert Lebrun. « C'est avec une grande émotion que je m'adresse à la France, écrit Farouk. Je voudrais lui dire que je la connais et que je l'aime. Je la connais à travers sa longue et prestigieuse histoire, à travers sa littérature et ses arts. J'aime ses érudits, ses paysans, ses artisans. J'aime son élégance et aussi sa simplicité familiale. J'aime son patriotisme et sa générosité. Je l'aime dans ses vivants et dans ses morts, à travers Champollion, Mariette, de Lesseps et Soliman pacha. Je salue la grande nation à laquelle tant et tant de solides liens attachent mon pays et ma maison. » Le roi, âgé de dix-neuf ans, a-t-il composé lui-même ce texte ? A la limite, cela importe peu. Les mots, soigneusement choisis, illustrent un climat, sinon une intention politique.

Dans le même numéro, les ambassadeurs d'Égypte à Paris et de France en Égypte évoquent, l'un et l'autre, l'Expédition de 1798. Fakhry pacha associe Bonaparte et Mohammed Ali, qui « tous deux devaient pétrir de leurs mains puissantes la terre antique des pharaons, et en faire un État moderne et prospère ». Pierre de Witasse attribue à l'Égypte la révélation du « génie français », affirmant avec élégance : « Nous lui avons envoyé Bonaparte ; elle nous a rendu Napoléon. »

Dans ces années qui précèdent la Seconde Guerre mondiale, l'influence culturelle française se manifeste de manière éclatante à travers la presse.

En 1937, Le Caire compte quelque 200 périodiques en langue arabe et 65 en langues étrangères. Sur ces derniers, 45 sont publiés en français, contre 5 seulement en anglais. La proportion est à peu près la même à Alexandrie (20 titres français sur 31 titres étrangers), avec cette différence que la presse de langue arabe y est minoritaire. Désormais, beaucoup de ces journaux et revues sont dirigés par des Égyptiens francophones, qui ont pris le relais des fondateurs français.

La France, c'est aussi et toujours l'enseignement. Les écoles – religieuses ou laïques – ne doivent pas faire oublier les professeurs de talent qui sont détachés pour quelques années à l'université égyptienne (Jean-Marie Carré, Jean Grenier, Henri Guillemin, Henri Lorin...) et les arabisants de grande pointure, proches du monde musulman, qui suscitent le respect des cercles intellectuels locaux. Le philosophe René Guénon, pourfendeur du matérialisme, se convertit à l'islam et épouse une Égyptienne. L'inclassable Louis Massignon, professeur au Collège de France, disciple de Charles de Foucauld et du mystique musulman El-Hallaj, devient prêtre grec-catholique et lance au Caire une communauté de prière. Gaston Wiet, directeur du musée d'Art islamique, participe en 1938 à la création d'un mensuel littéraire de qualité, *La Revue du Caire...*

Le doyen égyptien de la faculté des lettres, Taha Hussein, marié à une Française, joue un rôle essentiel dans cet univers. Son autobiographie, *Le Livre des jours*, a révélé d'exceptionnels talents d'écrivain. Né dans un modeste village, cet aveugle a appris le Coran, puis étudié à l'université islamique d'El-Azhar et a fini par passer un doctorat à la Sorbonne sous la direction de Durkheim. Sa rencontre à Paris avec la « douce voix » de Suzanne Bresseau, qui lui lit Racine, marque un tournant dans sa vie. De retour en Égypte en 1919, il fait scandale avec un livre sur la poésie préislamique, qui lui vaut une accusation d'apostasie et l'éviction de l'université. Réintégré, redevenu doyen, il publie en 1938 *L'Avenir de la culture en Égypte*. Son pays fait-il partie de l'Orient ou de l'Occident ? Pour lui, il est méditerranéen et doit donc avoir des liens privilégiés avec les autres États qui bordent cette mer. Orient et Occident se complètent, comme l'illustre son propre parcours [1].

Henri Guillemin, professeur à l'université du Caire, n'est pas le seul à être impressionné par cet homme qui sait allier tradition musulmane et modernisme. Il note dans son journal, en 1937 : « Ce calme, cette dignité ; cette intelligence. Progressiste, il est mal aimé du roi qui ne veut pas de lui comme ministre de l'Instruction publique, rôle où il excellerait. J'éprouve à son égard un respect qui n'est guère inné en moi pour les Importants, les Considérables. Plus que du respect ; une admiration sans limites ; une tendresse cachée [2]. » Taha Hussein sera

---

1. Bruno Ronfard, *Taha Hussein. Les cultures en dialogue,* Paris, Desclée de Brouwer, 1995.
2. Henri Guillemin, *Parcours,* Paris, Seuil, 1989.

nommé ministre de l'Instruction publique en 1950, après avoir fondé l'université d'Alexandrie.

Les Capitulations enterrées

Curieusement, la France fait figure de méchant quand est renégocié le statut des étrangers, en mai 1937, à la demande du gouvernement égyptien. Un front commun aurait dû, en toute logique, réunir les quatre principaux pays concernés : la Grèce, qui compte 76 000 résidents en Égypte, l'Italie (55 000), la Grande-Bretagne (34 000) et la France (25 000). Mais cette dernière se retrouve seule, déchaînant les critiques des milieux nationalistes.

Chacun joue sa partie, en réalité. L'Angleterre a déjà conclu, l'année précédente, un traité militaire avec l'Égypte. Elle a admis le principe de l'abrogation des Capitulations, déclarant que ce système, vieux de quatre siècles, n'est plus compatible avec l'état du pays. L'Italie de Mussolini, qui a des vues sur le canal de Suez, exploite la carte islamique et pousse le gouvernement égyptien à la surenchère. Quant à la Grèce, elle est trop liée à l'Angleterre pour s'en démarquer et ne peut se permettre, en cas de conflit avec l'État égyptien, de voir refluer sur son territoire des dizaines de milliers d'émigrés.

La France est le pays qui a le plus d'intérêts en Égypte. Les sommes engagées par ses ressortissants dans le canal de Suez, le Crédit foncier, la Dette, les grandes sociétés à monopole (eau, gaz, électricité) et les diverses industries représentent 270 millions de livres, soit les trois cinquièmes de tous les investissements étrangers. C'est un montant d'autant plus considérable qu'il représente le quart de la richesse totale du pays (terres, propriétés bâties et réserve de l'État)[3]. La France n'a pas que des intérêts matériels : ses écoles, en particulier, représentent un capital inestimable, susceptible d'être menacé s'il n'était plus couvert par les immunités des Capitulations.

La conférence organisée à Montreux, en Suisse, est assez tendue. On assiste à un duel franco-égyptien, qui met mal à l'aise les négociateurs des deux parties, tandis qu'à Paris comme au Caire des journaux se déchaînent. La France, protectrice officielle des intérêts catholiques en Égypte, n'a-t-elle pas été encouragée par le pape à soulever la question des institutions scolaires, hospitalières et religieuses ? Au grand dam de l'Italie, d'ailleurs, qui revendique aussi cette fonction… Des intellectuels égyptiens déclarent ne pas comprendre qu'un État laïque cherche à maintenir des privilèges religieux : pour eux, la France n'est pas incarnée par des institutions, mais par la Révolution, les Lumières, Voltaire et Rousseau.

---

3. *L'Égypte indépendante,* par le Groupe d'études de l'islam, Paris, Paul Hartmann, 1938.

Un accord est conclu quand même à Montreux, le 8 mai 1937, laissant dans le flou le sort des institutions. De toute manière, une période transitoire de douze ans a été décidée : les tribunaux mixtes ne disparaîtront qu'en 1949. Pour effacer la mauvaise impression laissée à la conférence, le gouvernement français reçoit chaleureusement la délégation égyptienne à Paris. De son côté, le gouvernement égyptien souligne que l'abolition des privilèges, en mettant à égalité nationaux et étrangers, ne peut que renforcer l'harmonie et la collaboration. En somme, l'amitié continue, sous la glorieuse protection de Mohammed Ali et de Napoléon. Du moins feint-on de le croire.

Les plus inquiets, dans cette affaire, sont les « protégés » de la France, qui sentent le vent tourner. « Nous, dira avec talent Berto Farhi, les laissés-pour-compte du cosmopolitisme, promis d'avance au sacrifice, qui ventriloquions en français et en arabe, savions nous taire dans toutes les langues, poètes mineurs d'un coup de grisou qui n'avait pas eu de veine, dernier carré d'une arche perdue dans l'univers anglo-saxon[4]. »

Petit signe, parmi d'autres, d'un changement de climat : le 6 avril 1939, un avocat égyptien, Hassan Sabri pacha, ancien président du Conseil, plaide pour la première fois en arabe devant un tribunal mixte. Cela n'a rien de honteux, ni même d'illégal, puisque l'arabe est l'une des langues officielles de cette juridiction en sursis. L'événement n'en est pas moins largement commenté dans les cercles français, où l'on trouve toujours cependant des raisons de se rassurer.

« Non seulement la francophonie ne nous paraissait pas menacée, mais elle semblait devoir s'étendre, se souvient Marc Blancpain, enseignant au lycée français du Caire jusqu'en juillet 1939. A la terrasse de Groppi, en plein centre ville, vous n'entendiez parler que français. Un soir, à 2 heures du matin, je me trouvais avec des amis chez le chanoine Drioton, directeur des Antiquités égyptiennes, dans son appartement au-dessus du musée. On sonne à la porte. C'était Farouk, en tenue de soirée, avec toutes ses décorations, accompagné de Farida, son épouse, resplendissante. "Nous sortons, dit le roi, d'une soirée officielle britannique bien ennuyeuse. Nous avons vu de la lumière. Nous nous sommes dits que nos amis français devaient s'amuser..." »

Pourtant, dans les milieux francophones égyptiens, on commence à prendre conscience de la réalité du pays. Un jésuite, le père Henry Ayrout, fils d'un riche entrepreneur d'Héliopolis, publie en 1938 *Mœurs et Coutumes des fellahs*, un livre remarqué, qui révèle l'état des campagnes à une bourgeoisie élevée dans les établissements religieux français. Dans la foulée, il crée une association pour développer les écoles gratuites en Haute-Égypte, avec le soutien actif de chrétiens du Caire. La guerre mondiale interdit, en effet, l'arrivée de subventions d'Europe, il faut trouver

---

4. Berto Farhi, « Hôtes de passages », *Le Nouvel Observateur,* n° 30, hors-série *Spécial Égypte*, 1997.

un financement local. Les bataillons du père Ayrout se composent essentiellement d'anciennes élèves du Sacré-Cœur, de la Délivrande ou de la Mère de Dieu. Ces jeunes femmes, qui n'ont été sensibilisées jusque-là qu'au sort des pauvres de Madagascar ou des petits Chinois, font la quête dans les bureaux, les banques, les clubs ou les églises, avant de partir « en mission » dans les campagnes. Sur le terrain, l'arabe est évidemment la seule langue de communication et d'enseignement, mais la direction de l'œuvre restera longtemps dirigée en français, avec une revue au titre significatif : *Eux et Nous*.

D'autres jeunes bourgeois francophones se révoltent. Dans une petite revue, *Don Quichotte*, le poète surréaliste Georges Henein, fils d'un ambassadeur d'Égypte, lance en janvier 1940 une charge violente intitulée « A propos de quelques salauds ». Les salauds en question sont... La Fontaine et La Bruyère, mais chacun a compris que le propos est plus vaste. « La Fontaine, écrit Henein, ne tend à rien d'autre qu'à élaborer une philosophie du coin du feu à quoi nous ne cesserons d'opposer les mots d'ordre du vagabondage, du rêve et de la révolte. La cigale, en tant qu'animal, nous intéresse médiocrement. Néanmoins, nous prendrons toujours son parti contre les fourmis de ce monde. »

L'un des collaborateurs de *Don Quichotte*, Henri Curiel, appartient à une famille de la grande bourgeoisie juive du Caire. Son premier engagement, en 1935, à l'âge de vingt et un ans, est d'opter pour la nationalité égyptienne – alors qu'il avait droit à un passeport italien – et d'étudier l'arabe, qu'il parlera toujours avec un accent européen... Son premier bain dans la réalité politique égyptienne est un séjour en prison, après avoir milité au sein de la petite Union démocratique. Curiel fonde, avec quelques camarades, le Mouvement égyptien de libération nationale, embryon du futur Parti communiste. La librairie qu'il possède au Caire, Le Rond-Point, devient un lieu de réunions et de débats. Tout en travaillant à la banque paternelle, ce militant internationaliste s'engage dans une vie aventureuse, qui ne manque pas de lui valoir des sarcasmes. Il est de nouveau arrêté, emprisonné et, quoique égyptien, expulsé d'Égypte en 1950, en tant que juif et communiste. Son assassinat à Paris, vingt-huit ans plus tard, à l'issue de divers engagements anticolonialistes, conclura tragiquement son parcours de marginal [5].

Gaullistes et pétainistes

Si elle bouleverse les Français d'Égypte, l'entrée des Allemands à Paris en 1940 est vivement ressentie par les francophones égyptiens. « Ce jour-là, écrit Fernand Leprette, je puis bien le dire sans céder à un sot mouvement de complaisance nationale, toute l'Égypte partagea notre deuil avec

5. Gilles Perrault, *Un homme à part,* Paris, Barrault, 1984.

cette gentillesse de cœur qui me la rend si chère. De même que, pour elle, tout Français avait toujours été nécessairement un Parisien, de même la France, c'était Paris [6]. » Parler de « toute l'Égypte » est excessif. Nombre de nationalistes égyptiens, voulant se débarrasser des Anglais, sont tentés de se rapprocher de l'Allemagne, qui leur fait d'alléchantes promesses. L'écrivain Taha Hussein ne mange pas de ce pain-là. Pour lui, ce qui se passe sur les bords de la Seine est capital. « La cause de la France, écrit-il sans détour, est intimement liée à celle de l'esprit et de la civilisation. Nous avons été élevés dans l'idéal classique que la France représente parfaitement. C'est nous-mêmes qui vaincrons lorsqu'elle vaincra... Elle est la citadelle de la liberté de l'esprit [7]. »

La défaite de 1940 coupe en deux la colonie française d'Égypte, comme lors de la Révolution française un siècle et demi plus tôt. Beaucoup d'enseignants prennent fait et cause pour le général de Gaulle, alors que la Banque se range plutôt derrière Pétain. « On les reconnaît facilement, dit alors une Égyptienne de la haute société : les gaullistes ne savent pas danser... » L'ambassadeur, Jean Pozzi, reçoit ses ordres de Vichy et les applique avec une discipline de fonctionnaire, bien qu'ayant combattu aux côtés des Anglais au cours de la Première Guerre mondiale.

La Résistance est incarnée par plusieurs grandes figures de la colonie. Pierre Jouguet, ancien directeur de l'Institut français d'archéologie orientale, préside le Comité national. Figurent à ses côtés le baron Louis de Benoît, agent supérieur de la Compagnie universelle du canal de Suez, Gaston Wiet, directeur du musée d'Art islamique du Caire, le père Carrière, dominicain, et Georges Gorse, futur ministre. Ils font une réception enthousiaste au général de Gaulle, qui vient passer seize jours en Égypte en avril 1941. Une Égypte totalement contrôlée par les forces britanniques : c'est sous la menace que le roi Farouk doit remplacer, en février de l'année suivante, son chef de gouvernement, jugé pro-allemand.

Au cours de l'été 1942, les troupes allemandes de Rommel avancent dangereusement en direction d'Alexandrie. Le quartier général de la flotte britannique en Méditerranée s'installe alors à Ismaïlia. La panique commence à s'emparer des esprits. Le général de Gaulle, qui est de retour en Égypte au mois d'août, se montre très calme, très confiant dans la victoire des forces de Montgomery. Le chef de la France libre visite la basilique d'Héliopolis, le couvent des dominicains, l'évêché latin, les sœurs de Notre-Dame des Apôtres... et en profite pour déjeuner avec Churchill, lui aussi de passage au Caire.

Les relations diplomatiques entre l'Égypte et la France de Vichy ne sont pas rompues, mais seulement « suspendues » depuis le 6 janvier 1942. Cela a suffi à provoquer les protestations de plusieurs députés égyptiens, parmi lesquels l'ancien président du Conseil, Ismaïl Sedki

---

6. Fernand Leprette, *La Muraille de silence,* Le Caire, Horus, 1942.
7. *La Revue du Caire,* n° 19, juin 1940.

pacha : il fait remarquer que la France n'est pas vraiment en guerre contre la Grande-Bretagne et invoque « les services rendus par ce pays à l'Égypte et qu'il continue à rendre du point de vue culturel, financier et politique ». Aucune mesure n'est prise contre les intérêts français. Les gaullistes s'arrangent avec le gouvernement égyptien pour que les institutions françaises, privées de crédits, puissent bénéficier de fonds bloqués. La délégation de la France libre se transforme en consulat, délivrant des feuilles d'état civil et des passeports.

La défaite allemande d'El-Alamein, en octobre 1942, change complètement la donne. La guerre s'éloigne, et l'Égypte vit dans la perspective d'une victoire alliée, tout en profitant grandement des activités militaires : ses usines tournent à plein, les nombreux soldats britanniques font le bonheur du commerce. Ce sont finalement des années très gaies pour toute une bourgeoisie locale dont les jeunes filles découvrent le charme des officiers de Sa Gracieuse Majesté. On danse beaucoup au Caire à partir de 1943. Alexandrie n'est pas en reste : privés d'Europe, les riches estivants y aménagent des villas. Les après-midi dansants au Monseigneur sont aussi courus que les soirées huppées au Sailing.

Les troupes de théâtre parisiennes ne pouvant plus se produire à l'étranger, des francophones égyptiens prennent le relais. C'est ainsi que naît en 1941 Les Escholiers, une compagnie lancée par quelques amis, dont les deux enfants de l'écrivain Taha Hussein, Moenis et Amina. Il s'agit de « faire entendre la grande voix de la France en insufflant la vie aux plus beaux textes de son théâtre », mais aussi de « prouver que les jeunes universitaires égyptiens peuvent monter par leurs propres moyens les pièces les plus représentatives du génie français ». On commence par *Électre* de Jean Giraudoux. De son côté, Étiemble, qui vit à Alexandrie, crée *Valeurs,* une revue de haut niveau, qui connaîtra huit numéros.

La suppression, en pleine guerre, du français dans les écoles primaires égyptiennes ne passe pas inaperçue. Les gaullistes publient dans *La Bourse égyptienne* un éditorial vigoureux pour dénoncer l'« erreur impardonnable » de croire que la défaite militaire de la France – une défaite provisoire – rendrait sa langue moins importante : « Ne peut se dire véritablement instruit et civilisé quiconque ignore le français. »

Les partisans de la France libre s'offrent une petite joie en novembre 1943, quand Roosevelt et Churchill se réunissent, sans de Gaulle, à l'hôtel Mena House, non loin du Sphinx. Au matin du troisième jour de la conférence, ouvrant leurs volets, les deux chefs d'État ont la surprise de voir flotter le drapeau français, frappé de la croix de Lorraine, au sommet de la Pyramide. Un exploit réalisé dans la nuit par un commando anonyme, et qui le restera…

QUATRIÈME PARTIE

Divorce et retrouvailles

1

Le Caire brûle-t-il ?

L'historien Jacques Chastenet, ancien directeur du *Temps,* arrive en Égypte au printemps 1945, chargé d'une mission diplomatique. Il n'en croit pas ses yeux : « Sortant d'une France soumise depuis plus de quatre ans à des restrictions de toutes sortes, matériellement ruinée, moralement bouleversée, d'une France où on ne mange pas toujours à sa faim et où on fusille encore, d'une France dont des milliers d'enfants demeurent prisonniers en Allemagne, Le Caire me paraît appartenir à un autre monde[1]. » Les magasins regorgent de marchandises. La vie mondaine est extrêmement brillante. On ne se croirait même pas cinq ans plus tôt, mais à la Belle Époque d'avant 1914.

Il faut dire que la guerre a été un moment béni pour les producteurs de coton, comme pour beaucoup d'industriels et de financiers. Le nombre des millionnaires (en livres égyptiennes) a été multiplié par 8, passant de 50 à 400. Mais, dans le même temps, l'indice des prix a triplé, sans que les salaires suivent. La guerre finie, un certain nombre d'usines ferment leurs portes. Des ruraux qui avaient été happés par ce boom urbain se retrouvent à la rue. Déjà très fortes avant-guerre, les inégalités se sont dangereusement creusées.

L'agitation sociale, entretenue par de petits groupes politiques, tourne à l'émeute au début de 1946. Une manifestation contre l'occupation britannique fait une vingtaine de morts au Caire. Mais rien de tout cela – pas plus que l'épidémie de choléra qui survient l'année suivante – n'empêche la vie mondaine et artistique de reprendre son rythme de croisière. La colonie française obéit à un agenda époustouflant : arbre de Noël et réception de Nouvel An à l'ambassade, bal de la France libre, bal des anciens combattants, bal masqué avec cotillons pour la Mi-Carême, célébration de la sainte Jeanne d'Arc, festivités du 14 Juillet, « sauterie » mensuelle organisée par le conseil d'administration de la colonie... Les conférenciers ne se comptent plus. Il faut même agrandir la Maison de France : le 18 juin 1948, on inaugure le *roof-garden* avec un « jazz endiablé ». Deux ans plus tard, pour le 14 Juillet, l'ambassadeur, Maurice Couve de

1. Jacques Chastenet, *Quatre Fois vingt ans (1893-1973),* Paris, Plon, 1974.

Murville, ne réunit pas moins de 1 500 convives à l'Auberge des Pyramides. Ce protestant continue, comme ses prédécesseurs, à présider la messe consulaire plusieurs fois par an.

Des Égyptiens pétris de culture française continuent d'occuper des postes de premier plan. N'est-ce pas Sirry pacha, futur président du Conseil, qui préside l'amicale des anciens élèves de l'École centrale de Paris, laquelle est fortement représentée dans l'isthme de Suez ?

Au début des années 1950, l'Égypte compte 150 écoles françaises, réunissant près de 55 000 élèves. On peut y ajouter une cinquantaine d'établissements (juifs, grecs, arméniens ou italiens) où le français occupe une place importante. Le Caire a quatre quotidiens francophones, *Le Journal d'Égypte, Le Progrès égyptien, La Bourse égyptienne* et *La Patrie*, auxquels le magazine illustré *Images* apporte chaque semaine un complément très recherché. Des publications plus austères s'appuient sur un public fidèle : *La Revue du Caire, L'Égypte nouvelle* ou les *Cahiers d'histoire égyptienne*, fondés après-guerre par un jeune et brillant historien égyptien, Jacques Tagher. Chacune des trois universités égyptiennes détient une chaire de littérature française. On se bouscule aux conférences des Amis de la culture française qui en organisent plus de 200 par an. On dévore les livres imprimés de l'autre côté de la Méditerranée, malgré leur prix élevé. Près d'une dizaine de librairies françaises existent au Caire, une demi-douzaine à Alexandrie et trois ou quatre dans l'isthme de Suez [2].

Une observation plus fine conduit à relativiser ce tableau enchanteur d'une francophonie en expansion. Le cinéma français, qui avait déjà du mal à s'imposer avant-guerre, ne domine guère les écrans égyptiens. Sur 450 films importés en 1950, on n'en compte que 40 français ou italiens, contre 405 américains ou anglais. La Voix de l'Amérique occupe une place grandissante sur les ondes, et l'université américaine du Caire commence à attirer les meilleurs étudiants. Ne parlons pas de ceux qui passent le baccalauréat français et qui continuent à jongler admirablement avec la langue de Molière : leur niveau est sans doute supérieur à celui de leurs condisciples de France. Mais, sur près de 54 000 élèves des écoles gouvernementales de garçons, 175 seulement se sont présentés en 1948 au baccalauréat égyptien avec le français comme première langue. Cela ne risque pas de s'améliorer à l'avenir, puisque l'étude des langues étrangères vient d'être supprimée dans le premier cycle de l'enseignement public.

Que représente la France pour cette masse d'étudiants non francophones ? Elle fait partie d'un Occident écrasant, car l'Égypte n'est pas une colonie au sens classique du terme, mais semble être colonisée par plusieurs nations occidentales à la fois – britannique, française, grecque, italienne, américaine – exerçant chacune sa domination dans certains domaines. Les jeunes intellectuels de l'après-guerre ne connaissent la

---

2. Joseph Ascar-Nahas, *Égypte et Culture française*, Le Caire, Éd. de la Société orientale de publicité, 1953.

France que de seconde main. Contrairement à nombre de leurs aînés, ils n'ont pas subi son influence culturelle, ils ignorent ses coutumes et sa civilisation. « Mais le très peu qu'ils savent de la France et de son histoire suffit pour déterminer leur attitude à l'égard de ce pays [3]. » Ce très peu, c'est la Révolution française. Paradoxalement, « la place d'honneur que la France occupe dans l'esprit de la jeunesse n'est pas due aux efforts des établissements scolaires français », mais à son passé révolutionnaire.

Des scouts un peu trop français

Au lendemain de la Seconde Guerre mondiale, les membres du parti de la Jeune Égypte reçoivent le mot d'ordre suivant : « Ne parle que l'arabe, ne réponds pas à quiconque t'adresse la parole dans une autre langue. N'entre pas dans un établissement dont le nom n'est pas écrit en arabe. » La suite de la consigne confirme bien qu'il ne s'agit pas d'une simple préférence linguistique : « N'achète que d'un Égyptien. Ne t'habille que de ce qui est fabriqué en Égypte. Ne mange que des mets nationaux. »

Chez les Égyptiens francophones, ce genre de signes ne passent pas inaperçus. Ils se rendent compte que le climat change et qu'il faut s'y adapter. Un bon exemple en est donné par les Scouts de la Vallée du Nil (Wadi-el-Nil), calqués sur les Scouts de France et dont l'aumônier général est un jésuite français. Dans ce mouvement, réunissant pour l'essentiel des chrétiens orientaux, même les carnets de chant ne se différencient pas de ceux que l'on peut trouver à Nantes, Lyon ou Bordeaux. Les garçons en short kaki et aux fleurs de lys brodées sur la chemise apprennent à faire des feux par temps de pluie, alors qu'il ne pleut guère en Égypte. Leurs dirigeants constatent qu'ils sont perçus dans la rue comme des *khawagate* (mot intraduisible, qui signifie « messieurs étrangers »). Et ils s'en inquiètent. En mars 1948, sous le titre « Effort d'égyptianisation au Caire », le commissaire général, William Assis, écrit dans le bulletin du mouvement (rédigé naturellement en français) : « Notre scoutisme ne pouvait pas continuer à vivre en marge des questions égyptiennes, ignorant le pays, ses problèmes, sa langue, il devait s'intégrer à la nation, à la société, ou disparaître. » Quatre « efforts » sont demandés aux troupes : remplacer le chapeau par le tarbouche ; employer la langue arabe, mais « sans couper avec l'Occident et spécialement la culture latine » (il n'y a aucun risque…) ; recourir, dans les activités, à des « thèmes arabes et égyptiens » ; enfin, arabiser les insignes. Cela sera fait en partie, mais la plupart des Scouts Wadi-el-Nil continueront pendant des années à chanter, à penser et à rêver en français. Chez eux, à Noël, le sapin sera toujours couvert de neige, et le petit Jésus de la crèche aura le teint désespérément clair…

---

3. Raoul Makarius, *La Jeunesse intellectuelle d'Égypte au lendemain de la Deuxième Guerre mondiale,* Paris, Mouton, 1960.

Dans les collèges des frères et des jésuites, dans les pensionnats pour filles comme dans les lycées, on commence à se rendre compte que les élèves connaissent admirablement Clovis ou Jeanne d'Arc, mais ignorent l'histoire d'Égypte. Le constat est exact, même si l'on doit reconnaître des efforts, parfois anciens, pour adapter l'enseignement au public, sinon au contexte local. Les frères des Écoles chrétiennes, par exemple, se servent depuis longtemps de manuels scolaires élaborés et imprimés sur place. Il n'en reste pas moins que beaucoup d'élèves – des filles, notamment – continuent à considérer l'arabe comme une langue étrangère.

En 1949, les tribunaux mixtes ferment leurs portes, en vertu de la convention de Montreux. Tous leurs magistrats – maigre consolation – sont décorés de l'ordre du Nil. Une page se tourne. La dernière séance du tribunal consulaire a lieu le 14 octobre en présence de la quasi-totalité du barreau français. Malgré les propos de circonstance, c'est une ambiance de deuil. Ainsi est mis un point final aux Capitulations vieilles de quatre siècles. M. Couve de Murville ne sera pas dispensé cependant de messe consulaire, la France étant toujours considérée comme la tutrice des catholiques orientaux.

Le climat politique change, à mesure que le roi Farouk, naguère si séduisant, prend des kilos et sombre dans une quasi-débauche. Pour la première fois, il a été conspué à la sortie d'un cinéma. Ses frasques nocturnes, ses maîtresses, égyptiennes ou étrangères, ses voitures de sport rouges qui dévalent les rues du Caire en pleine nuit scandalisent ou inquiètent. Il peut jouer au poker jusqu'au petit matin. Toutes sortes de bruits courent sur son compte, y compris l'accusation de kleptomanie. A la fin de l'été 1950, il voyage incognito en France mais se fait vite repérer avec ses sept Cadillac et son avion privé, après avoir loué vingt-cinq chambres à l'hôtel du Golf de Deauville [4]...

Le samedi noir

Les Français d'Égypte ne sont pas les seuls à regretter le roi Fouad, avec sa moustache calamistrée un peu ridicule. Ils entendent, ils lisent des choses qui auraient été inimaginables dix ou quinze ans plus tôt. Le chef des Frères musulmans, le cheikh Hassan el-Banna, met en cause la réalisation dont ils sont le plus fiers : « Tous les maux de notre peuple, sa déchéance morale, sa soumission aux colonisateurs, son oubli des devoirs religieux sont venus du canal de Suez », affirme le guide suprême de ce mouvement intégriste qu'il a fondé... à Ismaïlia en 1929. Selon lui, il s'agit d'un « fossé qui coupe la route des pèlerins d'Afrique vers La Mecque et a divisé en deux parties la conquête du Prophète et de ses successeurs », une barrière qui « justifie la mainmise des étrangers sur

4. Barrie Saint Clair, *Farouk of Egypt*, Londres, Robert Hale, 1967.

notre sol ». Et de menacer : « Il nous serait facile de le fermer, ce canal maudit ! Chacun de nos frères n'aurait qu'à verser un sac de sable dans la voie d'eau que leurs ancêtres ont creusée de leurs mains »[5].

Le cheikh El-Banna ne réalisera pas cette obstruction : il est tué par la police politique, à la sortie d'une mosquée, en février 1949. Ce n'est pas le seul événement sanglant de ces années bien incertaines, marquées par la première guerre entre le nouvel État d'Israël et ses voisins arabes. Des hommes politiques sont assassinés au Caire, des manifestations tournent mal. Et l'on assiste à l'exode de certains Européens ou de juifs d'Égypte, persuadés qu'une époque est close.

Ces pessimistes feront figure de prophètes, en octobre 1951, quand le gouvernement décidera l'abrogation du traité anglo-égyptien, tandis que des commandos nationalistes armés harcèleront les troupes britanniques repliées dans l'isthme de Suez. Une nouvelle attaque, au mois de janvier suivant, transporte cette guerre larvée en pleine ville d'Ismaïlia, sous les yeux de Français affolés. Les Britanniques adressent un ultimatum à des éléments de la police auxiliaire, les *boulouknizam,* accusés de faire front avec les commandos. Le ministre de l'Intérieur ayant donné l'ordre de résister, la caserne est prise d'assaut, et une cinquantaine d'Égyptiens sont tués. C'en est assez pour conduire à l'irréparable.

Le lendemain, samedi 26 janvier 1952, un vent de folie souffle sur Le Caire. Des magasins, des hôtels, des cafés, des cinémas – tout ce qui est étranger ou peut le paraître – sont pris d'assaut par de petits groupes organisés, auxquels la foule prête main-forte. La police n'intervient pas. Les plus beaux cinémas du Caire brûlent les uns après les autres : le Rivoli, le Métro, le Diana… Des grands magasins, comme Cicurel ou Avierino, symboles de la richesse et du bon goût européens, sont pillés avant d'être livrés aux flammes. La fameuse pâtisserie Groppi subit le même sort. Des clients de l'hôtel Shepheard's tentent d'échapper à une foule déchaînée, tandis que le salon central est déjà un immense brasier.

Et les pompiers ? Quand ils interviennent, on s'arrange pour sectionner leurs tuyaux. Certains sont soupçonnés d'entretenir le feu plutôt que de chercher à l'éteindre. Neuf Anglais ont brûlé vifs dans l'incendie du Turf Club. En face, on compte probablement des dizaines de victimes, les forces de l'ordre s'étant finalement décidées à intervenir, pour tirer parfois dans le tas. Plusieurs centaines d'immeubles sont dévastés, parmi lesquels la chambre de commerce française.

Qui a mis le feu au Caire ? Qui a provoqué, encouragé et même organisé cette émeute sanglante ? Nul ne le saura, et tout le monde en sera tour à tour accusé : les Frères musulmans, le ministre de l'Intérieur, le roi qui réunissait les chefs de la police au palais d'Abdine pour un interminable déjeuner en l'honneur de son fils nouveau-né… Au-delà des manipulateurs, des extrémistes et des pillards, Le Caire a assisté, au cours de ce

---

5. Cité par Gabriel Dardaud, *Trente Ans au bord du Nil,* Paris, Lieu commun, 1987.

samedi noir, à « l'explosion de rancune vengeresse d'un peuple défié, dans sa trop insupportable misère, par le luxe de la Cour et de l'étranger », comme l'écrivent Jean et Simonne Lacouture. Quel que soit l'instigateur, « l'État qui a permis cela est un État mort » [6]. On ne va pas tarder à le vérifier.

6. Jean et Simonne Lacouture, *L'Égypte en mouvement,* Paris, Seuil, 1962.

2

Une révolution en arabe

Il est 7 heures du matin, ce 23 juillet 1952. En annonçant à l'Égypte stupéfaite que des officiers viennent de prendre le pouvoir, un certain Anouar el-Sadate affirme à la radio : « Je tiens à rassurer tout particulièrement nos frères étrangers et à leur affirmer que l'armée se considère entièrement responsable de la sécurité de leurs personnes, de leurs biens et de leurs intérêts. »

Il en faudrait un peu plus pour tranquilliser les « frères étrangers », encore sous le choc de l'incendie du Caire survenu six mois plus tôt. Qui sont ces « Officiers libres » ? D'où sortent-ils ? On ne les fréquente pas, on ne les connaît pas. On ne les a jamais vus. Seul le souriant et débonnaire général Naguib, installé au premier rang, rassure un peu, avec sa pipe très *british* et son stick sous le bras. Mais on va très vite s'apercevoir qu'il n'a été associé au coup d'État qu'au dernier moment, pour rassurer précisément, et que le pouvoir se trouve entre les mains de ces jeunes gens minces et athlétiques, si différents des pachas occidentalisés de la veille.

D'ailleurs, il n'y a plus ni beys ni pachas. L'une des premières mesures des nouveaux dirigeants a été de supprimer ces titres poussiéreux, appartenant à un passé honni. La Révolution vise à libérer le pays de l'impérialisme, abolir le féodalisme et instaurer la justice sociale. C'est une révolution blanche, réalisée avec une facilité surprenante, presque sans une goutte de sang. Le triste roi Farouk n'a même pas été traduit en justice : invité à disparaître de l'Histoire, il est parti sur son yacht, avec famille et bijoux, à destination d'un quelconque Capri.

La France ne fait pas partie du paysage des « Officiers libres ». Appartenant à une toute petite bourgeoisie citadine, issus pour la plupart de modestes familles rurales de Haute-Égypte, ces enfants de la caserne anglaise sont fascinés par l'Amérique. Les francophones, parmi eux, se comptent sur les doigts de la main : Saroite Okacha ou Ali et Hussein Sabri, deux anciens élèves des frères des Écoles chrétiennes... Pour les autres – en particulier pour leur chef de file, Gamal Abdel Nasser –, la France se résume à des traductions : à l'école secondaire, ce jeune homme séduisant, au visage carnassier, a lu en arabe un peu de Rousseau et de Voltaire, ainsi que *Les Misérables* de Victor Hugo. Plus tard, à l'Académie militaire, c'est en anglais qu'il a pris connaissance de plusieurs ouvrages sur Napoléon[1]. Il n'ignore pas le rôle joué par Bonaparte en Égypte. L'Expédition française, écrira-t-il en 1953 dans sa *Philosophie de la Révolution,* « brisa les chaînes forgées par les Mongols : des idées nouvelles se firent jour, nous ouvrant de nouveaux horizons. Mohammed Ali voulut continuer la tradition des mamelouks tout en s'adaptant aux nécessités de l'heure et en tenant compte de l'état d'esprit créé par les Français. C'est ainsi que, sortant de notre isolement, nous reprîmes contact avec l'Europe et le monde civilisé. C'était le début de la renaissance... ».

Mais Nasser n'est pas du genre à vouer une reconnaissance éternelle à l'envahisseur d'alors. La France n'est ni son modèle ni son point de référence. Dans son livre, il distingue « trois cercles » : le monde arabe « qui nous entoure, qui forme avec nous un tout » ; le continent africain, « où le destin nous a placés », et le monde musulman, « auquel nous sommes liés par des liens forgés non seulement par la foi religieuse mais aussi par l'histoire ». Il découvrira bientôt un cercle encore plus large dont il sera l'un des porte-drapeaux : le monde non aligné. Cela n'a rien à voir avec l'identité méditerranéenne, défendue par un intellectuel comme Taha Hussein.

Le colonel Nasser ne connaît pas le français. Son outil de communication avec le monde extérieur est l'anglais, un anglais d'état-major, qu'il améliore à mesure de ses rencontres avec ses interlocuteurs étrangers. Le français apparaît déjà au Caire comme une langue d'ancien régime. Le journaliste Mohammed Hassanein Heykal, chargé en 1957 par Nasser de prendre la direction d'*Al Ahram,* raconte qu'il a été étrangement reçu par le conseil d'administration de ce grand quotidien de langue arabe. « Pouvez-vous parler en français ? » lui aurait demandé Mme Takla, Égyptienne d'origine syrienne, dont la famille avait fondé le journal au siècle précédent. Heykal affirme que la suite de la réunion s'est déroulée en anglais...

La révolution de 1952 se fait en arabe. Et pas n'importe quel arabe : « Le français, souligne Irène Fénoglio, est stigmatisé au profit de l'arabe dialectal égyptien, précisément cairote, qui fera les délices des foules, les confortera dans leur lutte nationale et populaire et par contrecoup contribuera à renforcer le charisme nassérien[2]. » A leur arrivée au pouvoir, les « Officiers libres » n'ont pas de politique linguistique, même si, dans sa *Philosophie de la Révolution,* Nasser dénonce le modèle d'une famille dont « le père est paysan, la mère de descendance turque, les fils poursuivent leurs études dans des écoles anglaises, les filles fréquentent des institutions françaises ». La politique linguistique s'installe naturellement, au fil des mois et des années, par une sorte de logique des événements.

---

1. Georges Vaucher, *Gamal Abdel Nasser et son équipe,* Paris, Julliard, 1959, t. I.
2. Irène Fénoglio, « Réforme sociale et usage des langues », in *Entre réforme sociale et mouvement national,* Le Caire, CEDEJ, 1995.

L'usage de la langue est d'autant plus important que ce mouvement révolutionnaire n'a pas d'idéologie précise, comme l'a très bien analysé Georges Corm : « Nasser incarne l'effronterie du petit peuple du Caire qui supporte mal, dans sa pauvreté et dans son isolement culturel, le faste et le luxe de ces pachas grands bourgeois, si bien dans leur peau face aux coloniaux avec qui ils partagent le pouvoir et la richesse [3]. » Dans la voix de cet orateur hors pair, le peuple égyptien se regarde en quelque sorte parler. « Le nassérisme n'est pas une doctrine politique, ni une philosophie sociale ; il est tout simplement ce mode d'expression où un jeune César inexpérimenté, issu d'un peuple déphasé culturellement, réfléchit à haute voix devant une foule dans le langage le plus simple... »

L'ombre de l'Afrique du Nord

Le chanoine Drioton, en vacances en France au cours de l'été 1952, apprend qu'il est relevé de ses fonctions de directeur général du Service des antiquités égyptiennes. Des journaux du Caire l'accusent d'avoir soustrait des objets provenant des fouilles pour les faire passer dans la collection du roi Farouk. « Pure calomnie, proteste l'égyptologue avec indignation. Bien entendu, il n'est plus question maintenant que je retourne au service de l'Égypte [4]. » Nommé (comme Maspero) au Collège de France, Étienne Drioton mourra peu après, victime (comme Mariette) d'un diabète contracté sur les bords du Nil. Le Service des antiquités échappe ainsi définitivement aux Français, près d'un siècle après sa création. Le musée d'Art islamique du Caire perd, lui aussi, son directeur, Gaston Wiet, qui ira dispenser des cours d'archéologie musulmane au Collège de France.

Malgré les nouvelles lois sociales et les mesures prises contre les grands propriétaires terriens, la vie mondaine et intellectuelle en Égypte continue à peu près comme avant. Des talents s'affirment : le poète Edmond Jabès, ami de Max Jacob, compose des œuvres qui lui vaudront peu à peu une grande notoriété. Mᵐᵉ Out el-Kouloub reçoit toujours avec faste, dans son palais, les écrivains français de passage. Roger Caillois est stupéfait de constater, au cours d'un dîner, que chacun des plats servis – et ils sont nombreux – porte le titre d'un de ses ouvrages... L'ambassadeur de France continue à réunir ses compatriotes à l'Auberge des Pyramides pour le 14 Juillet, avec cette seule différence que le gouvernement égyptien n'y est plus représenté par un pacha, mais par un officier en uniforme. Le successeur de M. Couve de Murville préside toujours la messe consulaire, et le bal de la Mi-Carême réunit toujours autant de monde à la Maison de France.

Les jeunes Français du Caire n'ont rien changé à leurs habitudes. Le

3. Georges Corm, *Le Proche-Orient éclaté,* Paris, Gallimard, 1991.
4. Lettre au *Monde,* 5 août 1952.

lycée ferme toujours l'après-midi, le Guézira Sporting Club est toujours un enchantement, et l'on va danser le soir, dans le sable, près des Pyramides, une lampe à la main. Par moments, un opérateur mystérieux déclenche un éclair de magnésium : le Sphinx surgit alors dans la nuit, tout bleu... « J'avais le sentiment de vacances perpétuelles », se souvient une Française, Dominique Miollan, en évoquant ses premiers slows.

Rien de changé ? Si les accords commerciaux franco-égyptiens sont renouvelés, le déséquilibre des échanges conduit les autorités à restreindre fortement les produits français. Le public égyptien va se voir privé peu à peu de films, mais aussi de vins, de parfums et d'autos. Les amoureux de Citroën ne pourront même pas admirer la nouvelle DS 19 qu'ils attendaient avec curiosité.

Le général Naguib rassure les Français et tous les francophones, avec sa mine débonnaire, ses visites dans les églises et ses déclarations conciliantes. Il réussit à faire lever la censure et la loi martiale quelques semaines avant son éviction, en novembre 1954. Même quand Nasser prend franchement le pouvoir, les optimistes trouvent matière à se rassurer. Ne combat-il pas les Frères musulmans, au point d'interdire leur mouvement et d'arrêter en masse ces intégristes qui ont voulu l'assassiner ?

Le colonel sait parfaitement charmer ses interlocuteurs, en prononçant devant eux les phrases qu'ils aimeraient entendre. Il reçoit une première fois Jean et Simonne Lacouture en janvier 1954, dans un bureau monacal d'un petit palais au bord du Nil, où le Conseil de la révolution s'est installé[5]. Il n'est encore que vice-Premier ministre et vient de dissoudre l'association des Frères musulmans. « Franchement, dit-il, j'en suis encore à me demander, après dix-huit mois de pouvoir, comment on pourrait bien gouverner d'après le Coran... Il ne me paraît pas de nature à servir de doctrine politique. » Nouvel entretien avec les deux journalistes en novembre 1955. Cette fois, le *bikbachi* est installé à la présidence du Conseil, dans un grand bureau aux boiseries prétentieuses. Il a pris de l'assurance, n'a plus besoin de porter l'uniforme. Mais il se défend d'être socialiste et va jusqu'à reconnaître le droit de l'État d'Israël à exister.

Faut-il s'inquiéter ? Si l'École française de droit, qui n'avait plus beaucoup de sens depuis l'unification du système judiciaire, a été convertie en Institut des hautes études juridiques, les établissements scolaires, en revanche, poursuivent leur activité. Nasser préside, le 28 novembre 1955, la cérémonie du centenaire de l'arrivée des frères des Écoles chrétiennes au Caire. On inaugure à cette occasion le nouveau collège de La Salle, destiné à accueillir 2 000 élèves. Mais l'importance de la loi n° 583, concernant les écoles privées, qui vient d'être promulguée, n'échappe à personne : il faudra enseigner à chaque élève sa religion, donc donner des cours d'islam aux musulmans. Les religieux français s'y résignent, à contrecœur et après de fiévreux débats internes.

5. Jean et Simonne Lacouture, *L'Égypte en mouvement,* Paris, Seuil, 1962.

Deux autres nouveautés suscitent une grande inquiétude, aussi bien chez les Français que parmi leurs « protégés » chrétiens et juifs : la proclamation de l'islam comme religion d'État (16 janvier 1956) et la suppression des tribunaux religieux. Cette dernière mesure, sous des dehors laïques appréciables, est celle qui peut avoir le plus de conséquences négatives, car si les instances des différentes communautés, habilitées à juger notamment les cas de divorce, sont supprimées, les juges musulmans, eux, rejoignent les institutions civiles. Un mariage célébré à l'église pourra être cassé par un juge musulman. La Loi coranique s'appliquera d'ailleurs à des conjoints chrétiens, s'ils sont de rite différent ou si l'un d'eux choisit de se convertir à l'islam pour favoriser sa cause.

Les Églises d'Égypte se dressent aussitôt contre cette loi. Il n'y a plus de « schismatiques » : les représentants de toutes les confessions chrétiennes se réunissent au patriarcat copte-orthodoxe pour envoyer un télégramme de protestation à Nasser. Une « grève de Noël » est envisagée. Deux évêques catholiques sont arrêtés puis relâchés, mais la loi est maintenue. La France, « protectrice des chrétiens d'Orient », n'a aucun moyen de s'y opposer. Il est loin le temps où un consul général menaçait de faire intervenir la marine parce que l'un de ses compatriotes avait été molesté sur le port d'Alexandrie !

Les troupes britanniques doivent évacuer l'Égypte en juin 1956, en vertu d'un traité conclu vingt mois plus tôt. En d'autres temps, les résidents français auraient applaudi au départ de la Perfide Albion. Il en va tout autrement désormais, les troupes de Sa Majesté semblant représenter le dernier rempart pour la défense des intérêts européens. Mais la France se tient sagement à l'écart des manœuvres du pacte de Bagdad, organisé par les États-Unis, avec l'appui de la Grande-Bretagne, pour mettre en place une coalition anticommuniste au Proche-Orient, et on lui en sait gré au Caire.

« Aucune divergence n'existe entre nos deux nations », hormis le problème de l'Afrique du Nord, déclare Nasser en juillet 1955. Mais « nous comprenons parfaitement » que ce problème ne puisse se régler en un jour [6]. L'engagement de la France dans les événements du Maghreb – très critiqué dans le monde arabe – n'empêche pas en effet Paris de se comporter habilement, comme en témoignent Jean et Simonne Lacouture, arrivés en Égypte quelques mois après la Révolution : « La diplomatie française avait montré sur le Nil de l'audace, du réalisme, beaucoup de patience, jouant au mieux les cartes économiques et culturelles qu'elle avait en main. Que l'ambassadeur de France soit impavide et glacé, ou le charme même et la cordialité, l'équipe en place savait dominer les rancunes attisées de Paris dans la presse et au Parlement et obtenir les plus belles adjudications (centrale électrique du Caire au plus fort de la crise marocaine, plan d'électrification de l'ensemble du pays au milieu du

6. Déclaration au *Monde*, 30 juillet 1955.

désaccord tunisien, édification de l'usine d'engrais alors que la bataille d'Algérie battait son plein) et maintenir un mouvement de Bourse vers la France et, sur place, la présence d'enseignants français de tout premier ordre [7]. »

Les événements d'Afrique du Nord commencent pourtant à miner les relations franco-égyptiennes. On le mesure aux déclarations déchaînées de la Voix des Arabes, section officielle de la radio du Caire, dont des émissions ont été confiées à des réfugiés maghrébins. La politique française en Algérie, au Maroc et en Tunisie y est condamnée avec une extrême violence, parfois avec de faux montages. Paris proteste à plusieurs reprises, tout en accusant le gouvernement égyptien d'accorder l'hospitalité à des rebelles algériens (dont Ben Bella et Aït Ahmed), d'entraîner des commandos du FLN sur son territoire et de lui livrer des armes. Ces livraisons d'armes – niées alors par Nasser, mais bien réelles [8] – vont être l'une des causes du drame à venir : l'expédition de Suez.

---

7. Jean et Simonne Lacouture, *L'Égypte en mouvement, op. cit.*
8. Mohamed Fathi al-Dib, *Abdel Nasser et la Révolution algérienne*, Paris, L'Harmattan, 1985.

3

Opération « Mousquetaire »

Un rire étrange. Un rire irrépressible, totalement inattendu, qui désarçonne l'assistance avant de l'embraser. Ce 26 juillet 1956, en début de soirée, sur la place Mohammed-Ali, à Alexandrie (la place des Consuls de jadis), Gamal Abdel Nasser annonce à la foule stupéfaite la nationalisation de la Compagnie universelle de Suez. Il ne s'agit pas d'un projet mais d'une opération en cours, déclenchée au moment où le colonel-président a prononcé le nom de Ferdinand de Lesseps. « A cette heure même où je vous parle, les agents du gouvernement prennent possession des locaux de la Compagnie... Ce soir, notre canal égyptien sera dirigé par des Égyptiens, des Égyptiens... » La foule en délire n'entend plus que ses propres hurlements. Bientôt, c'est toute l'Égypte qui descendra dans la rue, s'interrogeant sur l'incroyable défi lancé par le *raïs* aux puissances occidentales.

Dans ce discours en arabe dialectal – discours fondateur du nassérisme et de l'Égypte indépendante – Nasser a cité le chiffre fantastique de « 120 000 ouvriers égyptiens morts d'épuisement en creusant le canal de Suez », qui ne repose sur aucune donnée. Plus sérieusement, il a fait valoir que son pays n'avait reçu l'année précédente que 3 % des revenus de la Compagnie. Nationalisée, celle-ci permettra, dit-il, de construire le haut barrage d'Assouan, qui devait être financé par un prêt de la Banque mondiale, mais auquel les États-Unis se sont opposés. « Le canal paiera pour le barrage », et l'Égypte n'aura plus besoin d'« aller mendier de l'argent à Washington, Londres ou Moscou ».

« J'ai suivi pendant quelques heures une partie du voyage de retour de Nasser vers Le Caire, raconte Jean Lacouture. Son train s'arrêtait dans toutes les gares des villages où la foule le prenait d'assaut. Lui était grimpé sur la locomotive, et la foule se hissait, s'accrochait à la cheminée. Dopé par l'ambiance, Nasser donnait à son geste une signification de plus en plus polémique, de plus en plus hostile à la France et à l'Angleterre. Il parlait de plus en plus de la guerre d'Algérie et des intrigues britanniques dans le golfe Persique. Il a mis trente-six heures pour rentrer[1]. »

---

1. Jean Lacouture, *Un sang d'encre*, Paris, Stock, 1974.

Pour se venger des Américains, le *raïs* s'en est donc pris aux Français et aux Britanniques, qui possèdent le canal de Suez. C'est un formidable coup de poker. Paris et Londres soutiennent aussitôt que la nationalisation est illégale : la Compagnie a toujours eu un caractère international, et la libre circulation sur la voie d'eau, définie par la convention de 1888, ne peut être garantie par un seul gouvernement. Le Caire réplique que la Compagnie a toujours été une société égyptienne et que le Canal fait partie intégrante de l'Égypte, à laquelle il devait d'ailleurs revenir en 1968 au terme d'une concession de quatre-vingt-dix-neuf ans. La liberté de navigation sera assurée, ajoute-t-on, et l'actionnariat convenablement indemnisé.

L'Égypte ne manque pas de raisons de se plaindre. Jusqu'ici, elle n'a pas beaucoup profité de ce canal, qui lui a coûté cher, alors que les actionnaires ont été largement servis. On lui a finalement accordé 7 % des bénéfices bruts et 7 sièges (sur 32) au conseil d'administration. Mais la Compagnie, dirigée par des Français, reste un État dans l'État. Si les quatre cinquièmes des ouvriers sont égyptiens, la proportion n'est que d'un tiers chez les techniciens et employés. Et le premier pilote local n'a été embauché qu'en 1945... Autant dire que le Canal constitue une plaie au flanc de l'Égypte indépendante, contre laquelle Nasser a choisi dans la hâte un remède chirurgical.

Un émissaire secret de Guy Mollet

La Compagnie ne s'est pas préparée à ce qui lui tombe sur la tête. Elle vivait dans l'idée, bien ancrée, qu'une nationalisation était juridiquement impossible, comme le lui avait démontré le savant rapport d'un expert suisse. Ses dirigeants n'ont pas tenu compte de l'accélération de l'Histoire. Ils n'ont pas su prendre les devants, en négociant avec l'Égypte la remise progressive de ce canal qui lui était dû en 1968. N'aurait-il pas fallu, par exemple, lui donner chaque année un nouvel administrateur et un pourcentage supplémentaire des bénéfices, tout en accélérant l'égyptianisation des cadres et de la gestion [2] ?

La surprise passée, la Compagnie va commettre une erreur d'appréciation en pensant que les Égyptiens sont incapables de faire fonctionner le Canal. Pour que Nasser recule, on retire donc le personnel étranger, qui est invité à ne pas collaborer avec les autorités gouvernementales. Or, très vite, des pilotes locaux, aidés par des Grecs et des Soviétiques, vont réussir à prendre la relève et à assurer la circulation.

A la mi-août, une conférence d'usagers du Canal se réunit à Londres, en l'absence de l'Égypte. Un projet d'internationalisation est adopté, mais Nasser ne veut pas de ce « colonialisme collectif ». Le ton monte. « Nous

2. Hubert Bonin, *Suez. Du canal à la finance (1858-1987),* Paris, Economica, 1987.

sommes prêts à la guerre totale, à une guerre comme celle que mène actuellement le peuple algérien contre les colonialistes français », affirme le *raïs*.

A Paris, les esprits s'échauffent. Des journaux et des hommes politiques dénoncent « le Hitler du Nil ». Suez, répète-t-on, ne doit pas être un nouveau Munich. Cette obsession munichoise conduit d'anciens résistants à l'Allemagne nazie à faire de curieuses propositions. Gaston Defferre, ministre de la France d'outre-mer, écrit confidentiellement, le 20 septembre, au président du Conseil, Guy Mollet : « Nous devons faire preuve d'imagination… Les sources du Nil ne sont pas en territoire égyptien… Il paraît qu'une modification, même légère, dans les cours d'eau qui sont à l'origine du Nil peut avoir des répercussions considérables sur le régime des crues… N'est-il pas possible de faire quelque chose de ce côté ? »

Guy Mollet, qui ne retiendra pas cette suggestion, a un triple souci : ne pas laisser impuni un « crime international » ; défendre Israël, qu'il croit menacé par le nouvel armement de l'Égypte ; et, surtout, régler le problème algérien. Il est de ceux, à Paris, qui défendent une équation simple : la guerre d'Algérie, c'est à cause de Nasser ; éliminer Nasser, c'est mettre fin à la guerre d'Algérie.

Tandis que l'on échange arguments et invectives des deux côtés de la Méditerranée, Français et Britanniques se donnent, dans la plus grande discrétion, un état-major mixte en vue d'une éventuelle intervention armée. Parallèlement, les dirigeants de Paris (socialistes et radicaux) se concertent avec les travaillistes au pouvoir en Israël, dont ils sont très proches. A Londres, le gouvernement d'Anthony Eden se méfie d'Israël comme de la peste. Il hésite à intervenir militairement en Égypte, craignant de menacer ses positions dans le monde arabe et de mécontenter les États-Unis. A Paris, l'unanimité ne règne pas non plus : les diplomates du Quai d'Orsay tentent de freiner Guy Mollet, mais celui-ci est approuvé par ses principaux ministres, Christian Pineau (Affaires étrangères), Maurice Bourgès-Maunoury (Défense) et François Mitterrand (Justice). Les Israéliens, eux, n'ont pas d'états d'âme : ils brûlent d'intervenir militairement pour neutraliser l'Égypte avant qu'elle ne profite de ses nouvelles armes, achetées à l'Est.

Tous ces conciliabules débouchent sur une réunion ultra-secrète, à Sèvres, du 22 au 24 octobre, à laquelle participent, du côté français, Guy Mollet, Christian Pineau et Maurice Bourgès-Maunoury ; du côté britannique, Selwyn Lloyd, secrétaire au Foreign Office ; et, du côté israélien, David Ben Gourion, Shimon Pérès et Moshé Dayan. Une mise en scène est décidée : les forces israéliennes pénétreront en Égypte le 29 octobre ; le lendemain, Paris et Londres adresseront un ultimatum aux belligérants, leur enjoignant de se retirer à quinze miles de part et d'autre du Canal ; si le gouvernement égyptien ne s'incline pas – et il ne peut pas s'incliner sous peine de perdre la face –, les forces franco-britanniques interviendront à leur tour, pour « séparer les combattants ». La date de l'opération

« Mousquetaire » n'a pas été choisie au hasard : elle interviendra quelques jours avant que ne se joue aux États-Unis, le 6 novembre, la réélection du président Eisenhower, paralysé par cette échéance.

Le nom de code « Mousquetaire » est, semble-t-il, un hommage à la moustache du général Hugh Stockwell, commandant en chef des forces terrestres. Les moyens dont disposent les Anglais en Méditerranée, notamment la base de Chypre, leur donnent la direction des opérations. Chaque chef d'unité français sera donc coiffé par un collègue britannique. 25 000 hommes environ et une vingtaine de navires de combat sont mobilisés de chaque côté, avec 450 avions au total.

La veille de l'intervention israélienne, Guy Mollet envoie secrètement deux émissaires au Soudan. Jacques Piette a pour mission de rencontrer le général Naguib, évincé par Nasser deux ans plus tôt, et de lui proposer de succéder à ce dernier à la tête de l'Égypte. Quant à Georges Plescoff, il est chargé d'« arroser » généreusement le gouvernement soudanais pour s'assurer de son appui. La rencontre a lieu sur le Nil bleu, à trois heures de Khartoum. C'est l'ambassadeur de France lui-même qui pilote un petit bateau à moteur. Naguib parle un anglais rocailleux. Il écoute ses interlocuteurs, puis se déclare prêt à former un gouvernement d'union nationale et à négocier une paix durable avec Israël, mais à condition d'être assuré de l'accord des Britanniques. « Je n'ai jamais pu transmettre le message à Paris, a confié Jacques Piette à l'historienne Georgette Elgey. En effet, à notre retour à Khartoum, l'ambassadeur et moi découvrons que l'antenne des services spéciaux français avait jugé sage de partir pour l'Éthiopie... Or, l'ambassade de France n'avait pas de réseau protégé avec Paris. » Faute de moyens de transmission, l'émissaire ne pourra donc informer Guy Mollet qu'à son retour en France, quelques jours plus tard. Trop tard [3]...

Le plan « Mousquetaire » est suivi à peu près comme prévu. Au dernier moment, il a été décidé de ne pas intervenir à Alexandrie, pour éviter le souvenir désagréable de 1882, mais à Port-Saïd, un peu plus en rapport avec l'objet du litige. L'opération est freinée cependant par la prudence des Britanniques, qui surestiment l'armée égyptienne qu'ils ont formée. Cette opération, ils veulent la préparer avec autant de soin que le débarquement allié en Normandie. Une « monnaie d'occupation » a même été imprimée, et le caricaturiste Ronald Searle a illustré des tracts en arabe, ridiculisant Nasser.

Cela commence comme une promenade militaire, généralement très applaudie à Paris. L'Assemblée nationale, informée au soir du 30 octobre 1956 par Guy Mollet, vote en faveur de l'intervention par 368 voix contre 182. Le général de Gaulle fait savoir à son entourage qu'il en approuve le principe, tout en estimant que c'est de la « folie furieuse » de confier le

---

3. Georgette Elgey, *Histoire de la IVe République. La République des tourmentes (1954-1959)*, Paris, Fayard, 1997, t. II.

commandement intégré à la Grande-Bretagne. Selon un sondage effectué les 1er et 2 novembre, 44 % des Français sont favorables à l'opération « Mousquetaire », contre 37 %, alors que 19 % n'ont pas d'opinion. Ils sont encore plus nombreux (58 %) à penser que l'Égypte n'avait pas le droit de nationaliser le Canal.

Chez les militaires, c'est l'enthousiasme, comme le raconte Jean Planchais, correspondant de guerre du *Monde*. « Ils se battent en Algérie depuis exactement deux ans. On leur donnait mauvaise conscience : une sale guerre, sale dans ses moyens, pas claire dans ses objectifs. Et voici qu'on leur propose une vraie croisade : non seulement Nasser détient la clé de la guerre d'Algérie, mais c'est un dictateur, un tyran ignoble qui cite Hitler et l'imite. Il a des soldats, des chars : ce sera une vraie guerre… On nous le dit, on nous le répète dans le mess. Et l'Égypte nous attend, pour sa libération [4]. »

Quelque chose, cependant, dans le scénario ne fonctionne pas, ou plutôt fonctionne trop bien : l'avance foudroyante des Israéliens, qui ne sont pas paralysés, eux, par un double commandement. Quant à l'aviation égyptienne, elle est mise très vite hors de combat par les bombardements aériens. Le général Massu, commandant de la 10e division des parachutistes français, s'arrache les cheveux : « L'armée de l'air égyptienne a été anéantie, et les premiers éléments israéliens ont atteint la limite de 10 miles. La guerre va finir et nous n'avons pas débarqué… C'est la catastrophe [5] ! »

On étudie aussitôt diverses hypothèses d'intervention accélérée, mais la communication passe mal entre Britanniques et Français. Il faut en référer, à Londres, à Paris… Le feu vert est finalement donné le 5 novembre au petit matin. Château-Jobert, dit « Conan », commandant du 2e régiment de paras, tête rasée et barbe de moine, est lâché avec une partie de ses hommes au-dessus de Port-Saïd et neutralise des chars égyptiens. Le lieutenant-colonel Fossé-François saute sur Port-Fouad avec le reste du 2e RPC et s'empare des ateliers de la Compagnie du canal. Massu fonce en avant-garde vers le sud, tout en pestant contre la marine française qui, selon lui, ferme la nuit comme un bureau. En attendant la suite, l'armée s'amuse. Les légionnaires du lieutenant Jean-Marie Le Pen, député poujadiste de Paris, jouent au bateau dans les bassins de Port-Saïd, tandis que des tirailleurs sénégalais pêchent à la ligne sur la jetée. Le vice-amiral Barjot, flanqué du commandant Maurice Schumann en battle-dress, circule sur un *command-car*, transformé un peu vite en char de la victoire…

Un peu vite, car toute une machine diplomatique s'est mise en marche. Eisenhower, réélu mais furieux, craint des répercussions pétrolières – déjà en cours, à vrai dire, puisque les Syriens ont saboté les installations de l'Irak Petroleum. Au-delà de leurs intérêts immédiats, les États-Unis ne

---

4. Jean Planchais, « Reporter à Suez », *L'Histoire,* Paris, n° 38, octobre 1981.
5. Jacques Massu, *Vérité sur Suez, 1956,* Paris, Plon, 1978.

veulent pas se laisser entraîner par les Européens dans un conflit mondial, pour la troisième fois en quarante ans. Les Soviétiques, eux, sont ravis de voir l'attention du monde se détourner de la sanglante répression de Budapest. Dans un grand bluff, ils menacent à demi-mot Londres et Paris de représailles nucléaires. Le gouvernement britannique, affolé par la baisse de la livre, rend son fusil avant même d'en informer son partenaire. Le cessez-le-feu prend effet le 6 novembre à 17 h 30, alors que Port-Saïd est quasiment tombé.

L'expulsion des résidents français

Parmi les militaires français, c'est la stupeur, la consternation. Ils pensaient ne faire qu'une bouchée d'Ismaïlia, conquérir Suez dans la foulée et, pourquoi pas, pousser jusqu'au Caire. L'aviation égyptienne a disparu du ciel. Chacun sait que les communiqués victorieux de la radio de Nasser, faisant état de pertes fantastiques parmi les troupes ennemies, sont inventés de toutes pièces. Les paras ont l'impression d'avoir joué un rôle de figuration dans une mauvaise tragi-comédie. Amèrement, ils rebaptisent la « Force A » (nom de code de l'ensemble des unités combattantes) en « Farce O ».

Le vice-amiral Barjot doit tourner sept fois sa plume dans l'encrier avant de s'adresser au corps expéditionnaire :

« Soldats, marins et aviateurs, au moment où vous venez de pénétrer en vainqueurs dans la ville principale du canal de Suez, un cessez-le-feu a été ordonné pour des raisons politiques dont notre gouvernement est juge. Vos efforts et votre courage ont effacé les affronts, votre courage a montré au monde que la France sait se faire respecter. Je suis persuadé que vos succès encourageront vos camarades d'Afrique du Nord qui combattent pour y ramener la paix. Même interrompue, votre intervention est un présage favorable pour l'avenir de la France. Respectez le cessez-le-feu, mais restez sur vos gardes. »

Cette guerre éclair a fait 11 morts du côté français et 22 du côté anglais. Les pertes égyptiennes sont évaluées à 250 militaires et plus d'un millier de civils. Mais le bilan général de ce super-fiasco est incalculable. Au lieu d'abattre Nasser, on en a fait un formidable héros. Le *raïs,* qui a réussi à transformer une défaite militaire en brillante victoire politique, est déjà sacré leader du monde arabe.

A qui la faute ? Les Français accusent les Anglais, les hommes politiques accusent les militaires, et les militaires s'accusent entre eux… Comme on va vite s'en apercevoir, l'échec de l'opération a des conséquences politiques et géostratégiques considérables. Le nationalisme algérien est renforcé, la IVe République encore plus discréditée. Au Proche-Orient, où les États-Unis et l'Union soviétique vont prendre la place des puissances européennes, la position de la France s'est considérablement affaiblie : tous les pays – à l'exception du Liban – ont rompu leurs relations diplomatiques avec elle. Meurtri par le lâchage des États-Unis, le gouvernement français se tourne vers le Vieux Continent. L'affaire de Suez – et ce sera son seul aspect positif – accélère ainsi la construction européenne. Le traité de Rome sera signé deux ans plus tard. Cette Europe ne se fera pas selon un axe Paris-Londres, mais Paris-Bonn.

En Égypte, les amis de la France croient vivre un mauvais rêve. Certains étaient convaincus – et, sans le dire, l'espéraient vivement – que cette intervention militaire les délivrerait de Nasser. Les patriotes, eux, sont atterrés. Des Anglais, ils pouvaient tout attendre. Mais que des Français aient pris les armes contre l'Égypte, cela, ils ne peuvent ni le comprendre ni le pardonner. Oscillant entre fureur et désarroi, l'écrivain Georges Henein note dans ses carnets : « L'intellectuel de formation européenne se croit obligé de procéder à l'autodafé de ses rêves et de ses besoins. Chacun va dresser son bûcher personnel, apportant sa contribution au saccage général. On répudie en vrac des amis, des idées, des souvenirs, des villes. On cherche une pureté qui ne saurait exister[6]… »

Les résidents français d'Égypte ont été invités – comme leurs homologues britanniques – à vendre leurs meubles et à quitter le pays au plus vite. Des officiers égyptiens ne manquent pas de profiter de la situation. Ils se présentent pour acheter 20 livres un appareil électro-ménager qui vaut dix fois cette somme, puis n'en remettent que 15 au vendeur en lui disant : « Estime-toi heureux avec ça. » Ou, plus cavalièrement : « C'est un cadeau pour mes enfants. » A l'aéroport, nombre de Français entendront des avertissements du genre : « Pas un mot contre l'Égypte lorsque vous serez à l'étranger, et surtout rien à la presse ou aux chancelleries. Les parents et les amis que vous laissez ici pourraient souffrir de vos indiscrétions. Et si vous avez des biens en Égypte, c'est votre seule chance d'en retrouver quelque chose[7]. »

Le journaliste Gabriel Dardaud, qui vivait sur les bords du Nil depuis vingt-neuf ans, n'échappe pas à l'expulsion, malgré ses bonnes relations avec les autorités égyptiennes. Des policiers pénètrent chez lui, arrachent les fils du téléphone et perquisitionnent dans l'appartement pour s'assurer qu'il ne possède ni armes ni matériel de transmission. « Nous n'avions que quelques heures pour préparer notre départ… Tous nos biens : meubles, tapis, vêtements, livres, argenterie, vaisselle, etc., étaient déclarés confisqués, "comme vos comptes en banque et vos objets de valeur, ajouta notre garde-chiourme, au bénéfice des victimes des atrocités françaises à Port-Saïd"… Nous étions par contre autorisés à emporter une montre par personne et une alliance au doigt[8]. »

6. Georges Henein, *Carnets, 1940-1973.*
7. Témoignage d'un industriel expulsé, *Le Monde,* 3 janvier 1957.
8. Gabriel Dardaud, *Trente Ans au bord du Nil,* Paris, Lieu commun, 1987.

Des expulsés s'arrangeront avec des amis égyptiens pour sauver quelques biens. Malgré la crainte de la police, on assiste à d'émouvants témoignages de solidarité, y compris de la part des plus humbles : certains concierges refusent obstinément les pourboires qu'on leur offre, démentant que le fameux bakchich soit constitutif de l'identité nationale... Et, comme toujours en Égypte, le cocasse s'allie au drame. Gabriel Dardaud raconte qu'à l'aéroport un officier de la police politique, cinglant ses bottes de sa cravache, interdisait aux portefaix de proposer la moindre assistance aux impérialistes expulsés. « Nous devions nous-mêmes amener nos valises à l'avion après une fouille minutieuse des douaniers. Celui qui secoua l'une après l'autre mes chemises découvrit aux manches de l'une d'elles des boutons de manchettes en or. Il rendit compte de sa trouvaille et reçut l'ordre de m'en laisser "un seul". Avec le plus grand sérieux, j'offris l'autre à la caisse de compensation des dommages infligés aux habitants de Port-Saïd. » Le Français retiendra surtout le murmure d'excuse du douanier et le petit sourire complice qu'ils ont échangé...

Des forces de l'ONU prennent position sur le Canal. Le général Massu offre le 12 décembre, à quelques responsables, un dîner dans sa popote, près de Port-Fouad. Le menu porte par dérision la mention « Seconde campagne d'Égypte » [9]. Malgré des pertes limitées et une retraite en bon ordre sur des navires français, la fin de l'opération « Mousquetaire » n'est pas beaucoup plus glorieuse que celle de l'armée d'Orient en 1801...

L'ampleur du désastre

Les derniers détachements français et britanniques quittent l'Égypte le 22 décembre 1956. Triste Noël. Ils ont été précédés par l'embarquement des Français encore présents dans la zone du Canal, avant-goût des scènes que l'on verra quelques années plus tard sur le quai d'Alger : « Il y a beaucoup de vieilles gens en pleurs ; ils quittent tout ce qu'ils avaient pour se lancer dans l'inconnu. Nombreux sont ceux qui n'ont plus ni de famille ni même d'amis en France. Les enfants paraissent hébétés, les adultes désorientés. Autour d'eux s'affairent les paras qui se coltinent les malles et les sacs, portent les mioches, aident les moins vaillants et se montrent serviables et empressés [10]. »

Le cafouillage franco-britannique se manifestera jusqu'à la dernière minute. Sous les huées de la population locale, le *Pasteur* quitte Port-Fouad, emmenant des soldats français et une centaine de prisonniers égyptiens. En pleine mer, il reçoit l'ordre de faire demi-tour, apprenant que la libération de ces derniers est l'une des clauses de l'accord que le

---

9. Jacques Baeyens, *Un coup d'épée dans l'eau du Canal*, Paris, Laffont, 1964.
10. *Ibid.*

général Stockwell a passé avec les forces de l'ONU et le gouvernement de Nasser...

Tous les objets de valeur contenus dans la grande bâtisse de la Compagnie de Suez, à Port-Saïd, ont été emballés et emportés par les soldats français. Des meubles, des bibelots, la pendule « Eugénie » offerte par l'impératrice en 1869, le buste de Ferdinand de Lesseps... On laisse, en revanche, la grande statue du fondateur à l'entrée du Canal, mais le socle est entouré d'un épais réseau de barbelés. Des mains anonymes ont cru devoir y attacher des drapeaux français et britannique, ce qui ne manquera pas de déchaîner la foule sitôt parti le dernier navire.

Une charge de dynamite arrache la statue à son socle et la brise en plusieurs morceaux. Lesseps, si longtemps couvert de fleurs, est devenu Lucifer. Ce « criminel, entouré de courtiers et d'usuriers » n'a-t-il pas été « le pire ennemi de l'Égypte au cours du XIXᵉ siècle », comme l'affirme le docteur Hussein Mœness, membre d'un Comité « groupant d'éminents professeurs d'université et auteurs égyptiens »[11] ? Lesseps n'est d'ailleurs que le maillon d'une chaîne : « Au cours des 150 dernières années, ajoute le Comité, notre histoire est celle de notre lutte contre la France et l'Angleterre. Pas une seule année ne s'est écoulée sans que nous ne soyons en lutte, soit contre l'une, soit contre l'autre. »

A Paris, on mesure peu à peu l'ampleur du désastre.

Pour les personnes, d'abord : officiellement, il n'y a pas eu d'expulsion collective. C'est à titre individuel que quelque 7 300 Français d'Égypte ont été sommés, d'une manière ou d'une autre, de partir. Il en reste un millier, dont une bonne moitié de religieux. Les réfugiés, parmi lesquels 1 300 salariés du Canal – mais auxquels s'ajoutent un certain nombre de juifs francophones, à qui n'est pas reconnue la nationalité égyptienne –, ont dû abandonner la quasi-totalité de leurs biens. Le gouvernement français leur fournit des allocations et des prêts, mais cela ne compense pas la perte de leur activité.

Bilan désastreux également pour les entreprises : elles sont sous séquestre, en attendant d'être « égyptianisées », c'est-à-dire plus ou moins cédées à des organismes locaux. Les pertes se chiffrent en centaines de milliards de francs de l'époque. Trois banques « ennemies » sont visées : le Crédit lyonnais, le Comptoir national d'escompte de Paris et le Crédit d'Orient. A elles seules, les compagnies d'assurances françaises et leurs filiales drainaient les trois cinquièmes du marché. Des firmes comme Air liquide ou les Grands Travaux de Marseille venaient d'investir en Égypte des capitaux considérables. Sans compter la Compagnie de Suez dont les quelque 100 000 actionnaires se demandent fébrilement ce que vont devenir leurs titres.

Désastre enfin pour l'influence culturelle française : les neuf établisse-

---

11. Comité des études sélectionnées, *Canal de Suez. Faits et documents*, Le Caire, 1956.

ments de la Mission laïque, qui formaient 10 550 élèves par an, ont été saisis. Les lycées sont devenus « Écoles de la liberté » (de même que les collèges anglais Victoria sont transformés en « Écoles de la victoire »). Privés de leurs professeurs français, ils dépendent d'un comité gouvernemental. L'Institut français d'archéologie orientale est menacé de liquidation. Seuls les établissements religieux ont pu échapper à ces mesures, grâce à un artifice juridique habilement négocié par le nonce apostolique : ils appartiennent désormais au Vatican, et leurs membres sont donc citoyens de l'État pontifical.

A Paris, l'ex-ambassadeur de France au Caire, Armand du Chayla, ne décolère pas contre son ministre. En une heure, le 31 octobre 1956, la France a perdu une influence patiemment tissée en un siècle et demi. Sur les bords du Nil, son nom est honni, son prestige est ruiné.

4

Les jésuites sous scellés

Les Égyptiens, qui avaient obstrué le canal de Suez pendant la « triple et lâche agression », le rouvrent à la circulation le 8 avril 1957. La Compagnie universelle, repliée à Paris, fait comme si de rien n'était : continuant à clamer que la nationalisation est illégale, elle tente d'encaisser des droits de transit et dresse des plans de travaux futurs. Mais elle se sent lâchée, et par les armateurs, qui songent à leurs affaires, et par les gouvernements occidentaux, qui se soucient de l'équilibre stratégico-politique au Proche-Orient. Ne doit-elle pas abandonner le Canal et négocier une forte indemnisation ? Cette évidence s'impose assez vite à ses dirigeants. La Banque mondiale est un médiateur tout trouvé, puisque l'Égypte lui réclame un prêt.

Des négociations s'engagent à Rome entre une délégation égyptienne et une délégation de juristes de la Compagnie, conduits par Jean-Paul Calon, avocat au Conseil d'État et à la Cour de cassation. Les débuts sont laborieux, mais la confiance s'instaure peu à peu sur les terrasses ensoleillées des *trattorie*. On arrive finalement à une formule habile, affirmant que la Compagnie est égyptienne en Égypte (donc susceptible d'être nationalisée), mais française en France (donc susceptible de conserver des avoirs à l'étranger). En somme, l'Égypte prendrait le Canal, et la Compagnie conserverait tout ce qu'elle possède hors d'Égypte. Une confortable indemnité de 34 milliards d'anciens francs lui serait versée, représentant près d'une fois et demie le capital.

Suez est un nom magique, un véritable sésame dans les milieux capitalistes du monde entier. La Compagnie, qui envisage de se convertir en société financière, veut le conserver. On en réfère au Caire. Nasser tranchera lui-même : « Suez, je vous le donne ; le Canal, je le garde. » Il n'y a plus qu'à faire ratifier l'accord par les actionnaires. Ceux-ci auraient mauvaise grâce à refuser ce qu'on leur propose – sous forme d'espèces et de titres de la nouvelle société –, d'autant qu'un arrangement avec le service français des impôts leur donnera des avantages fiscaux appréciables. L'accord est signé à Genève le 13 juillet 1958. Pour la Compagnie fondée par Ferdinand de Lesseps cent ans plus tôt, une nouvelle aventure commence, sans canal, mais qui la conduira à participer un jour au creusement du tunnel sous la Manche, après avoir subi une autre natio-nalisation, de la part du gouvernement français cette fois [1]... Mais cela ne regarde plus l'Égypte.

Une haute couture soviétique

Depuis la guerre de Suez, la presse et la radio égyptiennes n'ont pas de mots assez durs pour dénoncer le colonialisme français. Pour leur part, les services postaux français renvoient en Égypte les lettres portant un timbre de « la victoire »... Trop d'intérêts sont en jeu cependant sur les bords du Nil pour ne pas conduire à une négociation, malgré la guerre d'Algérie qui empoisonne les relations entre les deux pays. Une confé-rence s'ouvre à Genève en août 1957. La délégation française n'est prési-dée que par un inspecteur des finances, Jean Robert, pour bien souligner qu'il ne s'agit pas de renouer des relations diplomatiques. Les débuts des travaux sont d'ailleurs très tendus, Nasser réclamant des indemnités aux « agresseurs ».

Ni la France ni l'Égypte ne sont les mêmes, un an plus tard, à la conclu-sion de la conférence. La IVe République a rendu l'âme, et de Gaulle a pris le pouvoir à Paris. Christian Pineau, l'un des principaux artisans de l'opération « Mousquetaire », a cédé le ministère des Affaires étrangères à Maurice Couve de Murville, ancien ambassadeur au Caire, connu pour son hostilité à cette action. Quant à l'Égypte, elle s'est alliée avec la Syrie pour former la République arabe unie. Cela n'empêche pas, de part et d'autre, une grande méfiance. On n'en est ni aux embrassades ni aux grandes déclarations d'amitié.

L'accord signé à Zurich le 22 août 1958 prévoit un dédommagement pour les cinq banques, quinze compagnies d'assurances et diverses sociétés françaises qui sont passées entre des mains égyptiennes. Quant aux autres biens séquestrés (environ 750 entreprises, 200 immeubles et des terrains), ils seront rendus à leurs propriétaires. Les relations commerciales et financières sont rétablies et les industriels français pourront reprendre leurs achats massifs de coton égyptien.

L'Égypte autorise les ressortissants français à se réinstaller sur son ter-ritoire. Elle restitue à la France l'Institut d'archéologie orientale, l'Institut des hautes études juridiques, ainsi que les lycées du Caire et d'Alexandrie. Ces deux établissements auront un directeur français, mais également un directeur des études arabes nommé par les autorités égyptiennes, qui fixe-ront elles-mêmes les programmes.

Si le contentieux est globalement liquidé, il ne s'agit pas d'un retour à la case départ. La République arabe unie de 1958 ne se confond pas avec l'Égypte d'avant 1956. La langue arabe est devenue obligatoire dans

---

1. Hubert Bonin, *Suez. Du canal à la finance (1858-1987)*, Paris, Economica, 1987.

toutes les transactions commerciales. Le caractère policier du régime s'est durci. Des micros semblent être posés partout, et nul n'ose exprimer des opinions politiques de crainte d'être dénoncé. Tout ce qui est occidental paraît suspect. Plus de 80 000 manuels scolaires, dont le contenu est jugé contraire au nationalisme arabe ou à la religion musulmane, sont brûlés dans le désert le 15 décembre 1958. La confusion entre nationalisme et islam est douloureusement vécue par les coptes qui se plaignent de discriminations grandissantes.

Les pays de l'Est, fournisseurs d'armes, font une percée remarquée dans la vallée du Nil, malgré la chasse aux communistes entreprise par le régime. Toutes les portes s'ouvrent à l'URSS, qui va aider à construire le haut barrage d'Assouan. Des mannequins soviétiques viennent même présenter au Caire des modèles de haute couture réalisés avec du coton égyptien. Ce n'est plus à Paris ou à Londres, mais à Moscou que sont envoyés les boursiers égyptiens. Le 6 octobre 1958, le français est remplacé par le russe comme deuxième langue dans l'enseignement public. Qui l'eût cru quatre ou cinq ans plus tôt ?

La fin de l'enseignement étranger

Les écoles religieuses françaises sont devenues officiellement vaticanes et tous leurs membres ont reçu des papiers d'identité correspondants. Cette fiction n'est pas sans poser quelques problèmes : un jésuite égyptien renvoie les siens à la nonciature, précisant qu'il ne veut pas être étranger dans son propre pays... Toujours est-il que les collèges et pensionnats ont pu poursuivre leur activité après la crise de Suez, sous le contrôle du ministère de l'Éducation et de l'Enseignement, qui a institué une commission spéciale d'examens.

Depuis 1955, le drapeau tricolore ne flotte plus sur le collège de la Sainte-Famille, au Caire, les jours de fête. Les couleurs jaune et blanc du Vatican l'ont remplacé. Pour bien souligner le caractère universel de l'établissement, on a recruté des jésuites belges, suisses et canadiens. Si le père recteur est encore français, le nouveau préfet est égyptien.

A la surprise générale, le 25 janvier 1959 – un dimanche –, la police fait irruption au collège. Elle fouille dans les caves, à la recherche de... postes émetteurs qui, évidemment, n'ont jamais existé. Les scellés sont mis sur plusieurs bureaux. « L'enseignement prodigué par les jésuites est incompatible avec les sentiments nationaux des Arabes », affirme un porte-parole du ministère de l'Éducation. A preuve, un manuel de géographie, au contenu curieux en effet : le Liban y est décrit comme « un État moderne, à majorité chrétienne », Israël comme « un État moderne et actif », la Syrie comme « un État musulman, en partie désertique », et la Jordanie comme « un pays pastoral ». Pour l'Égypte, une étrange distinction est faite entre les fellahs, « pauvres, campagnards, musulmans », et les coptes, « chrétiens, citadins et instruits »[2].

Le collège est donc réquisitionné. Il aura un directeur, nommé par les autorités, dont les jésuites apprennent – avec effroi – qu'il est musulman. Les cours sont suspendus pour trois jours. Doivent-ils reprendre ? D'autres établissements religieux sont prêts à se mettre en grève, sachant que le collège de la Sainte-Famille n'a pas été épinglé au hasard : son recteur est secrétaire de l'organisme qui réunit l'ensemble des écoles catholiques d'Égypte. D'anciens élèves se mobilisent et adressent des messages de protestation au président Nasser.

Les jésuites penchent pour la grève. Ils en seront dissuadés par le nonce apostolique et par leur vice-provincial, un Libanais, accouru au Caire. Le directeur nommé par le ministère est un homme courtois, qui saura rendre supportable cette cohabitation forcée. Il faut calmer les élèves chrétiens, prêts à partir en croisade, et qui se mettent déjà à faire la prière avant les cours d'arabe. Quitte à tolérer des chahuts, dont le mérite est de montrer que seuls les pères ont l'autorité nécessaire pour les faire cesser.

Dans les milieux gouvernementaux, tout le monde n'approuve pas la réquisition de cet établissement prestigieux, qui accueille les enfants de plusieurs hauts personnages de la République : le vice-président, les ministres des Affaires sociales et de la Culture, le secrétaire général de la Ligue arabe, le procureur général, l'ambassadeur aux Nations unies[3]... Les Affaires étrangères s'opposent à l'Éducation et à la police secrète. De son côté, le nonce apostolique se démène pour arriver à un accord. La tension remonte brusquement le 19 février, quand le père recteur, Victor Pruvost, reçoit l'ordre de quitter le pays dans les quarante-huit heures. Il est alors question de réunir plusieurs centaines d'anciens élèves et d'occuper la chapelle du collège...

La crise se dénoue durant les jours suivants. Un autodafé est organisé pour livrer aux flammes une cinquantaine d'ouvrages contestables. C'est un haut responsable du ministère qui vient lui-même au collège pour rendre la direction aux jésuites et, à cette occasion, les féliciter de leur système d'enseignement... Bref, il ne s'est rien passé. Le collège de la Sainte-Famille sort même renforcé de ce conflit, qui lui a montré l'attachement de ses élèves, de leurs familles et des anciens[4].

Les établissements religieux restent cependant sous l'étroit contrôle des autorités. Au collège Saint-Marc, tenu à Alexandrie par les frères des Écoles chrétiennes, le représentant du ministère se fait toujours accompagner par un homme mystérieux, portant des lunettes noires, qui prend des notes en silence. A deux reprises, le directeur est convoqué au Caire par

---

2. Frédéric Abécassis, « École étrangère, école intercommunautaire », in *Entre réforme et mouvement national*, Le Caire, CEDEJ, 1995.
3. *Nouvelles de la vice-province du Proche-Orient*, n° 3, juin 1959.
4. Frédéric Abécassis, « Une certaine idée de la nation », in *Itinéraires d'Égypte. Mélanges offerts au père Maurice Martin s.j.*, Le Caire, IFAO, 1992.

des officiers des Renseignements généraux. La préparation militaire, organisée au collège comme dans tous les établissements scolaires, perturbe les cours. En été, une partie des locaux doit être cédée à l'armée pour une session de formation d'officiers. Le collège est soumis à des dénonciations. Un jour, la police fait irruption dans la bibliothèque pour supprimer des ouvrages antinationaux, comme *La Chanson de Roland*... Ce climat est mal supporté par certains religieux, qui s'énervent, entrent en dépression, demandent à quitter l'Égypte ou même l'ordre.

La loi n° 160, dont le décret d'application paraît le 17 mars 1959, marque pratiquement la fin de l'enseignement étranger en Égypte. Elle stipule que les directeurs d'école doivent être égyptiens et que les professeurs étrangers ne peuvent enseigner qu'avec l'approbation des autorités. Il n'y a plus que des établissements égyptiens, gouvernementaux ou privés, qui, tous, sont tenus de suivre les programmes officiels. Mais, pour répondre aux besoins du pays, certaines écoles privées peuvent être autorisées à enseigner une langue étrangère de manière renforcée. Ces besoins ne sont pas seulement commerciaux mais aussi politiques, puisque le régime nassérien veut étendre son influence au Maghreb et en Afrique noire. L'université islamique d'El-Azhar elle-même s'intéresse à l'enseignement de la langue française dans un but de prosélytisme.

Un baccalauréat franco-égyptien est mis en place. Cette formule bâtarde ne satisfait personne : ceux qui envisagent de poursuivre leurs études supérieures en Europe sont trop faibles en français ; ceux qui sont destinés à rester en Égypte ne sont pas assez forts en arabe. On se rabat alors sur le bac égyptien, avec quelques aménagements... En réalité, les écoles ex-françaises ne retrouveront jamais leur niveau d'antan, ayant perdu à la fois leur liberté de mouvement, une partie de leurs enseignants et le petit monde cosmopolite, tourné vers la France, qui constituait l'essentiel de leur clientèle.

5

Diplomates ou espions ?

Depuis la rupture des relations diplomatiques, les intérêts français en Égypte sont défendus par la Suisse. C'est donc sous la protection du drapeau helvétique que travaille au Caire la petite mission envoyée de Paris pour mettre en œuvre les accords financiers et culturels conclus en août 1958. On ne peut pas dire que les choses avancent vraiment. La libération des biens séquestrés traîne en longueur. Trois ans après le protocole de Zurich, trente mille comptes en banque sont encore bloqués, et les litiges immobiliers attendent un règlement. Les actionnaires des banques et des assurances nationalisées n'ont toujours pas été indemnisés. Quant aux avoirs enfin libérés, ils subissent une forte ponction du fisc égyptien, et il faut se battre pour obtenir leur rapatriement.

Le climat politique n'est pas de nature à rassurer les Français d'Égypte. Une grande tension règne au Caire depuis que la Syrie a fait sécession, à la fin de septembre 1961. La République arabe unie est maintenue, « malgré les manœuvres des traîtres et des impérialistes ». Pour faire oublier cet échec, une vaste campagne est lancée contre les « millionnaires » et les « féodaux », dont la presse publie chaque jour les noms. Parmi eux, beaucoup d'Égyptiens juifs ou chrétiens d'origine syrienne ou libanaise – autrement dit, des occidentalisés, très proches de la culture française. Ces ennemis de la nation se retrouvent du jour au lendemain sur la touche : non seulement leurs biens sont séquestrés, mais ils sont exclus de tous les clubs et associations.

Le 24 novembre, nouveau coup de tonnerre : les membres de la mission diplomatique française ont été arrêtés pour espionnage. Personne ne pourra les voir, pas même l'ambassadeur de Suisse. Ils sont quatre : André Mattei, le président, Jean-Paul Bellivier et Henri Mouton, ses assistants, André Miquel, chargé des affaires culturelles. Un cinquième diplomate, Christian d'Aumale, absent d'Égypte, sera jugé par contumace. Parmi les personnes arrêtées figurent aussi un avocat français, Mᵉ François Fairé, un Grec, qui dirige *La Revue du Caire,* ainsi que quatre Égyptiens, dont Adli Andraos, ancien ambassadeur d'Égypte à Paris. Deux Françaises, Arlette Beau, secrétaire de la mission, et Jasmin Caneri, avocate au barreau du Caire, ont également été appréhendées.

Le gouvernement français proteste aussitôt, faisant valoir que les quatre principaux accusés bénéficient de l'immunité diplomatique. Ce n'est pas l'avis des autorités égyptiennes, qui ont une interprétation restrictive – et erronée – des accords de 1958. Les chefs d'accusation sont gravissimes : espionnage pour le compte de la France, propagande subversive, incitation au renversement du régime nassérien et au meurtre de son chef.

Si les deux Françaises sont libérées et expulsées *manu militari*, les autres inculpés restent au secret. On apercevra certains d'entre eux à la télévision, pour des semblants d'aveux, peu audibles. A Paris, le ministre des Affaires étrangères, Maurice Couve de Murville, dénonce cette « scandaleuse et désolante affaire » qui, selon lui, « atteint tout l'Occident ». Mais la France se sent un peu seule aux Nations unies quand elle remet un document aux États membres pour protester contre les « allégations parfaitement ridicules sur lesquelles repose la machination ».

Des aveux arrachés par la force

Le 19 décembre, l'accès du territoire égyptien est interdit à tout ressortissant français, même en transit. Nasser déclare, au milieu d'un discours : « Les Français se sont imaginé qu'en me supprimant, ils parviendraient à supprimer notre Révolution. » Entre Noël et Nouvel An, les lycées qui avaient été restitués à la France sont mis de nouveau sous séquestre. Paris réplique en rappelant les professeurs français d'Égypte, après avoir interdit aux citoyens égyptiens de quitter la France… La tension entre les deux pays est à son paroxysme.

Au mois de mai de l'année précédente, Nasser avait présidé à Mansoura la commémoration de la défaite de Saint Louis. C'était bien la première fois qu'on fêtait en Égypte un tel événement, vieux de sept siècles ! Mais l'arrestation des « espions » semble être directement liée à l'actualité : les services spéciaux égyptiens, qui se sont fait surprendre par la sécession syrienne, n'ont-ils pas voulu se rattraper en offrant au *raïs* une belle affaire d'espionnage ? Dans les milieux diplomatiques du Caire, on penche pour cette explication, même si on estime que certains des Français arrêtés ont fait preuve d'amateurisme ou d'imprudence, tenant en public des propos susceptibles d'être mal interprétés.

Le procès doit s'ouvrir le 15 janvier, avec un magistrat de rechange : le président du tribunal de sécurité s'est tué mystérieusement en tombant d'une terrasse. Accident, suicide ou assassinat ? La question restera sans réponse.

Le bâtonnier René-William Thorp, arrivé au Caire, a été autorisé à voir les quatre diplomates incarcérés. Comme leurs proches le craignaient, ils ont été maltraités dans le but de leur arracher des aveux. André Miquel racontera plus tard : « A quatre heures du matin, nous fûmes réveillés par des coups frappés dans la porte, jusqu'à l'enfoncer, et une bande de

types envahirent l'appartement, me bandèrent les yeux et me mirent des menottes, fouillèrent toutes les pièces et m'emmenèrent. Là commençait le cauchemar : une dizaine de jours d'interrogatoire par les services spéciaux... Je ne savais pas pourquoi j'étais arrêté et surtout je n'avais rien à raconter ; ou plutôt je n'avais rien à cacher et rien de ce que je racontais n'intéressait les policiers... Au cours des dix jours qui suivirent, il m'arrivait d'être extrait à n'importe quelle heure du jour et de la nuit, remis dans la camionnette, ramené dans un local que je ne connaissais pas, une ou deux fois dans une cave, attaché au mur par les mains et les pieds, nu ou à peu près nu. Fort heureusement j'ai échappé à la torture absolue [1]... »
En prison, ce franc-maçon retrouve la foi chrétienne. Il refuse de signer le procès-verbal de son interrogatoire.

Lors du procès, Henri Mouton explique pour sa part qu'il a été amené à répondre sous les coups, en pleine crise hépatique, alors qu'il était à genoux, la tête baissée et les mains enchaînées derrière le dos. Le président du tribunal, qui a sous les yeux l'acte d'accusation, lui fait remarquer qu'il s'est rendu à l'ambassade d'Italie pour obtenir des fonds destinés à un coup d'État. Et l'on assiste à ce dialogue ubuesque :
« Je n'ai jamais pénétré dans l'ambassade d'Italie et je n'y connais personne...

– Mais vous l'avez dit dans votre déclaration.

– Elle m'a été dictée par la police.

– Comment la police aurait-elle pu vous dicter l'ensemble de votre déclaration ?

– Les policiers devaient avoir l'imagination fertile... Comment, moi, simple employé, chargé des questions de séquestre, je me serais rendu auprès d'une ambassade, aurais frappé à la porte et demandé des fonds pour renverser le régime ?

– Pourquoi alors avez-vous fait une telle déclaration ?

– Après trois jours sans sommeil, trois jours de mauvais traitements, malade, je n'avais plus de forces.

– Cela ne justifie pas que vous ayez pu faire des déclarations aussi graves... »

Harcelé par le juge sur ses projets criminels avoués, le diplomate finit par s'écrier : « Si on me l'avait demandé, j'aurais reconnu avoir tué le président Nasser ! »

Un vilain cauchemar

Tout cela fait mauvaise impression dans le prétoire. Les ambassadeurs présents, que la défense a encouragés à assister au procès, sont plus sensibles que leurs gouvernements à cette atteinte à l'immunité diplomatique

---

1. André Miquel, *L'Orient d'une vie*, Paris, Payot, 1990.

et à la brutalité des services spéciaux égyptiens. Ils ont du mal à voir en ces accusés très dignes, venus en Égypte avec femme et enfants, des assassins en puissance, ou même des espions. D'autant que, d'une séance à l'autre, les chefs d'accusation apparaissent de plus en plus absurdes. Les rapports saisis à la mission diplomatique, les relevés d'écoutes téléphoniques n'ont rien que de très banal. En rendant compte au Quai d'Orsay du climat politique en Égypte, les diplomates ne faisaient que leur travail : ils devaient bien expliquer pourquoi la restitution des biens français se passait si mal. Et s'ils répondaient à un journaliste de passage sur les conséquences d'une éventuelle disparition de Nasser, ce n'était pas forcément pour préparer son assassinat ! Les responsables des écoutes – ou les traducteurs – avaient mal compris certains propos. Qualifier le président égyptien, dans une conversation, d'« animal politique » n'était pas l'assimiler aux ânes ou aux lapins...

L'ancien ambassadeur d'Égypte à Paris, de culture française, est désigné par le substitut du procureur comme un ennemi du peuple : « La France, explique ce magistrat surexcité, avait instillé en lui les éléments de la trahison. » Il ajoute qu'en temps de paix les accusés seraient passibles de plusieurs années de travaux forcés. Mais, comme on est en guerre – en guerre contre Israël –, il réclame les travaux forcés à perpétuité. Le magistrat met en cause une radio émettant de Marseille, la Voix de l'Égypte libre, dont les informations proviendraient de la mission française. Toute cette mise en scène ne visait-elle pas à obtenir sa suppression ? Le gouvernement français refuse d'entrer dans ce marchandage.

Au fil des semaines, le procès ralentit, signe d'un embarras croissant du pouvoir [2]. On craint cependant le pire, sachant que Nasser n'entend pas se désavouer après tant de bruit. Le 7 avril 1962, à l'ouverture de la trente-huitième séance, coup de théâtre : la cour annonce, à la demande du parquet, l'ajournement du procès « pour considérations politiques ayant trait aux intérêts supérieurs du pays ». Les diplomates français sont libérés. Stupéfaction et embrassades.

Dans les milieux gouvernementaux, on explique avoir voulu saluer les accords d'Évian, conclus une vingtaine de jours plus tôt entre la France et les nationalistes algériens. On souhaite même que les diplomates puissent être présents à Paris dès le lendemain pour pouvoir voter au référendum ! L'entourage de Nasser se déclare particulièrement satisfait de la sévérité des mesures prises par de Gaulle contre l'OAS. Le journal *Al Ahram*, qui dénonçait pêle-mêle, quelques semaines plus tôt, « les actes de piraterie commis par la flotte française en Méditerranée, les attentats contre le peuple algérien, les explosions des bombes atomiques au Sahara et l'opposition de Paris aux décisions de l'ONU sur le Congo », affirme que la République arabe unie veut « ouvrir une nouvelle ère de coopération avec la France »... Ce n'était donc qu'un vilain cauchemar. Toutes les

2. René-William Thorp, *Le Procès du Caire*, Paris, Julliard, 1963.

sanctions sont levées de part et d'autre. Les touristes français peuvent prendre leur billet pour la Haute-Égypte.

Après cette douloureuse aventure, un autre qu'André Miquel aurait définitivement tourné le dos au Proche-Orient. Le jeune conseiller culturel décide, au contraire, de prouver à ses accusateurs qu'il n'est « pas ce qu'ils croyaient ». Il se remet à apprendre l'arabe, plonge dans l'étude du monde musulman, voyage, enseigne, publie. Ce brillant normalien, classé premier à l'agrégation de grammaire, deviendra professeur de langue et de littérature arabes classiques au Collège de France.

6

La dame de Nubie

Lors de l'arrestation des diplomates français, le ministre égyptien de la Culture, Saroite Okacha, a été à deux doigts de démissionner. Ce militaire de carrière, proche compagnon de Nasser, est certainement l'un des meilleurs amis de la France au cours de ces années sombres. C'est grâce à lui que plus d'un chercheur, universitaire ou journaliste peut travailler en Égypte malgré l'image détestable de l'« impérialisme français ». Jean-Philippe Lauer, contraint de s'exiler après l'affaire de Suez, frappe à sa porte en novembre 1959, muni des photos de son chantier et des plans de travaux à effectuer. « Je me suis retrouvé en face d'un homme qui me parlait avec fougue du travail qu'il avait commencé à Sakkara en 1926, racontera Okacha. Ses yeux étaient brillants de larmes tant était grande sa volonté de me convaincre. Je ne le connaissais pas. Je ne connaissais pas non plus ses travaux. Mais il avait un désir si ardent de se remettre à l'ouvrage que j'en fus troublé. Conquis par la force étonnante qui émanait de lui, je lui ai répondu qu'il pouvait reprendre tout de suite ses travaux et que je m'occupais de régler le reste[1]. »

Ancien attaché militaire à Paris, passionné de musique classique et d'art populaire, Saroite Okacha se rend discrètement dans la capitale française en mars 1960 pour soutenir une thèse en Sorbonne sur l'écrivain arabe Ibn Koutaiba. Tous ses amis parisiens sont présents. Le jury, présidé par Régis Blachère, lui décerne la mention « très honorable ». Cette visite incognito se termine par un article très élogieux de Jacques Berque dans *Le Monde* du lendemain.

Désireux de mettre en place un spectacle son et lumière aux Pyramides de Guiza, Saroite Okacha convainc l'égyptologue Christiane Desroches-Noblecourt d'en concevoir le scénario. L'œuvre sera entièrement réalisée sur les bords de la Seine, grâce à la plume de Gaston Bonheur, la musique de Georges Delerue et la voix de plusieurs membres de la Comédie-Française. Il ne reste plus qu'à l'adapter dans les autres langues. Au dernier moment, le ministre fait modifier la traduction anglaise, s'apercevant

---

1. Claudine Le Tourneur d'Ison, *Une passion égyptienne. Jean-Philippe et Marguerite Lauer,* Paris, Plon, 1996.

qu'une main perfide y a remplacé le nom de Champollion par celui de Thomas Young [2]... C'est après avoir inauguré ce spectacle, le 13 avril 1961, que Nasser donne le feu vert à la création du Centre de recherche franco-égyptien de Karnak.

Si Saroite Okacha joue un grand rôle pour rapprocher les deux pays dans ces années-là, il faut en dire de même de Christiane Desroches-Noblecourt. L'activité inlassable de cette égyptologue, toujours prête à sauter dans un avion pour franchir la Méditerranée – quitte à se faire accuser par certains de « collaboration avec l'ennemi » –, aura compté autant que le travail de beaucoup de diplomates. C'est par la culture, bien plus que par la politique ou l'économie, que la France et l'Égypte se retrouvent.

Christiane Desroches est arrivée pour la première fois en Égypte à bord du *Champollion* en 1937. Elle avait vingt-quatre ans. Ses parents avaient donné mille conseils à cette jeune chargée de mission au musée du Louvre pour qu'elle évite les « mauvaises rencontres ». Dieu merci, c'est le bon chanoine Drioton qui l'attendait à la gare du Caire, pour l'installer à l'Institut français d'archéologie en tant que « missionnaire »... L'année suivante, elle était de retour dans la vallée du Nil, cette fois comme « pensionnaire », affectée aux fouilles d'Edfou. Le début d'une riche carrière, partagée entre l'Égypte et le Louvre, où Christiane Desroches, épouse Noblecourt, occuperait successivement les fonctions de conservateur et conservateur en chef des Antiquités égyptiennes, fonctions attribuées pour la première fois à une femme.

Par la voix de Malraux

En 1952, après la Révolution, le chanoine Drioton est remplacé à la Direction des antiquités par un préhistorien égyptien, Moustapha Amer. Celui-ci fait appel à l'assistance de l'Unesco, qui délègue un chef de mission en la personne de Christiane Desroches-Noblecourt. Ainsi est créé le CEDAE (Centre de documentation et d'étude sur l'histoire de l'art et la civilisation de l'Égypte ancienne) qui, très vite, va se préoccuper du sauvetage des monuments de Nubie, menacés d'une noyade définitive par le haut barrage d'Assouan en construction. Un demi-siècle plus tôt, lors de la mise en place du précédent barrage, Gaston Maspero, criant dans le désert, n'avait pu que procéder au relevé des monuments qui seraient engloutis une partie de l'année. Cette fois, le risque est plus grand. Grâce à la volonté de quelques-uns et une mobilisation internationale, un projet grandiose va être mis en œuvre : le déplacement des principaux édifices en péril.

2. Christiane Desroches-Noblecourt, *La Grande Nubiade ou le parcours d'une égyptologue,* Paris, Stock-Pernoud, 1992.

La France est au cœur de cette aventure, malgré ses mauvaises relations avec l'Égypte. Parce que l'Unesco a son siège à Paris. Parce que son nouveau directeur général, René Maheu, est français. Et parce que Christiane Desroches-Noblecourt est un personnage clé de l'opération audacieuse qui va être entreprise. Au cours de l'été 1955, l'égyptologue française s'adresse aux meilleurs experts mondiaux pour qu'ils participent au relevé. Un travail de bénédictin commence, auquel une équipe de l'Institut géographique national français apporte une aide importante en utilisant un nouveau procédé, la photogrammétrie : il s'agit de restituer en courbes de niveau tous les monuments photographiés. Le travail est complété en 1959 par la réalisation d'une immense carte au 1/10 000e, à partir de photographies aériennes.

Le directeur général de l'Unesco lance un appel solennel à la communauté internationale en 1960. André Malraux, ministre du général de Gaulle, chargé de la Culture, y répond le premier. Il le fait dans un texte somptueux, déclamé de sa voix inimitable : « Pour la première fois, toutes les nations – au temps même où beaucoup d'entre elles poursuivent une guerre secrète ou proclamée – sont appelées à sauver ensemble les œuvres d'une civilisation qui n'appartient à aucune d'elles… La survie de l'Égypte est dans son art, et non dans des noms illustres ou des listes de victoires. Malgré Kadesh, l'une des batailles décisives de l'Histoire, malgré les cartouches martelés et regravés de l'intrépide pharaon qui tenta d'imposer aux dieux sa postérité, Sésostris est moins présent pour nous que le pauvre Akhnaton. Et le visage de la reine Néfertiti hante nos artistes comme Cléopâtre hantait nos poètes. Mais Cléopâtre était une reine sans visage, et Néfertiti est un visage sans reine… Pour la première fois, l'humanité a découvert un langage universel de l'art… Pour la première fois, vous proposez de mettre au service des effigies, pour les sauver, les immenses moyens que l'on n'avait mis, jusqu'ici, qu'au service des vivants. Peut-être parce que la survie des effigies est devenue pour nous une forme de la vie… »

L'appel de l'Unesco suscite un vaste mouvement de générosité, y compris de la part des plus humbles. Des écoliers répondent. Le premier envoi est d'une fillette de Tournus, Yvette Sauvage, âgée de douze ans, qui a cassé sa tirelire pour la Nubie. Saroite Okacha l'invite en Égypte avec sa maman. Malraux lui-même ira sur place au printemps 1966, après le rétablissement des relations diplomatiques entre Paris et Le Caire. Voyage « triomphal », précise le *Times*, en soulignant qu'il a été reçu comme aucun autre hôte occidental. Les ministres égyptiens font l'effort de lui parler en français, ce qui devient très rare depuis la révolution de 1952. Malraux rencontre Nasser et lui remet un message personnel du général de Gaulle, puis s'envole vers la Haute-Égypte. L'auteur de *L'Espoir* restera hanté par le pays des pharaons. Pour ses obsèques, dix ans plus tard, on disposera dans la cour carrée du Louvre un sarcophage de chat en bois doré, aux yeux phosphorescents, figurant la déesse Bastet…

Toutankhamon et Ramsès II à Paris

Les retrouvailles franco-égyptiennes s'illustrent d'une autre manière, en février 1967, avec l'exposition « Toutankhamon » à Paris. A Paris, et pas à Londres, alors que logiquement la Grande-Bretagne aurait dû avoir la priorité de la fabuleuse découverte de Howard Carter et lord Carnavon... Christiane Desroches-Noblecourt a pu obtenir quarante-cinq chefs-d'œuvre, malgré les réticences des conservateurs du musée du Caire. Il a fallu négocier pièce par pièce, puis renoncer à certaines d'entre elles, par crainte de les abîmer. La France s'étant engagée à les restaurer, on dépêche au Caire deux des plus grands spécialistes du mobilier national qui y travaillent pendant trois mois avec un matériel spécial.

D'infinies précautions sont prises pour transporter les objets. Les plus légers partent en avion, à bord de quatre DC-6 (il faut répartir les risques !), étant entendu qu'on évitera les trous d'air pour ne pas secouer ces trésors. Les plus lourds sont acheminés par mer. C'est le cas du colosse de Toutankhamon, haut de trois mètres et pesant huit tonnes, pour lequel le plancher du Petit Palais a dû être renforcé.

André Malraux, inaugurant l'exposition avec Saroite Okacha, prononce un autre de ces discours dont il a le secret : « Ce que l'Égypte a cherché dans la mort, c'est justement la suppression de la mort... Je remercie, au nom de la France, l'Égypte qui, la première, a inventé l'éternité... » 15 000 personnes font la queue à la porte. Nul n'avait prévu une telle ruée ! Il faut prendre d'urgence des mesures pour améliorer la circulation et la visibilité à l'intérieur des salles. La visite du général de Gaulle et de son épouse, qui devait durer vingt minutes, sera prolongée d'une heure et demie.

Une foule immense fait chaque jour le siège du Petit Palais. De mémoire de Parisien, on n'a jamais vu autant de monde à une exposition artistique, autant d'écoliers. Photographies, éclairages, couleurs, plants de papyrus..., tout a été étudié pour faire revivre « Toutankhamon et son temps ». Le nombre limité d'objets permet d'éviter les cavalcades. La pièce maîtresse de l'exposition est évidemment le célèbre masque funéraire réalisé sur feuille d'or battu, avec la coiffe rayée de verre bleu, la barbe postiche, le serpent et le vautour enrichi de pierres dures.

Toutankhamon tient six mois et demi, après prolongation, totalisant 1,2 million d'entrées payantes. Les bénéfices sont destinés au sauvetage des monuments de Nubie. La guerre des Six-Jours, survenue dans l'intervalle, conduit à interrompre brièvement l'exposition par crainte d'incidents, mais la fameuse malédiction de Toutankhamon – censée avoir coûté la vie à plusieurs égyptologues – ne se vérifie pas au pied de la tour Eiffel. On voit naître, en revanche, une mode fugace chez les coiffeurs, avec la « coiffure à la pharaon ». Un fabricant de chocolat inaugure les petits sarcophages de papier doré et, tandis que la télévision lance le jeu pour enfants « Toutencarton », les publicitaires inventent le « Tout-en-épargnant » pour la Caisse d'épargne [3]...

Les Français se bousculeront tout autant en 1976 pour l'exposition « Ramsès II », au Grand Palais. Même dispositif : des objets restaurés au Caire par des spécialistes du Louvre sont transportés à Paris par avion ou bateau. Les visiteurs sont accueillis par la statue monumentale du dieu Haroun, un faucon en granit gris, protégeant l'enfant-roi qui suce son index. Mais le véritable événement est indépendant de l'exposition : c'est le voyage de la momie du pharaon, venue se faire soigner dans la capitale française.

Le grand Ramsès II a régné soixante-trois ans, au XIVe siècle avant Jésus-Christ. Sa dépouille a souffert d'être déplacée plusieurs fois depuis l'Antiquité, et son exposition au musée du Caire n'a fait que l'abîmer davantage. Si rien n'est entrepris, les spécialistes assurent que ce vénérable vieillard ne passera pas l'an 2000. La France se propose de le soigner. Là aussi, on retrouve la dame de Nubie : Christiane Desroches-Noblecourt obtient les autorisations nécessaires – cette fois, c'est une véritable affaire d'État, car il faut l'accord des présidents des deux républiques – et organise l'opération, qui sera subventionnée par Elf-Erap, dont le dirigeant au Caire, Robert Souchet, est l'un de ses anciens élèves d'égyptologie...

Avec mille précautions, la momie, vieille de trente-deux siècles, est enfermée dans une boîte de Plexiglas spécial, imperméable aux rayons ultraviolets, et calée par des coussins de polystyrène stérilisé. « Lorsque j'arrivai au Caire avec le Nord-Atlas de l'armée française, raconte l'égyptologue, tout était prêt pour l'embarquement... La caisse contenant le Grand Roi, couverte d'une toile de jute, fut placée sur un camion semi-bâché, entouré d'une garde de soldats, commandée par le chef de la police du musée, le général Ramsès ! L'avenue reliant Le Caire à Héliopolis, vers l'aérodrome, était aussi l'avenue Ramsès ! Notre ambassadeur, le comte Senard, attendait l'arrivée du convoi pour signer, au nom du gouvernement français, la prise en charge du héros de Kadesh. Un vent d'une violence extrême contraignit le représentant égyptien et notre ambassadeur à s'abriter dans la voiture de la délégation française. Les conditions atmosphériques risquaient de devenir parfaitement impropres au transport aérien, un tel chargement ne devant, en aucun cas, être secoué. Pourtant, les événements allaient compter avec Ramsès, ce faiseur bien connu de miracles. Sitôt décollé, l'avion ne rencontra plus la tempête, mais une atmosphère très calme, qui me permit de faire survoler les pyramides par l'époux de la belle Nofrétari, satisfaction que l'on n'avait pas pu lui procurer durant son règne [4] ! »

Ramsès II est accueilli au Bourget en chef d'État par un détachement

---

3. Jean-Marcel Humbert, in *Bulletin de la Société française d'égyptologie*, n° 62, octobre 1971.
4. Christiane Desroches-Noblecourt, *La Grande Nubiade…, op. cit.*

de la Garde républicaine, sabre au clair. Alice Saunier-Seïté, secrétaire d'État aux Universités, prononce le discours de bienvenue. Le cortège s'ébranle, précédé de motards. Il s'offre au passage un petit tour de la Concorde, pour saluer l'obélisque, puis rejoint le musée de l'Homme, où une salle stérile a été spécialement aménagée avec des vitres imperméables aux rayons ultraviolets.

Pendant sept mois, une centaine de spécialistes, français et égyptiens, dirigés par Lionel Balout, administrateur du musée de l'Homme, et sa collaboratrice Colette Roubet, vont se pencher sur l'illustre patient[5]. On écarte des médecins ou pseudo-médecins et pas mal d'illuminés qui proposent leurs services. Les techniques les plus modernes sont utilisées : endoscopie, palynologie, xéroradiologie, chromodensitographie... Des membres du laboratoire de l'identité judiciaire apportent leur concours. Au fil des examens, on découvre un Ramsès inattendu : ce vieillard mince, au nez bourbonien, était courbé par les rhumatismes ; il claudiquait légèrement et avait souffert d'abcès dentaires. Avec émotion, les égyptologues apprennent que sa chevelure d'origine était rousse, couleur jugée diabolique à l'époque, ce qui peut éclairer un parcours peu commun[6]...

Une quinzaine de laboratoires français travaillent sur des fragments de la momie, cherchant à identifier le champignon assassin. Un chimiste d'origine égyptienne, Jean Mouchacca, réussit à cerner cet adversaire portant un nom à coucher dehors : *Daedalea biennis*. Mais comment traiter la momie pour la mettre définitivement à l'abri du mal ? Il n'est pas question d'utiliser la chimiothérapie, qui peut avoir des effets dévastateurs. L'irradiation, en revanche, s'impose, mais les scientifiques ne peuvent prendre le risque de rendre Ramsès à l'Égypte sans cheveux, par exemple, ou sans ongles. On fait appel à une momie cobaye. Elle réagit bien à des tests effectués au Centre d'études nucléaires de Grenoble. Il ne reste plus qu'à croiser les doigts et à pratiquer l'opération. Ce sera le travail des ingénieurs du Commissariat à l'énergie atomique de Saclay. La veille, le président de la République, accompagné de Mme Giscard d'Estaing, vient souhaiter bonne chance au pharaon.

C'est dans sa bulle de plastique que Ramsès II, guéri, retrouve le musée du Caire le 10 mai 1977. Les tapissiers du Louvre ont recouvert sa momie d'un magnifique drap de velours bleu, rehaussé par les deux plantes de l'antique Égypte brodées d'or. Le Pharaon-Soleil a encore une longue vie devant lui...

---

5. *La Momie de Ramsès II. Contribution scientifique à l'égyptologie*, Paris, CNRS, 1976-1977.

6. Christiane Desroches-Noblecourt, *Ramsès II. La véritable histoire*, Paris, Pygmalion, 1996.

7

De Gaulle change la donne

L'Algérie est indépendante, la consternante affaire des diplomates est close. Plus rien n'empêche les relations franco-égyptiennes de s'améliorer. On va le voir d'abord à de tout petits signes, comme la « charte nationale » de la République arabe unie, publiée en mai 1962. Cette bible du régime nassérien rend un hommage inattendu à l'Expédition de Bonaparte, laquelle « apporta un nouvel adjuvant à l'énergie révolutionnaire du peuple égyptien, [...] quelques aspects des sciences modernes [...], des grands maîtres qui entreprirent l'étude de la situation en Égypte et découvrirent les secrets de son histoire ancienne... ». Ce n'est pas négligeable !

Les relations diplomatiques sont enfin rétablies en avril 1963, après six ans et demi d'interruption. Les premiers ambassadeurs d'Égypte à Paris seront des militaires, en attendant le retour des diplomates de carrière francophones, dans la bonne tradition. En 1965, le français redevient première langue étrangère dans les écoles publiques égyptiennes, au même titre que l'anglais. C'est aussi l'année où le maréchal Abdel Hakim Amer, numéro deux du régime nassérien, est reçu à Paris : première visite officielle, depuis trente-huit ans, d'un homme d'État égyptien de ce rang. On déroule le tapis rouge. Lors d'un déjeuner à l'Élysée en son honneur, le général de Gaulle plaide pour une « action commune » entre « l'Égypte nouvelle, telle que la réalise la République arabe unie », et « la France nouvelle, telle que la Vᵉ République est en train de l'accomplir ». Deux pays nouveaux ne peuvent avoir que des relations nouvelles. Les nuages appartiennent au passé. Du Caire, le président Nasser fait savoir qu'il a levé les accusations d'espionnage et de complot contre les quatre diplomates français, qu'on avait déjà oubliées...

Nouveau progrès en juillet 1966 : le contentieux patrimonial franco-égyptien est réglé. Un accord global liquide, à la fois, les séquelles de l'affaire de Suez et celles des nationalisations survenues en Égypte par la suite. Les Français sont assurés d'être indemnisés convenablement et de pouvoir rapatrier leurs avoirs dans des délais raisonnables.

Quand Nasser dénonce Pétain

Les dirigeants du Caire ne mettent pas sur le même plan la France et la Grande-Bretagne. Cette dernière est coupable, à leurs yeux, d'aider les maquisards royalistes au Yémen et de maintenir des bases militaires à Aden, en Libye et à Chypre. Elle est, par ailleurs, trop alignée sur les États-Unis, alors que de Gaulle a le mérite d'affirmer sa différence dans le bloc occidental. On sait gré également au Général de la décolonisation qu'il a entreprise en Afrique noire. Le seul désaccord – et il n'est pas mince – porte sur Israël, qui reçoit des armes françaises, en particulier des avions supersoniques.

Les menaces de guerre entre l'État hébreu et ses voisins arabes, au printemps 1967, sont suivies en France avec autant de passion que d'attention. Nasser, qui a décidé le blocus du golfe d'Akaba, est perçu comme l'agresseur. Les Français sont massivement du côté d'Israël quand celui-ci déclenche une guerre éclair en juin. La victoire des forces de Moshé Dayan soulage, impressionne et enthousiasme l'opinion publique. Dans l'inconscient collectif, c'est sans doute une manière d'oublier l'humiliation subie en 1956 et, plus encore, la guerre d'Algérie. Des journaux publient les photographies de soldats égyptiens prisonniers ou ayant fui le champ de bataille, laissant leurs souliers sur le terrain. Trois mois après la victoire militaire d'Israël, alors que plus rien ne menace son existence, les sympathies des Français n'ont pas changé : 68 % en faveur de l'État hébreu, contre 6 % pour les Arabes, selon un sondage IFOP.

L'Express publie en décembre un document qui ne va pas contribuer à inverser la tendance. Il s'agit d'un témoignage anonyme sur les juifs égyptiens qui ont été internés à la prison d'Abou-Zaabal, près du Caire, après les hostilités. Témoignage terrible, décrivant les sévices, notamment sexuels, auxquels ont été soumis de simples citoyens, parfois devant les membres de leur famille. Une honte pour l'Égypte, un désastre pour son image [1]. Les dénégations de l'ambassadeur d'Égypte à Paris conduiront *L'Express* à révéler le nom de l'auteur, Berto Farhi, un journaliste talentueux que tout le monde connaît au Caire...

De Gaulle avait fortement déconseillé aux dirigeants israéliens de déclencher les hostilités. Mécontent de n'avoir pas été entendu, et soucieux d'assurer à la France une position favorable dans le monde arabe, le Général condamne l'intervention le 21 juin. Tout en invitant les pays arabes à reconnaître l'existence de leur voisin, il demande à celui-ci d'évacuer les territoires occupés. Cela suscite des remous, y compris dans sa propre majorité. Le président de la République revient à la charge, le 27 novembre, au cours d'une conférence de presse, qualifiant les juifs de

---

1. L'article est reproduit en annexe dans *Histoire des juifs du Nil,* sous la direction de Jacques Hassoun, 2ᵉ éd., Paris, Minerve, 1990.

« peuple d'élite, sûr de lui et dominateur ». Cette petite phrase provoque une très vive émotion en Israël et dans la communauté juive de France, mais lui vaut une reconnaissance éternelle des pays arabes, notamment de l'Égypte. Les précisions qu'il apportera par la suite – affirmant que, dans sa bouche, de tels propos étaient un compliment – n'y changeront rien. Pour l'homme de la rue, au Caire, « Di Gol » est un ami, un frère, le plus noble des chefs d'État.

« Ce grand patriote » est « l'une des figures les plus éminentes de notre temps », affirme Nasser [2]. La presse égyptienne ne se limite pas à saluer les déclarations défavorables à Israël : elle associe volontiers dans un même hommage le président et l'ancien résistant [3]. Le *raïs* lui-même va se servir de l'exemple de l'homme du 18 Juin pour conjurer les Égyptiens de ne pas sombrer dans le défaitisme : « De Gaulle a résisté. Pétain s'est rendu. De Gaulle a fini par vaincre [4]... »

Les deux chefs d'État se rejoignent dans un souci commun de non-alignement à l'égard des blocs soviétique et américain. Ils pensent avoir intérêt à se rapprocher. Si de Gaulle compte sur Le Caire pour lui ouvrir le monde arabe, Nasser est persuadé qu'un règlement équilibré au Proche-Orient implique la participation de Paris. Il conseille d'ailleurs au Libyen Kadhafi de se rapprocher de la France. Celle-ci ne peut cependant que répondre partiellement à l'attente de l'Égypte, et c'est pourquoi le *raïs* garde des liens avec Moscou, tout en se méfiant des Russes...

Pour son soixante-dix-neuvième anniversaire, en novembre 1969, alors qu'il n'est plus au pouvoir, le général de Gaulle reçoit de Nasser un message extrêmement chaleureux, lui exprimant « l'estime et la considération de tout le peuple de la République arabe unie ». Le dirigeant égyptien mourra l'année suivante sans avoir rencontré l'homme du 18 Juin. Aurait-il souhaité cette entrevue ? « De la France, remarque Jean Lacouture, il ne savait pas grand-chose... Il fut probablement soulagé de ce que son nom éveillât un peu trop d'échos passionnés à Paris pour s'y rendre lui-même... Il avait, sur le tard, appris à lire difficilement le français. Il avait voulu que ses enfants l'inscrivissent à leur programme. Mais s'il fut enchanté de recevoir Sartre en 1967, et très intéressé par les dernières initiatives de la diplomatie gaulliste à l'égard du monde arabe, la France lui fut surtout lointaine [5]. »

Beaucoup d'Égyptiens n'ont pas manqué d'associer Nasser et de Gaulle, morts à quarante et un jours d'intervalle. L'une des filles du *raïs*, Hoda Abdel Nasser, compare avec amertume la volonté d'effacer le souvenir de son père en Égypte avec la manière dont les Français conservent la

---

2. Discours prononcé le 20 janvier 1969 devant l'Assemblée de la nation.
3. Armand Pignol, *De Gaulle et la Politique de la France vue d'Égypte (1967-1970)*, Le Caire, CEDEJ, 1985.
4. Discours prononcé le 15 février 1968 devant le congrès de l'Union des journalistes arabes au Caire.
5. Jean Lacouture, *Nasser*, Paris, Seuil, 1971.

mémoire de leur ancien président [6]. Cette enseignante de sciences politiques à l'université du Caire est devenue la correspondante de la Fondation Charles-de-Gaulle en Égypte.

Le voyage en Égypte de « M. d'Estaing »

Georges Pompidou n'a ni l'aura ni la popularité de son prédécesseur sur les rives du Nil mais, sous sa présidence, les rapports franco-égyptiens ne changent guère d'orientation. C'est avec Valéry Giscard d'Estaing qu'arrivent les changements. Il faut dire que le nouveau président égyptien, Anouar el-Sadate, est en train de démolir, pièce par pièce, tout l'édifice nassérien, en libéralisant l'économie et tournant résolument le dos à l'Union soviétique.

Même si Sadate ne s'arrête à Paris qu'au retour de Washington, en janvier 1975, sa visite officielle est la première d'un chef d'État égyptien depuis près d'un demi-siècle. Le *raïs* est encore auréolé de la guerre qu'il a déclenchée – et à demi gagnée – deux ans plus tôt contre Israël. Il se prépare à rouvrir le canal de Suez, en attendant de tendre la main à l'ennemi de la veille par une visite historique à la Knesset.

A Paris, il vient faire quelques emplettes. La France accepte de lui vendre des Mirage et d'autres équipements militaires, quitte à irriter Israël. « Giscard va plus loin que Pompidou, et dépasse même de Gaulle », écrivent des journaux de Jérusalem. Les retrouvailles franco-égyptiennes se font en anglais, avec quelques phrases en français, langue que l'Égypte a tenu à introduire à la conférence de paix israélo-arabe de Genève et que le successeur de Nasser affirme connaître, ce qui fait un peu sourire son entourage. L'effort, en tout cas, est louable : recevant Valéry Giscard d'Estaing au Caire onze mois plus tard, Sadate prononcera un tiers de son discours public en français, citant Champollion, mais aussi Rimbaud et Chateaubriand.

« M. d'Estaing », comme le désignent les banderoles sur la route de l'aéroport d'Héliopolis, est le premier chef d'État ou souverain français à fouler le sol de l'Égypte. Avant lui, seul... Saint Louis l'avait fait, mais dans quelles circonstances ! Durant les mois précédant cette visite, une vingtaine de sociétés françaises, dont Renault-Saviem, ont ouvert une représentation au Caire. La France est désormais le troisième fournisseur commercial de l'Égypte, après les États-Unis et l'Union soviétique. Elle vient de lui vendre son système Secam : la visite de Valéry Giscard d'Estaing coïncide ainsi avec les premières images télévisées en couleurs dans la vallée du Nil.

Dix-neuf ans après le désastre de Suez, la culture française n'a plus du tout la même force en Égypte. Les deux quotidiens francophones survivants, *Le Journal d'Égypte* et *Le Progrès égyptien,* ont perdu la plus

---

6. *Al Ahram Hebdo*, 25-31 décembre 1996.

grande partie de leur public, qui a émigré sous le nassérisme. Et si quelque 50 000 élèves fréquentent les établissements religieux ou les lycées, pour un enseignement franco-arabe, le niveau a sensiblement baissé. « VGE » peut noter cependant que l'université islamique d'El-Azhar accueille maintenant des professeurs français et que l'Égypte dépêche ses propres maîtres dans les pays pétroliers pour enseigner la langue de Voltaire.

Le président français n'envisageait que de survoler la région de Suez, encore sous le choc de la dernière guerre israélo-arabe. Pour répondre au souhait de ses hôtes, il décide finalement de faire une visite à Ismaïlia, en partie détruite par les bombardements. La « déclaration d'amitié et de coopération », signée à l'issue de ce voyage, englobe de nombreux projets. La France accepte même de participer à la fabrication locale d'armements, confirmant qu'elle est décidée à jouer à fond la carte égyptienne.

Au début de 1981, quelques mois avant la défaite électorale de Giscard et l'assassinat de Sadate, un accord est conclu pour la construction du métro du Caire. Un consortium de dix-sept entreprises va s'atteler à ce projet ambitieux, financé par des crédits français.

François Mitterrand, citoyen d'Assouan

L'élection de François Mitterrand, en mai 1981, est très mal vue des Arabes : le nouveau président français passe pour un vieil ami d'Israël. Tout ce qui a été fait depuis le général de Gaulle – et, en particulier, la reconnaissance de l'« autodétermination » des Palestiniens – ne risque-t-il pas d'être remis en cause ? François Mitterrand avait promis, avant son élection, de se rendre en Israël. C'est en effet ce pays qui, le premier, le reçoit au Proche-Orient dix mois plus tard. L'Égyptien moyen ne retient que cela, et non le discours du président français devant la Knesset, dans lequel est défendu le droit du peuple palestinien à un État. Peu à peu cependant, sous l'influence du ministre des Affaires étrangères, Claude Cheysson, et en raison des événements du Liban, François Mitterrand s'aligne sur les positions de ses prédécesseurs.

L'Égypte aussi a un nouveau président, Hosni Moubarak ayant accédé au pouvoir après l'assassinat de Sadate, en octobre 1981. Les deux hommes d'État paraissent appartenir à des planètes différentes. Mitterrand le littérateur, nourri de culture classique, est à mille lieues de Moubarak l'officier, grandi à la caserne et dans des avions de guerre. Pourtant, un contact chaleureux s'est établi, avant même l'accession des deux hommes au pouvoir, alors que l'un n'était que premier secrétaire du Parti socialiste et l'autre vice-président de la République. « Je l'amusais », précisera par la suite Moubarak, dont les plaisanteries sur des chefs d'État arabes faisaient apparemment beaucoup rire Mitterrand [7].

7. Entretien avec Élisabeth Schemla, *L'Express*, 19 décembre 1996.

Le président français est reçu chaleureusement en Égypte en novembre 1982. Les deux pays sont alors liés par de nombreux accords, industriels, commerciaux et militaires. La France est devenue le deuxième fournisseur de l'Égypte après les États-Unis. Les échanges ont doublé en quelques années, avec de grandes réalisations, comme l'aménagement du port de Damiette, le complexe sucrier de Kafr-el-Cheikh, le nouvel hôpital d'Aïn-Chams et la première tranche du métro du Caire. L'Égypte est désormais le client principal de la France pour les achats d'armements. Un mois après cette visite officielle, un pas symbolique est franchi : l'Égypte adhère à l'Agence de coopération culturelle et technique, le club francophone.

C'est Jacques Chirac, Premier ministre, qui inaugure en septembre 1987, avec Hosni Moubarak, la première tranche du métro du Caire. Une foule enthousiaste acclame les deux hommes, ravis, qui parcourent plus de 4 kilomètres dans la cabine de la motrice. Heureuse conclusion d'une entreprise qui donnait quelques années plus tôt les plus grands soucis... Il n'a pas été facile de creuser dans cette ville chaotique, dont le sous-sol est encombré de canalisations enchevêtrées. Les plans communiqués aux ingénieurs français étaient faux. Des conduites ont été crevées au cours des travaux, causant des inondations ou privant d'eau potable une partie de la capitale. Les journaux se sont déchaînés contre le métro, accusé de tous les malheurs de la ville du Caire. Pour faire cesser cette campagne, il a fallu que le président Moubarak intervienne à la télévision et visite personnellement le chantier en 1984...

Les travaux ont pris deux années de retard et coûté beaucoup plus cher que prévu. Mais le résultat est spectaculaire. Dans cette ville asphyxiée par une circulation automobile bruyante et polluante, on se rend désormais en quelques minutes de la place Tahrir au Vieux-Caire. Les voitures, équipées de ventilateurs, sont inspirées du RER parisien : mêmes couleurs bleu et blanc, mêmes sièges-coquilles. Le métro *françaoui* est un grand succès, à tous points de vue, un modèle d'ordre et de propreté. Des policiers présents dans toutes les stations infligent une amende pour le moindre papier jeté à terre, ce qui est exceptionnel au Caire. Et, de plus, ils jouent aux infirmières en venant en aide aux personnes âgées... Mais si la chose s'appelle bien « métro » et non *subway* – avec de grands M à chaque station –, les inscriptions sont en arabe et en anglais.

François Mitterrand prend l'habitude de faire un séjour en Haute-Égypte chaque année, autour de Noël, en compagnie de quelques intimes. Il navigue volontiers sur le Nil à bord d'une felouque. A Assouan, son lieu de prédilection, il loge dans une résidence de Hosni Moubarak, près du vieux barrage, ou dans un appartement spécial qui lui est réservé à l'hôtel Old Cataract. Fasciné par les pharaons, le président ne semble guère s'intéresser à l'art islamique, mais le désert l'attire. Le jour de Noël 1987, il se fait déposer par hélicoptère au sommet du mont Moïse, dans le Sinaï. Hosni Moubarak ne manque jamais de marquer ces visites privées par un geste de bienvenue. Il sera le premier à féliciter son ami François, pour sa réélection, le 8 mai 1988, à 20 h 5, par un coup de téléphone à Château-Chinon...

Les Égyptiens sont touchés et flattés de l'intérêt de François Mitterrand pour leur pays. Certains d'entre eux lui reprocheront néanmoins de s'être engagé aux côtés des Américains dans la guerre contre l'Irak en 1991. Que leur propre gouvernement ait adopté la même attitude n'y change rien. La France s'attendait, après cette guerre du Golfe, à une sorte de Yalta proche-oriental et voulait donc se mettre en bonne position. Ses espoirs seront largement déçus. Le processus de paix est une *pax americana* : la fameuse « politique arabe » voulue par le général de Gaulle a du mal à survivre à la disparition de l'Union soviétique...

C'est à Assouan que François Mitterrand fait son dernier voyage à l'étranger, en décembre 1995, quelques jours avant sa mort. Il est accompagné de son épouse Danielle, de sa fille Mazarine et de son médecin. Les photos le montrent très affaibli, appuyé sur une canne et coiffé d'un chapeau de paille barré d'un ruban noir. Il avait confié un jour à Franz-Olivier Giesbert : « Je voudrais mourir dans l'un des plus beaux endroits du monde, à Assouan où l'on se sent si grand, avec le ciel pour soi, ou à Venise où l'on se sent si petit, déjà englouti [8]. » D'une certaine manière, il est mort à Assouan...

Chirac superman

A choisir entre Jacques Chirac et Lionel Jospin, en mai 1995, les Égyptiens votent sans hésiter pour le premier, considéré par eux comme un fils de Charles de Gaulle. Le maire de Paris est connu dans le monde arabe, plusieurs dirigeants passent pour ses amis.

L'élection de Jacques Chirac est donc très applaudie en Égypte. Nul autre, dit-on, ne pouvait remplacer aussi avantageusement François Mitterrand. Durant les mois qui suivent, on ne comprend pas pourquoi les Français critiquent le chef d'État qu'ils se sont donné. L'Égypte, pour sa part, se gardera de dénoncer la reprise des essais nucléaires français dans le Pacifique.

Hosni Moubarak est le premier chef d'État étranger à être reçu par le nouveau président à l'Élysée. La politesse est rendue l'année suivante par une visite de Jacques Chirac au Caire, et une rue Charles-de-Gaulle est inaugurée à cette occasion. La France veut se donner une grande politique méditerranéenne, pour laquelle l'Égypte est évidemment un partenaire essentiel. Quant à la coopération économique et financière entre les deux pays, elle ne cesse de progresser. La France a remporté plusieurs gros contrats, comme celui du téléphone mobile ou de la cimenterie de Suez.

---

8. Franz-Olivier Giesbert, *Le Vieil Homme et la Mort,* Paris, Gallimard, 1996.

Une centaine de ses entreprises sont présentes sur le marché égyptien. Une aide financière de 500 millions de francs est fournie au pays de Hosni Moubarak, à laquelle s'ajoute une aide alimentaire représentant le quart du montant que la France consacre à ce poste dans le monde...

La véritable entrée en scène de Jacques Chirac intervient le 22 octobre 1996, non pas au Caire mais à Jérusalem. Le président français, qui visite la vieille ville et les lieux saints, est exaspéré par l'imposante mobilisation policière israélienne. Le visage fermé, il refuse de pénétrer dans l'église Sainte-Anne, où l'ont précédé des hommes armés. Sur les marches du Saint Sépulcre, il attrape quasiment par le collet un policier israélien qui voulait s'interposer entre lui et les dignitaires religieux présents. Et il lance avec fureur, en anglais, au chef de la sécurité : « Mais que voulez-vous ? Que je remonte dans l'avion et que je rentre en France ? Ça suffit. Ce n'est pas de la sécurité, c'est de la provocation. »

La colère du président français enflamme l'Égypte, comme le reste du monde arabe. Mieux que cent discours, la séquence, interminablement repassée à la télévision égyptienne, fait de lui un héros. C'est Chirac superman.

Une relation très inégale

Le partenariat entre la France et l'Égypte, inauguré par le général de Gaulle et développé par ses successeurs, ne doit cependant pas faire oublier que les relations entre les deux pays restent très inégales. Certes, il n'est plus question du « génie français » et de sa « mission civilisatrice » dans la vallée du Nil. Mais, si la population égyptienne a rattrapé et même dépassé la population française, franchissant la barre de 60 millions, le fossé économique est toujours énorme. En 1995, selon les indicateurs de la Banque mondiale, le produit intérieur brut par habitant a été 31,6 fois plus élevé en France qu'en Égypte. Même en appliquant les correctifs liés au coût de la vie dans les deux pays, le rapport est de 1 à 5,5. Des conditions sanitaires, alimentaires et matérielles très différentes font que l'espérance moyenne de vie atteint soixante-dix-huit ans en France contre soixante-trois en Égypte. Un autre chiffre illustre, mieux que tout autre sans doute, l'inégalité des rapports bilatéraux : les touristes français sur les bords du Nil sont deux cent cinquante fois plus nombreux que les touristes égyptiens sur les bords de la Seine.

L'inégalité s'ajoute aux différences culturelles, accentuées par le regain de l'islamisme. A elle seule, la douloureuse question de l'excision témoigne de la distance entre les deux sociétés. Le gouvernement égyptien a vainement tenté de rendre illégale cette pratique d'un autre âge, dirigée contre le plaisir sexuel féminin, alors qu'elle est considérée en France comme un crime.

La communication entre les deux peuples est moins aisée qu'elle n'en a l'air. En France, les Égyptiens sont souvent écrasés par le décor et l'ambiance : richesse, ordre, logique, raideur des fonctionnaires, vert parfait des pelouses, maisons alignées au cordeau... En Égypte, au contraire, les Français ont souvent l'illusion d'être comme chez eux, et préférés aux autres Occidentaux. Même ceux qui parlent l'arabe – avec un accent aisément reconnaissable – se font souvent piéger par la gentillesse naturelle des Égyptiens et par le caractère très formel de la culture arabe : ils prennent volontiers pour argent comptant ce qui n'est que du *kalam* (des paroles), sans se rendre compte qu'aux yeux de leurs interlocuteurs ils restent irrémédiablement des Européens, des étrangers.

8

Des parfums de là-bas

Combien les Français connaissent-ils d'Égyptiens contemporains ? Quels sont ceux qui, d'une manière ou d'une autre, ont influencé leur vision de l'Égypte ? En cherchant bien, on n'en trouve pas plus d'une douzaine, en comptant les derniers souverains et chefs d'État (Farouk, Nasser, Sadate, Moubarak) et l'ancien secrétaire général des Nations unies Boutros Boutros-Ghali. En dehors de la politique, les visages familiers se comptent sur les doigts de la main.

L'écrivain qui a le plus marqué les amateurs de littérature n'est ni égyptien ni français, mais britannique. Depuis quarante ans, nul ne peut citer Alexandrie sans songer aussitôt à Lawrence Durrell. « Cinq races, cinq langues, une douzaine de religions ; cinq flottes croisant dans les eaux grasses de son port. Mais il y a plus de cinq sexes, et il n'y a que le grec démotique, la langue populaire, qui semble pouvoir les distinguer. » La magie du célèbre *Quatuor* fait que cette ville est inévitablement perçue comme un monde luxuriant et pourrissant, aux couleurs vives, aux odeurs fortes, un théâtre d'illusions, traversé de mille intrigues et mille perversions.

Encensé dans son propre pays, l'auteur de *Justine, Balthazar, Mountolive* et *Cléa* l'a été encore plus en France, où il a vécu de 1957 jusqu'à sa mort. C'est au pied des Cévennes, dans le village de Sommières (Gard) qu'ont été rédigés les trois derniers volumes du *Quatuor*. « Les Français, affirme son compatriote Anthony Burgess, apprécient davantage l'œuvre de Durrell que les Britanniques car elle exprime une sensibilité européenne, et la richesse de son style répugne quelque peu aux Anglais [1]. » Admettons.

L'auteur de *Justine* a séjourné en Égypte de 1941 à 1945, obscur fonctionnaire britannique des services d'information. Il lui a suffi de quatre ans pour conquérir Alexandrie et l'annexer. Mais de quelle Alexandrie s'agit-il ? Les premiers surpris en le lisant ont été des habitants ou ex-habitants de cette ville sans pareille. L'écrivain égyptien Edouard

---

1. Anthony Burgess, « Lawrence Durrell. La mort en son jardin », in *Paris-Match,* 22 novembre 1990.

al-Kharrat, dont l'œuvre est intimement associée à Alexandrie, reconnaît que Durrell a écrit « un chef-d'œuvre exquis et poignant », mais il ne s'agit que d'une fable, un « produit de son imagination ». Sous la plume de l'écrivain britannique, « Alexandrie est essentiellement une illusion exotique », une recréation de l'Orient comme le rêvent les Occidentaux, un monde « densément peuplé de créatures étranges, à peine compréhensibles, qui ne feraient que balancer entre la violence, la servilité ou la soumission »[2].

La découverte de Naguib Mahfouz

Les auteurs égyptiens les plus lus en France depuis les années 50 – Albert Cossery et Andrée Chedid – ne sont pas vraiment considérés comme égyptiens en Égypte. Parce qu'ils sont d'origine étrangère, mais surtout parce qu'ils ont quitté le pays et ne composent pas leurs œuvres en arabe.

Albert Cossery est arrivé à Paris en 1945, à l'âge de trente-deux ans, et occupe depuis lors la même chambre d'hôtel, rue de Seine. Il n'a jamais demandé la nationalité française. « Je n'ai pas besoin de vivre en Égypte ni d'écrire en arabe, affirme cet ermite citadin. L'Égypte est en moi, c'est ma mémoire[3]. » Ses six romans, consacrés au petit peuple du Caire, lui ont valu le grand prix de la Francophonie de l'Académie française en 1990. Le plus connu, *Mendiants et Orgueilleux*, a été adapté au cinéma par une cinéaste égyptienne, Asma el-Bakri.

Andrée Chedid s'est installée à Paris en 1946, à l'âge de vingt-six ans. Appartenant à une famille chrétienne d'origine libanaise, elle a fait ses études dans des écoles françaises du Caire, puis à l'université américaine. Ses premiers poèmes ont été écrits en anglais, mais elle a vite adopté la langue française. L'Égypte antique, comme celle des campagnes d'aujourd'hui, est très présente dans cette œuvre abondante, finement ciselée, où voisinent poèmes, nouvelles, pièces de théâtre et romans. A la fois égyptienne, libanaise et française, Andrée Chedid – mère du chanteur Louis Chedid – ne connaît pas de frontières. « Je relève d'un pays sans fanion, sans amarre », précise-t-elle dans l'un de ses recueils de poésies[4]. Distinction et discrétion caractérisent cette grande dame de la littérature, qui a obtenu de nombreux prix.

Parmi les écrivains égyptiens traduits en français avant les années 1980, deux noms émergent : ceux de Taha Hussein, avec le *Livre des jours*, et de Tewfik el-Hakim, pour le délicieux *Substitut de campagne en Égypte*. Ces deux poids lourds des lettres arabes n'ont eu cependant qu'un

2. Édouard al-Kharrat, revue *Méditerranéenne,* Paris, n°s 8-9, automne 1996.
3. Entretien avec Marie-José Hoyet, *Rive,* Paris, n° 1, décembre 1996.
4. Andrée Chedid, *Seul, le visage,* Paris, Seuil, 1960.

public restreint en France, sans commune mesure avec leur importance sur les bords du Nil. Un troisième, Naguib Mahfouz, s'est attiré de nombreux lecteurs depuis l'obtention de son prix Nobel de littérature en 1988. La France est le pays où les traductions de ses romans ont été le plus vendues [5].

La célèbre trilogie de Mahfouz raconte un demi-siècle d'histoire d'Égypte par le biais d'une famille bourgeoise d'un quartier populaire du Caire. Le personnage principal, Ahmed Abdelgaouad, le *pater familias,* est un despote à domicile, qui se mue en bon vivant et brillant causeur dès qu'il se trouve en d'autres compagnies. L'un de ses petits-fils devient communiste et l'autre islamiste, illustrant les fièvres de la société égyptienne à la veille de la Révolution.

Au début des années 70, Naguib Mahfouz a commencé à être publié en France, aux éditions Sindbad, à l'initiative de Pierre Bernard. Mais seul le prix Nobel lui a donné la notoriété. Il n'est pas facile de traduire cet auteur, qui a renouvelé le roman arabe par son ironie en antiphrases et sa manière de faire éclater syntaxe et récit. La saveur du parler égyptien ne se retrouve pas toujours dans les textes en français, mais seuls des lecteurs bilingues peuvent le regretter.

L'auteur du *Passage des miracles* est devenu encore plus populaire en France après l'attentat dont il a été victime au Caire en octobre 1994. Les coups de poignard d'un islamiste, portés à ce vieux monsieur de quatre-vingt-trois ans, sont venus rappeler qu'il était naguère accusé de blasphème pour avoir mis en scène, dans *Les Fils de la médina,* des figures allégoriques de la Bible et du Coran. Sur son lit d'hôpital, Mahfouz a illustré – bien malgré lui – une Égypte perçue comme dangereuse, où le moindre attentat contre un étranger fait aussitôt s'effondrer le nombre des touristes...

Une nouvelle génération d'auteurs égyptiens commence à être connue en France, grâce aux traductions. Gamal el-Ghitany et Sonallah Ibrahim font partie de ces écrivains talentueux, renouvelant les formes du roman arabe, qui n'hésitent pas à jeter un regard acide sur la société dans laquelle ils vivent. Mais leur public, de ce côté-ci de la Méditerranée, est encore modeste.

Dalida, Le Caire-Paris aller-retour

Une série d'artistes nés en Égypte débarquent à Paris dans les années 50. Parmi eux, Richard Anthony, futur chanteur yé-yé, et Claude François, fils d'un ingénieur du canal de Suez, qui découvre les vaches maigres à Monte-Carlo après avoir connu l'aisance au Caire. Il lui faudra

5. Alexandre Buccianti, « Naguib Mahfouz dans ses quartiers », *Le Monde*, 10 novembre 1989.

un certain temps, et pas mal de « petits boulots », pour devenir une star de la chanson. « Clo-Clo » impressionnera alors ses fans en racontant son enfance égyptienne. « Quand j'étais gosse, je nageais déjà plusieurs fois par jour d'un continent à un autre. Je traversais, en crawl, le canal de Suez, qui sépare l'Afrique de l'Asie... Quand on avait besoin d'un peu de sel, on mettait de l'eau dans une jatte. Le soleil tapait si fort qu'elle s'évaporait, laissant son dépôt de sel marin [6]... » Ou encore : « Ah, le plaisir d'être assis à l'arabe. J'ai gardé ça de mon enfance, cette façon de se détendre, de se relaxer. Ça et le sport. Au Caire, au lycée français, c'est moi qui courais le plus vite. J'ai failli être champion d'Égypte du 1500, j'ai terminé deuxième [7]... ». A l'Égypte il consacre un tube, *Alexandrie, Alexandra.* Un tube parmi beaucoup d'autres, Clo-Clo et ses Clodettes n'étant pas plus égyptiens qu'allemands ou mexicains...

Georges Moustaki, lui, ne s'est jamais guéri de son enfance à Alexandrie, où il a vu le jour en 1934. Élève au lycée français, de nationalité grecque, il émigre à Paris à l'âge de dix-sept ans, devient barman, vendeur de livres au porte-à-porte, puis guitariste à la terrasse des cafés et chanteur de cabaret. *Le Métèque*, un formidable succès, le révèle comme interprète (« Avec ma gueule de métèque, de juif errant, de pâtre grec... »). Il est surtout un grand compositeur, auquel on doit quelque 300 chansons, parmi lesquelles *Milord* et *Ma solitude*. Moustaki, qui a joué dans le film *Mendiants et Orgueilleux*, tiré du roman d'Albert Cossery, a raconté avec émotion, dans un livre, son premier retour à Alexandrie, où pas grand monde ne semblait le connaître [8]...

Mais c'est Dalida, plus que tout autre, qui a fait rêver les Français de l'Égypte cosmopolite. Son histoire ressemble à un roman-photo. Fille d'un premier violon de l'Opéra du Caire d'origine calabraise, Yolanda Gigliotti est née dans le quartier populaire de Choubra. Cette petite employée d'une maison de couture, aux mensurations de star, se fait élire Miss Égypte en 1954 malgré un strabisme qui date de sa toute petite enfance. Elle commence alors une médiocre carrière d'actrice de cinéma, jouant dans un film égyptien de série B, puis dans un navet de Marc de Gastyne, *Le Masque de Toutankhamon*. Son nom de scène, « Dalila », fait un peu trop penser à Samson : elle le transforme en « Dalida » et part pour Paris, sur le conseil d'un imprésario d'occasion, un colonel français à la retraite, qui lui réclamera – en vain – par la suite 20 % de ses cachets [9]...

La suite du roman-photo, ce sont les portes qui se ferment, puis la rencontre miraculeuse avec Lucien Morisse, directeur artistique d'Europe 1, subjugué par cette voix d'alto langoureuse à l'accent latino-oriental. Dalida peut rivaliser avec Rina Ketty ou Gloria Lasso, tout en n'ayant

6. Entretien avec Léon Zitrone, *Jours de France*, 20 juin 1972.
7. *France-Soir*, 19 juillet 1977.
8. Georges Moustaki, *Filles de la mémoire*, Paris, Calmann-Lévy, 1989.
9. Catherine Rihoit, *Dalida : « Mon frère, tu écriras mes Mémoires »*, Paris, Plon, 1995.

rien à envier aux pin-up les plus aguicheuses de l'écran. En bikini panthère, elle provoque des bousculades. Et il y a l'Égypte, l'Italie... Lucien Morisse, aidé d'Eddie Barclay, saura exploiter ces atouts et faire de la chanson *Bambino* un immense succès. Puis ce sera *Gondolier*, et beaucoup d'autres airs inlassablement diffusés sur les ondes. L'un des frères de Dalida, Orlando, chante à son tour, en franco-égyptien, une version de *Moustapha*, en concurrence avec un autre exilé, Bob Azzam. On baigne en plein Nil.

Dès 1955, Dalida fait la couverture de *Cinémonde*. Elle est adoptée par la presse française, qui voit en elle « la Bardot de la chanson ». Elle sera la première femme à obtenir un Disque d'or et la première à avoir son fan-club. Quelques critiques acerbes (du genre « Nasser a fait pire que Suez, il nous a envoyé Dalida ») sont à peine audibles dans un concert d'ovations. La petite émigrée de Choubra chante à Alger pour les militaires français, et devient la marraine du 18e régiment de paras, au risque de se faire maudire par le régime nassérien. Son voyage en Israël, quatre ans plus tard, consomme la rupture.

Dalida l'Orientale peut se teindre en blonde, son public accepte tout. Un sondage IFOP de 1965 la désigne comme chanteuse préférée des Français. Mais elle chante aussi en d'autres langues, son succès devient planétaire, ses ventes de disques battent tous les records. En 1981, le candidat François Mitterrand monte sur la scène de l'Olympia pour l'embrasser, quelques semaines avant son élection. L'Italienne d'Égypte entre à l'Élysée, elle invite en toute simplicité le président de la République à dîner chez elle, dans sa maison de Montmartre. Elle corrigera par la suite cet engagement politique un peu trop marqué en gagnant aussi l'amitié de Jacques Chirac...

Est-elle encore égyptienne aux yeux des Français ? Elle le redevient, en tout cas, pour les Égyptiens. Son premier récital au Caire, en 1976, est un triomphe. Dalida promet à l'auditoire de chanter en arabe la fois suivante. Promesse tenue : *Salma ya salama* fait exploser le box-office, non seulement au Caire mais dans plusieurs pays arabes. C'est avec cette chanson que les Israéliens accueillent Sadate à l'aéroport Ben Gourion en novembre 1977 !

Neuf ans plus tard, Dalida tourne en Égypte dans *Le Sixième Jour*, un film de Youssef Chahine tiré d'un roman d'Andrée Chedid. Voilée de noir, en paysanne, elle tient le rôle d'une grand-mère qui rencontre l'amour en pleine épidémie de choléra. Avant chaque tournage, un professeur d'arabe lui fait répéter ses répliques, sans parvenir à corriger tout à fait son accent européen... Yolanda Gigliotti parcourt le vieux quartier de Choubra, qui l'a vue naître, en voiture décapotable. Les habitants lui font un accueil de reine, qui tourne presque à l'émeute. Ce sera son dernier succès.

Malheureuse en amour, ne se consolant pas d'un avortement décidé secrètement à la fin des années 60 et crevant de solitude sous les lauriers,

Dalida se donne la mort le 3 mai 1987. Des haut-parleurs diffusent ses chansons, autour de sa maison, où une foule en pleurs est accourue. « La vie est insupportable, pardonnez-moi », a écrit Yolanda de Choubra à tous ces anonymes, avant d'avaler des barbituriques. Elle quitte ainsi définitivement la scène, à cinquante-quatre ans, après avoir vendu plus de cent millions de disques. Une place de Montmartre portera son nom. Et, pour le dixième anniversaire de sa mort, à l'occasion de la sortie d'un disque réunissant ses principales chansons, on la verra apparaître en coiffure pharaonique sur les panneaux publicitaires des principales villes de France.

D'Omar Sharif à Oum Kalsoum

« Tu te rends compte d'où nous venons l'un et l'autre ! » a dit un jour Dalida à Omar Sharif. Lui, cependant, a connu une enfance bourgeoise à Alexandrie. De son vrai nom Michel Chalhoub, appartenant à une famille grecque-catholique d'origine syrienne, il a fait ses études au Victoria College, avant de lancer en amateur une troupe de théâtre jouant Anouilh en français. En 1954, à l'âge de vingt-deux ans, il se voit offrir un rôle de jeune premier par Youssef Chahine dans *Ciel d'enfer*. L'héroïne est la superbe Faten Hamama, dont l'acteur tombe amoureux. Il se fait musulman pour l'épouser et devient Omar Sharif.

Les Français le découvrent des années plus tard dans *Lawrence d'Arabie,* qui le propulse parmi les stars mondiales, en attendant *Docteur Jivago.* Omar Sharif a un physique passe-partout qui lui permet d'incarner aussi bien un bédouin qu'un prince autrichien (dans *Mayerling*) ou un révolutionnaire sud-américain (*Che Guevara*). Ni sa rupture avec Faten Hamama ni ses démêlés avec le régime nassérien ne modifient son image. Pour les Français, c'est un personnage familier, sympathique et courtois, un amoureux des chevaux, qui hante l'hippodrome d'Auteuil et fait gagner au tiercé ; un bridgeur, également, dont l'équipe se produit aux quatre coins du monde. On finit par oublier qu'il est égyptien.

Rien de semblable avec Oum Kalsoum, étoile lointaine, dont la France n'a connu qu'une seule apparition, en novembre 1967, à l'Olympia. « Le Rossignol arabe », « l'Astre de l'Orient », la diva adulée du golfe Persique à l'Atlantique, adresse en arrivant un télégramme au général de Gaulle, pour saluer son action « en faveur de la justice et de la paix ». Il lui répond : « J'ai ressenti dans votre voix les vibrations de mon cœur et du cœur de tous les Français. » C'est un peu exagéré, le public de l'Olympia, ce soir là, étant surtout originaire du Maghreb et du Proche-Orient. Des centaines d'admirateurs ont fait le voyage en charter de Grande-Bretagne et d'Allemagne. Tous les ambassadeurs arabes en poste à Paris sont présents à ce récital inédit.

Les journaux, la radio et la télévision dévoilent à une France étonnée cette sexagénaire au chignon noir, dont le génie, selon un admirateur, est

Juillet 1956. Le président Nasser vient d'annoncer, à Alexandrie, la nationalisation de la Compagnie universelle du canal de Suez, qui ne devait revenir à l'Égypte que douze ans plus tard. Il mettra trente-six heures pour regagner Le Caire par train, acclamé à chaque gare par des foules enthousiastes.

Un public beaucoup plus nombreux que prévu se presse devant le Petit Palais à Paris en 1967 pour visiter l'exposition « Toutankhamon et son temps ».

En 1976, la momie de Ramsès II est examinée par un aréopage de médecins et de scientifiques, dans une salle spécialement aménagée au musée de l'Homme à Paris. Elle regagnera Le Caire quelques mois plus tard, après avoir été « soignée ». Au premier plan, à droite, Christiane Desroches-Noblecourt.

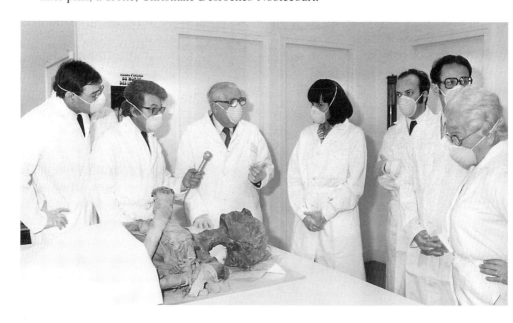

La statue géante de Ramsès II, prêtée par l'Égypte, est installée au Grand Palais, à Paris, pour l'exposition de 1976.

Quatre diplomates français, encadrés par des policiers égyptiens, sont jugés pour espionnage au Caire, en 1962. En haut, au centre, André Miquel, qui deviendra professeur d'arabe au Collège de France.

En mars 1966, après la normalisation des relations franco-égyptiennes, André Malraux, ministre français de la Culture, est accueilli en Égypte par Nasser.

L'égyptologue Jean-Philippe Lauer à Saqqara, où il a travaillé près de soixante-dix ans.

Youssef Chahine, le cinéaste égyptien le plus connu en France, jouant ici dans son film, *Le Sixième Jour*, tiré du roman d'Andrée Chedid.

Dalida en paysanne égyptienne dans *Le Sixième Jour*. Son « retour en Égypte » avait d'abord pris la forme d'une chanson en arabe, devenue un énorme succès.

Les égyptologues Jean-Yves Empereur (à droite) et Jean-Pierre Corteggiani, en octobre 1995, devant la statue colossale d'un Ptolémée que leur équipe a récupérée dans les eaux d'Alexandrie.

Le colosse, pesant plus de onze tonnes, est transporté à travers les rues de la ville.

François Mitterrand lors de son dernier voyage à Assouan, en décembre 1995, peu de temps avant sa mort.

Sœur Emmanuelle, religieuse de Notre-Dame de Sion, a vécu vingt-deux ans au milieu des chiffonniers du Caire.

Extrait du septième volume des aventures de Papyrus, intitulé *La Vengeance des Ramsès* (1984). A partir de cet épisode, Lucien De Gieter, auteur belge de bandes dessinées très lu en France, a modifié son style pour faire revivre, aussi fidèlement que possible, un monde qui le passionne.

Un cours de hiéroglyphes ouvert au public à l'institut Khéops, à Paris.

de « répéter sans fin les mêmes phrases, sur le même air, mais jamais de la même façon ». On commente ses vocalises en quarts de ton qui mettent le public en transes. Éric Rouleau, originaire d'Égypte et grand connaisseur du Proche-Orient, écrit dans *Le Monde* : « Raide, le port altier, le regard autoritaire, son charme est tout dans sa voix caressante, sa diction cristalline. Elle séduit non pas les spectateurs, mais chacun d'entre eux. Un dialogue intime, passionnel, tumultueux, s'instaure... Le rythme déclenche irrésistiblement des contorsions physiques ; envoûtés, certains ne peuvent s'empêcher de quitter leurs sièges pour esquisser, en se déhanchant, quelques pas de danse[10]. » A la fin du spectacle, quand le public de l'Olympia, debout, hurle son enthousiasme, « des jeunes gens se ruent sur la scène, renversent les membres du service d'ordre, s'emparent de la vedette, l'embrassent, couvrent de baisers ses mains, un pan de sa robe ». Il est déjà 2 heures du matin.

Chahine filme Bonaparte

Youssef Chahine est le seul metteur en scène égyptien vraiment connu en France. Il se sent comme chez lui à Paris, et s'est même offert le luxe, en 1992, de monter *Caligula* à la Comédie-Française... Mais que d'efforts pour en arriver là ! L'Alexandrin « au nez de six mètres et aux oreilles en voiles de bateau », comme il se décrit lui-même, voulait être acteur. Cet anti-jeune premier s'est vite aperçu que sa place était de l'autre côté de la caméra.

Un père d'origine libanaise, de confession grecque-catholique ; une mère originaire de Grèce, de confession grecque-orthodoxe ; une épouse française, Colette Favaudon, appartenant à une famille établie en Égypte depuis trois générations : « Jo » Chahine, élève des frères, puis du Victoria College, polyglotte comme il se doit, est le meilleur représentant d'une Alexandrie multiple, bariolée et disparue. Il fait son premier film à vingt-quatre ans, en produit plusieurs autres : des bons, des moins bons et des mauvais, parmi lesquels un brûlot anticolonialiste, *Djamila l'Algérienne* (1958), qui dénonce violemment la torture française en Algérie, et une œuvre de commande, *Saladin* (1963), qui passe pour un hymne à Nasser. Le cinéaste n'en est pas moins harcelé par la censure, ce qui le conduit à aller s'installer au Liban. Mais, ne pouvant pas se passer de l'Égypte, il y revient et tourne *La Terre* (1969), un film sur les paysans, remarqué à Cannes, puis *Alexandrie pourquoi ?* (1978), bourré de souvenirs personnels, qui lui vaut l'Ours d'argent et le grand prix du jury au festival de Berlin[11].

Chahine obtient de Jack Lang, ministre français de la Culture, une aide

---

10. *Le Monde,* 15 novembre 1967.
11. *Cahiers du cinéma*, n° spécial consacré à Youssef Chahine, octobre 1996.

financière pour réaliser un film ambitieux. Ce sera *Adieu, Bonaparte* (1985), première coproduction franco-égyptienne, avec 10 000 figurants prêtés pour la plupart par l'armée de Moubarak. Mais il s'agit moins de montrer une invasion que le choc de deux cultures. L'Égypte y apparaît à la fois violée et fécondée par l'impérialisme français révolutionnaire [12]. Le héros du film n'est pas Bonaparte – incarné à l'écran par Patrice Chéreau sous les traits d'un jeune ambitieux à la conscience élastique – mais Caffarelli, le général à la jambe de bois, aux idées socialistes, dont Chahine a fait un homosexuel, attiré par des adolescents égyptiens. Ce personnage hors normes, joué par Michel Piccoli, entend le jeune Ali lui lancer ironiquement : « Adieu, Bonaparte ! »

Quoique très sévère sur l'occupation française, le réalisateur a voulu illustrer une autre face du colonialisme, permettant la rencontre, l'échange, le désir sexuel et même l'amour. Le maire de Cannes refuse d'assister à la projection de ce film, jugé anti-français. La critique est partagée : « *Adieu, Bonaparte* ne ressemble à rien ; ne *peut* ressembler à rien, écrit Serge Daney dans *Libération*. Car cette fresque est intimiste, cette vision est dialectique et ce bordel est logique [13]. » Le public français sera dérouté par ce film touffu, aux dialogues littéraires, qui lui fait perdre ses repères. On ne peut parler de succès. Un film suivant, *L'Émigré* (1994), avec Michel Piccoli dans un second rôle, passera sur France 2 à une heure de grande écoute. *L'Émigré* est attaqué par les islamistes, puis interdit en Égypte. Cela ne peut que rendre son auteur plus sympathique de l'autre côté de la Méditerranée. Mais c'est avec *Le Destin* (1997), un film à clés sur le philosophe musulman Averroès, que Chahine triomphe. Le jury de Cannes lui décerne le prix spécial du cinquantième anniversaire, et le public l'applaudit debout. Cette fois, il est définitivement sacré « meilleur cinéaste égyptien » par les critiques français.

---

12. Yves Thoraval, *Regards sur le cinéma égyptien*, Paris, L'Harmattan, 2ᵉ éd., 1996.
13. « Chahine, champagne d'Égypte », in *Libération,* 17 mai 1985.

9

Miettes de francophonie

La charmante ville d'Héliopolis, près du Caire, subit un véritable massacre depuis les années 50. Non seulement on y construit n'importe quoi, n'importe comment, mais des merveilles architecturales y sont défigurées par des ajouts de béton. Le cinéma Normandy échappe à ce sacrilège. Récemment rénové, il a retrouvé son style d'origine, et même l'origine française de son nom. Sa seule faute est orthographique : il s'appelle désormais « Normandi ». Dans une ville qui était l'un des bastions de la francophonie en Égypte, cela en dit long sur l'état des troupes... Faut-il ajouter que la nouvelle rue Charles-de-Gaulle, au Caire, ne s'appelle ainsi que d'un côté, celui où se trouve l'ambassade de France ? En face, la plaque apposée sur la grille du jardin zoologique indique « Charles de *Gualle* street ». N'y voir que la distraction de quelques fonctionnaires mal payés et anglophones serait se voiler la face. L'insulte au Général illustre malheureusement l'effondrement de la langue française sur les bords du Nil.

L'Égypte était-elle qualifiée pour adhérer, en décembre 1983, à l'Agence de coopération culturelle et technique, c'est-à-dire à la famille francophone ? On ne s'est pas trop posé la question. L'Agence regroupe les pays qui utilisent la langue française à un titre ou à un autre. Certains ne sont francophones que par sympathie ou par intérêt.

Boutros Boutros-Ghali explique le sens de cette adhésion dont il est l'un des principaux artisans. Certes, dit-il, l'Égypte est d'abord arabophone, puis anglophone, et francophone en troisième lieu. Mais les 2 % de sa population qui connaissent le français représentent plus d'un million de personnes, et les publications en langue française y atteignent une diffusion bien supérieure à celle des autres pays africains. Au-delà des chiffres et des facteurs historiques qui y ont conduit, l'option francophone de l'Égypte repose sur un choix culturel et politique. Culturel d'abord, « dans la mesure où la francophonie peut être définie comme une logique dans la rigueur, une clarté dans la nuance, ce qui correspond au caractère méditerranéen de l'Égypte ». Politique ensuite, « dans la mesure où la francophonie sert de pont jeté entre le sud et le nord de la Méditerranée, entre les Afriques arabophone, francophone et lusophone, entre les mondes arabe et africain ».

Dans les années 80, celui qui dirigeait alors la diplomatie égyptienne qualifiait le français de « langue non alignée ». Depuis la disparition des deux blocs, il le désigne plutôt comme « langue du tiers-monde », susceptible de « favoriser la démocratisation des relations internationales », mais l'idée est la même. Et le fait qu'on ait songé à lui, avant tout autre, pour être le premier secrétaire général de la francophonie, témoigne de la place attribuée à l'Égypte dans cet univers culturel.

Boutros (Pierre) Boutros-Ghali appartient à l'une des familles les plus connues de la haute bourgeoisie copte. Son grand-père et homonyme, assassiné par un islamiste en 1910, était président du Conseil. L'un de ses oncles, Wacyf Boutros-Ghali, fin lettré, marié à une Française, a été quatre fois ministre des Affaires étrangères, après s'être distingué dans les rangs nationalistes. Élevé comme son oncle dans les écoles françaises du Caire, Boutros a fait Sciences Po à Paris, où il habitait rue de Vaugirard, puis a obtenu un doctorat de droit international. Il a enseigné les sciences politiques à l'université du Caire, mais, fidèle à la tradition familiale, s'est orienté vers le ministère des Affaires étrangères. Au risque d'entraver sa carrière, ce jeune homme riche a épousé en secondes noces une jeune femme juive d'Alexandrie, Léa, aussi en vue que lui...

« Le grand tournant de ma vie, affirme-t-il, a été ma rencontre avec Anouar el-Sadate. Il m'appelait Boutros quand il était de bonne humeur, Pierre quand il était fâché ou si quelque chose n'allait pas dans une négociation[1]. » D'autres s'étant dérobés, c'est Boutros-Ghali qui accompagne le président égyptien dans son voyage historique à Jérusalem en 1977. Il sera désormais le vrai patron de la diplomatie égyptienne, malgré un statut de ministre d'État, un peu humiliant, mais destiné paraît-il à le protéger.

La France met tout son poids pour le faire élire secrétaire général des Nations unies en 1991. C'est la première fois qu'un Arabe ou un Africain accède à cette fonction. A l'ONU, Boutros-Ghali est désolé de constater que 38 délégations seulement travaillent en français (contre 108 en anglais), alors que les deux langues sont officielles. Même certains fonctionnaires français correspondent entre eux en anglais. Il n'a aucun moyen de s'y opposer : « Le secrétaire général ne peut pas faire la police linguistique[2]. »

Paris se battra de nouveau, en 1996, pour lui obtenir un deuxième mandat, mais en vain, Washington ne voulant plus entendre parler de « ce vieil aristocrate français » aux idées tiers-mondistes, qui s'est montré indépendant à l'égard du tuteur américain. Dans son propre pays, Boutros-Ghali n'a pas que des amis. D'aucuns ne lui pardonnent pas d'avoir été l'un des artisans de la paix avec Israël. Des islamistes l'ont accusé de s'être montré « anti-musulman » dans le conflit bosniaque. Les mêmes n'ont pas digéré qu'un copte puisse accéder à de si hautes charges.

Parfaitement trilingue, Boutros Boutros-Ghali fait partie de ces Égyp-

---

1. Entretien avec Josette Alia, *Le Nouvel Observateur*, 8 avril 1993.
2. Entretien avec Marianne Payot, *Lire*, avril 1992.

tiens qui pourraient enseigner le français à la Sorbonne. Leur nombre diminue malheureusement d'année en année. Ils ressemblent à des oiseaux rares.

Les écoles catholiques sauvent les meubles

En juin 1989, lors de l'épreuve de français (deuxième langue étrangère) au baccalauréat égyptien, on a assisté à des scènes d'hystérie dans des salles d'examen. Les élèves étaient incapables de répondre aux questions posées. Des manifestations ont été organisées ensuite dans plusieurs villes, et les autorités ont dû assouplir la notation pour calmer les candidats. L'examen était-il vraiment trop difficile ? Il est sûr, en tout cas, que le niveau des élèves en français était trop faible.

Aujourd'hui, quelque 100 000 garçons et filles des écoles gouvernementales apprennent le français comme première langue étrangère, et 2 millions comme deuxième langue étrangère. Dire qu'ils savent lire, écrire et s'exprimer dans la langue de Molière serait excessif. Il s'agit d'une petite teinture de français, donnée pendant deux ans seulement, par des enseignants qui, eux-mêmes, ont été à peine formés. Les services culturels français diffusent des cassettes enregistrées pour soutenir ces professeurs et pallier leurs carences, mais on est très loin du compte.

Tout autre est le niveau des 44 000 élèves qui fréquentent les ex-écoles françaises, où le français est une langue d'enseignement. Les lycées continuent leurs activités, après diverses péripéties. Nationalisés en 1956, baptisés *Al Horreya* (« la Liberté »), les établissements de la Mission laïque ont été transformés en coopératives, sous le contrôle étroit du ministère de l'Éducation. De nouvelles écoles ont été créées depuis lors. Ce groupe compte aujourd'hui sept lycées, sous direction égyptienne. Si l'enseignement y est donné en français, de la maternelle au baccalauréat, c'est le programme officiel égyptien qui y est suivi. Ces établissements aux murs fatigués se portent mal. La mixité explique sans doute en partie l'hémorragie des effectifs, dans une Égypte influencée par l'islamisme.

Le fer de lance de la culture française en Égypte reste les établissements catholiques. Leur public s'est beaucoup modifié au fil des ans, avec un nombre croissant de musulmans. Les notables égyptiens continuent à y envoyer volontiers leurs enfants. Ces dernières années, les frères des Écoles chrétiennes du Caire accueillaient, par exemple, le fils du ministre de l'Éducation... Mais, dans la plupart des cas, ces écoles ne sont pas choisies parce qu'elles enseignent diverses matières en français, mais parce qu'elles sont bonnes tout simplement. La note de leurs meilleurs élèves au baccalauréat égyptien dépasse même parfois 20 sur 20, grâce aux matières optionnelles.

Le niveau en français y a nettement baissé en quarante ans. Cela s'est fait peu à peu, en raison du manque de professeurs qualifiés et du départ

325

d'Égypte de nombreux francophones. Mais, en réalité, le niveau baisse dans toutes les langues. On l'attribue à la lourdeur des programmes, aux classes surchargées et à la télévision, qui détourne les jeunes des études.

Entre eux, les élèves des collèges religieux parlent arabe. Ils n'ont plus, comme leurs aînés, ce mélange d'amour et de fascination pour la France, qui faisait l'admiration de Barrès. C'est moins vrai des pensionnats de religieuses. On commence – ou recommence – à dire en Égypte que le français est « une langue de filles ». Faut-il préciser que des Égyptiennes âgées de cinquante ou soixante ans, anciennes du Sacré-Cœur ou de la Mère de Dieu, ne lisent les romans de Naguib Mahfouz que dans leur traduction française ?

Une nouvelle catégorie d'établissements privés voit le jour au Caire. Ces écoles dites d'investissement sont lancées avec de gros moyens, en visant un public bourgeois. Pouvant fixer librement leurs droits de scolarité, elles n'hésitent pas à bien rétribuer leurs professeurs, ce qui leur assure un recrutement de qualité. En 1997, il en existait déjà trois, avec le français comme principale langue étrangère, et d'autres étaient en projet.

L'université du Caire compte quatre filières françaises : droit, gestion et commerce international, sciences physiques et communication. Mais cela concerne peu de monde. Les meilleurs bacheliers visent l'université américaine, qui étale sa puissance au centre de la ville, en face de la bâtisse décrépie du vieil Institut d'Égypte créé par Bonaparte... L'université francophone d'Alexandrie, ouverte en grande pompe en 1990, avec la participation financière de la France, de la Belgique, du Canada et d'autres pays, n'est pas dans la course. Ses quatre départements (nutrition-santé, environnement, gestion-finances et patrimoine culturel) ne réunissent que quelques dizaines d'étudiants de troisième cycle, provenant d'Afrique noire en majorité. Les islamistes qui dénonçaient « cette tribune de la pensée et de la culture françaises », ce nid « d'infidèles et de missionnaires », ont été vite rassurés...

Une langue bourgeoise, en déclin

La France consacre chaque année 50 millions de francs à la coopération culturelle et technique avec l'Égypte. Chaque session de son Centre culturel au Caire réunit plus de 2 000 étudiants. Mais tout cela ne ressemble en rien au « Petit Paris » de naguère. On le mesure à la presse francophone. *Le Journal d'Égypte* s'est battu vaillamment sans subventions, pour décéder avec sa directrice, Lita Gallad, en 1994. Il ne reste plus que *Le Progrès égyptien*, journal centenaire mais subventionné, au public très réduit et au contenu bien pauvre. L'hebdomadaire illustré *Images* a disparu en 1968 et n'a pas été remplacé.

Deux créations, en revanche : *L'Égypte aujourd'hui* est une revue de bonne tenue, malgré son caractère semi-officiel. Quant au grand quotidien arabophone *Al Ahram,* il s'est doté d'un hebdomadaire en langue française, vivant et consistant. Paradoxalement, *Al Ahram Hebdo* est dirigé par un ancien étudiant du Victoria College et d'Oxford, l'écrivain Mohamed Salmawy. Il déclare diffuser 100 000 exemplaires, dont la moitié à l'étranger. Ce succès s'expliquerait par un prix de vente assez faible et par la demande de plusieurs publics : les anciens élèves des établissements catholiques ou des lycées ; des jeunes de province qui apprennent le français dans des écoles pilotes ; enfin, des intellectuels qui y trouvent une liberté de ton plus grande que dans les autres publications.

« L'anglais est une langue, affirme Mohamed Salmawy. Le français en Égypte est un peu plus qu'une langue. » Difficile pourtant d'y voir, comme hier, une nécessité sociale. C'est plutôt une langue de prestige, comme l'illustre une enquête récente. A la question : « Quand parlez-vous volontiers français ? », l'une des personnes interrogées a fait cette réponse significative : « Quand je veux être bien vu »[3].

Le français était une langue bourgeoise, et le reste pour l'essentiel. Il n'a jamais vraiment pénétré les masses égyptiennes. De nombreux voyageurs français, au siècle dernier, ont voulu se persuader du contraire, bluffés par quelques interlocuteurs dans les campagnes qui baragouinaient trois mots en citant le nom de Bonaparte. La nouveauté, c'est que le français n'est plus forcément la langue de l'« élite » elle-même. Dominant sous l'occupation anglaise – ce qui était déjà curieux –, il a été supplanté par... l'anglais, « langue de l'impérialisme », après l'indépendance de l'Égypte ! Mais il faudrait dire l'américain, car ce sont évidemment les États-Unis qui imposent de plus en plus leur modèle culturel sur les bords du Nil. Le phénomène était déjà net sous le nassérisme – pourtant violemment anti-yankee –, comme en témoignait le cinéma : de 1952 à 1968, l'Égypte a importé 3 669 films américains (et 256 anglais), pour 461 films italiens et 264 français[4].

L'Égypte, pays francophone ? C'est plutôt un pays où la francophonie est en péril. Le délicieux parler d'Égypte, qui était si pittoresque, cède de plus en plus la place à un parler hésitant, bourré de fautes de syntaxe[5]. Il ne s'agit plus seulement d'emprunts savoureux à l'arabe. On dit couramment : « Si tu viendras demain, tu verras mon frère », ou : « C'est moi que je suis le professeur de français. » Cela ne fait même plus rire. De plus en plus de francophones d'Égypte donnent l'impression de parler arabe en français.

---

3. Enquête coordonnée par Marie Francis-Saad, *État de la francophonie dans le monde,* Paris, La Documentation française, 1993.

4. Yves Thoraval, *Regards sur le cinéma égyptien,* Paris, L'Harmattan, 2ᵉ éd., 1996.

5. Jean-Jacques Luthi, *Égypte, qu'as-tu fait de ton français ?,* Paris, Synonyme, 1987.

Les moyens d'une politique

Du temps du khédive Ismaïl, l'Europe était le centre du monde, et Paris pouvait apparaître comme le phare de l'Europe. Depuis la Seconde Guerre mondiale, la France n'est plus qu'une puissance moyenne, devant défendre son influence en Égypte face aux États-Unis. Elle doit se concentrer sur ses points forts, sans se limiter pour autant à des interventions « haut de gamme », selon sa vieille habitude. Atteindre les masses populaires suppose une présence culturelle moins élitiste, en utilisant au maximum les moyens audiovisuels. Ce n'est pas seulement avec quelques bonnes émissions, accessibles à un public très limité, que l'on peut faire pièce à Hollywood.

Les figures les plus connues et les plus admirées en Égypte ces dernières années étaient Michel Platini, Jean-Paul Belmondo, Brigitte Bardot et Dalida. A-t-on su en faire des ambassadeurs ? La popularité d'un pays ne peut reposer sur son seul président de la République, fût-il aussi respecté que le général de Gaulle...

La culture populaire n'interdit pas d'intervenir davantage dans l'enseignement supérieur. Il faut savoir que l'Égypte a conservé une tradition juridique française, et que cela concerne au premier chef la police, puisque ses officiers sont tenus de faire une licence en droit. En offrant des enseignants et des bourses, la France voit ses efforts multipliés : par l'intermédiaire de l'Égypte, la culture juridique française se diffuse dans les autres pays arabes.

Au Caire, seule une université francophone – avec des professeurs de haut niveau comme naguère, et pas seulement des coopérants – permettrait de tenir tête à l'université américaine. A condition d'y mettre les moyens. La francophonie ne se défend pas avec des bouts de ficelle.

Affirmer la langue française en Égypte, c'est d'abord... parler français. On a tort de croire que cela déplaît aux Égyptiens. Ils sont vexés, au contraire, quand on s'adresse à eux en mauvais anglais. Un coopérant, qui n'avait rien compris, disait dans les années 80 : « Je préfère parler en anglais à mes élèves, car, en français, j'ai l'impression de faire du néo-colonialisme. L'anglais est plus neutre [6]. »

La défense de la francophonie est intimement liée à l'image de la France. Qui dit France en Égypte pense Paris. Et Paris, c'est d'abord la mode vestimentaire et les parfums. « Ça vient de Barriss », précisent les acteurs des feuilletons télévisés locaux pour vanter la qualité d'un produit. Les Égyptiens ignorent souvent que Peugeot – la célèbre « Bijo », adoptée par la plupart des taxis du Caire – est française. Il y a quelques années, Renault s'ingéniait, dans ses publicités locales, à paraître anglo-saxonne. Elle

---

6. Cité par Jean-Pierre Péroncel-Hugoz, « L'Égypte, bastion inconnu de la francophonie », *Le Monde*, 26-27 avril 1981.

n'était pas la seule à vouloir faire l'erreur de s'américaniser. Dans l'hôtellerie, rien ne ressemble plus à un Hilton qu'un Méridien... Pourquoi les projets et grands travaux français en Égypte sont-ils signalés en anglais ? Si on ne prend pas les moyens de le leur rappeler, les Cairotes oublieront très vite que leur métro ou leur téléphone cellulaire, dont ils se louent tous les jours, sont des réalisations françaises.

10

Le temps des scaphandriers

L'Égypte donne aux Français une nouvelle occasion de rêver, en 1994, avec les découvertes d'Alexandrie. Pour la première fois, les traces de l'Antiquité ne sont plus associées aux sables du désert : c'est dans la mer qu'on va les chercher. L'opération, très médiatisée, fait sensation.

Tout commence au début des années 60 quand un plongeur égyptien, Kamel Abou el-Saadate, pas archéologue pour deux sous, tombe sur des vestiges, à la sortie du port. Il est tellement émerveillé par sa trouvaille, le crie si fort, que l'on dépêche une équipe sur place, qui récupère au fond de l'eau une statue colossale d'Isis. Le lieu de la découverte n'est pas banal : à la pointe de l'ancienne île de Pharos se trouvait l'une des sept merveilles du monde, le fameux phare de 120 mètres de hauteur au sommet duquel brûlait en permanence un feu de bois et dont on pense qu'il a été détruit au XIVᵉ siècle après avoir été ébranlé par des tremblements de terre.

Les autorités égyptiennes ne se décident à demander l'aide de l'Unesco qu'en 1968. Une archéologue britannique, Honor Frost, est chargée alors de faire le relevé cartographique des lieux. Elle accomplit un travail considérable, malgré des moyens techniques très limités, en collaboration avec le plongeur égyptien. Celui-ci meurt, quelques années plus tard, au cours d'une mission sous-marine au large d'Aboukir, où il cherchait les trésors de *L'Orient,* le navire amiral de l'Expédition française. Et l'on ne reparle plus du Phare.

En 1993, la réalisatrice égyptienne Asma el-Bakri sonne l'alarme. Faisant les repérages d'un film pour le musée gréco-romain d'Alexandrie, elle découvre que la construction d'une digue, destinée à protéger des tempêtes, est en train d'enfouir les vestiges sous les blocs de béton. Scandale, émotion. Le gouvernement égyptien demande à un archéologue français, Jean-Yves Empereur, fondateur du Centre d'études alexandrines, d'organiser d'urgence des fouilles dans cette zone, à l'est de l'ancien fort mamelouk de Qaitbay.

Empereur est un fou d'Alexandrie. Ce docteur en archéologie, agrégé de lettres classiques, se met aussitôt à la tâche, avec l'aide de l'Institut français d'archéologie orientale (IFAO) et le soutien financier des fondations Elf et EDF. Une équipe pluridisciplinaire d'une quinzaine de personnes est formée, comprenant un géographe, des topographes, des archéologues, des dessinateurs et des plongeurs professionnels français et égyptiens. L'IFAO délègue deux de ses égyptologues, qui vont se transformer, eux aussi, en scaphandriers : Jean-Pierre Corteggiani et Georges Soukiassian.

Le 4 octobre 1995, le ministre égyptien de la Culture, entouré d'un groupe de personnalités et de scientifiques, est venu assister, sur la jetée, à l'exhumation des premiers blocs. Le vent souffle, la mer est agitée. La barge des égyptologues-scaphandriers tangue sur les vagues. Une heure et demie s'écoule, sans résultat. Les officiels, un peu las, vont faire quelques pas à l'abri. Soudain, une masse de plastique, gonflée d'air comprimé, remonte à la surface. « En grande hâte, raconte William Leriche, le ministre et sa suite ont regagné leur place sur le quai. Sous les oscillations de la barge, la chaîne se relâche ou se raidit avec des crissements sinistres... Les plongeurs – on identifie sans peine Jean-Yves Empereur à la couleur blanche de sa cagoule, de ses gants et de sa bouteille – échangent entre eux des gestes impératifs... La chaîne se tend. Le treuil atteint la limite de ses possibilités lorsque la charge de pierre glisse à la surface. Mais la barge pique soudain du nez, la chaîne prend du mou et la silhouette minérale à peine entrevue disparaît sous les eaux... Une masse émerge. Du rivage, l'assistance n'en voit d'abord qu'un pan mutilé : un cou, semble-t-il, dont la tête s'est détachée. On distingue bientôt le modelé vigoureux des épaules, leurs courbes puissantes sanglées dans les câbles arrimés à la chaîne. Un nouveau murmure parcourt le petit groupe, suivi d'une exclamation de surprise quand apparaît la poitrine opulente, ruisselante d'eau, d'une déesse imposante... Aux exclamations succède un murmure révérencieux, bientôt recouvert par des rafales d'applaudissements [1]. »

La remontée de ce buste féminin sera suivie de celle de trente-trois autres pièces : des sphinx, des fragments d'obélisques, de statues, de colonnes... Le gouvernement égyptien renonce à sa digue de béton et déclare zone archéologique toute la côte, d'Alexandrie à la frontière libyenne. Le 8 avril 1996, c'est en présence du président Jacques Chirac qu'une tête colossale d'un Ptolémée est retirée des eaux.

Au vu des premières études, les égyptologues-scaphandriers estiment que les sphinx trouvés à Qaitbay proviennent d'Héliopolis et ont été réemployés pour décorer des constructions de l'Alexandrie ptolémaïque. Quant aux statues, elles seraient plus récentes et auraient été commandées par les premiers Ptolémées pour figurer aux abords du Phare. Mais, de là à parler du Phare lui-même... Jean-Yves Empereur est pourtant persuadé qu'une vingtaine de blocs gigantesques repérés par son équipe sont des encadrements, jambages et linteaux de portes ou de fenêtres ayant appartenu au fameux monument.

---

1. William Leriche, *Alexandrie, septième merveille du monde,* avec les photos de Stéphane Compoint, Paris, Robert Laffont, 1996.

Des égyptologues parmi d'autres

Rien n'agace autant Jean Yoyotte, titulaire de la chaire de Champollion au Collège de France, que le tapage fait autour de découvertes égyptologiques. Les plus importantes, souligne-t-il, ne sont pas les plus spectaculaires. Le déchiffrage d'une seule inscription, sur un petit fragment de poterie, peut faire davantage avancer la science que la mise au jour d'une énième statue de Ramsès. Ce grand savant, qui a dirigé pendant de longues années la Mission française des fouilles de Tanis, ne supporte pas non plus le chauvinisme. Si on a le malheur de parler devant lui de « l'égyptologie, science française », il explose et cite une longue liste de collègues étrangers. « Aucune science, grommelle-t-il, n'a de passeport. »

L'Allemagne occupe aujourd'hui une place considérable dans l'égyptologie. Elle le doit à sa tradition universitaire, aux moyens importants qu'elle consacre à ce secteur et à une excellente organisation. Toutes les recherches de ses scientifiques dans le monde sont coordonnées par un centre unique, l'Institut archéologique de Berlin. De nombreux *Länder* ont leur chaire d'égyptologie et les musées bénéficient d'un solide soutien privé. Sur le terrain, les chercheurs allemands pratiquent mieux que d'autres l'interdisciplinarité. Leurs publications sont très nombreuses. « On ne peut plus être égyptologue sans connaître l'allemand », affirme Jean Yoyotte, en forçant à peine sa pensée.

La Grande-Bretagne dispose de moyens plus limités, mais ses spécialistes sont utilisés avec le maximum d'efficacité, tant dans la recherche que sur le terrain. Le point fort des Anglais est une excellente vulgarisation, ce qui ne les empêche pas d'être en pointe dans certains domaines comme l'archéologie urbaine. Il faut compter aussi avec les États-Unis, même s'ils n'ont pas « mis le paquet » sur l'égyptologie en proportion de leur puissance. Ils pourraient publier davantage, mais ce qu'ils offrent est généralement de très bonne qualité. Chez eux, la décentralisation de la recherche est totale. Les moyens varient selon chaque université et chaque musée, lesquels dépendent de leurs sponsors.

Si les Japonais, venus tard à l'égyptologie, ne comptent guère pour le moment, on ne peut en dire de même des Australiens, des Belges, des Espagnols, des Italiens ou des Polonais. Quant aux Égyptiens, ils ont encore du chemin à faire, malgré des progrès constants, qui leur ont permis de réaliser de belles découvertes depuis qu'ils ont pris en charge leur patrimoine. Ils ont à gérer un trésor énorme, unique au monde. Psychologiquement, ce n'est pas facile. L'Égypte ancienne est écrasante. On ne manque d'ailleurs pas de leur renvoyer sournoisement cette image, en entretenant une question lancinante, qu'ils se posent à eux-mêmes : est-il permis de ne pas être exceptionnel quand on a un tel passé ?

La France conserve une position enviable en égyptologie. Elle est au deuxième rang, après l'Allemagne, pour les moyens mis en œuvre. Sa force, ce sont ses institutions, fondées par de grands anciens (Champollion, Maspero...), développées par de grandes figures (comme Serge Sauneron) et qui continuent à jouir dans le monde d'une réputation méritée.

En Égypte même, l'Institut français d'archéologie orientale, qui célébrera ses cent vingt ans en même temps que le deuxième millénaire, est solidement assis dans l'ex-palais de Mounira, avec sa bibliothèque de 70 000 volumes et sa splendide imprimerie. Plus de 700 titres y ont été édités depuis sa création. Le détail des chantiers et programmes de recherches de l'IFAO – tant pour l'Égypte pharaonique que pour les études coptes, arabes et islamiques – occupe chaque année un volume d'une centaine de pages.

A Paris, le Collège de France poursuit ses cours de haut niveau et ses séminaires pour chercheurs avancés, tandis que l'École pratique des hautes études initie à la recherche et conduit jusqu'au doctorat. L'École du Louvre, enfin, dispense un enseignement et prépare aux carrières des musées. Toutes ces institutions – auxquelles s'ajoutent des centres en province, comme l'Institut de papyrologie de Lille-III ou l'Institut d'égyptologie Victor-Loret de Lyon-II – peuvent bénéficier de l'aide du Centre national de la recherche scientifique (CNRS), qui joue un rôle essentiel dans l'égyptologie[2].

Un exemple de collaboration interdisciplinaire est donné par l'Institut d'égyptologie thébaine (INET), une unité de recherche créée au musée du Louvre en association avec le CNRS. Ce partenariat a permis de constituer l'une des équipes égyptologiques les plus importantes de France. Elle travaille sur trois sites de la rive gauche de Thèbes, inscrits au patrimoine culturel mondial et qui lui ont été concédés en exclusivité par le Conseil supérieur des antiquités d'Égypte : le Ramesseum, dédié au culte de Ramsès II, qui couvre cinq hectares ; la tombe de ce pharaon, qui n'avait pas encore été entièrement explorée, dans la vallée des Rois ; enfin, la vallée des Reines, ainsi qu'un hameau de l'époque ramesside et un monastère copte[3].

Travaillant avec une équipe égyptienne, les chercheurs français passent quatre mois par an sur la rive gauche de Thèbes. Ils peuvent s'appuyer sur toute l'infrastructure du musée du Louvre (collections, documents, base de données, bibliothèque) mais aussi sur tout le réseau scientifique du CNRS à travers la France, ce qui donne une « force de frappe » considérable. Les chercheurs se partagent entre les fouilles, l'étude en laboratoire, les conférences, les expositions, la direction de thèses de doctorat, la sauvegarde et la restauration de monuments, de sites ou d'objets, tout en étant consultés par les autorités égyptiennes pour la conception de nouveaux musées.

Le Ramesseum est le plus complet des ensembles monumentaux qui

---

2. Dominique Valbelle, *L'Égyptologie,* Paris, PUF, coll. « Que sais-je ? », 1991.
3. *Culture & Recherche,* musée du Louvre, n° 53, juillet 1995.

subsistent de l'Égypte ancienne. Au temple de pierre s'ajoutent des annexes construites en brique crue, qui abritaient des magasins, des ateliers et une école. Les chercheurs français et égyptiens tentent non seulement de reconstituer à Thèbes-Ouest les modes de vie du Nouvel Empire à l'époque copte, mais encore de retracer dans ses moindres détails l'histoire d'un grand chantier de l'époque de Ramsès II. Cela exige de faire appel aux techniques les plus sophistiquées, dans de nombreuses disciplines, sans négliger pour autant les bonnes vieilles méthodes de la recherche archéologique.

Pour l'étude des fondations, par exemple, on a sollicité le laboratoire de mécanique des terrains de l'École des mines de Nancy. Pour lutter contre la dégradation des mortiers, on s'est adressé au laboratoire de pédologie de l'université Paris-VII et au laboratoire central des Ponts et Chaussées. La restauration des ensembles de brique crue, elle, a nécessité une collaboration avec l'une des meilleures équipes du monde dans ce domaine, celle de l'École d'architecture de Grenoble. Enfin, le traitement des peintures murales – parmi lesquelles la fameuse bataille de Qadesh – a été confié au Centre de restauration et de traitement des œuvres d'art d'Avignon.

L'archéologie égyptienne a tendance à faire oublier les travaux entrepris sur des périodes plus récentes, copte et musulmane. Elle masque aussi les recherches sur la société égyptienne d'aujourd'hui, qui constituent l'une des actions les plus intéressantes de la France sur les bords du Nil. Un organisme exemplaire, le CEDEJ (Centre d'études et de documentation économique, juridique et sociale) se consacre ainsi, depuis 1980, à des recherches sur l'Égypte, le Soudan et le Proche-Orient. Il a su s'intégrer dans le paysage local et se faire accepter. C'est en langue arabe que sont organisés dans ses locaux les colloques avec des chercheurs égyptiens, lesquels n'ont étudié les auteurs français que dans des traductions. Signe des temps : Hoda Abdel Nasser a choisi une journée « portes ouvertes » au CEDEJ, le 1er novembre 1996, pour annoncer la création d'une fondation consacrée à son père... Les recherches portent sur des sujets aussi variés que la réislamisation de l'Égypte, le tourisme dans la vallée du Nil, la gestion de l'eau dans le Delta, le travail des enfants, la communauté arménienne dans l'Égypte post-ottomane ou le circuit des dromadaires en provenance du Soudan. Cela se fait sans tapage, en tenant compte du nouveau climat des relations franco-égyptiennes. L'époque ne supporte plus les feux d'artifice et les cocoricos. Il faut savoir se faire discret, parfois ne pas émerger. Voici venu, si l'on peut dire, le temps des scaphandriers.

La cabane à chèvres de sœur Emmanuelle

Cette discrétion est valable dans tous les domaines : scientifique, éducatif, social... Mais que dire alors de sœur Emmanuelle, cette Française qui a défrayé la chronique jusqu'à sa retraite, en 1993 ? Il est vrai que son installation, vingt-deux ans plus tôt, parmi les *zabbaline* du Caire – des chiffonniers campant au milieu des ordures, qu'ils ramassent, trient et revendent –, s'était faite sans bruit. La religieuse frondeuse de Notre-Dame de Sion, déjà sexagénaire, avait quitté son couvent pour une cabane à chèvres de 4 mètres carrés, « dans un quartier où tout est sale, même l'eau dans laquelle on se lave [4] ». Son seul but était de partager la vie de ces démunis et les aider à sortir de la misère.

Elle ne pouvait se permettre aucun prosélytisme. Ce bidonville était d'ailleurs occupé par des chrétiens coptes. « Dans leur simplicité de pauvres gens, ces voleurs, fumeurs de haschich et bagarreurs, m'ont paru bien plus près de Dieu que la majorité des "justes" et des honnêtes gens que j'avais fréquentés jusque-là. A Ezbet-el-Nakhl, mes frères et sœurs chiffonniers sont devenus mes maîtres en catéchèse », dira cette fille de la bourgeoisie du nord de la France, élevée par une gouvernante anglaise [5].

Sœur Emmanuelle a connu la notoriété lorsqu'elle a cherché à sensibiliser la bourgeoisie locale à l'univers des *zabbaline* et à créer un réseau de solidarité à l'étranger. Dès lors, les médias ne l'ont plus lâchée. Elle-même a pris goût à cette tribune qui lui permettait de se faire entendre très loin, quitte à agacer des associations chrétiennes locales, qui n'ont pas droit aux caméras et s'en méfient d'ailleurs dans un pays où seule doit dominer la voix des muezzins.

C'est Mme Sadate en personne qui est venue inaugurer, en 1980, le centre social El-Salam dans le bidonville de sœur Emmanuelle. De Bruxelles, le catholique Jacques Delors, président de la Commission européenne, lui a apporté un soutien public. L'épouse du président de la République, Danielle Mitterrand, pourtant « laïque forcenée », n'a pas manqué de dire son admiration pour la religieuse, la désignant comme « le symbole de tous ceux qui aiment l'humanité et refusent l'injustice des plus démunis ». Et Bernard Kouchner, qui l'a rencontrée en 1985 au Soudan, en pleine famine, s'est extasié : « C'est un shaker qui vous malmène en permanence ! Mais, penchée sur les enfants, avec son petit fichu, ses vieilles baskets et ses lunettes, c'est fou ce qu'elle était belle [6] ! »

Sœur Emmanuelle a attiré plusieurs volontaires en Égypte et pas mal d'argent. En partant, elle a dressé un bilan impressionnant de son action : trois jardins d'enfants, trois écoles, une maternité, deux centres de protection maternelle et infantile, quatre dispensaires, un foyer pour personnes âgées, trois ouvroirs, une usine à compost, une fabrique de tapis... Quoi qu'on pense de son style et de son action, il faut constater que la religieuse-chiffonnière a été la seule, pendant une vingtaine d'années, à pouvoir sensibiliser des millions de Français au sort des pauvres du Caire.

4. Sœur Emmanuelle, *Entretiens avec Marlène Tuininga*, Paris, Flammarion, 1995.
5. Id., *Jésus tel que je le connais*, Paris, Desclée de Brouwer-Flammarion, 1996.
6. *Le Monde*, 21 décembre 1995.

11

Égyptomania

Les Français sont attirés par l'Égypte, au point de se bousculer pour observer leur passion. L'exposition « Égyptomania », organisée au Louvre en 1994, a accueilli plus de 204 000 visiteurs payants... Mais il ne faut pas baptiser égyptomanie n'importe quoi. Aimer l'Égypte, c'est de l'égyptophilie. Se passionner pour l'Égypte, c'est encore de l'égyptophilie, et pas forcément une « manie » qui relèverait de la pathologie.

Autre chose est l'exploitation de ce pays à des fins artistiques, commerciales ou ésotériques. L'égyptomanie – au sens strict – suppose que des formes ou des motifs égyptiens soient modifiés, adaptés au goût du jour ou détournés de leur fonction première : un sphinx affublé d'une coiffure pharaonique ou exhibant des seins de femme relève de cette catégorie, comme une statue de Néfertiti transformée en fontaine ou en taille-crayon. Le phénomène a une telle ampleur qu'il est devenu l'objet d'une démarche scientifique.

L'égyptomanie n'est ni nouvelle ni particulière à la France. « Même l'Égypte y a succombé [1] », remarque l'un de ses meilleurs spécialistes, Jean-Marcel Humbert. C'est d'ailleurs en d'autres temps et sous d'autres cieux qu'elle a donné ses manifestations les plus outrées. La Rome antique n'avait pas seulement prélevé des obélisques dans la vallée du Nil, mais adopté, en les modifiant, des croyances et des monuments égyptiens. Quant aux Américains, ils ont trouvé le moyen de construire en 1993 l'hôtel-casino Luxor à Las Vegas, une pyramide de trente étages dotée d'un sphinx plus grand que celui de Guiza, dont les yeux émettent des rayons laser...

Quoique moins volumineuse, la pyramide du Louvre a fait bien plus de bruit. On se trouve là devant un cas limite, où une forme de l'Antiquité choque par sa modernité. La furieuse polémique qui s'est engagée en 1985 portait sur le fait que cet objet... futuriste, attribué au « caractère pharaonique du pouvoir mitterrandien », menaçait d'abîmer un chef-

---

1. Jean-Marcel Humbert, « L'égyptomanie : actualité d'un concept de la Renaissance au post-modernisme », in *Égyptomania. L'Égypte dans l'art occidental, 1730-1930*, Paris, musée du Louvre, 1994.

d'œuvre de la Renaissance. Accessoirement, les opposants n'ont pas manqué de dénoncer l'égyptomanie : la pyramide se voyait détournée de sa fonction d'origine – un monument funéraire devenant entrée de musée – et subissait même une totale inversion symbolique. On la faisait passer de l'opacité à la transparence, de la masse à la légèreté, du plein au vide. Elle perdait sa cinquième face, au sol, si importante aux yeux des pharaons. Ce n'était plus qu'un puits de lumière, vidé du mystère. Une anti-pyramide, à tous points de vue. L'architecte, Ieoh Ming Pei, se défendait alors d'avoir puisé dans le fonds égyptien, lui, l'Américain d'origine chinoise, suggérant que cette forme était devenue universelle...

Les polémiques se sont éteintes avec les premiers rayons de soleil sur la pointe de verre. L'objet a été adopté, intégré, parisianisé, finissant par passer quasiment inaperçu. Paris avait un obélisque, planté au milieu des automobiles. Il a gagné une pyramide translucide, en attendant peut-être un sphinx électronique ou virtuel. Ainsi va l'égyptomanie.

« Si l'égyptomanie a si bien réussi, souligne Jean-Marcel Humbert, c'est qu'elle peut s'exprimer aussi bien dans la démesure architecturale que dans le plus petit des objets, dans le luxe tapageur comme dans la plus quelconque des pacotilles, sans rien perdre de son pouvoir d'évocation. Mais c'est surtout sa fantastique capacité d'adaptation qui, en lui permettant de résister aux aléas de la mode, explique le mieux sa permanence, et constitue sa meilleure chance de survie [2]. »

Publicité, cinéma et bande dessinée

Les Français baignent dans l'égyptomanie depuis leur enfance. Sans doute davantage que la moyenne des Occidentaux, compte tenu des liens particuliers de leur pays avec l'Égypte depuis deux siècles. Ce n'est pas un hasard si des dizaines de bars-tabacs dans l'Hexagone s'appellent « Le Khédive »... Cette égyptomanie se manifeste, comme jadis, à travers la peinture, l'architecture, la sculpture, la décoration intérieure ou la musique, mais elle a pris plus d'importance avec les moyens de communication modernes.

Les marchands de rêves ne pouvaient passer à côté d'un thème aussi porteur que l'Égypte. Ils en usent et abusent depuis belle lurette. Dans les années 1880, les ciments Portland du Boulonnais avaient lancé les marques Sphinx et Super-Sphinx. Deux décennies plus tard, ce même animal à tête humaine devait permettre à une machine à coudre Singer de conquérir le marché. L'Égypte pharaonique exprime en effet la solidité, et c'est l'un des thèmes dont la publicité est friande.

Solidité, voire éternité, mais aussi richesse, beauté, évasion. La savonnette Cléopatra de Colgate-Palmolive évoquait l'Orientale, experte en

2. Id., *L'Égyptomanie dans l'art occidental,* Paris, ACR, 1989.

soins corporels, détentrice de parfums et philtres secrets, qu'on imaginait langoureusement allongée dans son bassin de marbre. Le spot télévisé vantait la « femme éternelle » utilisant un nouveau savon, « onctueux comme une crème, sensuel comme un parfum » qui « pourrait bien changer la face du monde ». Comme le souligne Claude-Françoise Brunon, une universitaire de Montpellier, les campagnes commerciales utilisant l'Égypte ne s'adressent pas aux consommateurs routiniers, parcimonieux, vissés chez eux : « Cléopâtre ne se confond, en aucune façon, avec la Mère Denis [3]. » Sans doute. Cela dit, l'Égypte-caméléon se prête à tout : c'est pour insister sur le caractère bon marché de ses produits que la chaîne Darty a inventé, en 1986, « Néfertiprix »...

Les cigarettes Camel ont associé leur nom à l'Égypte, avec une boîte couleur désert à faire rêver les bédouins. Les Gauloises leur ont emboîté le pas. Un joaillier s'est servi d'une pyramide, « aiguë comme le diamant », pour vanter son produit « éternel ». L'Égypte antique a permis aussi au magazine de cinéma *Studio* de se faire connaître grâce à une momie un peu particulière : la pin-up des années 50, aux formes pulpeuses, surgissait non pas d'un emmaillotage de bandelettes, mais de pellicules cinématographiques [4]...

Dès sa naissance, le septième art a eu le coup de foudre pour l'Égypte. Une quarantaine de films ont été tournés en vingt ans, souvent avec une simple toile peinte comme décor : dans *La Prophétesse de Thèbes* (1909) de Georges Méliès, c'est un spectre, drapé... à la grecque, qui apparaît sur une entrée de tombe pharaonique. Cette attirance du cinéma muet pour une civilisation disparue a donné lieu à des analyses nombreuses et subtiles. Trop subtiles parfois. On a parlé du culte des morts et de « nécromancie filmée » ; on a comparé le désert d'Égypte à l'écran silencieux et vierge, les murs des temples à des « films de pierre », le faisceau lumineux à la lampe de l'égyptologue pénétrant dans une tombe... Le cinéma, à ses origines, n'a-t-il pas été « perçu comme un monde privé de parole où l'expression passe par un langage visuel, formé de sortes de hiéroglyphes lumineux [5] » ?

Dans les années 1910-1920, de nombreuses salles de cinéma ont été décorées dans un style égyptisant. Les fleurs de lotus paraissaient indissociables des caramels de l'entracte... Le pays des pharaons a semblé moins bien s'accorder avec le parlant, mais pour se rattraper ensuite avec le cinémascope et le technicolor. Au total, plus de 400 films lui auront été consacrés.

A partir des années 50, les Français ont été marqués par les « péplums » hollywoodiens, avec des milliers de figurants, des temples rutilants, des

---

3. Claude-Françoise Brunon, « Égypte et publicité », in *Images d'Égypte*, Le Caire, CEDEJ, 1992.

4. *Ibid.*

5. Antonia Lant, « L'Antiquité égyptienne revue par le cinéma », in *L'Égyptomanie à l'épreuve de l'archéologie*, Paris, musée du Louvre, 1996.

chars, des trônes et des trésors. Cecil B. De Mille a donné ainsi, en 1956, une deuxième version de ses *Dix Commandements* (1923), tourné cette fois en Égypte et non plus en Californie. Pour séduire le public, les cinéastes américains en font des tonnes. Il ne s'agit pas d'être vrai mais de paraître pharaonique. C'est en toute connaissance de cause que, dans *Terre des pharaons* (1955), Howard Hawks a utilisé des chameaux, animal inconnu à l'époque de ses héros. Du palais de Tanis, reconstitué pour *Salomon et la reine de Saba* (1959), King Vidor nous fait voir les pyramides, distantes pourtant de 150 kilomètres... On mélange allègrement les lieux, les époques et les styles[6]. Les égyptologues ont mille raisons de pinailler, sinon de s'arracher les cheveux. Cela n'empêche pas des reconstitutions fidèles, comme celle de la salle d'Aménophis IV Akhénaton dans *L'Égyptien* (1954) de Michael Curtiz.

De nombreux auteurs de bandes dessinées, français et belges, ont été inspirés par l'Égypte. Après tout, qui a inventé le genre, sinon les graveurs d'hiéroglyphes ? Les lecteurs les plus jeunes sont particulièrement sensibles au climat de mystère de la civilisation pharaonique, peuplé d'êtres curieux, mi-hommes mi-animaux, qui correspondent bien à l'univers enfantin[7]. *Les Cigares du pharaon* d'Hergé restent dans la mémoire des adultes, tandis que *Le Mystère de la grande pyramide*, chef-d'œuvre d'Edgar-Pierre Jacobs, ayant pour héros Blake et Mortimer, a marqué l'imaginaire collectif et suscité plus d'une vocation d'égyptologue...

Beaucoup de scénarios tournent autour du même sujet : la découverte d'un papyrus, qui met bons et méchants sur la piste d'un trésor fabuleux, tandis que la violation d'un tombeau ou d'une pyramide peut entraîner une terrible malédiction. Les auteurs de BD égyptiennes se documentent énormément. Il leur arrive pourtant de se tromper ou de tricher, comme Jacques Martin, dans *Sphinx d'or,* qui fait couler le Nil à Alexandrie[8]. L'Égypte antique se prête mieux aux échappées fantastiques que le monde gréco-romain. Bilal en fait un support de science-fiction, dans *La Femme piège* ou *La Foire aux immortels*, avec une pyramide volante et des dieux astronautes.

Un cas intéressant est celui du dessinateur belge Lucien De Gieter, auteur de la série des *Aventures de Papyrus*, commencée en 1978. Les six premiers albums entraînaient le lecteur dans une Égypte fantaisiste, remplie de monstres, de dieux non homologués et de tombeaux perses. On était en pleine égyptomanie, dans le sens le plus caricatural du mot. A partir du septième album, changement radical : le dessinateur est allé en Égypte, s'est passionné pour ce pays, il a entrepris de l'étudier avec minu-

6. Jean-Luc Bovot, *L'Égypte ancienne au cinéma. Le péplum en pagne*, Paris, Lattès, 1993.
7. Philippe Joutard, « L'Égypte à travers la bande dessinée », in *Le Miroir égyptien*, Marseille, Éd. du Quai, 1984.
8. Jean-Pierre Corteggiani, « L'Égypte antique dans la bande dessinée », in *Images d'Égypte*, Le Caire, CEDEJ, 1992.

tie, et cela a changé complètement son style. Avec *La Vengeance des Ramsès*, « l'égyptologie fait irruption dans les aventures de Papyrus [9] ». Les aventures ne seront d'ailleurs plus qualifiées de « merveilleuses » à partir du volume suivant : *La Métamorphose d'Imhotep* est aussi la métamorphose d'un auteur de BD, s'inspirant désormais des reconstitutions minutieuses de Jean-Claude Golvin, l'ancien directeur du Centre franco-égyptien de Karnak.

L'égyptologie, science populaire

Toutes les expositions sur l'Égypte organisées à Paris ont été des succès, de « Toutankhamon » (1967) à « Égyptomania » (1994), en passant par « Ramsès II » (1976), « Un siècle de fouilles françaises » (1981), « Tanis » (1987) et « Aménophis III » (1993), sans oublier celles qui ont attiré un public nombreux dans d'autres villes, comme *L'Égypte des pharaons* à Marcq-en-Barœul (1977), *L'Égypte redécouverte* à Autun (1988) ou *Mémoires d'Égypte* à Strasbourg (1990).

Le tourisme au pays des pharaons n'a cessé d'augmenter au cours des trois dernières décennies. Une centaine de voyagistes proposent des séjours, comprenant pour la plupart une croisière sur le Nil, mais les Français ont appris aussi à découvrir les plages de la mer Rouge, le monastère Sainte-Catherine dans le Sinaï et même les oasis du désert libyque. Un coup d'arrêt brutal est intervenu en 1993 et 1994, à cause de plusieurs attentats islamistes contre des visiteurs étrangers. Une campagne publicitaire a été alors organisée en France par les services du tourisme égyptien, autour du slogan : « L'Égypte, notre mémoire l'exige », qui ressemblait presque à une sommation. Mais les Français n'attendaient que des assurances de sécurité. Dès 1995, le flot reprenait, pour atteindre 242 500 visiteurs l'année suivante.

L'engouement pour l'Égypte se manifeste de manière éclatante dans les bibliothèques et librairies, où des égyptologues rivalisent avec des romanciers populaires. Aux ouvrages traduits de naguère, aussi différents que *Sinouhé l'Égyptien* de Mika Waltari ou *Mort sur le Nil* d'Agatha Christie, ont succédé les best-sellers de Christian Jacq, devenu en quelques années un phénomène d'édition. Ce docteur en égyptologie, excommunié par ses ex-collègues et méprisé par les critiques littéraires, a réalisé des ventes fantastiques avec sa série romancée sur Ramsès II, malgré « son style plat comme le désert libyque, ses dialogues télégraphiques, l'érotisme un peu niais qui n'effarouchera pas une chaisière habituée aux *talk-shows* télévisés, la psychologie sommaire, et cette témérité chronologique qui fait cohabiter Ramsès II et Moïse avec Homère [10] ! ».

---

9. Luc Delvaux, « Les Aventures de Papyrus », in *L'Égyptomanie à l'épreuve de l'archéologie*, Paris, musée du Louvre, 1996.
10. François Lebrette, *Le Figaro Magazine*, 17 août 1996.

Christian Jacq, le millionnaire retiré près d'Aix-en-Provence, laisse parler et continue à produire, entretenant le mythe d'un âge d'or pharaonique, contesté par les chercheurs. Il déclare que sa passion pour l'Égypte lui est venue d'une grand-mère épicière à Romorantin, puis qu'il a été conquis par ce pays au cours de son voyage de noces (à l'âge de dix-sept ans !). Il lui arrive, dit-il, de prendre des notes en hiéroglyphes et, tous les jours, de discuter avec son chien, lequel porte un nom égyptien. Accusé d'être à la tête d'une secte, cet auteur pas comme les autres s'en est vivement défendu, précisant que son Institut Ramsès et sa Maison de vie « sont en réalité deux loges maçonniques [11] ».

Quoique plus chers que les livres, les copies d'objets anciens font aussi un malheur. Le musée du Louvre réalise environ la moitié de ses ventes dans ce domaine avec des figures égyptiennes. Régulièrement, à l'hôtel Drouot, on s'arrache des pièces en provenance de la vallée du Nil. Une tête de prêtre en diorite de la XXXe dynastie a même dépassé 1 300 000 francs en juin 1996. Les marchands en tout genre exploitent cette fascination pour l'Égypte, proposant aussi bien des plumiers-sarcophages que des masques funéraires en kit [12]...

En 1986, deux architectes français, Gilles Dormion et Jean-Patrice Goidin, ont fait rêver leurs compatriotes en présentant une nouvelle théorie sur la Grande Pyramide de Guiza. Selon eux, « Khéops, comme la plupart des pharaons de l'Ancien Empire, a construit dans sa pyramide une vraie chambre et d'autres fausses, de vrais couloirs et des culs-de-sac, des doubles entrées ; en somme, tout l'arsenal de leurres en usage à l'époque [13] ». Ces nouveaux Blake et Mortimer ont reconstitué, sur leur table de travail, un réseau de galeries conduisant à ce qui devait être la vraie chambre funéraire du pharaon. Des mesures microgravimétriques ont été faites dans la Pyramide pour vérifier le bien-fondé de cette théorie audacieuse, contredisant toutes les études antérieures. Las ! Elles n'ont rien donné, ce qui a permis aux égyptologues professionnels de dénoncer, une fois de plus, un amateurisme qui les insupporte.

Qu'est-ce qu'un égyptologue ? Alain Zivie, fondateur et directeur de la Mission archéologique française du Bubasteion à Saqqara, auquel on doit la découverte du trésor du tombeau du vizir Aper-El [14], répond qu'une demi-douzaine de conditions sont nécessaires : savoir déchiffrer les sources écrites, éventuellement des spécialités comme le copte ou le démotique ; être en mesure de lire les publications en langue étrangère, notamment en allemand ; avoir fait des études universitaires reconnues et sanctionnées ; avoir un poste lié à l'égyptologie, que ce soit à l'IFAO, au CNRS, à l'université, à l'École pratique des hautes études ou dans un musée ; ne pas se

11. Entretien, *Libération*, 9 mai 1996.
12. *L'Express,* 19 décembre 1996.
13. Gilles Dormion et Jean-Patrice Goidin, *Khéops, nouvelle enquête. Propositions préliminaires,* Paris, Recherche sur les civilisations, 1986.
14. Alain Zivie, *Découverte à Saqqarah. Le vizir oublié,* Paris, Seuil, 1990.

contenter de discourir sur l'Égypte, mais faire avancer la recherche avec des découvertes originales et des publications scientifiques ; enfin, jouir de la reconnaissance internationale.

Peu de Français, on s'en doute, répondent à l'ensemble de ces conditions ! Ils sont nombreux, pourtant, à se passionner pour l'égyptologie, qui est en train de devenir une science populaire. Les cours de l'École du Louvre ou de l'Institut catholique de Paris attirent un public grandissant. A noter aussi le succès d'une école privée, Khéops, qui compte près de 600 étudiants, dont la moitié par correspondance. Quoique s'adressant à des amateurs, sans formation particulière, elle dispense un enseignement honnête, sanctionné par un certificat, et organise même un stage spécial pour les neuf-quinze ans. La langue des hiéroglyphes attire aujourd'hui davantage que le latin...

Un amoureux de l'Égypte, Thierry Louis Bergerot, a su concrétiser sa passion, dans la ville d'Avignon où il réside. Acteur, musicien, il a commencé par faire des études d'histoire et d'égyptologie à l'université de Montpellier, puis est allé enseigner les hiéroglyphes à des groupes de lycéens. En octobre 1988, il a créé le Centre vauclusien d'égyptologie [15], dans un petit local, situé sous les contreforts du Palais des papes. Des cours de langue égyptienne, des conférences et un séminaire d'initiation à la recherche y ont été organisés, avec la collaboration d'égyptologues parisiens. Une revue de bonne tenue est née, *Égypte(s)*, puis a disparu faute de moyens, pour renaître quelques années plus tard, sous le nom d'*Égypte, Afrique & Orient*. Le Centre vauclusien d'égyptologie attirait en 1992 « un public cultivé, plutôt mûr, plutôt féminin, plutôt aisé, qui a des loisirs et sait goûter les fruits d'un certain effort intellectuel ». Le public s'est un peu rajeuni depuis lors, avec l'arrivée d'étudiants. Il s'est surtout spécialisé, ces égyptologues amateurs étant de plus en plus compétents au fil des ans.

Nos ancêtres les pharaons

La passion pour la civilisation égyptienne est d'autant plus étonnante que c'est une civilisation morte, contrairement à celles du Japon ou de la Chine. Si elle attire autant, c'est parce que l'imaginaire y trouve un support exceptionnel. Ces temples impressionnants, ces statues admirables, ces peintures étonnamment conservées évoquent à la fois la beauté et l'amour, la sagesse et la douceur de vivre, l'ordre et la justice.

L'Égypte ancienne, remarque Alain Zivie, est « une merveilleuse machine à faire fantasmer », une auberge espagnole où chacun trouve ce qu'il a apporté, parfois sans le savoir. Si l'Orient est la désignation méta-

---

15. Centre vauclusien d'égyptologie, 10, rue de la Croix, 84 000 Avignon.

phorique des mondes inaccessibles et perdus, l'Égypte ancienne en représente la meilleure part : un Orient pur, un Orient parfait [16].

C'est aussi le mystère et l'irrationnel. Lire les hiéroglyphes peut donner le sentiment de jouer, de déchiffrer une énigme, comme d'approcher une vérité cachée, voire d'appartenir à un monde d'initiés. La civilisation égyptienne apporte sans doute une réponse apaisante aux questions lancinantes sur la vie, la mort et l'éternité. Comme le souligne Philippe Joutard, « la momie, c'est le mort qui dort, en réalité à mi-chemin entre la vie et la mort, qui n'a pas irrémédiablement disparu dans le néant. L'insoutenable est apprivoisé, devenu familier. Il existe un état transitoire entre l'être et le néant : bien plus, on passe facilement du monde des morts au monde des vivants, à l'image de ces savants qui pénètrent dans les tombes et en ressortent bien vivants ou de ces pharaons qui continuent à vivre dans leurs sarcophages [17]. »

La fascination pour l'Égypte aura survécu à tout ce qui était censé dissiper le mystère : le déchiffrement des hiéroglyphes, la découverte de nombreuses tombes, la photographie, le scanner… Elle a survécu tout autant à la multiplication des voyages et à leur banalisation. Connaître, comprendre, voir, toucher n'a pas émoussé l'attrait, au contraire. Des Français, de plus en plus nombreux, vont dans la vallée du Nil, y retournent, ne s'en lassent pas, avec le sentiment étrange de se trouver dans un univers familier. Aucun pays du Maghreb ne combine ainsi la magie solaire avec le sentiment d'éternité.

L'Égypte antique, c'est une permanence et un repère, dans un monde qui bouge de plus en plus vite. Sans doute n'a-t-elle jamais mérité autant son qualificatif d'« éternelle ». Elle semble appartenir à chacun. Ce patrimoine est tellement ancien qu'il jouit d'une sorte d'extraterritorialité. L'Égypte n'apparaît pas seulement comme une civilisation remarquable, mais comme la mère des autres civilisations : elle finit par symboliser l'Antiquité en général. A « nos ancêtres les Gaulois » se superposent nos ancêtres les pharaons. Peut-être même les supplantent-ils…

---

16. Alain Zivie, *Revue française de psychanalyse*, n° 1, 1993.
17. Philippe Joutard, « L'Égypte à travers la bande dessinée », art. cit.

Les fruits de la passion

Trois fois, l'Égypte a vu sa porte forcée par des soldats français : en 1249, sous la conduite de Saint Louis ; en 1798, avec Bonaparte ; et en 1956, lors de la désastreuse équipée de Suez. Nul ne songerait pourtant à aborder les relations franco-égyptiennes sous l'angle militaire ! Ces trois expériences guerrières ont tourné court, comme si elles étaient des accidents de l'Histoire.

Oublions Saint Louis, il y a prescription : l'invasion ratée de 1249 est à la fois trop ancienne et trop liée aux croisades pour compter aujourd'hui.

Tout autre est l'Expédition de Bonaparte, militairement sans effets durables, mais déterminante sur d'autres plans et qui n'a pas fini de diviser les historiens. Pour les uns, elle a fait entrer l'Égypte dans la modernité, la révélant à elle-même autant qu'au monde. Pour d'autres, elle n'a été qu'une parenthèse sans effets. Pour d'autres encore, elle a gravement porté atteinte à une société qui n'avait pas attendu les Français pour se civiliser... Toujours est-il que l'Expédition a bousculé l'Égypte, l'a sortie d'un isolement séculaire et a ouvert la voie à Mohammed Ali. Que celui-ci ait fait appel ensuite à des Français pour l'aider à mettre en place un État moderne est significatif et capital. L'influence culturelle de la France a pu alors s'exercer pleinement. Cela lui a permis, entre autres, d'installer un réseau d'écoles exceptionnel et de jouer un rôle de premier plan en égyptologie. Au lieu de pâtir de l'occupation britannique, à partir de 1882, la France a bénéficié de n'être pas colonisatrice. Et l'on a assisté, pendant des décennies, à cette étonnante situation : une Égypte dominée par l'Angleterre mais dont les élites rêvaient en français.

En conquérant ce pays, puis en l'étudiant sous toutes les coutures, en y réalisant le canal de Suez et, surtout, en essayant d'y implanter leur langue et leur culture, les Français ont, en quelque sorte, consommé leur passion pour l'Égypte. Une passion d'autant plus intense qu'elle était partagée : à certaines époques et dans certains milieux, la France faisait figure de référence et de modèle. Adopter sa langue, épouser sa culture était une manière de vivre.

Attribuer à la seule opération militaire de Suez, en 1956, la destruction de ce modèle serait ridicule. Vingt ans plus tôt, on commençait déjà à percevoir la fin d'un monde. L'Égypte brûlait de devenir égyptienne, d'acquérir une indépendance véritable et d'effacer des siècles d'humiliations. Même sans le fiasco de Suez, la France n'aurait jamais pu conserver une telle place sur les bords du Nil.

Des Égyptiens francophones, connaissant mieux Paris que leur propre pays, se sont retrouvés en porte à faux. Ils ont été conduits à émigrer, en France, en Suisse, au Liban ou au Canada. L'Égypte s'est privée ainsi d'une bonne partie de ceux qui la reliaient étroitement à l'autre rive de la Méditerranée. Il lui reste heureusement des « hommes-ponts », ayant une connaissance admirable de la langue française sans avoir abandonné le moins du monde leur propre culture. Certains d'entre eux ont fondé au Caire, en 1993, le Centre d'affaires franco-égyptien (CAFÉ) dont les 400 membres – égyptiens et français – aident les entreprises des deux pays à mieux travailler ensemble.

La France et l'Égypte sont en effet des partenaires obligés. Il est permis de les considérer, au nord et au sud, comme les deux grands pôles de la Méditerranée. Leurs intérêts se rejoignent, leurs préoccupations aussi, malgré d'immenses écarts de richesses et de comportements sociaux. L'extrémisme islamiste incite davantage encore les deux États à coopérer, en surveillant avec attention ce qui se passe au Maghreb, une région qui les concerne directement. Chacun reste une porte pour l'autre : si la France a besoin de l'Égypte pour asseoir ses positions dans le monde arabe, l'Égypte a besoin de la France pour faciliter ses rapports avec la Communauté européenne. Et, dans un univers où les blocs ont disparu, où n'existe plus qu'une seule superpuissance, Le Caire ne veut pas s'enfermer dans un tête-à-tête avec Washington.

Les relations entre la France et l'Égypte n'ont jamais été aussi bonnes. Le contentieux se limite à des conflits mineurs, presque anecdotiques, comme celui des exportations de pommes de terre égyptiennes. L'un des rares sujets de mésentente concerne... la statue de Ferdinand de Lesseps, qui trônait, jusqu'en 1956, à l'entrée du canal de Suez. Dynamitée, brisée en plusieurs morceaux, elle a été discrètement récupérée, à l'initiative d'un employé égyptien de la Compagnie, et entreposée dans un hangar. L'amélioration des rapports bilatéraux a permis à deux coopérants français de la restaurer il y a quelques années. Dans un geste de conciliation, le président égyptien de la Compagnie l'a même fait sortir au grand air, en 1995, lors de la visite de l'Association du souvenir de Ferdinand de Lesseps. Reste à lui trouver une place, les Égyptiens n'étant guère désireux de la remettre sur son socle à l'entrée du Canal...

Si les relations entre les deux pays sont au beau fixe, la concurrence avec d'autres partenaires de l'Égypte a beaucoup augmenté. Le rival n'est plus la Grande-Bretagne – bien discrète depuis le départ de ses troupes – mais les États-Unis, qui disposent de moyens considérables. Leur aide annuelle à l'Égypte dépasse 2 milliards de francs, soit quatre fois celle de la France. L'argent ne serait rien si l'Amérique ne fascinait les Égyptiens (comme tant d'autres !) depuis plus d'un demi-siècle.

Face à cette écrasante présence de « l'Oncle Sam », la France ne manque pas d'atouts. Elle a gardé en Égypte de beaux restes. Ses centres de recherche et ses missions scientifiques lui assurent reconnaissance et respect. Les quelques dizaines d'écoles où l'on continue à enseigner en français sont toujours parmi les meilleures du pays, malgré mille difficultés. Sans doute mériteraient-elles d'être davantage soutenues, et prolongées par une université francophone au Caire. Il n'est pas normal que les plus brillants de leurs élèves se bousculent à l'American University...

Quelque 25 000 Français résidaient en Égypte à la veille de la Seconde Guerre mondiale. Ils ne sont plus que 4 000 aujourd'hui. Et encore s'agit-il pour la plupart d'expatriés provisoires, non de « Français d'Égypte » durablement établis dans un pays auquel ils s'identifiaient. Mais la passion pour la vallée du Nil a pris d'autres formes, parfois à distance. A-t-on jamais compté autant de lecteurs d'hiéroglyphes dans l'Hexagone ?

Les Français n'ont pas fini de découvrir l'Égypte, dont ils ne connaissent généralement qu'un seul aspect. Faut-il rappeler que ce pays ne se limite pas aux pharaons, qu'il ne s'est pas arrêté aux Ptolémées ? Les plus grands égyptologues ont su s'intéresser aux hommes, aux femmes et aux enfants qui peuplent la vallée du Nil, au-delà des somptueux vestiges d'une civilisation morte. Maspero, retrouvant avec émotion sur des pierres gravées trente siècles plus tôt les scènes villageoises contemporaines qui l'enchantaient, est allé recueillir, pendant des années, les textes de chansons populaires en Haute-Égypte... La passion, vécue ainsi, associant passé et présent, se renouvelle sans cesse et échappe au risque de l'engouement stérile. Car, comme hier, on est tenté de la juger à ses fruits. Quels sont les fruits de la passion ?

Annexes

La presse francophone d'Égypte

De nombreux journaux, revues et bulletins de langue française ont été publiés en Égypte depuis l'Expédition de 1798. Beaucoup n'ont eu qu'une existence éphémère, mais d'autres ont parfois duré longtemps, et un quotidien comme *Le Progrès égyptien* est même plus que centenaire.

La liste ci-dessous, établie à partir de diverses sources, est imparfaite et certainement incomplète. Elle donne néanmoins une idée du dynamisme de la francophonie sur les bords du Nil à certaines époques. La date de création des publications citées est parfois suivie de leur date de disparition, quand celle-ci est connue. Ne figurent pas dans cette liste les bulletins intérieurs des établissements scolaires, des amicales d'anciens élèves et de diverses associations.

Sous l'occupation française

Courrier de l'Égypte, journal d'informations destiné à l'armée d'Orient (1798-1801), dirigé successivement par Fourier, Costaz et Desgenettes. 116 numéros parus. Les quatre premiers sont curieusement orthographiés « Courier ».

La Décade égyptienne, revue scientifique, décadaire puis mensuelle (1798-1800), contenant les procès-verbaux des séances de l'Institut d'Égypte et des articles des membres de la Commission des sciences et des arts. Elle a été réunie en 3 volumes, dédiés à Bonaparte, Kléber et Menou.

De Mohammed Ali à l'occupation anglaise

L'Écho des Pyramides, 4 numéros publiés par Bousquet-Deschamp (1827).

Le Moniteur, hebdomadaire créé par Camille Turles pour défendre la politique de Mohammed Ali (1833-1834).

Miscellenae Aegyptica, revue littéraire et scientifique, fondée par Émile Prisse d'Avennes (1837-1839).

Bulletin de l'Institut égyptien, annuel (1859-1918).

Le Sphinx égyptien, revue publiée au Caire (1859).

La Presse égyptienne, revue publiée à Alexandrie (1859).

L'Égypte, publiée par l'imprimeur Mourès (1863).

Le Nil, bi-hebdomadaire appartenant à l'avocat Nicoullaud (1866).

Le Journal du Canal, à Port-Saïd, fondé par Ferdinand de Lesseps (1867).

Le Progrès égyptien, hebdomadaire (1868-1870).

Le Moniteur de la publicité en Égypte, annuaire d'annonces bi-hebdomadaire, lancé par François Lavernay (1868).

L'Impartial, hebdomadaire fondé par l'imprimeur Antoine Mourès.

L'Indépendant, hebdomadaire hostile au khédive, fondé par le comte Maillard de Marafy (1871).

L'Avenir commercial de Port-Saïd (1871).

L'Ezbékieh, revue satirique fondée par Barbier (1873).

L'Économiste (1874).

Le Commerce (1874).

Le Moniteur égyptien, quotidien (1874) ; prend en 1881 le sous-titre de *Journal officiel*.

Le Phare d'Alexandrie, quotidien, créé par un avocat grec, Haïcalis (1874-1912).

La Gazette des tribunaux (1875), devenue en 1910 *La Gazette des tribunaux mixtes d'Égypte*, sous la direction de l'avocat Raoul Pangalo.

La Réforme, fondée par J. Barbier (1876).

Bulletin de la Société khédiviale de géographie (1876).

La Jurisprudence, paraît trois fois par semaine (1876-1889).

Le Bosphore égyptien, né à Port-Saïd, transféré au Caire et devenu quotidien (1880-1895).

Bulletin mensuel de la Société d'agriculture (1880-1881).

Le Sport, revue publiée à Alexandrie (1881).

Le Darabouk, hebdomadaire satirique illustré (1881).

Le Cultivateur, revue franco-arabe imprimée à Alexandrie (1881).

De 1882 à la Première Guerre mondiale

Le Courrier égyptien (1883).

L'Indispensable, hebdomadaire renseignant les voyageurs, publié à Alexandrie (1888).

Bulletin de législation et de jurisprudence égyptiennes, bi-hebdomadaire (1889-1918).

Le Petit Égyptien, quotidien alexandrin (1889).

Le Scarabée, hebdomadaire d'Alexandrie dirigé par E. L. de Lagarenne (1889).

Revue égyptienne littéraire et scientifique, mensuel (1889).

Les Moustiques, hebdomadaire publié à Alexandrie (1890).

La Correspondance égyptienne illustrée, hebdomadaire dirigé par E. L. de Lagarenne (1892).

Le Réveil égyptien, revue bi-mensuelle (1892).

Bulletin mensuel de la chambre de commerce française d'Alexandrie (1892).

Le Progrès égyptien, quotidien fondé par E. Kyriacopoulo (1893).

La Vérité, Port-Saïd (1893).

L'Égypte, revue bi-mensuelle créée par Victor Nourrisson et Fred W. Simond (1894-1895).

L'Égypte. Revue industrielle et commerciale, paraissant trois fois par semaine (1894).

Revue d'Égypte, mensuel publié par Charles Gaillardot (1894-1897).

La Réforme, quotidien publié à Alexandrie, dirigé par Raoul Canivet (1895-1964).

L'Écho d'Orient, quotidien (1895-1897).

Bourriquot, journal humoristique illustré (1895).

Revue internationale de législation et de jurisprudence musulmanes (1895-1896).

La Correspondance égyptienne illustrée, hebdomadaire (1895-1897).

Al Fardos, bi-mensuel féminin créé par Louisa Habbaline (1896).

Le Courrier d'Égypte, hebdomadaire (1897).

Le Parnasse oriental, revue fondée par le peintre Émile Bernard.

La Bourse égyptienne, quotidien fondé par Boutigny (1898).

Le Journal du Caire, quotidien, dirigé par Georges Vayssié (1898).

Les Pyramides, quotidien, version française d'*Al Ahram* des frères Takla (1899-1914).

La Famille égyptienne, supplément bi-mensuel des *Pyramides.*

Bulletin de la Société médicale du Caire (1899-1900).

La Revue d'Égypte et d'Orient, dirigée par Fernand Braun et Georges Vayssié (1900).

Bulletin commercial, hebdomadaire (1900-1916).

Bulletin d'Égypte, hebdomadaire commercial (1900).

Les Bluettes, revue littéraire (1901) ; devient l'année suivante *La Nouvelle Revue d'Égypte,* sous la direction de Fernand Braun, puis *Revue d'Égypte et d'Orient* (1905).

Le Lotus, revue littéraire fondée à Alexandrie par Alexandra Avierino (1901).

Bulletin de la Société khédiviale de médecine (1901-1904).

Bulletin de l'Union syndicale des agriculteurs d'Égypte, mensuel (1901).

La Nouvelle Revue littéraire, artistique et sociale (1902).

Bulletin de la chambre de commerce internationale, mensuel (1903-1914).

Moniteur des travaux, hebdomadaire (1904-1905).

La Revue internationale d'Égypte, mensuel (1905-1907).

La Finance égyptienne, hebdomadaire (1906).

L'Étendard égyptien, quotidien politique fondé par Moustapha Kamel (1907).

Nouvelles égyptiennes (1907).

Courrier d'Égypte (1909).

La Presse médicale d'Égypte, bi-mensuel (1909-1914).

Journal du commerce et de la marine, quotidien fondé par F. Kezk (1909).

L'Égypte contemporaine, revue d'études politiques, économiques et sociales (1910).

L'Écho sportif (1910).

La Dépêche égyptienne (1910).

Revue théâtrale et sportive (1911).

Le Courrier, quotidien (1912).

Isis, mensuel littéraire (1912-1913).

Bulletin mensuel de la chambre de commerce française du Caire (1912).

La Revue israélite d'Égypte, publiée par l'association Pro Cultura hebraica (1912-1918).

Delta, quotidien franco-arabe publié à Mansoura par Gabriel Enkiri (1912).

La Revue égyptienne, bi-mensuel (1912).

La Revue médicale d'Égypte (1913-1914).

Cinégraphe-Journal, créé par Roger Leoncavallo (1913).

L'Illustration égyptienne (1914).

La Renaissance juive (1917).

L'entre-deux-guerres

Israël, revue juive, fondée par le Dʳ Albert Mosseri (1920).

Revue sioniste, dirigée par Léon Castro, puis Jack Mosseri.

Le Miroir égyptien, revue dirigée par Fouad Khayat ct Raoul Parme (1920).

L'Économiste égyptien (1920).

La Liberté, quotidien dirigé par Léon Castro et Edgard Gallad (1921).

Cahiers de l'Oasis, revue fondée par Fernand Leprette et Morik Brin (1921).

L'Égypte nouvelle, hebdomadaire politique lancé par José Canéri (1922).

Le Phare égyptien, hebdomadaire fondé par A. C. Geronimo et devenu quotidien (1923-1958).

L'Égyptienne, revue féministe fondée par Hoda Chaaraoui (1924).

L'Aurore, revue juive, fondée par Lucien Sciuto (1924).

L'Espoir, quotidien (1925).

Message d'Orient, revue littéraire, Alexandrie (1925).

Le Magazine égyptien (1925).

Le Phœnix, revue créée par Valentine de Saint-Point (1925).

Le Réveil, quotidien (1925).

L'Information, quotidien (1925).

Les Messages d'Orient, revue littéraire animée par Elian Juda Finbert et Carlo Suarès (1925).

La Semaine égyptienne, hebdomadaire politique et littéraire lancé au Caire par le libraire Stavros Stavrinos (1926-1948).

L'Orient littéraire, revue fondée par Raoul Parme et Jean Moscatelli.

Le Rayon, revue catholique (1928), devenue en 1937 *Le Rayon d'Égypte* ; disparu en 1957.

Images, hebdomadaire illustré, lancé par la maison d'édition Dar-el-Hilal (1929-1969).

Ciné-Images.

Le Flambeau, dirigé par Ahmed Rachad (1929).

L'Informateur financier et commercial, hebdomadaire créé à Alexandrie par Élie Politi (1929).

L'Égypte française (1929).

Le Spectacle (1930).

Bulletin de la Société d'archéologie copte (1931).

Ciné-Globe (1931).

Ana Mali, revue fondée par Robert Blum.

Marions-nous (1931).

La Voix juive, fondée par Albert Staraselki (1931-1934).

Goha, revue fondée par Georges Dumani.

Revue économique et financière, hebdomadaire (1932).

Le Lien, bulletin de la communauté grecque-catholique (1935).

Kadima, revue juive (1935-1937).

Le Journal d'Égypte, quotidien fondé par Edgard Gallad (1936-1994).

La Tribune juive, fondée à Alexandrie par Jacques Rabin (1936).

La Patrie, quotidien de Namé Ganem.

La Revue des conférences en Orient, mensuel fondé par Marc Nahman (1936-1951).

Calligrammes, revue fondée par Raoul Parme et Ivo Barbitch (1936).

La Revue du Caire, revue littéraire créée par Gaston Wiet (1938-1964).

Don Quichotte, hebdomadaire fondé par Georges Henein, Henri et Raoul Curiel (1939).

Eux et Nous, bulletin de l'Association chrétienne pour les écoles de Haute-Égypte, fondée par le père Henry Ayrout (1941).

Depuis 1945

Valeurs, revue littéraire, fondée à Alexandrie par Étiemble (1945).

La Part du sable, revue littéraire, créée par Georges Henein.

Bulletin de la Société d'études historiques et géographiques de l'isthme de Suez, Ismaïlia (1947-1956).

Cahiers d'histoire égyptienne, revue fondée par Jacques Tagher (1948-1969).

La Lanterne, revue politique dirigée par Georges Fahmy (1949).

Les Cahiers coptes, trimestriel (1952).

Mélanges de l'Institut dominicain d'études orientales du Caire, revue annuelle, islamologique et orientaliste (1954).

Collectanea, revue orientaliste italo-française dirigée par les franciscains (1954).

Le Messager, hebdomadaire catholique, devenu bilingue français-arabe (1958).

Le Nil, quotidien fondé au Caire par Raymond Tagher (1959) ; disparu la même année.

Le Scribe, revue mensuelle proche du pouvoir nassérien (1960).

Les Cahiers d'Alexandrie, revue trimestrielle animée par Radamès Lackany (1963-1967).

Bulletin annuel de l'Atelier d'Alexandrie, artistique et littéraire (1971).

Aujourd'hui l'Égypte, revue trimestrielle, publiée par l'Organisme général de l'information et dirigée par Chafik Chamass.

Les Cahiers de Chabramant.

Égypte/Monde arabe, revue trimestrielle éditée par le CEDEJ (1990); s'est substituée à la *Revue de la presse égyptienne* et au *Bulletin Égypte.*

Al Ahram Hebdo, lancé par le quotidien *Al Ahram* (1994).

La présence française en Égypte

Quelque 4 000 Français résident aujourd'hui en Égypte, contre 25 000 à la veille de la Seconde Guerre mondiale. La plupart habitent au Caire.

Échanges économiques

La France était, en 1996, le troisième fournisseur de l'Égypte, derrière les États-Unis et l'Allemagne. Ses exportations s'élevaient à 7,2 milliards de francs. Principal poste : les cellules d'avions, suivi par le blé et les équipements de téléphonie. Les importations françaises (1,2 milliard de francs) étaient constituées, pour plus d'un tiers, de produits pétroliers raffinés.

La France est le cinquième investisseur étranger en Égypte, après avoir remporté les contrats du métro du Caire, du téléphone mobile et de la cimenterie de Suez. Une centaine d'entreprises françaises sont présentes sur le marché égyptien.

Assistance financière

Vingt-cinq protocoles financiers ont été signés entre 1974 et 1996, pour un montant cumulé de plus de 20 milliards de francs. L'Égypte est l'un des premiers bénéficiaires de l'aide française, avec 500 millions de francs par an. S'y ajoute une aide alimentaire, qui représente le quart de l'aide alimentaire française dans le monde. Par ailleurs, une part importante de l'aide française passe par l'Union européenne, qui est le premier partenaire de l'Égypte sur le plan commercial.

Coopération culturelle

La France consacre un peu plus de 50 millions de francs par an à sa coopération culturelle et technique avec l'Égypte. Chaque session de son centre culturel au Caire (qui compte une antenne à Héliopolis) réunit environ 2 000 étudiants.

Écoles privées

Le lycée de Méadi, au Caire, qui compte 1 200 élèves, suit entièrement le programme français. L'arabe n'y est même pas obligatoire. Les élèves égyptiens – une minorité – ne peuvent y entrer qu'avec une dispense et ne sont pas considérés par leur gouvernement comme scolarisés. Pour les services culturels français, ce lycée sert de base logistique pour coopérer avec les institutions locales d'enseignement.

Plus de 44 000 élèves sont accueillis dans une cinquantaine d'établissements où le français constitue une langue d'enseignement. Il s'agit, pour la plupart, d'écoles catholiques, dont le niveau est supérieur à celui des ex-lycées de la Mission laïque française.

Enseignement public

Quelque 100 000 élèves du système gouvernemental font du français leur première langue vivante et 2 millions leur seconde langue vivante, mais pour des résultats très faibles. L'enseignement du français a été introduit dans le primaire en 1995. Quelques écoles expérimentales de langue française ont été créées ces dernières années à l'initiative du gouvernement égyptien.

Enseignement supérieur

L'université du Caire compte quatre filières françaises : droit, gestion et commerce international, sciences physiques et communication. On prévoit d'y adjoindre un département de langues étrangères appliquées pour les assistants de direction. Le programme d'économie et de sciences politiques est conçu en liaison avec l'Institut politique de Paris. La filière juridique est la plus ambitieuse : ses étudiants sont inscrits à l'université Paris-I (Panthéon-Sorbonne), dont ils suivent tous les enseignements ; ils passent les mêmes examens que leurs homologues parisiens et obtiennent les mêmes diplômes qu'eux, parallèlement à la licence de droit égyptienne.

L'IFAO

L'Institut français d'archéologie orientale du Caire (IFAO) existe sous cette appellation depuis le 18 mai 1897, prenant la suite de l'École française du Caire, créée par un décret de Jules Ferry le 28 décembre 1880. Son objet est de favoriser toutes les études, explorations et fouilles relatives aux civilisations qui se sont succédé en Égypte et dans les régions voisines, de la préhistoire à la période arabo-islamique. L'Institut accueille et loge des membres scientifiques, des chercheurs en mission et des boursiers en cours d'études doctorales ou post-doctorales. Il associe également à ses travaux des chercheurs et universitaires égyptiens.

L'IFAO compte une bibliothèque de plus de 70 000 volumes. C'est aussi une maison d'édition, dotée de sa propre imprimerie, qui publie chaque année une vingtaine d'ouvrages scientifiques. Quatre revues sortent de ses presses, la plus importante étant le *Bulletin de l'IFAO (BIFAO)*. Les études arabisantes bénéficient quant à elles de deux périodiques, les *Annales islamologiques* et le *Bulletin critique des Annales islamologiques*.

L'Institut est le promoteur d'une trentaine de chantiers archéologiques. Possédant son propre laboratoire de restauration, il fournit aussi l'aide technique nécessaire aux autres fouilles françaises en Égypte.

Depuis sa création, l'École du Caire a eu successivement pour directeurs : Gaston Maspero (1880-1881), Eugène Lefébure (1881-1883), Eugène Grébaut (1883-1886), Urbain Bouriant (1886-1898), Émile Chassinat (1898-1912), Mgr Louis Duchesne (1912), Pierre Lacau (1912-1914), Georges Foucart (1914-1928), Pierre Jouguet (1928-1940), Charles Kuentz (1940-1953), Jean Sainte Fare Garnot (1953-1959), François Daumas (1959-1969), Serge Sauneron (1969-1976), Jean Vercoutter (1977-1981), Paule Posner-Kriéger (1981-1989) et Nicolas Grimal (depuis 1989).

Palais Mounira, 37, rue Cheikh-Ali-Youssef, Le Caire. Tél. (202). 35. 71. 600.
Correspondance : c/o Service de la valise diplomatique, 128 bis, rue de l'Université, 75351 Paris, Cedex 07.

Le CEDEJ

Le Centre d'études et de documentation économique, juridique et sociale (CEDEJ) date de l'accord de coopération franco-égyptien de 1968. Ses activités de recherche portent sur l'Égypte, le Proche-Orient et le Soudan contemporains. Outre des publications de travaux, il a pour but d'accumuler un fonds documentaire et de former des chercheurs sur le monde arabe et musulman. Les études sont menées par une équipe franco-égyptienne, dont les membres sont détachés de diverses institutions des deux pays. L'Observatoire urbain du Caire contemporain, créé en 1984 au sein du CEDEJ, possède une base de données unique dans le dispositif français de recherche sur les pays en développement : un siècle d'informations sur 5 200 communes égyptiennes est archivé et accessible par des logiciels statistiques et cartographiques.

Le CEDEJ, dirigé depuis 1993 par Philippe Fargues, édite des ouvrages, des dossiers, ainsi qu'une revue trimestrielle, *Égypte/Monde arabe*, prolongée par une édition semestrielle en langue arabe, *Misr wal Alam al Arabi*.

14, rue du Docteur-Abdel-Rahman-al-Sawi-Mohandessine, Le Caire. Tél. (202). 361. 19. 32. Télécopie : 349. 35. 18.

Correspondance : c/o Service de la valise diplomatique, 128 bis, rue de l'Université, 75351 Paris, Cedex 07.

Les missions scientifiques

Mis à part les chantiers de l'IFAO, la France est présente sur une douzaine de sites archéologiques en Égypte :

Le Centre franco-égyptien d'étude des temples de Karnak, créé en 1968, est une mission permanente, sous la direction de François Larché, ingénieur de recherche au CNRS.

L'Institut d'égyptologie thébaine (INET), créé en 1967, est une unité de recherche associant le département des Antiquités égyptiennes du musée du Louvre et le CNRS. Il se consacre à la reconstitution des modes de vie des anciens Égyptiens, à Thèbes-Ouest, du Nouvel Empire à l'époque copte.

Le Centre d'études alexandrines, dirigé par Jean-Yves Empereur, organise la fouille de monuments d'époque gréco-romaine dans le cadre d'un projet d'archéologie de sauvetage urbain.

La Mission française des fouilles de Tanis étudie une métropole égyptienne de Basse Époque, sous la direction de Philippe Brissaud, ingénieur de recherche à l'École pratique des hautes études.

La Mission archéologique française de Saqqara, sous la direction de Jean Leclant, secrétaire perpétuel de l'Académie des inscriptions et belles-lettres, étudie des pyramides à textes de la VIe dynastie et effectue des recherches sur les épouses du pharaon Pépi Ier.

La Mission archéologique française du Bubasteion, à Saqqara, fouille, étudie et restaure des tombeaux rupestres du Nouvel Empire, sous la direction d'Alain Zivie, directeur de recherche au CNRS.

La Mission archéologique franco-égyptienne de Tell-el-Herr, dirigée par Dominique Valbelle, professeur à l'université Lille-III, étudie une structure d'architecture militaire de la troisième période intermédiaire jusqu'au Bas-Empire.

L'égyptologie en France

L'égyptologie désigne habituellement l'étude de la période pharaonique étendue à l'époque romaine, jusqu'au christianisme. En réalité, elle ne devrait pas être dissociée de l'étude d'autres périodes, plus récentes (copte, musulmane et moderne), à laquelle se consacrent nombre de scientifiques.

Si les recherches françaises en Égypte bénéficient de la présence au Caire de l'Institut français d'archéologie orientale, elles comptent en France même d'importants supports institutionnels et financiers.

Le Collège de France

La chaire d'égyptologie du Collège de France, créée pour Champollion, est occupée par Jean Yoyotte. Les cours sont ouverts à un public assez large, tandis qu'un séminaire s'adresse aux chercheurs avancés, français et étrangers. Cette institution prestigieuse ne délivre pas de diplôme.

Le titulaire de la chaire de langue et littérature arabes classiques est André Miquel.

11, place Marcelin-Berthelot, 75005 Paris. Tél. 01. 44. 27. 12. 11.

L'École pratique des hautes études

Elle assure une initiation ou un entraînement à la recherche, qui peut être sanctionné par un diplôme ou un doctorat. L'égyptologie y est présente dans :

– la IVe section, avec des enseignements d'égyptien classique (Pascal Vernus), néo-égyptien (François Neveu), hiératique (Yvan Koenig) et copte (Gérard Roquet), auxquels s'ajoute une conférence d'architecture égyptienne ;

– la Ve section, où une direction d'études porte sur la religion de l'Égypte ancienne (Christiane Zivie-Coche) et une autre sur la religion égyptienne dans les mondes hellénistique et romain (Jean-Claude Grenier).

Sorbonne, 45-47, rue des Écoles, 75005 Paris. Tél. 01. 40. 46. 31. 25 et 01. 40. 46. 31. 37.

Les universités

L'égyptologie est enseignée dans sept universités, qui disposent, pour la plupart, de centres spécialisés, conduisant au doctorat. Le Centre national de la recherche scientifique (CNRS) y est associé par le biais de plusieurs unités de recherche.

Université Paris IV-Sorbonne
Le Centre de recherches égyptologiques relève de la chaire d'égyptologie (Nicolas Grimal), tandis que l'Institut de papyrologie relève de la chaire confiée à Alain Blanchard. L'université possède un laboratoire du CNRS (URA 995), « Vallée du Nil, oasis, désert libyque », dirigé par André Laronde, avec trois sections animées par Audran Labrousse, Élisabeth et Jacques Lagarce, Alain Zivie.
18, rue de la Sorbonne, 75230 Paris, Cedex 05.

Université Lille-III
Institut de papyrologie et d'égyptologie (Dominique Valbelle). En association avec le CNRS : Unité de recherche 1275, « Habitats et sociétés urbaines en Égypte et au Soudan ».
BP 149, 59653 Villeneuve-d'Ascq, Cedex. Tél. 03. 20. 41. 61. 12.

Université Lumière Lyon-II
Institut d'égyptologie (Jean-Claude Goyon).
Maison de l'Orient méditerranéen : 7, rue Raulin, 69007 Lyon. Tél. 04. 72. 71. 58. 60.

Université Paul-Valéry, Montpellier-III
Institut d'égyptologie (Jean-Claude Grenier). En association avec le CNRS : Unité de recherche 1068, « Étude de la religion égyptienne à l'époque ptolémaïque et romaine ».
Route de Mende, 34199 Montpellier, Cedex 5. Tél. 04. 67. 14. 24. 20.

Université Strasbourg-II
Institut d'égyptologie (Jean-Claude Traunckener).
Palais de l'Université, 67 000 Strasbourg. Tél. 03. 88. 25. 97. 79.

Institut catholique de Paris
L'École des langues et civilisations de l'Orient ancien (ELCOA) dispense, sur trois années, des cours d'égyptien hiéroglyphique (Annie Gasse), de copte (Anne Boud'hors) et d'arabe (Emilio-Joseph Platti). Délivrance de DEA pouvant conduire au doctorat.
21, rue d'Assas, 75270 Paris, Cedex 06. Tél. 01. 44. 39. 52. 61.

Université catholique de l'Ouest

Enseignement d'égyptologie (Pierre Grandet) dans le cadre de la licence et cours consacrés à l'Égypte pharaonique à la faculté des lettres (Jean-Yves Carrez-Maratray).

3, place André-Leroy, BP 808, 49008 Angers, Cedex 01. Tél. 02. 41. 81. 66. 61.

L'École du Louvre

L'École du Louvre est un établissement public d'enseignement supérieur non universitaire. Elle propose des enseignements d'archéologie égyptienne (Jean-Luc Bovot), ainsi que des cours d'épigraphie égyptienne et copte. Elle délivre des diplômes de premier cycle, de muséologie et de recherche.

34, quai du Louvre, 75038 Paris, Cedex 01. Tél. 01. 40. 20. 56. Minitel : 3615 EDL.

L'enseignement privé

L'Institut Khéops offre des cours de langue et civilisation égyptiennes. Il propose aussi des cours d'égyptien hiéroglyphique par correspondance et des stages pour les neuf-quinze ans.

16, rue Albert-Bayet, 75013 Paris. Tél. 01. 44. 24. 87. 90.

Les bibliothèques

La bibliothèque du cabinet d'égyptologie du Collège de France – la plus complète – n'est ouverte qu'aux professionnels et étudiants doctorants. Paris compte plusieurs autres bibliothèques égyptologiques : le Centre Vladimir-Golénischeff (École pratique des hautes études, V[e] section), le Centre de recherches égyptologiques de la Sorbonne (Paris IV), la bibliothèque du musée et de l'École du Louvre, ainsi que la bibliothèque de l'Institut catholique. En province, les quatre centres de recherches égyptologiques (Lille, Lyon, Montpellier et Strasbourg) possèdent des bibliothèques spécialisées.

Les revues

Bulletin de la Société française d'égyptologie, Paris.
Revue d'égyptologie, Paris.
Cahiers de recherches de l'Institut de papyrologie et d'égyptologie, Lille.
Le Nil moyen, Paris.

Archéo-Nil, Paris.
Bulletin de l'Association angevine d'égyptologie Isis, Angers.
Bulletin du Cercle lyonnais d'égyptologie Victor-Loret, Lyon.
Égypte, Afrique & Orient, Avignon.
Le Monde copte, Paris.

L'Égypte dans les musées français

Le nombre total d'objets égyptiens exposés en France est inconnu. L'absence d'inventaire général tient au fait qu'aux quelque 1 000 musées « officiels » – nationaux, classés sous le contrôle de l'État ou les collectivités locales, ou reconnus par la Direction des musées de France – s'ajoutent environ 8 000 musées ou collections non contrôlés, dans lesquels peuvent se trouver des pièces égyptiennes. Sans compter, bien sûr, ce que détiennent les particuliers et les antiquaires.

Le Louvre

Paris possède, après Le Caire, le deuxième musée égyptien du monde, à égalité avec le British Museum de Londres et les deux musées de Berlin réunis. Le département des Antiquités égyptiennes du Louvre, dirigé par Christiane Ziegler, compte en effet quelque 50 000 objets, souvent de grande valeur. C'est le résultat de près de deux siècles de fouilles en Égypte, d'acquisitions et de dons. Aux 9 000 pièces que comptait le musée à la mort de Champollion, en 1832, se sont ajoutés des achats de collections, comme celle de Clot bey (2 500 objets en 1853), les 6 000 pièces trouvées par Mariette au Serapeum de Memphis, la plus grande partie du fonds de la Bibliothèque nationale transférée au Louvre en 1922 – dont le Zodiaque de Dendera et la Chambre des ancêtres de Karnak – ainsi que l'ensemble égyptologique du musée Guimet, déménagé en 1946. Le Louvre a bénéficié aussi de dons privés, le plus important étant le legs Curtis, comprenant 1 500 pièces, dont la Stèle de Néfertiabet et le groupe d'Akhénaton et Néfertiti.

Grâce au réaménagement achevé à l'automne 1997, avec une extension des surfaces, le nombre d'objets exposés au musée égyptien est passé de 3 500 à 4 000. A l'ancienne présentation, essentiellement chronologique, s'ajoute désormais une approche thématique, les salles du rez-de-chaussée illustrant des sujets particuliers, comme le Nil, l'agriculture, les sciences, la musique, l'architecture, etc. Des scénographies audacieuses ont été choisies : ainsi, les sarcophages alignés et debout, qui peuvent rappeler *Les Cigares du pharaon* aux lecteurs de Tintin... Un espace tactile, composé d'œuvres en granit et diorite, a été réservé aux malvoyants.

Parmi les œuvres phares du Louvre, devant lesquelles les conférenciers et les visiteurs individuels s'arrêtent le plus volontiers, on peut citer :
– pour la préhistoire et l'époque archaïque : la stèle du roi Serpent ;
– pour l'Ancien Empire : la statue du Scribe accroupi, le grand Sphinx de Tanis en granit rose, le mastaba d'Akhethétep, la tête en grès rouge de Didoufri ;
– pour le Moyen Empire : le trésor de Tod, les statues de Nachti, de Hapydjéfa et de Séthi II, les sarcophages, ainsi que les porteuses d'offrandes ;
– pour le Nouvel Empire et la Basse Époque : les huit statues assises de la déesse Skhmet, Ramsès II enfant, le buste colossal d'Aménophis IV, Amon et Toutankhamon, la statue de la reine Karomama en bronze incrusté d'or, la statue en bois d'Osiris et la collection de bijoux.

La section copte du musée du Louvre, dirigée par Marie-Hélène Rutschowscaya, compte, entre autres, une Vierge de l'Annonciation de la fin du Ve siècle sculptée en bois de figuier et une restitution, avec ses éléments originaux, d'une partie de la nef de l'église de Baouit en Moyenne-Égypte. Elle s'est enrichie, dans les années 80, d'un lot important de céramiques trouvées à Tod.

Dans les régions

Certains musées français ne possèdent parfois qu'une seule pièce égyptienne, alors que d'autres se sont constitué, au fil des années, de riches collections. Une vingtaine d'entre eux sont sélectionnés ci-dessous. Pour plus de détails, on peut se reporter à :

Pierre Cabanne, *Le Nouveau Guide des musées de France*, Larousse, 1997.
Brigitte Lequeux, Monique Mainjonet-Brun et Suzanne Roscian, *Les Collections archéologiques dans les musées de France*, Éd. du CNRS, 1989.
« Répertoire des collections égyptiennes conservées dans les musées français », *Bulletin de l'Association angevine d'égyptologie Isis*, n°s 1 et 2, 1994-1995.
Michel Dewaechter, « L'Égypte dans les musées, châteaux, bibliothèques et sociétés savantes de province », *Bulletin de la Société française d'égyptologie*, n° 103, juin 1985.

Aix-en-Provence (Bouches-du-Rhône) : **Musée Granet**. Palais de Malte, place Saint-Jean-de-Malte, 13100 Aix-en-Provence. Tél. 04. 42. 38. 14. 70.
Deux bas-reliefs de Saqqara, statue d'Osiris en bronze d'époque saïte.

Amiens (Somme) : **Musée de Picardie**. 48, rue de la République, 80000 Amiens. Tél. 03. 22. 91. 36. 44.
Sarcophage du scribe Neskafaa (XXIe dynastie), Papyrus d'Amiens (XXe dyn.), statue en bronze d'Isis allaitant Horus (XXVIe dyn.).

Angers (Maine-et-Loire) : **Musée Turpin de Crissé**, dit musée Pincé. Hôtel Pincé, 32 bis, rue Lenepveu, 49000 Angers. Tél. 02. 41. 88. 94. 27.

Couvercle du sarcophage intérieur de la chanteuse d'Amon Disetiaou (XXVe dyn.), canope du chancelier Nakhtmin (XVIIIe dyn.), statuette en bois de Ptah-Sokar-Osiris (XXVe ou XXVIe dyn.).

Annecy (Haute-Savoie) : **Musée-Château**. Place du Château, 74000 Annecy. Tél. 04. 50. 33. 87. 30.

Statuettes d'Isis-Déméter et d'Osiris, objets de cultes funéraires, masques de sarcophages, documents ayant appartenu à Émile Prisse d'Avennes.

Avignon (Vaucluse) : **Musée Lapidaire**. Rue de la République, 84000 Avignon. Tél. 04. 90. 85. 75. 38.

Tête de vizir en basalte noir (Moyen Empire), monument familial Yaï en calcaire (XIIIe dyn.), statue du dieu Sokaris en granit, hippopotame d'albâtre, brique d'argile au nom du vizir Ouser, ouchebtis, tissus coptes.

Besançon (Doubs) : **Musée des Beaux-Arts et d'Archéologie**. 1, place de la Révolution, 25000 Besançon. Tél. 03. 81. 82. 39. 89.

Double sarcophage de Séramon (XXIe dyn.), nombreux objets du Nouvel Empire.

Bordeaux (Gironde) : **Musée d'Aquitaine**. 20, cours Pasteur, 33000 Bordeaux. Tél. 05. 56. 01. 51. 00.

Stèle dédiée à la déesse Renenoutet sous Ramsès II, important ensemble de tissus coptes, dont une Tenture aux oiseaux (Ve-VIIe s. av. J.-C).

Bourges (Cher) : **Musée du Berry**. Hôtel Cujas, 4, rue des Arènes, 18000 Bourges. Tél. 02. 48. 57. 81. 15.

Cartonnage et momie de Téos (IIIe s. av. J.-C.), vases canopes de Psamétique.

Figeac (Lot) : **Musée Champollion**. Rue des Frères-Champollion, 46100 Figeac. Tél. 05. 65. 50. 31. 08. Installé dans la maison natale du déchiffreur des hiéroglyphes.

Grand ouchebti de Ramsèsmen (XIXe dyn.), stèle de Padichahédedet (époque saïte), matériel du scribe, documents sur la vie et l'œuvre des frères Champollion.

Grenoble (Isère) : **Musée de Grenoble**. 5, place de Lavalette, 38000 Grenoble. Tél. 04. 76. 63. 44. 44.

Stèles de Kouban et d'Ouser, sarcophage de Psammetik, masques funéraires d'Antinoë (époque ptolémaïque).

Laon (Aisne) : **Musée archéologique municipal**. 33, rue Georges-Ermant, 02000 Laon. Tél. 03. 23. 20. 19. 87.

Vases préhistoriques (3500 av. J.-C.), mobilier funéraire de l'Ancien Empire.

Limoges (Haute-Vienne) : **Musée de l'Évêché**. Place de la Cathédrale, 87000 Limoges. Tél. 05. 55. 34. 44. 09.

Près de 1 200 objets proviennent de la collection de Périchon bey (1860-1929), directeur de la sucrerie de Rodah en Moyenne-Égypte ; ouchebti du général Padisemataoui (XXVIᵉ dyn.), sarcophage d'Iret-Horriou (époque saïte).

Lyon (Rhône) : **Musée des Beaux-Arts**. Palais Saint-Pierre, 20, place des Terreaux, 69001 Lyon. Tél. 04. 72. 10. 17. 40.

Nombreux objets de l'Ancien Empire à la période copte, sarcophages anthropomorphes du Nouvel Empire, deux portes du temple de Médamoud (v. 230 av. J.-C.), linteau du sanctuaire de Sésostris Iᵉʳ (XIIᵉ dyn.), tête d'homme en bois incrusté (XVIIIᵉ dyn.), stèle des Palmyréniens de Coptos (IIᵉ-IIIᵉ s.).

Marseille (Bouches-du-Rhône) : **Musée d'Archéologie méditerranéenne**. Centre de la Vieille-Charité, 2, rue de la Charité, 13002 Marseille. Tél. 04. 91. 56. 28. 38.

Près de 2 000 objets offrant un panorama complet de la civilisation égyptienne de l'époque prédynastique à l'époque copte. Stèles funéraires du général Kasa (XIXᵉ dyn.), table d'offrande de Kenhihopchef portant trente-quatre cartouches royaux (VIᵉ dyn.), riche ensemble de la Basse Époque, statue d'homme en bois de cèdre (Ancien Empire), buste en granit noir de la déesse Neith (XIIᵉ dyn.), buste de la déesse Sekhmet, à mufle de lionne, assise sur un trône (XVIIIᵉ dyn.), plusieurs sarcophages, tissus et lampes coptes, masques funéraires gréco-romains.

Orléans (Loiret) : **Musée historique et archéologique de l'Orléanais**. Square Abbé-Desnoyers, 45000 Orléans. Tél. 02. 38. 53. 39. 22.

Plusieurs centaines d'antiquités égyptiennes ont été détruites lors d'un bombardement en juin 1940 ; le musée conserve néanmoins quelque 1 700 objets d'époques pharaonique et copte.

Rennes (Ille-et-Vilaine) : **Musée des Beaux-Arts et d'Archéologie**. 20, quai Émile-Zola, 35100 Rennes. Tél. 02. 99. 28. 55. 85.

Plus de 450 objets prédynastiques et pharaoniques, ainsi que plus de 200 objets d'époques hellénistique et copto-byzantine provenant pour la plupart d'Antinoë.

Roanne (Loire) : **Musée Joseph-Déchelette**. 22, rue Anatole-France, 42300 Roanne. Tél. 04. 77. 70. 00. 90.

Exceptionnel ensemble d'ouchebtis de Deir-el-Bahari.

Toulouse (Haute-Garonne) : **Musée Georges-Labit**. 43, rue des Martyrs-de-la-Libération, 31000 Toulouse. Tél. 05. 61. 22. 21. 84.

Nombreux vases, ouchebtis, scarabées, amulettes, stèles funéraires et bijoux ; très belle collection de tissus coptes, dont plusieurs pièces provenant d'Antinoë.

Varzy (Nièvre) : **Musée Grasset.** 18, rue Saint-Jean, 58210 Varzy. Tél. 03. 86. 29. 72. 03.

Le musée possède un précieux papyrus portant un texte en hiératique du Nouvel Empire, ainsi que le canope du maire d'Athribis.

La Manufacture et le Musée de Sèvres. Depuis le XVIIIᵉ siècle, nombre de porcelaines de Sèvres illustrent l'intérêt constant du public pour les formes, les décors et toutes les représentations de l'Égypte, réelle ou réinventée. Ainsi, des pièces comme « l'obélisque égyptien » ou « l'écritoire » sont produites et diffusées depuis près de deux cents ans. Le service de table offert par Napoléon au tsar Alexandre Iᵉʳ en 1808 est réédité depuis 1993. Les assiettes de ce service ont fait l'objet d'une interprétation originale par Lacalmontie en 1995.

Tous ces objets sont diffusés à la Manufacture de Sèvres : 4, Grand-Rue, 92310 Sèvres. Tél. 01. 45. 34. 34. 00 ; et 4, place André-Malraux, 75001 Paris. Tél. 01. 47.03. 40. 20.

Certaines de ces pièces sont présentées au public dans les collections du Musée national de la céramique et du verre : 1, place de la Manufacture, 92310 Sèvres.

ANNEXE V

Les écrivains d'Égypte

1. Littérature arabe traduite en français

La littérature égyptienne est peu connue en France, même si elle bénéficie d'un nombre de traductions bien supérieur à celui des autres pays arabes. Un roman aussi célèbre qu'*El Ard* (« La Terre ») d'Abdel Rahman el-Charkawi reste inaccessible aux lecteurs francophones près d'un demi-siècle après sa parution.

Un pionnier, Pierre Bernard, fondateur en 1972 des Éditions Sindbad, a fait découvrir à ses compatriotes plusieurs écrivains égyptiens. Jusque-là, seuls quelques livres de Taha Hussein, Tawfik el-Hakim ou Mahmoud Teymour avaient franchi la Méditerranée. On ne connaissait que des extraits de certaines œuvres grâce à une *Anthologie de la littérature arabe contemporaine*, en trois volumes, publiée au Seuil de 1964 à 1967. Après la mort de Pierre Bernard, en 1994, Actes Sud a pris la relève, avec la collaboration de plusieurs traducteurs comme Luc Barbulesco, Philippe Cardinal ou Richard Jaquemond. La revue *Europe* (n° 786, octobre 1994) a révélé d'autres textes, en soulignant que les auteurs égyptiens sont partagés depuis longtemps entre l'emploi de la langue dialectale et celui de la langue classique.

Ne figurent ci-dessous que les œuvres contemporaines de fiction (romans et nouvelles) d'auteurs égyptiens accessibles en français.

Abdel-Méguid, Ibrahim (1946). Né à Alexandrie, passionné de philosophie, il s'est fait connaître par plusieurs romans et nouvelles sur la détresse sociale et la difficulté de communiquer. *L'Autre Pays* raconte l'histoire d'un jeune Égyptien qui découvre les drames de l'immigration en Arabie Saoudite.

L'Autre Pays, Actes Sud, 1994.

Bahgat, Ahmad (1932). Journaliste, proche du courant islamiste, il a publié plusieurs ouvrages destinés aux enfants. *Mémoires de ramadan* met en scène un modeste fonctionnaire en prise à ses souvenirs.

Mémoires de Ramadan, L'Harmattan, 1991.

370

Bisatie, Mohammed el- (1937). Fait partie des jeunes écrivains qui voulaient renouveler l'écriture littéraire dans les années 1960. C'est surtout un nouvelliste, qui oppose de magnifiques paysages à la détresse et à la solitude de ses personnages. *La Clameur du lac* est une suite de quatre récits inspirés du monde des petites gens et des pêcheurs du village natal de l'auteur, au bord du lac Menzala.

La Clameur du lac, Actes Sud, 1996.

Faouzi, Hussein (1900-1988). Cet universitaire a été recteur de l'université d'Alexandrie. Il évoque avec humour dans *Un Sindbad moderne,* son livre le plus connu, un voyage scientifique dans l'océan Indien, sur un voilier, avant la Seconde Guerre mondiale.

Un Sindbad moderne, Gallimard, 1988.

Fayyad, Soleiman (1929). Né à Mansoura, il décrit dans son premier roman, *Clameurs*, les drames que peut provoquer l'irruption de la culture occidentale dans un village traditionnel du Delta. L'Occident est personnifié ici par une Française, épouse d'un émigré qui rentre au pays.

Clameurs, Denoël, 1990.

Ghitany, Gamal el- (1945). Ancien dessinateur de tapis, ancien correspondant de guerre, il dirige au Caire le supplément littéraire *Akhbar al Adab*. Les Éditions Sindbad ont publié en 1991 *Mahfouz par Mahfouz,* ses entretiens avec le prix Nobel de littérature. *La Mystérieuse Affaire de l'impasse Zaafarani* a pour théâtre un quartier populaire du Caire dans lequel les hommes sont brusquement privés de leur puissance sexuelle. Ce roman a donné lieu à un film remarqué de Chérif Arafa, qui met en cause le régime politique de manière à peine déguisée.

Zayni Barakat, Seuil, 1985 ;
Épître des destinées, Seuil, 1993 ;
La Mystérieuse Affaire de l'impasse Zaafarani, Sindbad-Actes Sud, 1997.

Hakim, Tewfik el- (1898-1987). Étudiant à Paris, magistrat, haut fonctionnaire, il a été le conservateur général de la Bibliothèque nationale au Caire. Tewfik el-Hakim a écrit notamment une trentaine de pièces de théâtre. *Un substitut de campagne en Égypte,* inspiré de son expérience en province, l'a rendu célèbre. C'est le récit savoureux d'une enquête en milieu rural, soulignant l'abîme qui sépare la population de ses administrateurs.

Un substitut de campagne en Égypte, Plon et Press-Pocket, 1993 ;
Théâtre de notre temps, Nouvelles Éd. latines, 1960 ;
L'Oiseau d'Orient, Nouvelles Éd. latines, 1960 ;
Souvenirs d'un magistrat poète, Nouvelles Éd. latines, 1961 ;
L'Âne de sagesse, L'Harmattan, 1987.

Haqqi, Yahia (1905-1992). Ce diplomate a séjourné dans plusieurs pays étrangers, dont la France, avant de devenir le directeur des Beaux-Arts au Caire. Il a dirigé la revue *Al Majalla* et publié de nombreuses nouvelles. Son œuvre est marquée par le déracinement et le contraste entre Orient et Occident.

Choc, Denoël, 1991.

Hussein, Kamel (1901-1977). Médecin réputé, auteur de divers essais sociologiques et philosophiques, il a été recteur de l'université d'Aïn-Chams. *La Cité inique* est la méditation d'un musulman sur la passion et la mort du Christ.

La Cité inique, Sindbad, 1986.

Hussein, Taha (1889-1973). Auteur d'une œuvre abondante, il a été considéré comme « le doyen des lettres arabes ». Aveugle depuis sa petite enfance, Taha Hussein a étudié à l'université islamique d'El-Azhar, avant d'obtenir un doctorat à la Sorbonne. Il a été ministre de l'Éducation nationale au début des années 1950, après avoir subi les critiques des milieux intégristes. Plusieurs de ses œuvres ont une inspiration autobiographique.

Le Livre des jours, Gallimard, 1984 ;
Adib ou l'Aventure occidentale, Clancier-Guenaud, 1988 ;
L'Appel du karaouan, Denoël, 1989 ;
Au-delà du Nil, Gallimard-Unesco, 1990 ;
La Traversée intérieure, Gallimard, 1992.

Ibrahim, Sonallah (1937). Cet ancien militant politique, emprisonné pendant plusieurs années, a souvent choqué par l'audace ou l'ironie de ses écrits et son regard sévère sur la société égyptienne. Dans *Étoile d'août,* le narrateur, voyageant du Caire à Assouan, découvre l'oppressante démesure du haut-barrage, tandis que *Les Années de Zeth* mettent en scène une jeune femme désorientée par les difficultés de la vie quotidienne.

Étoile d'août, Sindbad, 1987 ;
Cette odeur-là, Actes Sud, 1992 ;
Le Comité, Actes Sud, 1992 ;
Les Années de Zeth, Actes Sud, 1993.

Idris, Youssef (1927-1991). Médecin psychiatre, puis chroniqueur politiquement engagé, il est considéré en Égypte comme un maître de la nouvelle.

Le Tabou, Lattès, 1987 ;
La Sirène, Sindbad, 1986 ;
Maison de chair, Sindbad, 1990.

Kharrat, Édouard al- (1926). Né à Alexandrie, de confession copte, cet auteur exigeant, à la langue très travaillée, est un ancien responsable de l'Organisation de solidarité des peuples afro-asiatiques. Il a influencé nombre de jeunes écrivains égyptiens. Son œuvre est nourrie de souvenirs d'adolescence à Alexandrie, dans les années 1940.

Alexandrie, terre de safran, Julliard, 1990 ;
La Danse des passions, nouvelles, Actes Sud, 1997 ;
Les Belles d'Alexandrie, Actes Sud, 1997.

Mahfouz, Naguib (1911). Ancien fonctionnaire, militant nationaliste du temps de l'occupation britannique, il est l'auteur d'une trentaine de romans et d'une quinzaine de recueils de nouvelles. Naguib Mahfouz s'est beaucoup inspiré du quartier populaire de Gamalia pour décrire le petit peuple du Caire. Après l'obtention du prix Nobel de littérature en 1988, il est devenu l'écrivain égyptien le plus connu en France, et les traductions de ses œuvres se sont multipliées.

Impasse des deux palais, Lattès, 1987 ;
Le Palais du désir, Lattès, 1987 ;
Récits de notre quartier, Sindbad, 1988 ;
Le Voleur et les Chiens, Sindbad, 1988 ;
La Chanson des gueux : épopée, Denoël, 1989 ;
Dérives sur le Nil, Denoël, 1989 ;
Le Jardin du passé, Lattès, 1989 ;
Le Jour de l'assassinat du leader, Lattès, 1989 ;
Passage des Miracles, Sindbad, 1989 ;
Miramar, Denoël, 1990 ;
Les Fils de la médina, Actes Sud, 1995 ;
Chimères, Denoël, 1992 ;
Le Voyageur à la mallette, nouvelles, L'Aube, 1996 ;
La Danse des passions et autres nouvelles, Actes Sud, 1997 ;
L'Amour au pied des pyramides, nouvelles, Sindbad-Actes Sud, 1997 ;
Le Mendiant, Sindbad/Actes Sud, 1997.

Mostagab, Mohammed (1938). Né à Dayrout, en Haute-Égypte, il a exercé divers petits métiers (ouvrier agricole, aide-couturier, planton…) avant d'écrire *Les Tribulations d'un Égyptien en Égypte*, un livre drôle, qui lui a valu le prix national des Lettres.

Les Tribulations d'un Égyptien en Égypte, Actes Sud, 1997.

Naoum, Nabil (1944). Né au Caire, cet ingénieur copte a travaillé dix ans aux États-Unis, puis a ouvert une galerie d'art à Héliopolis. Ses écrits sont influencés aussi bien par les soufis que par des auteurs comme Borges ou Kawabata. Nabil Naoum est considéré comme le plus cosmopolite des écrivains égyptiens actuels.

Le Voyage de Râ, Actes Sud, 1988 ;
Retour au temple, Actes Sud, 1991 ;
Le Rêve de l'esclave, Actes Sud, 1994.

Qaïd, Youssef al- (1944). Né dans une modeste famille villageoise, il se distingue par des constructions littéraires originales mettant aux prises plusieurs narrateurs. *Masri, l'homme du Delta,* un court roman, est la triste aventure d'un jeune paysan envoyé à la guerre à la place d'un autre.

Masri, l'homme du Delta, Lattès, 1990.

Saadaoui, Naoual al- (1931). Militante féministe, cette psychiatre de formation a été directrice de la Santé publique. Son emprisonnement, dans les années 1980, lui a inspiré divers écrits.

Douze Femmes dans Kanater, théâtre, Éd. des femmes, 1984 ;
Ferdaous, une voix en enfer, Éd. des femmes, 1984 ;
Femmes égyptiennes : tradition et modernité, Éd. des femmes, 1991.

Teymour, Mahmoud (1894-1973). Auteur de nouvelles, disciple et continuateur de son frère Mohammed Teymour, mort prématurément, il a été surnommé « le Maupassant égyptien ». Cet écrivain très populaire a su peindre la société égyptienne de la première moitié du siècle dans un style élégant et clair.

Le Courtier de la mort, Nouvelles Éd. latines, 1951 ;
La Belle aux lèvres charnues, Nouvelles Éd. latines, 1952 ;
La Fleur du cabaret, Nouvelles Éd. latines, 1953 ;
Bonne Fête, Nouvelles Éd. latines, 1954 ;
La Vie des fantômes, Nouvelles Éd. latines, 1958.

Toubia, Maguib (1938). Né à Minia, auteur de plusieurs scénarios de films, il a pénétré dans le monde du fantastique par le biais des légendes et traditions populaires de la Haute-Égypte. *Combat contre la lune,* la nouvelle qui donne son titre au recueil, est le parcours tragique d'une paysanne stérile, en Haute-Égypte, qui sombre dans la folie.

Combat contre la lune, Lattès, 1986.

2. Littérature d'expression française

Le premier écrivain égyptien d'expression française est probablement Joseph Agoub (1795-1832), arrivé en France avec sa famille en 1801, lors de la retraite de l'armée d'Orient. Il s'est fait connaître par un poème, *Dithyrambe sur l'Égypte.*

La liste de toutes les œuvres littéraires publiées en français par des écrivains nés en Égypte serait très longue. A eux seuls, les titres des recueils de poésie édités entre les deux guerres mondiales occuperaient plusieurs pages. Pour plus de détails, on peut se reporter à l'étude de Jean-Jacques Luthi, *Introduction à la littérature d'expression française en Égypte (1798-1945),* Paris, Éd. de l'École, 1974.

Abou-Khater, Fouad, *Shagare-el-dorr et Baybars*, Éd. de la Revue du Caire, 1951.

Adès, Albert, et Josipovici, Albert, *Le Livre de Goha le Simple*, Paris, Calmann-Lévy, 1919.

Arcache, Jeanne, *L'Égypte dans mon miroir*, Paris, Cahiers libres, 1931.

Assaad, Faouzia, *L'Égyptienne*, Paris, Mercure de France, 1975 ;

–, *Des enfants et des chats*, Paris, Favre, 1987 ;

–, *La Grande Maison de Louxor*, Paris, L'Harmattan, 1992.

Bonjean, François, et Deif, Ahmed, *Mansour*, Paris, Rieder, 1924 ;

–, *Mansour à l'Azhar*, Paris, Rieder, 1927.

Chamla, Yves, *Cléopâtre-les-Bains*, Paris, Desclée de Brouwer, 1997.

Chedid, Andrée, *L'Autre*, Paris, Flammarion, 1969 ;

–, *Néfertiti et le Rêve*, Paris, Flammarion, 1974 ;

–, *Bérénice d'Égypte*, Paris, Flammarion, 1981 ;

–, *Le Sixième Jour*, Paris, Flammarion, 1985 ;

–, *Le Survivant*, Paris, Gallimard, 1987 ;

–, *L'Enfant multiple*, Paris, Gallimard, 1989 ;

–, *La Cité fertile*, Paris, Gallimard, 1992 ;

–, *Les Saisons de passage*, Paris, Gallimard, 1996.

Cohen, Shalom, *Inchirah, une fille d'Alexandrie*, Paris, L'Aube, 1992.

Cossery, Albert, *Les Fainéants dans la vallée*, Paris, Laffont, 1964 ;

–, *Mendiants et Orgueilleux*, Paris, Gallimard, 1979 ;

–, *Une ambition dans le désert*, Paris, Gallimard, 1984 ;

–, *Un complot de saltimbanques*, Paris, Losfeld, 1993 ;

–, *Les Hommes oubliés de Dieu*, Paris, Losfeld, 1994 ;

–, *La Violence et la Dérision*, Paris, Losfeld, 1993 ;

–, *La Maison de la mort certaine*, Paris, Losfeld, 1994.

Dumani, Georges, *Monsieur Bergeret au Caire*, Le Caire, 1948.

Finbert, Elian-Juda, *Le Batelier du Nil*, Paris, Grasset, 1928 ;

–, *Un homme vient de l'Orient*, Paris, Grasset, 1930.

Guirguis, Renée, *Rythmes. Poésie*, Paris, Librairie Bleue, 1985.

Hassoun, Jacques, *Alexandries*, Paris, La Découverte, 1985.

Henein, Georges, *La Force de saluer*, poésie, Paris, La Différence, 1978.

Ivray, Jehan d', *La Rose du Fayoum*, Paris, 1921.

Jabès, Edmond, *Je bâtis ma demeure*, poèmes, Paris, Gallimard, 1959 ;

–, *Le Livre des questions*, Paris, Gallimard, 1963 ;

–, *Le Seuil le sable*, poésies complètes, Paris, Gallimard, 1990.

Jacques, Paula, *Lumière de l'œil*, Paris, Mercure de France, 1980 ;

–, *Un baiser froid comme la lune*, Paris, Mercure de France, 1983 ;

–, *L'Héritage de tante Carlotta*, Paris, Mercure de France, 1987 ;

–, *Deborah et les Anges dispersés*, Paris, Mercure de France, 1991 ;

–, *La Descente au paradis*, Paris, Mercure de France, 1995.

Khairy, Mohamed, *Les Rêves évanescents*, poèmes, Paris, 1922.

Kheir, Amy, *Salma et son village*, Paris, Éd. de la Madeleine, 1936.

Latif Ghattas, Mona, *Les Voix du jour et de la nuit*, Montréal, Boréal, 1988.

Messadié, Gérald, *La Fortune d'Alexandrie*, Paris, Lattès, 1996.

Out el-Koloub, *Harem,* Paris, Gallimard, 1937 ;

–, *Zanouba*, Paris, Gallimard, 1950 ;

–, *Ramza*, Paris, Gallimard, 1958.

Rassim, Ahmed, *Le Livre de Nysane,* poèmes, Alexandrie, 1926 ;

–, *Pages choisies*, poèmes, Alexandrie, 1954 ;

–, *Pages choisies*, prose, Alexandrie, 1955.

Salima, Niya, *Harems et Musulmanes,* Paris, Juvens ;

–, *Les Répudiées*, Paris, Juvens, 1908.

Schenouda, Horus, *Phantasmes,* poèmes, Le Caire, 1942.

Sinoué, Gilbert, *L'Égyptienne,* Paris, Denoël, 1991 ;

–, *La Fille du Nil,* Paris, Denoël, 1993.

Solé, Robert, *Le Tarbouche,* Paris, Seuil, 1992 ;

–, *Le Sémaphore d'Alexandrie,* Paris, Seuil, 1994 ;

–, *La Mamelouka,* Paris, Seuil, 1996.

Yeghen, Foulad, *Les Chants d'un Oriental,* poèmes, Paris, Éd. Cahiers de France, 1928.

Zénié Ziegler, Wédad, *Le Pays où coulent le lait et le miel*, Genève, L'Aire, 1996.

Chronologie

Mohammed Ali

1802

Mars. Paris reconnaît le rétablissement de l'autorité du sultan en Égypte.
Mathieu de Lesseps est nommé consul de France au Caire.
Vivant Denon publie son *Voyage dans la Basse et la Haute-Égypte*.

1804

Bernardino Drovetti est nommé consul de France.

1805

17 mai. Mohammed Ali est proclamé gouverneur d'Égypte.

1807

Mars. Les Anglais occupent Alexandrie, qu'ils seront contraints d'évacuer en septembre.

1810

Première livraison de la *Description de l'Égypte*.

1811

1er mars. Mohammed Ali fait massacrer plus de 400 mamelouks à la Citadelle du Caire.
Octobre. Des troupes égyptiennes sont envoyées en Arabie, où elles occuperont Médine et La Mecque.

1820

Octobre. Début de la conquête du Soudan par les troupes égyptiennes.
Le coton à longue fibre est produit en Égypte par Jumel.
Le colonel Sève crée à Assouan la première école militaire à la française.

1822

27 septembre. Jean-François Champollion communique sa découverte.

1824

Champollion publie le *Précis du système hiéroglyphique des anciens Égyptiens*.

1825

26 février. Débarquement des troupes égyptiennes en Morée.

1826

14 mai. Jean-François Champollion est nommé conservateur du musée égyptien du Louvre.
Première mission scolaire en France, avec Rifaa el-Tahtawi.

1827

20 octobre. L'escadre française participe à la destruction de la flotte turco-égyptienne à Navarin.

15 décembre. Charles X inaugure le musée égyptien du Louvre.

Création de l'École de médecine du Caire par Clot bey, et de l'École vétérinaire.

1828

18 août. Arrivée de Champollion en Égypte avec la mission franco-toscane.

1829

Lefèbvre de Cérisy crée l'arsenal d'Alexandrie.

1831

Mohammed Ali envoie ses troupes conquérir la Syrie.

10 mai. Leçon inaugurale de Champollion au Collège de France.

1832

4 mars. Mort de Champollion.

1833

30 avril. Un premier groupe de saint-simoniens, conduit par Cayol, débarque à Alexandrie. Il y est rejoint le 24 mai par le groupe de Barrault et, le 23 octobre, par celui de Prosper Enfantin.

1834

10 janvier. Enfantin et ses amis commencent l'exploration de l'isthme de Suez.

3 février. Mohammed Ali confie à Linant de Bellefonds la construction du barrage à la pointe du Delta.

Publication de *L'Or de Paris,* de Rifaa el-Tahtawi.

Création de l'École polytechnique du Caire par les saint-simoniens.

1835

Création de l'École des langues, sous la direction de Tahtawi.

1836

25 octobre. L'obélisque, transporté de Louxor, est érigé à Paris, sur la place de la Concorde.

1839

Octobre. Premiers photographes français en Égypte.

1840

Décembre. Les troupes égyptiennes évacuent la Syrie.

1841

1er juillet. Mohammed Ali obtient le gouvernement héréditaire de l'Égypte pour sa famille.

Publication du *Dictionnaire égyptien en écriture hiéroglyphique* de Champollion.

1844

Félicien David crée son ode-symphonie *Le Désert*.

Exposition de la « Chambre des rois » de Karnak à la Bibliothèque nationale, à Paris.

1845

Visites d'Ibrahim pacha en France et du duc de Montpensier en Égypte.

1846

27 novembre. Prosper Enfantin crée à Paris la Société d'études pour le canal de Suez.

1848

2 septembre. Mohammed Ali, atteint de sénilité, est remplacé par son fils Ibrahim.

10 novembre. Mort d'Ibrahim, auquel succède Abbas, petit-fils de Mohammed Ali.

ABBAS, SAÏD ET ISMAÏL

1849

2 août. Mort de Mohammed Ali.

Renvoi ou mise à l'écart du personnel français.

1851

12 novembre. Découverte de l'entrée du Serapeum de Memphis par Auguste Mariette.

Gérard de Nerval publie *Voyage en Orient*.

1854

15 février. Ouverture au Caire du premier collège des frères des Écoles chrétiennes.

13 juillet. Assassinat d'Abbas, auquel succède son oncle Saïd.

30 novembre. Saïd accorde à Ferdinand de Lesseps la concession du canal de Suez.

1856

5 janvier. Firman définitif de concession du canal de Suez.

20 juillet. Publication par Saïd du règlement sur le travail des ouvriers égyptiens dans l'isthme de Suez.

Juillet. Création à Paris de *L'Isthme de Suez. Journal de l'union des deux mondes*.

1857
1er janvier. Mise en service de la voie ferrée Alexandrie-Le Caire.

1858
1er juin. La Direction des antiquités égyptiennes est confiée à Mariette.
5 novembre. Ouverture de la souscription des actions de Suez, qui sera close le 30 novembre.
15 décembre. Constitution de la Compagnie universelle du canal de Suez.
Théophile Gautier publie le *Roman de la momie*.

1859
Mise en service de la voie ferrée Alexandrie-Suez.
25 avril. Ouverture des travaux du canal de Suez, à Port-Saïd.
6 mai. Fondation au Caire de l'Institut égyptien, dans l'esprit de l'Institut d'Égypte créé par Bonaparte.

1862
27 avril. Pose de la première pierre de la ville de Timsah (Ismaïlia).
14 mai. Voyage de Saïd en France.
18 novembre. Les eaux de la Méditerranée entrent dans le lac Timsah.
Saïd envoie un bataillon soudanais au Mexique pour soutenir l'expédition française.

1863
18 janvier. Mort de Saïd, auquel succède Ismaïl.
Punition publique à Alexandrie de soldats égyptiens, à la demande du consul de France.
Ouverture au public du musée de Boulaq, créé par Mariette.

1864
6 juillet. Arbitrage de Napoléon III sur la Compagnie de Suez. Les contingents d'ouvriers égyptiens sont supprimés.

1866
19 mars. Le sultan autorise la construction du canal de Suez.
27 mai. Ismaïl obtient, pour ses descendants, la succession directe dans l'ordre de primogéniture.

1867
6 juin. Avec l'autorisation du corps législatif français, la Compagnie de Suez émet un emprunt de 100 millions de francs.
8 juin. Firman du sultan attribuant le titre de khédive à Ismaïl.
Juin. Le khédive se rend en France pour l'Exposition universelle.

1868
15 août. Inauguration du chemin de fer de Suez à Ismaïlia.
Création de l'hebdomadaire *Le Progrès égyptien*.

1869

15 août. Jonction des eaux des deux mers dans les lacs Amers.

17 novembre. Inauguration du canal de Suez en présence de l'impératrice Eugénie.

1870

9 janvier. Décret ordonnant l'usage de l'arabe (au lieu du turc) dans l'administration, du turc et du français au palais, aux Finances et à la Guerre, et de l'arabe et du français dans la police et les gouvernorats.

1871

24 décembre. Première représentation d'*Aïda* au Caire.

1875

28 juin. Inauguration des tribunaux mixtes.

25 novembre. La Grande-Bretagne achète la part de l'Égypte dans les actions du canal de Suez.

1876

8 avril. Déclaration de faillite du gouvernement égyptien.

2 mai. Décret khédivial créant la Caisse de la dette publique, sous le contrôle d'un Anglais, d'un Français, d'un Autrichien et d'un Italien.

18 novembre. Institution du contrôle franco-anglais sur les finances égyptiennes.

1878

28 août. Nubar forme un gouvernement « européen », avec le Français Blignières aux Travaux publics et l'Anglais Rivers Wilson aux Finances.

1879

19 juin. La France et l'Angleterre invitent le khédive à abdiquer en faveur de son fils Tewfik.

25 juin. Le sultan signifie à l'« ex-khédive Ismaïl » sa déposition. Remplacé par Tewfik, son fils aîné, il quitte l'Égypte le 30 juin.

1er octobre. Ouverture du collège des jésuites du Caire.

15 novembre. Les contrôleurs anglais et français entrent au gouvernement, avec voix consultative.

1880

14 janvier. L'Égypte vend ses derniers droits sur les revenus du canal de Suez.

22 mars. Première représentation d'*Aïda* à l'Opéra de Paris.

17 juillet. La loi de liquidation, élaborée par une commission internationale, affecte 57 % des revenus de l'Égypte, pendant soixante et un ans, au service de la dette et au tribut dû au sultan.

28 décembre 1880. L'École française du Caire est instituée par décret.

Création du journal *Le Bosphore égyptien*.

1881

18 février. Gaston Maspero succède à Mariette au poste de directeur des Antiquités.

9 septembre. Manifestation des orabistes sur la place Abdine.

L'OCCUPATION BRITANNIQUE

1882

1er février. Freycinet, qui est opposé à une intervention française en Égypte, succède à Gambetta à la tête du gouvernement à Paris.

4 février. Orabi devient ministre de la Guerre.

20 mai. Entrée dans le port d'Alexandrie de six navires de guerre anglais et six navires de guerre français.

25 mai. La France et l'Angleterre demandent au khédive la démission du gouvernement et l'exil d'Orabi.

11 juin. Des incidents sanglants éclatent à Alexandrie entre Égyptiens et Européens.

11 juillet. L'escadre française s'éloigne d'Alexandrie, qui est bombardée par la flotte anglaise.

15 juillet. Débarquement des troupes britanniques à Alexandrie.

29 juillet. Le cabinet Freycinet est renversé sur une motion de Clemenceau lui refusant des crédits destinés à une force armée pour protéger le canal de Suez.

1883

30 mai. Evelyn Baring (le futur lord Cromer) est nommé consul général de Grande-Bretagne en Égypte.

1885

26 janvier. Chute de Khartoum et mort du général Gordon.

Juin. Évacuation du Soudan.

1887

Les jésuites ouvrent leur Mission de Minia.

1892

7 janvier. Mort de Tewfik, auquel succède son fils Abbas.

1894

7 décembre. Mort de Ferdinand de Lesseps.

Création du journal *La Réforme*.

1895

Mai. Moustapha Kamel présente une pétition à l'Assemblée nationale, à Paris.

1896

Début de la reconquête du Soudan par les forces anglo-égyptiennes.

1898

18 mai. L'École française du Caire devient l'Institut français d'archéologie orientale (IFAO).

2 septembre. L'armée anglo-égyptienne reprend Khartoum.

18 septembre. Face-à-face franco-britannique à Fachoda.

11 décembre. Les Français évacuent Fachoda.

Création du *Journal du Caire* et de *La Bourse égyptienne*.

1899

21 mars. Convention franco-anglaise.

17 novembre. Inauguration de la statue de Ferdinand de Lesseps à Port-Saïd.

1902

10 décembre. Inauguration du barrage d'Assouan.

1904

8 avril. Accord franco-anglais (l'« entente cordiale »), laissant à la Grande-Bretagne les mains libres en Égypte.

Création du quotidien *Le Progrès égyptien*.

1907

6 mai. Lord Cromer quitte l'Égypte.

Octobre. Moustapha Kamel fonde le Parti nationaliste.

1908

La ville d'Héliopolis est ouverte au public.

Pierre Loti publie *La Mort de Philae*.

1909

Création des lycées du Caire, d'Alexandrie et de Port-Saïd.

1914

18 décembre. Proclamation du protectorat britannique sur l'Égypte.

19 décembre. Abbas, déposé par les Anglais, est remplacé par son oncle Hussein Kamel, qui prend le titre de sultan.

1917

9 octobre. Mort du sultan Hussein, remplacé par son demi-frère Fouad.

1918

1er novembre. L'Institut égyptien reprend le nom d'Institut d'Égypte.

13 novembre. Une délégation du Wafd, conduite par Saad Zaghloul, revendique l'indépendance de l'Égypte.

8 mars. Saad Zaghloul et trois autres personnalités sont déportés à Malte. Protestations populaires, grèves et affrontements sanglants.

1921

5 avril. Retour de Saad Zaghloul en Égypte.

LE ROYAUME D'ÉGYPTE

1922

1er mars. L'Égypte est proclamée royaume indépendant.
Novembre. Découverte du tombeau de Toutankhamon.

1924

29 janvier. Saad Zaghloul forme le gouvernement, après la victoire électorale du Wafd.
19 novembre. Démission de Saad Zaghloul après l'assassinat du sirdar britannique.

1927

Le roi Fouad se rend en visite officielle en France.

1928

19 juillet. Suspension du parlementarisme.

1936

28 avril. Mort du roi Fouad, auquel succède son fils Farouk.
26 août. Traité d'alliance anglo-égyptien.
Le chanoine Drioton devient directeur des Antiquités égyptiennes.

1937

8 mai. Convention de Montreux, modifiant le statut des étrangers en Égypte.

1938

Création de *La Revue du Caire*.

1941

1er-17 avril. Premier voyage du général de Gaulle en Égypte.

1942

6 janvier. Suspension des relations diplomatiques entre l'Égypte et la France de Vichy.
4 février. Les Britanniques menacent Farouk de déposition.
7 août. Deuxième voyage du général de Gaulle en Égypte.

1945

24 février. Assassinat du Premier ministre, Ahmed Maher.

1946

21 janvier. Manifestations au Caire en faveur de l'évacuation britannique.

1948

15 mai. Entrée en guerre de l'Égypte contre Israël.

1949

15 octobre. Fin de la période transitoire décidée à Montreux, suppression des tribunaux mixtes.

1951

8 octobre. Le gouvernement égyptien annonce son intention d'abroger le traité avec la Grande-Bretagne.

13-14 octobre. Manifestations et début de la guérilla contre les forces britanniques dans l'isthme de Suez.

1952

19 janvier. Des commandos égyptiens attaquent la garnison britannique de Tell-el-Kébir.

25 janvier. Ultimatum de l'armée britannique, qui occupe une caserne d'Ismaïlia. Cinquante Égyptiens tués.

26 janvier. Incendie du Caire.

23 juillet. Les « Officiers libres » prennent le pouvoir.

26 juillet. Farouk abdique et part en exil.

17 décembre. Les oulémas d'El-Azhar appellent les gouvernements arabes et musulmans à « s'opposer fermement à la politique impérialiste et oppressive » de la France en Afrique du Nord.

LA RÉPUBLIQUE NASSÉRIENNE

1953

18 juin. Proclamation de la République égyptienne, sous la présidence du général Naguib.

1954

14 novembre. Naguib est écarté du pouvoir par Nasser.

1955

21 septembre. Suppression des tribunaux confessionnels.

1er décembre. Nouveau statut de l'enseignement privé.

1956

A Paris, Dalida chante *Bambino*.

16 janvier. Proclamation de la nouvelle Constitution égyptienne, qualifiant l'islam de religion d'État.

16 avril. Circulaire gouvernementale sur l'obligation de l'enseignement religieux dans les écoles privées.

18 juin. Fin de l'évacuation de la zone du Canal par les Britanniques.

19 juillet. Washington remet en question le prêt de la Banque mondiale à l'Égypte.

26 juillet. Nationalisation de la Compagnie de Suez.

6 août. La Compagnie invite son personnel à choisir, avant le 25 août, entre « la fidélité au contrat qui le lie à la Compagnie » et l'acceptation d'une « collaboration volontaire » avec le nouvel organisme égyptien de gestion.

29 octobre. Les troupes israéliennes pénètrent en Égypte.

30 octobre. Ultimatum franco-britannique aux belligérants.

31 octobre. Raids franco-britanniques contre les aérodromes égyptiens. En France, l'Assemblée nationale approuve à une large majorité l'intervention militaire.

1er novembre. L'Égypte rompt ses relations diplomatiques avec la France et la Grande-Bretagne.

2 novembre. L'assemblée générale de l'ONU se prononce pour un cessez-le-feu, par 64 voix contre 5.

3 novembre. Pour empêcher un débarquement de forces aéroportées, les Égyptiens coulent plusieurs navires dans le canal de Suez.

5 novembre. Des parachutistes français et britanniques occupent les abords de Port-Saïd. Ultimatum soviétique à Mollet, Eden et Ben Gourion.

6 novembre. Les troupes franco-britanniques pénètrent dans Port-Saïd. Annonce du cessez-le-feu à partir de minuit.

15 novembre. Arrivée en Égypte des premiers Casques bleus de l'ONU.

22 décembre. Les derniers détachements britanniques et français quittent l'Égypte.

1957

14 janvier. Égyptianisation des banques et sociétés françaises et britanniques.

10 février. La langue arabe devient obligatoire dans toutes les transactions commerciales.

8 avril. Réouverture du canal de Suez.

1958

21 février. Approbation par référendum, en Égypte et en Syrie, de la création de la République arabe unie, présidée par Nasser.

22 août. Signature à Genève des accords franco-égyptiens : levée du séquestre des biens français en Égypte, reprise de la coopération culturelle et réouverture de l'Institut français d'archéologie du Caire ainsi que des lycées du Caire et d'Alexandrie.

6 octobre. Le français est remplacé par le russe comme deuxième langue dans l'enseignement.

1959

25 janvier. Le collège des jésuites du Caire est mis sous scellés. La mesure sera rapportée le 23 février.

9 mars. Les établissements scolaires français sont restitués à la Mission laïque française, mais avec une nouvelle réglementation.

1960

Appel de l'Unesco pour le sauvetage des monuments de Nubie.

7 mai. A Damiette, Nasser assiste aux commémorations de la victoire des musulmans sur Saint Louis.

1961

8 septembre-7 décembre. Vaste campagne « contre les millionnaires et les féodaux égyptiens et étrangers ».

28 septembre. Sécession syrienne. Fin de la République arabe unie.

24 novembre. Arrestation de quatre diplomates français accusés d'espionnage.

19 décembre. L'accès du territoire égyptien est interdit à tout ressortissant français.

27 décembre. Mise sous séquestre d'écoles françaises au Caire et à Alexandrie. Le gouvernement français rappelle les professeurs français en Égypte.

1962

15 janvier. Ouverture au Caire du procès de diplomates français accusés d'espionnage.

7 avril. Libération des diplomates arrêtés.

25 avril. Les touristes français sont réadmis en Égypte.

1963

Avril. Rétablissement des relations diplomatiques entre la France et l'Égypte.

1964

Juillet. Accord commercial franco-égyptien.

5 novembre. Accord d'indemnisation entre les actionnaires de Suez et le gouvernement égyptien.

1965

16 octobre. Le maréchal Amer, vice-président de la RAU, est reçu officiellement à Paris.

1966

Mars. André Malraux, ministre français de la Culture, est accueilli en Égypte.

28 avril. Signature d'une convention sur le règlement du contentieux patrimonial franco-égyptien.

1967
16 février. Inauguration à Paris de l'exposition « Toutankhamon et son temps ».
Juin. Guerre israélo-arabe. De Gaulle condamne l'intervention israélienne.
27 novembre. De Gaulle qualifie les juifs de « peuple d'élite, sûr de lui et dominateur ».

1969
6 janvier. Embargo français sur les armes à destination d'Israël.

SADATE ET MOUBARAK

1970
28 septembre. Mort de Nasser, auquel succède Sadate.
6 décembre. Accord franco-égyptien de coopération culturelle et technique.

1973
6 octobre. L'Égypte et la Syrie déclenchent la guerre contre Israël.

1975
27-29 janvier. Visite du président Sadate à Paris.
5 juin. Réouverture du canal de Suez.
10-15 décembre. Visite du président Giscard d'Estaing en Égypte.

1976
26 septembre. La momie de Ramsès II arrive à Paris pour y être « soignée ».

1977
19 novembre. Le président Sadate se rend à Jérusalem.

1979
26 mars. Signature à Washington du traité de paix israélo-égyptien.

1981
6 octobre. Assassinat d'Anouar el-Sadate, remplacé par Hosni Moubarak.

1982
3 janvier. Contrat pour la vente de Mirage 2000 à l'Égypte.
2 juillet. Initiative commune franco-égyptienne aux Nations unies à propos du Proche-Orient.
24 novembre. Visite du président Mitterrand en Égypte.

1983
Décembre. L'Égypte devient membre de l'Agence (francophone) de coopération culturelle et technique.

1985

Le cinéaste Youssef Chahine présente à Cannes *Adieu, Bonaparte*.

1987

27 septembre. Inauguration de la première ligne du métro du Caire en présence du Premier ministre français, Jacques Chirac.

1988

12 octobre. Naguib Mahfouz obtient le prix Nobel de littérature.

1990

4 novembre. Inauguration de l'université francophone d'Alexandrie en présence du président Mitterrand.

1991

17 janvier. Opération militaire contre l'Irak, à laquelle participent la France et l'Égypte.

Novembre. Boutros Boutros-Ghali est élu secrétaire général de l'ONU avec l'appui de la France.

1995

Mai. Le président Moubarak se rend en visite à Paris.

4 octobre. Premiers vestiges de l'Alexandrie antique sauvés des eaux par une équipe française.

Décembre. Dernier séjour privé de François Mitterrand en Haute-Égypte.

1996

12 janvier. Le président Moubarak assiste à la messe de requiem pour François Mitterrand à Notre-Dame de Paris.

6-8 avril. Visite du président Chirac au Caire.

1997

Juillet. Début des célébrations de deux siècles d'échanges franco-égyptiens.

Bibliographie

L'occupation française

Bainville, Jacques, *Bonaparte en Égypte*, rééd., Paris, Balland, 1997.

Berthier, général, *Relation de la campagne du général Bonaparte en Égypte et en Syrie, Paris, an X*, 1801.

Brégeon, Jean-Joël, *L'Égypte française au jour le jour, 1798-1801*, Paris, Perrin, 1991.

Charles-Roux, François, *Les Origines de l'Expédition d'Égypte*, Paris, 1910 ; –, *Bonaparte gouverneur d'Égypte*, Paris, 1936.

Desgenettes, René Nicolas, *Histoire médicale de l'armée d'Orient*, Paris, 1830.

Elgood, P. G., *Bonaparte's Adventure in Egypt*, Londres, 1931.

Geoffroy Saint-Hilaire, Étienne, *Lettres écrites d'Égypte*, 1901.

Guémard, Gabriel, *Histoire et Bibliographie critique de la Commission des sciences et des arts et de l'Institut d'Égypte*, Le Caire, 1936.

Jabarti, Abd-al-Rahman al-, *Journal d'un notable du Caire durant l'expédition française, 1798-1801*, traduit et annoté par Joseph Cuocq, Paris, Albin Michel, 1979.

Jollois, Prosper, *Journal d'un ingénieur attaché à l'Expédition d'Égypte (1798-1802)*, Paris, Leroux, 1904.

La Jonquière, Charles, *L'Expédition d'Égypte, 1798-1801*, Paris, 1899-1905, 5 vol.

Laurens, Henry, *Les Origines intellectuelles de l'Expédition d'Égypte*, Istanbul-Paris, Isis, 1987 ; –, *L'Expédition d'Égypte*, Paris, Armand Colin, 1989 ; –, *Kléber en Égypte, 1798-1800*, Le Caire, IFAO, 1988-1995, 4 vol.

Martin, A., *Histoire de l'Expédition française en Égypte*, Paris, 1815.

Meulenaère, Philippe de, *Bibliographie raisonnée des témoignages de l'expédition d'Égypte (1798-1801)*, Paris, Chamonal, 1993.

Napoléon Ier, *Correspondance*, Paris, Gallimard, 1943.

Turc, Nicolas, *Chronique d'Égypte, 1798-1804*, traduit par Gaston Wiet, Le Caire, IFAO, 1950.

Villiers du Terrage, E. de, *Journal et Souvenirs sur l'Expédition d'Égypte (1798-1801)*, Paris, Plon, 1899.

Le canal de Suez

Berchère, Narcisse, *Le Désert de Suez, cinq mois dans l'isthme*, Paris, 1862.

Bonin, Hubert, *Suez. Du canal à la finance (1858-1987)*, Paris, Economica, 1987

Boutros-Ghali, Boutros, et Chlala, Youssef, *Le Canal de Suez, 1854-1957*, Alexandrie, 1958.

Charles-Roux, Jules, *L'Isthme et le Canal de Suez*, Paris, 1901, 2 vol.

Edgar-Bonnet, Georges, *Ferdinand de Lesseps*, Paris, 1951 et 1959, 2 vol.

Farnie, D. A., *East and West of Suez. The Suez Canal and History (1854-1956)*, Oxford, 1969.

Goby, Jean-Édouard, *Bibliographie critique du canal de Suez*, Le Caire, IFAO, 1954.

Hefnaoui, Mohammed el-, *Les Problèmes contemporains posés par le canal de Suez* (thèse), Paris, 1951.

Kinross, lord, *Between Two Seas. The Creation of the Suez Canal*, Londres, Murray, 1968.

Le Père, Jacques-Marie, « Mémoire sur la communication de la mer des Indes à la Méditerranée », in *Description de l'Égypte*, 1re éd., « État moderne », p. 21-186 ; 2e éd., t. XI, p. 37-370.

Lesage, Charles, *L'Invasion anglaise en Égypte. L'achat des actions de Suez*, Paris, 1906.

Lesseps, Axel, *Moi, Ferdinand de Lesseps*, Paris, Olivier Orban, 1986.

Lesseps, Ferdinand de, *Lettres, journal et documents*, Paris, 1875-1881, 5 vol. ;

–, *Percement de l'isthme de Suez. Exposés et documents officiels*, Paris, 1855-1866, 6 vol.

Pudney, John, *Suez. De Lesseps' Canal*, Londres, Dent, 1968.

Reymond, Paul, *Histoire de la navigation dans le canal de Suez*, Le Caire, IFAO, 1956.

Ritt, Olivier, *Histoire de l'isthme de Suez*, Paris, Hachette, 1869.

Siegfried, André, *Suez, Panama et les routes maritimes mondiales*, Paris, Armand Colin, 1940.

Voisin bey, *Le Canal de Suez*, Paris, 1902-1906, 7 vol.

La crise de 1956

Azeau, Henri, *Le Piège de Suez*, Paris, Robert Laffont, 1964.

Bar Zohar, Michel, *Suez ultra-secret*, Paris, Fayard, 1964.

Baeyens, Jacques, *Un coup d'épée dans l'eau du Canal*, Paris, Laffont, 1964.

Beaufre, André, *L'Expédition de Suez*, Paris, Grasset, 1967.

Bromberger, Merry et Serge, *Les Secrets de l'expédition d'Égypte*, Paris, Éd. des Quatre Fils Aymon, 1957.

Dayan, général Moshé, *Journal de la campagne du Sinaï, 1956*, Paris, Fayard, 1966.

Dulles, Foster, *War or Peace*, New York, 1957.

Eden, Antony, *Mémoires, 1947-1957. La vérité sur l'affaire de Suez,* Paris, Plon, 1960.

Eisenhower, Dwight, *Batailles pour la paix 1956-1961,* Paris, Trévise, 1968.

Elgey, Georgette, *Histoire de la IVe République. La République des tourmentes (1954-1959),* Paris, Fayard, 1997, t. II.

Ferro, Marc, *Suez, la crise,* Bruxelles, Complexes, 1982.

Georges-Picot, Jacques, *La Véritable Crise de Suez,* Paris, RPP, 1976.

Heykal, Mohamed, *L'Affaire de Suez. Un regard égyptien,* Paris, Ramsay, 1967.

Kyle, Keit, *Suez,* Londres, Weidenfeld and Nicolson, 1991.

Lacouture, Jean et Simonne, *L'Égypte en mouvement,* Paris, Seuil, 1962.

Louis, Roger William et Roger Owen, *Suez, the Crisis and the Consequences,* Oxford, Clarendon Press, 1989.

Massu, Jacques, *Vérité sur Suez, 1956,* Paris, Plon, 1978.

Pineau, Christian, *Suez, 1956,* Paris, Laffont, 1976.

Thomas, Abel, *Comment Israël fut sauvé,* Paris, Albin Michel, 1978.

La France et l'Opération de Suez de 1956, sous la direction de Maurice Vaïsse, Paris, Centre d'études d'histoire de la défense, 1997.

Dossier de la revue *L'Histoire,* n° 38, octobre 1981.

Dossier de la *Revue historique des armées,* n° 2, 1997.

L'égyptologie française

Champollion, Jean-François, *Lettres et Journaux écrits pendant le voyage d'Égypte,* recueillis et annotés par Hermine Hartleben, Paris, Christian Bourgois, 1986.

Champollion-Figeac, Jacques, *L'Obélisque de Louqsor transporté à Paris,* Paris, 1833.

Cordier, Henri, *Bibliographie des œuvres de Gaston Maspero,* Paris, Geuthner, 1922.

Croiset, Maurice, « Un grand égyptologue français, Gaston Maspero », in *La Revue des Deux Mondes,* Paris, 15 août 1916.

David, Élisabeth, *Mariette pacha,* Paris, Pygmalion, 1994.

Desroches-Noblecourt, Christiane, *La Grande Nubiade ou le parcours d'une égyptologue,* Paris, Stock-Pernoud, 1992.

Fiechter, Jean-Jacques, *La Moisson des dieux,* Paris, Julliard, 1994.

Hartleben, Hermine, *Jean-François Champollion. Sa vie et son œuvre,* Paris, Pygmalion, 1983.

Lacouture, Jean, *Champollion. Une vie de lumières,* Paris, Grasset, 1988.

Lauer, Jean-Philippe, *Saqqarah. Une vie,* entretiens avec Philippe Flandrin, Paris, Payot, 1992.

Lebas, Apollinaire, *L'Obélisque de Luxor. Histoire de sa translation à Paris, description des travaux auxquels il a donné lieu, avec un calcul sur les appareils d'abattage, d'embarquement, de halage et d'érection,* Paris, 1839.

Leriche, William, *Alexandrie, septième merveille du monde*, photos de Stéphane Compoint, Paris, Robert Laffont, 1996.

Le Tourneur d'Ison, Claudine, *Une passion égyptienne. Jean-Philippe et Marguerite Lauer*, Paris, Plon, 1996.

Mariette, Édouard, *Mariette pacha. Lettres et souvenirs personnels*, Paris, 1904.

Maspero, Gaston, *Égypte*, rééd., Paris, Éd. 1900, 1989 ;

–, *Notice bibliographique sur Auguste Mariette*, Paris, 1904 ;

–, *Ruines et Paysages d'Égypte*.

Menu, Bernadette, *L'Obélisque de Louxor*, Versailles, 1987.

Valbelle, Dominique, *L'Égyptologie*, Paris, PUF, coll. « Que sais-je ? », 1991.

Vercoutter, Jean, *A la recherche de l'Égypte oubliée*, Paris, Gallimard, coll. « Découvertes », 1986.

Verninac Saint-Maur, Raymond de, *Voyage du Luxor en Égypte, entrepris par ordre du roi*, Paris, 1835.

Wallon, Henri, *Notice sur la vie et les travaux de Mariette pacha*, Paris, 1883.

Ziegler, Christiane, *Le Louvre, les antiquités égyptiennes*, Paris, Scala, 1990.

Who Was Who in Egyptology, Londres, The Egypt Exploration Society, 3ᵉ éd., 1995.

L'Égyptologie et les Champollion, ouvrage collectif préfacé par Jean Leclant, Presses universitaires de Grenoble, 1974.

Lettres, journaux et dessins inédits de Nestor L'Hôte. Sur le Nil avec Champollion, recueillis par Diane Harlé et Jean Lefebvre, Paris, Paradigme, 1993.

La Momie de Ramsès II. Contribution scientifique à l'égyptologie, Paris, CNRS, 1976-1977.

Les Français et l'Égypte

Abdel-Malek, Anouar, *Idéologie et Renaissance nationale. L'Égypte moderne*, Paris, Anthropos, 1969.

Aufrère, Sydney H., *La Momie et la Tempête*, Avignon, Éd. Alain Barthélémy, 1990.

Aumale, Jacques d', *Voix de l'Orient*, Montréal, Variétés, 1945.

Auriant, L., *L'Égypte, la proie de ses métèques*, Paris, 1920.

Berchet, Jean-Claude, *Anthologie des voyageurs français dans le Levant au xixᵉ siècle*, Paris, Robert Laffont, coll. « Bouquins », 1985.

Berque, Jacques, *L'Égypte, impérialisme et révolution*, Paris, Gallimard, 1967.

Biovès, Achille, *Anglais et Français en Égypte (1881-1882)*, Paris, 1910.

Borelli, Octave, *Choses politiques d'Égypte*, Paris, 1895.

Cattaui, Georges et René, *Mohamed-Ali et l'Europe*, Paris, Geuthner, 1950.

Carmoy, Norbert, *La Colonie française du Caire*, Paris, PUF, 1928.

Carré, Jean-Marie, *Voyageurs et Écrivains français en Égypte*, Le Caire, IFAO, rééd. 1956, 2 vol.

Charles-Roux, François, *Thiers et Méhémet Ali*, Paris, 1951.

Clément, Raoul, *Les Français d'Égypte au xviiᵉ et au xviiiᵉ siècle*, Le Caire, IFAO, 1960.

Clot bey, *Aperçu général sur l'Égypte*, Paris, 1840, 2 vol. ;

–, *Mémoires*, présentés par Jacques Tagher, Le Caire, IFAO, 1949.

Coste, Pascal, *Architecture musulmane ou Monuments du Caire*, 1837.

Couvidou, Henry, *Étude sur l'Égypte contemporaine*, Le Caire, 1873.

Cromer, Earl of, *Modern Egypt*, Londres, MacMillan, 1908, 2 vol.

Dardaud, Gabriel, *Trente Ans au bord du Nil*, Paris, Lieu commun, 1987 ;

–, *Un ingénieur français au service de Mohammed Ali, Louis Alexis Jumel (1785-1823)*, Le Caire, IFAO, 1940.

Douin, Georges, *Histoire du règne du khédive Ismaïl*, Rome, 1933-1938, 4 vol. ;

–, *L'Égypte de 1802 à 1804. Correspondance des consuls de France en Égypte*, Le Caire, 1925 ;

–, *L'Égypte de 1828 à 1830. Correspondance des consuls de France en Égypte*, Le Caire-Rome, 1935 ;

–, *Une mission militaire française auprès de Mohammed Ali*, Le Caire, 1923.

Driault, Édouard, *Mohammed Ali et Napoléon*, Le Caire, IFAO, 1925 ;

–, *L'Égypte et l'Europe*, Le Caire, 1930.

Dukay, Pierre, *Les Français en Égypte*, Paris, Taillandier, 1933.

Edmond, Charles, *L'Égypte à l'Exposition universelle de 1867*, Paris, 1867.

Emmanuelle, sœur, *Jésus tel que je le connais*, Paris, Desclée de Brouwer/Flammarion, 1996.

Freycinet, C. de, *La Question d'Égypte*, Paris, Calmann-Lévy, 1905.

Gellion-Danglar, E., *Lettres sur l'Égypte contemporaine*, Paris, 1876.

Giffard, Paul, *Les Français en Égypte*, Paris, 1833.

Guémard, Gabriel, *Aventuriers et Mamelouks d'Égypte*, Alexandrie, 1928.

Guerville, A. de, *La Nouvelle Égypte,* La Librairie universelle, 1905.

Harcourt, duc d', *L'Égypte et les Égyptiens*, Paris, Plon, 1893.

Ilbert, Robert, *Alexandrie, 1830-1930*, Le Caire, IFAO, 1996, 2 vol. ;

–, *Héliopolis 1905-1922. Genèse d'une ville*, Paris, CNRS, 1981.

Jagailloux, Serge, *La Médicalisation de l'Égypte au XIXᵉ siècle, 1798-1916,* Paris, Recherche sur les civilisations, 1986.

Jammes, Marie-Thérèse et André, *En Égypte au temps de Flaubert. Les premiers photographes 1839-1860*, Paris, 1980.

Kamel, Moustapha, *Égyptiens et Anglais*, Paris, Perrin, 1906.

Kassem, Amin, *Réponse à M. le duc d'Harcourt. L'Égypte et les Égyptiens*, Le Caire, 1894.

Lamba, Henri, *De l'évolution juridique des Européens en Égypte*, Paris, 1896.

Landes, David, *Banquiers et Pachas*, Paris, Albin Michel, 1993.

Leca, Ange-Pierre, *Les Momies*, Paris, Hachette, 1976.

Leprette, Fernand, *Égypte, terre du Nil*, Paris, 1932.

Linant de Bellefonds, Louis, *Principaux Travaux d'utilité publique exécutés depuis la plus haute Antiquité jusqu'à nos jours*, Le Caire, 1872-1873.

Linchtenberger, Marguerite, *Écrivains français en Égypte contemporaine (de 1870 à nos jours)*, Paris, E. Leroux, 1934.

Lloyd, George, *Egypt since Cromer*, Londres, Mac-Millan, 1933-1934.

Makarius, Raoul, *La Jeunesse intellectuelle d'Égypte au lendemain de la Deuxième Guerre mondiale*, Paris, Mouton, 1960.

Massignon, Louis, *L'Hospitalité sacrée*, Paris, Nouvelle Cité, 1987.

Mengin, Félix, *Histoire de l'Égypte sous le gouvernement de Mohammed Ali*, Paris, 1823.

Merruau, Paul, *L'Égypte contemporaine de Méhémet Ali à Saïd pacha, 1840-1857*, Paris, 1858, 2 vol.

Métin, Albert, *La Transformation de l'Égypte*, Paris, 1903.

Milner, Alfred, *L'Angleterre en Égypte*, Paris, 1898.

Miquel, André, *L'Orient d'une vie*, Paris, Payot, 1990.

Munier, Jules, *La Presse en Égypte (1799-1900)*, Le Caire, IFAO, 1930.

Ninet, John, *Au pays des khédives*, Genève, 1890;

–, *Lettres d'Égypte, 1879-1882*, Paris, CNRS, 1979.

Nouty, Hassan el-, *Le Proche-Orient dans la littérature française, de Nerval à Barrès*, Paris, Nizet, 1958.

Nubar pacha, *Mémoires*, introduction et notes de Mirrit Boutros-Ghali, Beyrouth, 1983.

Pensa, Henri, *L'Égypte et le Soudan égyptien*, Paris, 1895.

Pignol, Armand, *De Gaulle et la Politique de la France vue d'Égypte (1967-1970)*, Le Caire, CEDEJ, 1985.

Polier, Léon, « La France en Égypte », in *La Revue des Deux Mondes*, 1er août 1914.

Raymond, André, *Le Caire*, Paris, Fayard, 1993.

Régnier, Philippe, *Les Saint-simoniens en Égypte*, Le Caire, Banque de l'Union européenne, 1989.

Rhôné, Arthur, *L'Égypte à petites journées*, Paris, 1877;

–, *Coup d'œil sur l'état du Caire ancien et moderne*, Paris, 1882.

Rigault, Georges, *L'Égypte française*, Paris, Plon, 1911.

Sabry, Mohammed, *L'Empire égyptien sous Méhémet Ali et la question d'Orient*, Paris, Geuthner, 1930;

–, *L'Empire égyptien sous Ismaïl et l'ingérence anglo-française*, Paris, Geuthner, 1933.

Sacré, Amédée, et Autrebon, Louis, *L'Égypte et Ismaïl pacha*, Paris, 1865.

Saïd, Edward, *L'Orientalisme. L'Orient créé par l'Occident*, Paris, Seuil, 1980.

Sammarco, Angelo, *Les Règnes d'Abbas, de Saïd et d'Ismaïl*, t. IV du *Précis de l'histoire d'Égypte par divers historiens et archéologues*, Rome, 1935.

Savant, Jean, *Les Mamelouks de Napoléon*, Paris, Calmann-Lévy, 1949.

Scotidis, N., *L'Égypte contemporaine et Orabi pacha*, Paris, 1888.

Shafiq, Ahmad, *L'Égypte et les Influences étrangères*, Le Caire, Imprimerie Misr, 1931.

Tagher, Jacques, *Mohammed Ali jugé par les Européens de son temps*, Le Caire, Horus, 1942.

Thornton, Lynne, *Les Orientalistes, peintres voyageurs*, Paris, ACR, 1993.

Thorp, René-William, *Le Procès du Caire*, Paris, Julliard, 1963.

Tignor, Robert, *Modernization and British Colonial Rule in Egypt*, Princeton University Press, 1966.

Tuininga, Marlène, *Sœur Emmanuelle. Entretiens*, Paris, Flammarion, 1995.

Van den Bosch, F., *Vingt Ans d'Égypte*, Paris, 1932.

Vingtrinier, Aimé, *Soliman pacha*, Paris, 1886.

Voilquin, Suzanne, *Souvenirs d'une fille du peuple. Une saint-simonienne en Égypte*, Paris, Maspero, 1978.

Wiet, Gaston, « Les consuls de France sous le règne de Mohammed Ali », *La Revue du Caire*, novembre-décembre 1943.

D'un Orient l'autre, ouvrage collectif, Paris, CNRS, 1991, 2 vol.

Le Miroir égyptien, Marseille, Éd. du Quai, 1984.

La Fuite en Égypte, Le Caire, CEDEJ, 1986.

Les Saint-Simoniens et l'Orient, Aix-en-Provence, Edisud, 1990.

Souvenir du centenaire, Frères des Écoles chrétiennes, Le Caire, 1947.

Itinéraires d'Égypte. Mélanges offerts au père Maurice Martin s.j., Le Caire, IFAO, 1992.

Histoire de la nation égyptienne, sous la direction de Gabriel Hanotaux, Paris, Plon, 1931-1935, 7 vol.

Précis de l'histoire d'Égypte par divers historiens et archéologues, Le Caire, IFAO, 1933.

L'Égypte indépendante, par le Groupe d'études de l'islam, Paris, Paul Hartmann, 1938.

L'Égypte aujourd'hui. Permanences et changements, Paris, CNRS, 1977.

Histoire des juifs du Nil, sous la direction de Jacques Hassoun, 2e éd., Paris, Minerve, 1990.

L'Égypte, sous la direction de Joseph Cattaui pacha, Le Caire, IFAO, 1926.

Alexandrie, 1860-1960, sous la direction de Robert Ilbert et Ilios Yannakakis, Paris, Autrement, 1992.

France-Égypte, n° spécial du *Progrès égyptien*, 25 novembre 1982.

L'influence française en Égypte

Amadou, Hyacinthe, *L'Enseignement du français en Égypte*, Le Caire, 1897.

Ascar-Nahas, Joseph, *Égypte et Culture française*, Le Caire, Éd. de la Société orientale de publicité, 1953.

Beheiry, Kawsar Abdel Salam el-, *L'Influence de la littérature française sur le roman arabe*, Québec, Éd. Naaman, 1980.

Brin, Morik, *Les Amis de la culture française en Égypte*, Le Caire, Horus, 1945.

Chafik, Ahmed, *L'Égypte moderne et les Influences étrangères*, Le Caire, 1931.

Delanoue, Gilbert, *Moralistes et Politiques musulmans dans l'Égypte du XIXe siècle*, Le Caire, IFAO, 1982.

Fakkar, Rouchdi, *Aux origines des relations culturelles contemporaines entre la France et le monde arabe*, Paris, Geuthner, 1972.

Guérin, Victor, *La France catholique en Égypte*, Tours, Mame, 1887.

Luthi, Jean-Jacques, *Introduction à la littérature d'expression française en Égypte (1798-1945)*, Paris, Éd. de l'École, 1974 ;

–, *Égypte, qu'as-tu fait de ton français ?*, Paris, Synonyme, 1987.

Louca, Anouar, *Voyageurs et Écrivains égyptiens en France au XIXᵉ siècle*, Paris, Didier, 1970.

Moscatelli, Jean, *Poètes en Égypte*, Le Caire, L'Atelier, 1955.

Pellissier, *Rapport adressé à M. le ministre de l'Éducation et des Cultes sur l'état de l'instruction publique en Égypte*, Paris, 1849.

Perrault, Gilles, *Un homme à part*, Paris, Barrault, 1984.

Rihoit, Catherine, *Dalida : « Mon frère, tu écriras mes Mémoires »*, Paris, Plon, 1995.

Tahtawi, Rifaa el-, *L'Or de Paris. Relation de voyage (1826-1831)*, traduit, présenté et annoté par Anouar Louca, Paris, Sindbad, 1989.

L'égyptomanie

Bovot, Jean-Luc, *L'Égypte ancienne au cinéma. Le péplum en pagne*, Paris, Lattès, 1993.

Humbert, Jean-Marcel, *L'Égyptomanie dans l'art occidental*, Paris, ACR, 1989.

Vian, Louis-René, *Arts décoratifs à bord des paquebots français 1880-1960*, Paris, Fonmare, 1992.

L'Égyptomanie à l'épreuve de l'archéologie, Paris, musée du Louvre, 1996.

Égyptomania. L'Égypte dans l'art occidental, 1730-1930, Paris, musée du Louvre, 1994.

Images d'Égypte, Le Caire, CEDEJ, 1992.

Relations de voyage

XVIᵉ siècle

Affagart, Greffin, *Relation de Terre sainte*, 1533-1534.

Belon du Mans, Pierre, *Les Observations de plusieurs singularitez et choses mémorables trouvées en Grèce, Asie, Judée, Égypte, Arabie et autres pays estranges*, 1554-1555.

Chesneau, Jehan, *Voyage de Paris en Constantinople*, 1547-1552.

Thenaud, Jehan, *De Voyage. L'Outremer*, 1512.

Thévet d'Angoulême, André, *Cosmographie du Levant*, 1556.

Villamont, seigneur de, *Troisième Livre des voyages*, 1590.

XVIIᵉ siècle

Beauvau, Henri de, *Relation journalière du voyage du Levant*, 1608.

Brémont, Gabriel, *Voyage en Égypte*, 1643-1645.

Coppin, Jean, *Relation des voyages faits dans la Turquie, la Thébaïde et la Barbarie*, 1686.

Du Ryer, *Recueil de lettres*, 1623-1625.

Monconys, Balthazar de, *Journal des voyages de M. de Monconys, lieutenant criminel au siège présidial de Lyon*, 1646-1647.

Palerme, Jean, *Pérégrination*, 1606.

Protais, père François, *Relation du voyage du Sayd ou de la Thébayde*, 1668.

Savary de Brève, François, *Discours de M. Savary de Brève*, 1605.

Thévenot, Jean de, *Relation d'un voyage fait au Levant*, 1665.

Vansleb, père J. M., *Relazione dello stato presente dell'Egitto*, 1671 ; –, *Nouvelle Relation en forme d'un journal d'un voyage fait en Égypte*, 1677.

XVIIIᵉ siècle

Lucas, Paul, *Voyage au Levant*, 1704.

Maillet, Benoît de, *Description de l'Égypte*, 1735.

Manoncour, Sonnini de, *Voyage dans la Haute et Basse-Égypte*, 1799.

Potocki, Jean de, *Voyage en Turquie et en Égypte*, 1784.

Savary, Claude Étienne, *Lettres sur l'Égypte*, 1785-1786.

Sicard, père Claude, *Lettre à Mᵍʳ le Comte de Toulouse, contenant une relation de ses trois voyages dans la Haute et Basse-Égypte*, 1716.

Tott, François, baron de, *Mémoires sur les Turcs et les Tatars*, 1784.

Volney, *Voyage en Syrie et en Égypte pendant les années 1783, 84 et 85*, 1787.

XIXᵉ siècle

About, Edmond, *Le Fellah. Souvenirs d'Égypte*, 1869.

Audouard, Olympe, *Les Mystères de l'Égypte dévoilés*, 1865.

Ampère, Jean-Jacques, *Voyage en Égypte et en Nubie*, 1868.

Barthélémy Saint-Hilaire, J., *Lettres sur l'Égypte*, 1857.

Camp, Maxime du, *Égypte, Nubie, Palestine et Syrie*, Paris, 1852.

Carcy, Charles-Frédéric de, *De Paris en Égypte. Souvenirs de voyage*, 1875.

Charmes, Gabriel, *Cinq Mois au Caire et dans la Basse-Égypte*, 1880.

Chateaubriand, François René de, *Itinéraire de Paris à Jérusalem*, 1811.

Denon, Dominique Vivant, *Voyage dans la Basse et la Haute-Égypte, pendant les campagnes du général Bonaparte*, Paris, 1802.

Didier, Charles, *Les Nuits du Caire*, 1860.

Estourmel, Joseph d', *Journal d'un voyage en Orient*, 1844.

Flaubert, Gustave, *Voyage en Égypte*, présenté par P.-M. de Biasi, Paris, Grasset, rééd. 1991.

Flers, Robert de, *Vers l'Orient*, 1896.

Fromentin, Eugène, *Voyage en Égypte*, 1869.

Gasparin, comtesse Agénor de, *Journal d'un voyage du Levant*, 1850.

Gautier, Théophile, *L'Orient*, 1877.

Godard, Ernest, *Égypte et Palestine. Observations médicales et scientifiques*, 1867.

Goupil Fesquet, Frédéric, *Voyage en Orient fait avec Horace Vernet en 1839 et 1840*, Paris, 1843.

Hugonnet, Léon, *En Égypte*, Paris, 1883.

Malosse, Louis, *Impressions d'Égypte*, Paris, 1896.

Marcellus, vicomte Louis Marie de, *Souvenirs de l'Orient*, 1839.

Marmier, Xavier, *Du Rhin au Nil*, 1847.

Melchior de Vogüé, Eugène, *Chez les pharaons. Boulacq et Saqquarah*, 1879.

Michaud, Joseph, *Correspondance de l'Orient*, 1830-1831.

Nerval, Gérard de, *Voyage en Orient* (1851), Paris, Garnier-Flammarion, 1980.

Pardieu, Charles de, *Excursions en Orient*, 1850.

Pascal, L., *La Cange. Voyage en Égypte*, 1861.

Poitou, Eugène, *Un Hiver en Égypte*, 1860.

Schoelcher, Victor, *L'Égypte en 1845*, 1846.

Schuré, Édouard, *Sanctuaires d'Orient*, 1898.

Taylor, Isidore, et Reybaud, Louis, *La Syrie, l'Égypte, la Palestine et la Judée*, 1839.

Vaujany, Jean-Baptiste-Henry, *Le Caire et ses environs*, 1883 ;
–, *Alexandrie et la Basse-Égypte*, 1885.

XXᵉ *siècle*

Aveline, Claude, *La Promenade égyptienne*, Paris, 1934.

Barrès, Maurice, *Une enquête aux pays du Levant*, Paris, Plon, 1922.

Bertrand, Louis, *Le Mirage oriental*, Paris, 1910.

Bordeaux, Henry, *Voyageurs d'Orient*, Paris, Plon, 1926, 2 vol. ;
–, *Le Sphinx sans visage*, Marseille, Detaille, 1946.

Cocteau, Jean, *Maalesh, journal d'une tournée de théâtre*, Paris, Gallimard, rééd. 1989.

Dorgelès, Roland, *La Caravane sans chameaux*, Paris, Albin Michel, 1928.

Grenier, Jean, *Lettres d'Égypte (1950)*, Paris, Gallimard, 1962.

Loti, Pierre, *La Mort de Philae*, Paris, Calmann-Lévy, 1908.

Maeterlinck, Maurice, *En Égypte*, Paris, Croix des lettres françaises, 1928.

Morand, Paul, *La Route des Indes*, Paris, 1936.

Teilhard de Chardin, Pierre, *Lettres d'Égypte*, Paris, Montaigne, 1963.

Vailland, Roger, *Choses vues en Égypte*, Paris, Défense de la paix, 1953, rééd. Gallimard, 1981.

Index des noms de personnes

A

Aah-Hotep, 140, 155, 156.
Abbas Ier, 103-106, 116-118, 127, 131, 132, 241, 380, 383, 384.
Abbas Hilmi, 193.
Abdel Aziz (sultan), 171.
Abdel-Malek, Anouar, 73n, 98n, 185n.
Abdel-Méguid, Ibrahim, 370.
Abdnoun, Saleh, 181n.
Abécassis, Frédéric, 290n.
Abott (docteur), 103.
About, Edmond, 131, 154.
Adam, Juliette, 204.
Agoub, Joseph, 71, 374.
Aït Ahmed, Hocine, 276.
Akerblad, Johann David, 76.
Alexandre Ier, 56.
Alexandre le Grand, 31, 59, 62, 119.
Alia, Josette, 324n.
Aménéritis, 155.
Aménophis III, 341.
Aménophis IV Akhénaton, 301,340, 365, 366.
Amer, Abdel Hakim (maréchal), 305, 388.
Amer, Moustapha, 300.
Amon-Rê, 182, 214, 366.
Ampère, Jean-Jacques, 109.
Andraos, Adli, 293.
Anouilh, Jean, 320.
Anthony, Richard, 317.
Arafa, Chérif, 371.
Arago, François, 78, 107, 110.
Arc, Jeanne d', 9, 268.

Arlès-Dufour, François-Barthélemy, 98, 123, 124.
Armogathe, Daniel, 97n.
Arnoux, Hippolyte, 111.
Askar-Nahas, Joseph, 228, 266n.
Assis, William, 267.
Attar, Hassal el-, 70, 72.
Auber, Daniel François Esprit, 178, 180.
Aubert Roche (docteur), 150.
Aubigny, comte d', 223.
Aufrère, Sydney H., 21n.
Aumale, Christian d', 293.
Aumale, Jacques d', 206, 235, 239n.
Autard de Bragard, Louise-Hélène de, 175.
Autefage, Joseph, 222.
Ayrout, Henry, 258.
Aziza, Claude, 90n, 92n.
Azzam, Bob, 319.

B

Baeyens, Jacques, 284n.
Bahgat, Ahmad, 370.
Bainville, Jacques, 49.
Bakri, Asma el-, 316, 331.
Bakri, El- (cheikh), 41.
Balout, Lionel, 304.
Banna, Hassan el- (cheikh), 268, 269.
Barbulesco, Luc, 370.
Barclay, Eddie, 318.
Bardot, Brigitte, 319, 329.
Barillet-Deschamps, 160, 161.

C

G

Sommaire

PREMIÈRE PARTIE

La rencontre de deux mondes

DEUXIÈME PARTIE

De grandes ambitions

TROISIÈME PARTIE

Une culture rayonnante

QUATRIÈME PARTIE

Divorce et retrouvailles

ANNEXES

CRÉDITS PHOTOGRAPHIQUES

Hors-texte 1

Jean-Loup Charmet : 3 haut. D. R. : 1, 2 haut. Harlingue-Viollet : 8. Hubert Josse : 3 bas.
Kharbine-Tapabor : 6 haut. LL-Viollet : 6 milieu, 7 droite. ND-Viollet : 2 bas.
Réunion des Musées nationaux : 4 haut. Coll. Denis Roche J^r : 5, 7 gauche.
Roger-Viollet : 4 bas, 8. Coll. Sirot-Angel : 7 haut. Sygma : 6 bas.

Hors-texte 2

Bridgeman-Giraudon : 2 bas. Keystone : 8. LL-Viollet : 3 haut, 4 haut, 7 bas.
Coll. Denis Roche J^r : 1, 5. Roger-Viollet : 4 bas. Coll. Sirot-Angel : 3 bas, 6.
Jacques Vasseur : 2 haut. Coll. Viollet : 7 haut.

Hors-texte 3

Cat's collection : 5 milieu et bas. De Gieter / Éditions Dupuis : 8 haut.
Figaro Magazine / A. Le Toquin : 8 bas. Gamma : 2 bas, 5 haut, 7 bas.
Keystone : 1, 2 haut, 4. Sygma : 3. Sygma / F. Neema : 7 haut. Sygma / S. Compoint : 6.

RÉALISATION : PAO ÉDITIONS DU SEUIL
IMPRESSION : NORMANDIE ROTO IMPRESSION S.A. À LONRAI
DÉPÔT LÉGAL : OCTOBRE 1997. N° 28144 (971936)